臺北捷運公司新進職員招考

一、共同資格

北捷考情資訊
https://goo.gl/LWjRHx

(一)國籍：具有中華民國國籍，且不得兼具外國國籍。大陸地區人民經許可進入臺灣地區者，應依「臺灣地區與大陸地區人民關係條例」第21條第1項規定：「⋯除法律另有規定外，非在臺灣地區設有戶籍滿十年，不得擔任公營事業機關（構）人員⋯」辦理。

(二)學歷：一律採認「畢業證書」，且需符合報考之應試類科要求之學歷條件，並為教育部認可之國內外學校畢業。

二、應試資訊

類科	僱用條件（應考條件）	共同科目	專業科目
A01 控制員(二) (運務類)	研究所理工學院、交通運輸、交通管理、運輸管理、物流管理、資訊管理及工業管理等相關院所畢。	論文、英文	大眾運輸及軌道工程規劃管理
A02 技術員 (電機維修類)	1.高中(職)以上電機相關科系畢。 2.具汽車駕駛執照尤佳(如具備者請一併檢附駕照影本)。	語文科目 (國文、英文)	基本電學
A03 技術員 (電子維修類)	1.高中(職)以上電子相關科系畢。 2.具汽車駕駛執照尤佳(如具備者請一併檢附駕照影本)。		電子學概要
A04 技術員 (機械維修類)	1.高中(職)以上機械相關科系畢。 2.具汽車駕駛執照尤佳(如具備者請一併檢附駕照影本)。		機件原理

類科	僱用條件（應考條件）	共同科目	專業科目
A05 技術員 (常年大夜班 維修類)	1.高中(職)以上(不限科系)畢。 2.具汽車駕駛執照尤佳(如具備者請一併檢附駕照影本)。	語文科目 (國文、 英文)	綜合科目 (數理邏輯、 捷運法規及常識)
A06 司機員 (一般類)	高中(職)以上(不限科系)畢。		綜合科目 (數理邏輯、 捷運法規及常識)
A07 司機員 (原住民類)	1.高中(職)以上(不限科系)畢。 2.須具原住民身分者。		綜合科目 (數理邏輯、 捷運法規及常識)
B01 技術員 (水電維修類)	1.高中(職)以上電機相關科系畢。 2.具汽車駕駛執照尤佳(如具備者請一併檢附駕照影本)。		基本電學
B02 技術員 (土木維修類)	1.高中(職)以上土木、建築、景觀相關科系畢。 2.具汽車駕駛執照尤佳(如具備者請一併檢附駕照影本)。		土木工程學概要
C01 技術員 (水電維修類) 身心障礙類組	1.高中(職)以上電機相關科系畢。 2.具汽車駕駛執照尤佳(如具備者請一併檢附駕照影本)。		基本電學
C02 技術員 (土木維修類) 身心障礙類組	1.高中(職)以上土木、建築、景觀相關科系畢。 2.具汽車駕駛執照尤佳(如具備者請一併檢附駕照影本)。 3.領有政府機關核發有效之新制身心障礙證明。		土木工程學概要

詳細資訊以正式簡章為準。

 千華數位文化股份有限公司 ■新北市中和區中山路三段136巷10弄17號
■TEL: 02-22289070　FAX: 02-22289076

臺中捷運公司新進人員招考

壹 應考資格

中捷考情資訊

https://goo.gl/5WxaHu

(一) 國籍

1. 具有中華民國國籍者。若兼具外國國籍者,應於錄取後報到前,辦理放棄外國國籍並簽立「國籍具結書」,否則將不予進用。

2. 大陸地區人民經許可進入臺灣地區,應依「臺灣地區與大陸地區人民關係條例」第21條第1項規定:「……除法律另有規定外,非在臺灣地區設有戶籍滿十年,不得擔任公營事業機關(構)人員……」辦理。

3. 上述情形如有隱匿者,一經發現除立即拒絕應試,撤銷錄取及受僱資格,或終止勞動契約外,並需負一切法律責任。

(二) 學歷:一律採認「畢業證書或學位證書」,且需符合甄試類科要求之學歷條件,並為教育部認可之國內外學校畢業,國內學校須檢附中文版畢業證書或學位證書,如為國外學歷須依教育部所發布之「高級中等學校辦理學生國外學歷採認辦法」及「大學辦理國外學歷採認辦法」辦理,並檢附經我國駐外館處驗證或國內公證人認證之畢業證書或學位證書中文譯本(影本)。如遺失或破損者,應檢附向原校所申請之補發證明書。

(三) 性別:不拘。

(四) 年齡:不限,惟依勞動基準法及本公司規定,強制退休年齡條件為65歲。

(五) 兵役:不限。

(六) 報考體格規定:接獲錄取通知後,應於指定報到日前持本公司體格檢查表至區域型以上醫院或屬勞動部職業安全衛生署認可之醫療機構(查詢網址:http://hrpts.osha.gov.tw/asshp/hrpm1055.aspx)進行體格檢查,且於指定報到日繳交最近3個月內體格檢查表,體格檢查表應加蓋醫院印信。逾期未繳交體格檢查表者,本公司得取消錄取資格,不予進用,亦不保留通過甄試資格。

貳 應試資訊

(一) 第一試(筆試50%)：共同科目占第一試(筆試)成績30%。

專業科目占第一試(筆試)成績70%。

(二) 第二試(面試及職涯發展測驗50%)

(三) 共同科目：國文、英文

(四) 專業科目：

類組		專業科目
工程員		1. 綜合科目(數理邏輯、捷運法規及常識)
副站長		2. 管理學
站務員		綜合科目(數理邏輯、捷運法規及常識)
工程員(資訊類)		1. 網路程式設計(C#、JAVA) 2. 資料庫管理
助理工程員	機械類	機械原理(機械工程概論、工程材料)
	電機電子類	電路學
	土木類	工程力學(靜力學、動力學)
技術員	機械類	機件原理
	電子電機類	基本電學
	土木類	土木工程學概要(基礎工程力學、構造與施工法)
	資訊類	計算機概論
	常年大夜班類	綜合科目(數理邏輯、捷運法規及常識)
專員	企劃行銷類	1. 企業管理(企業概論、管理學) 2. 行銷學理論與實務
	法務類	1. 行政法概論(行政程序法) 2. 民法概論(民法(不含親屬、繼承篇)) 3. 勞動基準法 4. 國家賠償法
	財會類	1. 會計學理論與實務 2. 財務管理理論與實務

詳細資訊以正式簡章為準

歡迎至千華官網(http://www.chienhua.com.tw/)查詢最新考情資訊

114年 合作金庫新進人員甄試

一、重要時程表

(一) 報名期間：依正式簡章公告為主。

(二) 測驗日期：依正式簡章公告為主。

二、甄才類別、報考資格條件、筆試測驗科目

甄試各項甄才類別所須具備之資格條件及筆試測驗科目如下表：

甄才類別	學歷及資格條件 (所列條件均須符合)	筆試測驗科目及題型 (均考二科)
一般櫃台人員	國內、外大學(含)以上學校畢業，且已取得學士以上學位證書。	1. 普通科目 英文◎選擇題 2. 專業科目 含會計學、貨幣銀行學、法律常識(票據法/銀行法)◎選擇題
法遵法務人員	國內、外大學(含)以上法律相關科系畢業，且已取得學士以上學位證書。	1. 普通科目 英文◎選擇題 2. 專業科目 法律常識(民法/公司法/民事訴訟法/強制執行法/票據法/銀行法)◎選擇題+非選擇題

甄才 類別	學歷及資格條件 (所列條件均須符合)	筆試測驗科目及題型 (均考二科)
徵授信人員	1. 國內、外法律相關研究所畢業,且已取得碩士以上學位證書。 2. 具備法律事務所執業3年以上工作經驗。 3. 具備中華民國律師證書。	1. 普通科目 英文◎選擇題 2. 專業科目 徵授信理論與實務、法律常識(票據法/銀行法)◎選擇題
客服人員	1. 學歷:國內、外大專含以上學校畢業,且已取得畢業證書。 2. 工作經歷:具公民營銀行客服人員2年以上工作經驗。 ※口試得加分條件:國台語流利,口齒清晰。	1. 普通科目 英文◎選擇題 2. 專業科目 含會計學、貨幣銀行學、法律常識(票據法/銀行法)◎選擇題
理財人員	1. 國內、外大學含以上學校畢業,且已取得學士以上學位證書。 2. 具金融機構理財工作相關經驗合計2年以上。 3. 已取得下列測驗合格證明:(1)人身保險業務員資格測驗。(2)財產保險業務員資格測驗。(3)「投資型保險商品業務員資格測驗」或「投資型保險商品概要、金融體系概述」。(4)人身保險業務員銷售外幣收付非投資型保險商品測驗。(5)信託業業務人員信託業務專業測驗或信託業業務人員信託業務專業測驗【信託法規乙科】。(6)「投信投顧相關法規(含自律規範)乙科測驗」或「投信投顧業務員資格測驗」或「證券商高級業務員資格測驗」或「證券投資分析人員資格測驗」。	1. 普通科目 英文◎選擇題 2. 專業科目 理財規劃理論與實務◎選擇題

甄才 類別	學歷及資格條件 (所列條件均須符合)	筆試測驗科目及題型 (均考二科)
外匯人員	1. 國內、外大學(含)以上學校畢業,且已取得學士以上學位證書。 2. 工作經驗:具金融機構「進口或出口」實務合計1年以上工作經驗。	1. 普通科目◎選擇題 　(1)普通科目A: 　　金融數位力 　　(含MicrosoftOffice2007) 　(2)普通科目B: 　　英文、邏輯分析及銀行業及電子支付機構電子票證發行機構防制洗錢及打擊資恐內部控制要點 2. 專業科目◎選擇題 　國際金融業務概要、國際貿易實務概要
數位金融業務規劃人員	1. 國內外經濟、金融、統計、企管、資管、理工相關科系研究所畢業,且已取得碩士以上學位證書。 2. 具備資訊、數位金融或電子支付等合計3年以上工作經驗。	1. 共同科目◎選擇題 　國文、英文及銀行業防制洗錢及打擊資恐注意事項 2. 專業科目◎非選擇題 　含邏輯推理能力、企劃案實務論述

詳細資訊以正式簡章為準
歡迎至千華官網(http://www.chienhua.com.tw/)查詢最新考情資訊

千華數位文化股份有限公司
新北市中和區中山路三段136巷10弄17號
TEL: 02-22289070　FAX: 02-22289076

目 次

輕鬆搞定數理邏輯

本書是針對國民營考試，尤其是捷運及銀行招考所設計。目前臺北捷運、高雄捷運、桃園捷運，除了國文、英文及專業科目外，還需通過數理邏輯（邏輯推理）一關才可上榜。三種考試的名稱略有不同，臺北捷運和高雄捷運考科名稱分別為數理邏輯和邏輯分析；桃園捷運則為邏輯分析，其內容包含重組、空間關係、數的能力、圖形、文法應用、分析推理。而在銀行招考方面，臺灣銀行、第一銀行及華南銀行考試，考科皆為邏輯推理，臺灣土地銀行則考邏輯推理能力。由此可知，目前的國民營考試主要著重於數學邏輯推理能力運用。為了因應不同的考試需求，本書內容蒐羅各式數理邏輯（邏輯推理）以及性向心理測驗試題並加以詳細解析。

📖 數理邏輯（邏輯推理）

「數理邏輯」是近年來非常熱門的測驗考試，不需考慮背景，即可篩選受試者邏輯推理的能力及速度。

所謂邏輯，在職場上來說，攸關其處理事情的速度與效率。因此機關任用人才，在不了解背景的情形下，先以數理邏輯判斷所屬職缺是否適才、適性、適任，乃為必然。故而數理邏輯，不但是預備軍官、專業軍官、志願士兵必考科目，在郵政、銀行、國民營事業及各種機關招募的測驗中，它往往占有舉足輕重的地位。

一般而言，數理邏輯的題型可分成：

一、數字為主的數學邏輯測驗：測量邏輯抽象思考、機械能力、計算能力以及空間概念。

二、文字為主的語文邏輯測驗：測量視知覺的速度、確度、短期記憶、視覺記憶廣度以及測量文字語句的領悟力、記憶力、觀察力。

出題方式偏重何者，端看測試機關的需求，沒辦法用速成的方式準備。更有甚者，並不只是答對就好，還要力求效率。受試者往往需要在短時間內面對大量的題目。常見的測試法是在短時間內，給予100～120題甚至更多的題目，一併測試人員的耐心、抗壓性。答題不僅要答對，還要答得快。

其實準備「數理邏輯」只要掌握訣竅，要取得高分非常容易！其實只要先參考例題的解析，再依樣畫葫蘆地試著練習解其他的題目，大量做各類型的習題，熟悉這類考題的思路模式與破題方法，對於不易理解的題型，再參照解析，常常會發現「啊，這個題目根本是騙人的」，如此能力便會往上提升。絕大多數「數理邏輯」的題目，說破了都非常簡單，只是在答案前面拐了幾個彎，欺騙受試者眼睛的錯覺與思考盲點，引誘作答者去選不正確的答案。其實「數理邏輯」沒有別的祕訣，就是多加練習，反覆熟作，即使不能舉一反三，也能見招拆招！

📖 性向心理測驗

性向心理測驗其測驗內容更像是人格測驗。往往沒有標準答案，主要透過大量的題目，用不同敘述方式反覆提問，以測知受試者的性格取向。作答時尤需留意不要有前後矛盾的情形出現。例如：第X題問你：比起家人我更重視朋友？第Z題又問：家人在我心中佔有最重要的位置。遇到此類情形，兩題的答案要有邏輯一致性。

性向心理測驗的題目和解答大多是不公開的，是個無從下手準備，卻又攸關能否上榜的難題。即便在其他科目中獲取高分，卻往往在性向心理測驗這關被刷下來。此類考試經常以大量的試題測驗，要在考試時間內全部寫完幾乎是不可能的任務。

而本書收錄各類數理邏輯與性向心理測驗題目和解析。涵蓋各類題型以供你反覆演練。將使你在各項考試中，無往不利，成功上榜！

千華祝您金榜題名！

千華編委會 113.12

第一章　數的能力

命題分析

　　基礎數學能力的測量。作答時，必須仔細閱讀每一個題目，然後從四個選項中，選出這題的正確答案。

　　此種題型通常無法「看完題目就知道答案」，會需要一點計算時間，但是所占比重又很高，在120題中，會出現大約25~30題，想要快速作答，必需對各種問題的解法有所準備，測驗時若數學較不拿手，建議先寫完語文類的題目後再來寫數學類的，一時不會算或算法繁雜的題目就予以略過，先將確定會寫的題目寫對。

◎ 常見題型與單位

一、工程問題

例：一件工程甲獨做3天可成，乙獨做2天可成，兩人合作幾天可成？設全部工程為1

$$甲一天可做\frac{1}{3}項工程$$
$$乙一天可做\frac{1}{2}項工程 \Rightarrow \frac{1}{\frac{1}{3}+\frac{1}{2}} = \frac{1}{\frac{5}{6}} = \frac{6}{5}$$

二、雞兔同籠問題

　　雞有2隻腳，兔有4隻腳，設有x隻雞，y隻兔子，全部腳數有2x＋4y隻腳

例：雞和兔共12隻、腳共有36隻，則雞、兔各為幾頭？

$$x＋y＝12 \qquad 2x＋4y＝36 \qquad x＝6 \qquad y＝6$$

三、華氏、攝氏問題

$$華氏溫度＝\frac{9}{5}×（攝氏溫度）＋32$$

例：華氏157度為攝氏溫度多少度？

$$157＝\frac{9}{5}×（攝氏溫度）＋32 \quad 攝氏溫度69.44度$$

四、利率問題

複利公式為本利和＝本金 $(1＋r)^n$

n為期數，r為利率

五、機率問題

(一) 若A、B為互斥事件P(A∩B)＝0，P(A∪B)＝P(A)＋P(B)

　　若A、B為獨立事件，P(A∩B)＝P(A)・P(B)

　　P(A∪B)＝P(A)＋P(B)－P(A)・P(B)＝P(A)＋P(B)－P(A∩B)

例：考國、英、數三科，A、B、C為國、英、數三科及格的事件，P(A)＝0.8，
　　P(B)＝0.6，P(C)＝0.5，A、B、C為獨立事件，則至少一科及格的機率？

　　$P(A \cup B \cup C) = 0.8 + 0.6 + 0.5 - 0.8 \cdot 0.6 - 0.5 \cdot 0.6 - 0.8 \cdot 0.5 + 0.8 \cdot 0.6 \cdot 0.5 = \frac{24}{25}$

(二) 擲均勻骰子三次，則至少出現一次6點的機率？

　　$1 - (\frac{5}{6})^3 = \frac{91}{216}$（全部方法－皆無6點出現的機率）

公制單位標準表

長　度			
名稱	*公里(千米)	公引	公丈	*公尺(米)
英譯	kilometer	hectometer	decameter	meter
代號	km	hm	dam	m
名稱	公寸	*公分(釐米)	*毫公尺(公釐/毫米)	
英譯	decimeter	centimeter	millimeter	
代號	dm	cm	mm	

面　積			
名稱	*平方公里	平方公引	平方公丈	*平方公尺
英譯	sq. kilometer	sq. hectometer	sq. decameter	sq. meter
代號	km²	hm²	dam²	m²
名稱	平方公寸	平方公分	*平方毫公尺	
英譯	sq. decimeter	sq. centimeter	sq. millimeter	
代號	dm²	cm²	mm²	

地　積		
名稱	*公頃(10000平方公尺)	*公畝(100平方公尺)	*平方公尺
英譯	hectare	are	centiare
代號	ha	a	ca

體　積
名稱	*立方公尺
英譯	cubicmeter
代號	m^3

容　積

名稱	*公秉	公石	公斗	*公升(升)
英譯	kiloliter	hectoliter	decaliter	liter
代號	kl	hl	dal	l
名稱	公合	公勺	*毫公升(公撮)	
英譯	deciliter	centiliter	milliliter	
代號	dl	cl	ml(俗稱c.c.)	

重　量

名稱	*公噸	公擔	公衡	*公斤(千克)
英譯	Tonne (metricton)	quintal	myriagram	kilogram
代號	mt	q	mag	kg
名稱	公兩	公錢	*公克(克)	
英譯	hectogram	decagram	gram	
代號	hg	dag	g	

質　量

名稱	*公斤(千克)	公兩	公錢	*公克(克)
英譯	kilogram	hectogram	decagram	gram
代號	kg	hg	dag	g
名稱	公銖	公毫	*毫公克(公絲)	
英譯	decigram	centigram	milligram	
代號	dg	cg	mg	

※加註「*」者為常用單位，應熟記！

※常弄錯的轉換

　1㎖(毫升)的水在4℃時重量為1g(公克)，體積為1cm³(立方公分)

⇒1ℓ(公升)的水，在4℃時重量為1kg(公斤)，

　但體積為1000cm³＝(10cm)³＝1dm³＝1立方公寸

例題

( )　◎ 今年大學聯考的錄取率為61%，錄取了12200人，問報考大學的人有多少？　(A)20000人　(B)22000人　(C)24000人　(D)28000人。

解　◎(A)。在這個例題中，錄取了12200人，佔所有考生的61%，所以全部考生為12200人除以61%，即為20000人，故正確答案為(A)。

精選試題

( )　1. $2 \times 3 \div 2 + 3 - 2 = ?$　(A)2　(B)3　(C)4　(D)5　(E)以上皆非。

( )　2. $5 \times 12 \div 4 + 6 \div 3 = ?$　(A)16　(B)17　(C)18　(D)19　(E)以上皆非。

( )　3. $19 + 3 \times 4 - 5 \times 6 = ?$　(A)140　(B)20　(C)10　(D)5　(E)以上皆非。

( )　4. $(7 \times 4 - 6 \div 2) \div 5 = ?$　(A)3　(B)5　(C)7　(D)9　(E)以上皆非。

( )　5. $5 \times 7 - (19 \times 2 - 30 \div 6) = ?$　(A)1　(B)2　(C)3　(D)4　(E)以上皆非。

( )　6. $66 \div (99 \div 9) - (33 \div 11) = ?$　(A)99　(B)66　(C)33　(D)22　(E)以上皆非。

( )　7. $(16 + ?) \div 3 = 7$　(A)3　(B)4　(C)5　(D)6　(E)以上皆非。

( )　8. $(4 \times 5 - ?) + 8 = 22$　(A)9　(B)8　(C)7　(D)6　(E)以上皆非。

( )　9. $37 \times 3 - 100 - 10 = ?$　(A)11　(B)1　(C)21　(D)31　(E)以上皆非。

( )　10. $4 \times 10 + 7 \times 9 - 12 \times 4 = ?$　(A)45　(B)55　(C)65　(D)75　(E)以上皆非。

( )　11. $9 + 3 \times 6 + 5 \times 6 = ?$　(A)36　(B)48　(C)53　(D)57　(E)以上皆非。

( )　12. $13 \times 3 + 7 \times 3 = ?$　(A)39　(B)21　(C)60　(D)76　(E)以上皆非。

( )　13. $100 - 4 \times 2 - 5 \times 9 = ?$　(A)53　(B)47　(C)45　(D)8　(E)以上皆非。

( )　14. $440 - 12 \times 9 + 5 = ?$　(A)347　(B)33　(C)337　(D)37　(E)以上皆非。

( )　15. $69 \div 3 \times 2 - 45 \div 9 \times 5 =$?　(A)26　(B)25　(C)2　(D)2　(E)以上皆非。

( )　16. 長方體的體積＝　(A)(一邊)$^2 \times 6$　(B)長×寬×高　(C)(一邊)^3　(D)長×寬。

( )　17. 正方體的每邊增加為2倍時，體積增加為　(A)4倍　(B)6倍　(C)8倍　(D)9倍。

( )　18. 一長方形米倉，裏面的長為5公尺，寬4公尺，高3公尺，可放米　(A)600公石　(B)60公石　(C)6000公石　(D)6公石。

( )　19. 長方體的高　(A)體積÷長÷寬　(B)體積÷長×寬　(C)體積×2÷長÷寬　(D)體積÷長÷寬÷2。

( )　20. 2公尺立方是2立方公尺的　(A)1倍　(B)2倍　(C)4倍　(D)8倍。

( )　21. 某貨物，照原價加20%後，打八折出售，其售價　(A)等於原價　(B)比原價便宜4%　(C)比原價貴4%　(D)比原價貴16%。

( )　22. 本金相等，一年以後，以年利一分及月利一分兩種利息結本　(A)年利率一分大　(B)相等　(C)月利一分大　(D)不一定。

( )　23. 有人把500元存入銀行，半年後，得本利和560元，利率是　(A)月利一分　(B)月利二分　(C)年利一分　(D)年利二分。

( )　24. 甲乙共有600元，甲比乙多1/2，則　(A)甲有400元　(B)乙有200元　(C)甲有360元　(D)乙有360元。

( )　25. 5：4的比值是　(A)5：4　(B)$\frac{4}{5}$　(C)$1\frac{1}{4}$　(D)1。

( )　26. 3：6可化做　(A)1：2　(B)2：3　(C)3：4　(D)1：3。

( )　27. 6：5中比的前項是　(A)5　(B)6　(C)$\frac{6}{5}$　(D)$\frac{5}{6}$。

( )　28. 甲乙兩正方形邊長的比是4：5，面積的比是　(A)16：20　(B)8：10　(C)16：25　(D)4：5。

(　)　29. 一件工作,甲獨做3日完成,乙獨做2日完成,甲乙兩人每日工作量的比
　　　　　是　(A)2：3　(B)3：2　(C)$\frac{1}{3}$：$\frac{1}{4}$　(D)$\frac{1}{2}$：$\frac{1}{3}$。

(　)　30. 長寬都同樣縮小為原圖的幾分之幾的圖叫做　(A)放大圖　(B)縮圖　(C)
　　　　　擴展圖　(D)平面圖。

(　)　31. 正方形地一塊,每邊長50公尺,如果畫在$\frac{1}{1000}$的縮圖上,每邊長
　　　　　(A)5公分　(B)0.5公分　(C)50公分　(D)5公釐。

(　)　32. 比例尺1：5時,面積的比　(A)1：5　(B)2：5　(C)1：10　(D)1：25。

(　)　33. 3：9小於　(A)1：3　(B)3：8　(C)3：10　(D)3：11。

(　)　34. 甲：乙＝4：5,那麼甲是乙的　(A)80%　(B)100%　(C)125%　(D)1$\frac{1}{5}$%。

(　)　35. 正方體的表面積是一邊的平方乘以　(A)3　(B)4　(C)6　(D)8。

(　)　36. 大華上次抽考數學得80分,這次增加$\frac{1}{5}$,這次的成績是　(A)90分
　　　　　(B)93分　(C)96分　(D)98分。

(　)　37. 一件工程甲獨做了7天可成,乙獨做10天可成,兩人合作幾天可成?
　　　　　(A)17天　(B)3天　(C)4天　(D)4$\frac{2}{17}$天。

(　)　38. 4770÷(1＋1%×6)＝　(A)4200元　(B)4300元　(C)4400元　(D)4500元。

(　)　39. 5%×▢－220%÷22%＝10,▢＝　(A)200　(B)300　(C)400
　　　　　(D)500。

(　)　40. 110$\frac{2}{3}$元÷(1＋16%×$\frac{2}{3}$)＝　(A)200元　(B)300元　(C)100元　(D)150元。

(　)　41. 一個水槽有三條注水管,開甲管12分可注滿,開乙管18分可注滿,開
　　　　　丙管24分可注滿,如三管齊開,多少分鐘可注滿?　(A)5$\frac{5}{13}$分鐘
　　　　　(B)5$\frac{6}{13}$分鐘　(C)5$\frac{7}{13}$分鐘　(D)5$\frac{8}{13}$分鐘。

( ) 42. 築一段路，雇工10人工作20天，做完了全工程$\frac{1}{3}$，今增加工人2人趕工，還須要多少天才能完成全部工作？ (A)30天 (B)31天 (C)33天 (D)33$\frac{1}{3}$天。

( ) 43. 手錶一只定價800元，打九五折出售，售價多少元？ (A)740元 (B)750元 (C)780元 (D)760元。

( ) 44. 謝先生把一筆款等分為二份，一份存入甲銀行，年利率8%，一份存入乙銀行，年利率10%，經二年後所得利息相差500元，求謝先生共有多少元？ (A)20000元 (B)25000元 (C)2500元 (D)50000元。

( ) 45. 某商店買進一批貨物，價錢1500元，加一成二為定價，後來打八折出售，結果是賺是賠，賺賠多少元？ (A)賺156元 (B)賺146元 (C)賠156元 (D)賠146元。

( ) 46. 甲比乙大10歲，乙是兩人年齡和的$\frac{1}{4}$，問甲乙各多少歲？ (A)甲10歲，乙5歲 (B)甲15歲，乙5歲 (C)甲30歲，乙10歲 (D)甲25歲，乙10歲。

( ) 47. 某人先用去所有款的$\frac{1}{5}$，次用去餘下的$\frac{2}{7}$，再用去餘下的$\frac{5}{8}$，還有156元，此人原有款多少元？ (A)718 (B)728 (C)738 (D)748。

( ) 48. 一年級學生480人，佔全校人數$\frac{1}{4}$多30人，求全校人數？ (A)1800人 (B)1500人 (C)1200人 (D)1750人。

( ) 49. 布一匹，第一次賣出$\frac{2}{3}$，第二次賣出去15公尺，最後剩下的比全長的$\frac{1}{6}$多一公尺，這匹布全長多少公尺？ (A)48公尺 (B)72公尺 (C)96公尺 (D)123公尺。

( )　50. 8立方公尺2000立方公分＝　(A)8.02立方公尺　(B)8.002立方公尺
　　　　(C)8.2立方公尺　(D)8.0002立方公尺。

( )　51. 某百貨公司秋季大減價，一件西褲打七折，售價231元，定價多少元？
　　　　(A)330元　(B)350元　(C)310元　(D)333元。

( )　52. 某人用去所有款 $\frac{3}{5}$ ，後來加上34元，等於原來的 $1\frac{1}{4}$ 倍，原來有？
　　　　(A)20元　(B)25元　(C)30元　(D)40元。

( )　53. 小美一年的年薪是24000元，計算她月薪的方法用　(A)加法　(B)減法
　　　　(C)乘法　(D)除法。

( )　54. 某數的 $\frac{3}{7}$ 比 $\frac{2}{5}$ 大13，問某數是多少？　(A)456　(B)576　(C)686
　　　　(D)866　(E)以上皆非。

( )　55. 母親分桃給三子，長子得 $\frac{3}{7}$ ，次子得 $\frac{1}{5}$ ，其餘為三子所得，只知長子
　　　　二子共比三子多9個，試問全數共有多少個？　(A)35　(B)36　(C)40
　　　　(D)45　(E)以上皆非。

( )　56. 男子4人和女子3人的工資相等，女子5人和小孩7人的工資相等，假如小
　　　　孩一人的工資是2元，則男人工資一個多少元？　(A)4.2　(B)4.9　(C)5
　　　　(D)7.2　(E)以上皆非。

( )　57. 甲一件工程做9日完成，乙做18日完成，丙做12日做完，現在甲，乙，
　　　　丙三人合作幾日做完？　(A)3　(B)4　(C)5　(D)6　(E)以上皆非。

( )　58. 用攝氏溫度計量的度數和用華氏溫度計量的度數差72度，問這時華氏幾
　　　　度？　(A)72　(B)81　(C)98　(D)108　(E)以上皆非。

( )　59. 三點到四點中間，兩針成60度的角度是什麼時候？　(A)3時5 $\frac{1}{11}$ 分
　　　　(B)第一次在3時5 $\frac{5}{11}$ 分，第二次在3時27 $\frac{3}{11}$ 分　(C)第一次在3時4 $\frac{9}{11}$
　　　　分，第二次在3時31 $\frac{8}{11}$ 分　(D)以上皆非。

( )　60. 狗追兔，兔在狗前面60步(兔步)，同時間內兔走9步，狗走6步又兔7步之距離等於狗3步之距離，問走幾步才追及到兔？　(A)64　(B)68　(C)72　(D)76　(E)以上皆非。

( )　61. 製火藥所用的東西，硝佔75%，硫磺佔10%，其他是木炭，那麼用木炭21公斤時，可以做火藥多少公斤？　(A)120　(B)140　(C)160　(D)180　(E)以上皆非。

( )　62. 本金1元，月利率2分，要多少時間後所得的利息與本金相等？　(A)5個月　(B)10個月　(C)50個月　(D)100個月　(E)以上皆非。

( )　63. 1公畝是5公尺平方的幾倍？　(A)4　(B)6　(C)10　(D)20　(E)以上皆非。

( )　64. 稻田每公畝500元，今有田一塊長10公丈，闊20公丈，問售價多少元？　(A)1000　(B)10000　(C)100000　(D)1000000　(E)以上皆非。

( )　65. 長方形池塘一個，長8公尺，闊5公尺，深4公尺，把滿塘的水放進另一個一公丈6公尺長，5公尺闊的池塘內，應該有幾公尺的深度？　(A)2　(B)3　(C)4　(D)5　(E)以上皆非。

( )　66. 有一繩子其長不知道，但知將繩分為四段應比分為三段短3公尺，問繩長若干公尺？　(A)24　(B)32　(C)36　(D)40　(E)以上皆非。

( )　67. 某處修理鐵路200哩，雇工人10人，10天可以修好，後因急於通車，要在5天內趕修完畢，須增加工人幾人？　(A)8　(B)9　(C)12　(D)15　(E)以上皆非。

( )　68. 一水缸有大小管，缸裏裝滿水以後僅開大管，6分鐘可以把水流完，如果兩管同時開，4分鐘流完，若僅開小管需要幾分鐘可以流完？　(A)8　(B)10　(C)12　(D)15　(E)以上皆非。

( )　69. 溫度用攝氏華氏溫度計去量，測得溫度差44度，這時攝氏表上是幾度？　(A)10　(B)12　(C)14　(D)15　(E)以上皆非。

( )　70. 甲時鐘每天快2分鐘，乙錶每天慢3分鐘，星期一正午時，兩鐘錶都準確，那麼兩鐘錶相差20分鐘，是什麼時候？　(A)星期二上午11點　(B)星期三下午6點　(C)星期四下午9點　(D)星期五中午12點　(E)以上皆非。

( )　71. 狗走3步時，兔能走4步，狗2步的距離等於兔3步，兔先走50步，問狗走多少步才追到兔？　(A)240　(B)120　(C)150　(D)280　(E)以上皆非。

( )　72. 有酒40公斤，若加水5公斤，則知其純度為80%，求未加5公斤以前，酒的純度為多少？　(A)85%　(B)90%　(C)94%　(D)98%　(E)以上皆非。

( )　73. 鋼筆一打，定價120元，現在特別廉價，照定價七五折後再打九折，實際售價為多少？　(A)72　(B)81　(C)87　(D)90　(E)以上皆非。

( )　74. 百貨公司本月份用去印花稅票172元，照規定商店所開的發票每滿10元，須貼印花4分，本月份公司營業數目至少有多少元？　(A)58000　(B)450000　(C)43000　(D)4300　(E)以上皆非。

( )　75. 某甲把國幣500元存入銀行，年利一分，2年後可得本利和多少元？　(A)600　(B)5000　(C)580　(D)620　(E)以上皆非。

( )　76. 自本月10日上午7時50分，由基隆出發的某船，至本月22日下午3時20分才到倫敦，問一共費時多少？　(A)295.5　(B)265.5　(C)275.5　(D)271.5　(E)221.5。

( )　77. 有一塊園地，長18公尺寬25公尺，以每公畝240元計算，那地共值多少元？　(A)108　(B)1080　(C)10800　(D)10080　(E)以上皆非。

( )　78. 有長28公尺寬16公尺的矩形花園，在其周圍的外側，做寬6市尺的小路，費120元給工人承辦，結果每平方公尺實費5角的工資，問承辦工人實賺的錢有多少元？（6市尺＝2公尺）　(A)12　(B)120　(C)24　(D)240　(E)以上皆非。

( )　79. 設 $x^2-2x+9=0$ 之二根為 α、β，則 $\alpha^2+\beta^2=$?　(A)-14　(B)0　(C)14　(D)28。

( )　80. 解 $\begin{cases} 3x - 4y - 3 = 0 \\ 4x + 3y + 11 = 0 \end{cases}$，求 $x^2 - y^2 = $ ？　(A)$\dfrac{25}{32}$　(B)$-\dfrac{25}{32}$　(C)$\dfrac{32}{25}$

(D)$-\dfrac{32}{25}$ 。

( )　81. 若f(x)為三次多項式，f(1)＝f(2)＝0，f(0)＝2，f(−1)＝−6，則f(x)＝？
(A)$3x^3 - 5x^2 - x + 2$　(B)$x^3 - 4x^2 + x + 2$　(C)$2x^3 - 5x^2 + x + 2$　(D)$2x^3 + 5x^2 - x - 2$ 。

( )　82. $173 \times 173 \times 173 - 162 \times 162 \times 162 = $？　(A)926183　(B)936185
(C)926187　(D)926189 。

( )　83. 19881989＋19891988的十位數是多少？　(A)9　(B)7　(C)5　(D)3 。

( )　84. 已知目前學校老師與學生的人數比例為1：30，若老師人數增加50人，
學生人數增加50人，則兩者之間的比例變成1：25，則請問目前老師有
多少人？　(A)150　(B)180　(C)240　(D)290　人。

( )　85. 有一個兩層書架上的書，上層比下層多52本，若上層拿6本到下層，
則下層的書量變成上層的$\dfrac{1}{3}$，那請問問這個書架上層原有書幾本？
(A)52　(B)60　(C)66　(D)72本。

解答　解析

1.(C)。$2 \times 3 \div 2 + 3 - 2 = 3 + 3 - 2 = 4$。

2.(B)。$5 \times 12 \div 4 + 6 \div 3 = 5 \times 3 + 2 = 17$。

3.(E)。$19 + 3 \times 4 - 5 \times 6 = 19 + 12 - 30 = 1$。

4.(B)。$(7 \times 4 - 6 \div 2) \div 5 = (28 - 3) \div 5 = 25 \div 5 = 5$。

5.(B)。$5 \times 7 - (19 \times 2 - 30 \div 6) = 35 - (38 - 5) = 35 - 33 = 2$。

6.(E)。$66 \div (99 \div 9) - (33 \div 11) = 66 \div 11 - 3 = 6 - 3 = 3$。

7.(C)。$(16 + \ ?\ ) \div 3 = 7$，$16 + \ ? = 21$，$? = 21 - 16 = 5$。

8.(D)。$(4 \times 5 - \ ?\ ) + 8 = 22$，$(20 - \ ?\ ) = 14$，$? = 20 - 14 = 6$。

9.(B)。$37 \times 3 - 100 - 10 = 111 - 110 = 1$。

10.(B)。$4 \times 10 + 7 \times 9 - 12 \times 4 = 40 + 63 - 48 = 55$。

11.(D)。$9 + 3 \times 6 + 5 \times 6 = 9 + 18 + 30 = 57$。

12.(C)。$13 \times 3 + 7 \times 3 = 39 + 21 = 60$。

13.(B)。$100 - 4 \times 2 - 5 \times 9 = 100 - 8 - 45 = 47$。

14.(C)。$440 - 12 \times 9 + 5 = 440 - 108 + 5 = 337$。

15.(E)。$69 \div 3 \times 2 - 45 \div 9 \times 5 = 23 \times 2 - 5 \times 5 = 46 - 25 = 21$。

16.(B)。長方體的體積＝長×寬×高。

17.(C)。正方體每邊增加為2倍，則體積＝(2×邊長)×(2×邊長)×(2×邊長)＝8×(邊長×邊長×邊長)，為原體積之8倍。

18.(A)。長方形米倉之容積＝$5 \times 4 \times 3$立方公尺＝60立方公尺，又1立方公尺＝10公石，$60 \times 10 = 600$公石。

19.(A)。長方體體積＝長×寬×高，故高＝體積÷長÷寬。

20.(C)。2公尺立方＝$(2公尺)^3$＝8立方公尺＝2立方公尺×4。

21.(B)。該貨物加價20%，其價格為原價之120%，打八折之售價為$120\% \times 80\% = 96\%$，比原價便宜4%。

22.(C)。在民間借貸關係上，年利一分是指10%，月利一分是指1%。因年利一分指一年產生一分利息；月利一分指一月產生一分利息，若累積到一年則月利一分將為12%之利息。

23.(B)。利息＝本金×利率×期數，利率＝利息÷本金÷期數＝$(560 - 500) \div (500 \times 6(月)) = 60 \div 3000 = 0.02 = 2\%$，得月利二分。

24.(C)。$\begin{cases} 甲 + 乙 = 600 \dots (1) \\ 甲 = 1\frac{1}{2}乙 \dots\dots (2) \end{cases}$

由(2)式可知甲＝$\frac{3}{2}$乙，代入(1)式得$\frac{3}{2}$乙＋乙＝600

$\frac{5}{2}$乙＝600，乙＝240，甲＝360。

25.(C)。5：4的比值為：$\dfrac{5}{4}=1\dfrac{1}{4}$。

26.(A)。3：6可將前後各除以3，其值不變，除以3之後得1：2

27.(B)。6：5中前項為6，後項為5。

28.(C)。正方形的面積＝邊長×邊長，甲乙之邊長比為4：5，則面積比為 $4^2：5^2=16：25$。

29.(A)。甲每日之工作量為$\dfrac{1}{3}$，乙為$\dfrac{1}{2}$，甲乙每日工作量比為$\dfrac{1}{3}：\dfrac{1}{2}$，前後項各乘以6，得2：3。

30.(B)。長寬以等比例縮小，稱為縮圖。

31.(A)。50公尺×$\dfrac{1}{1000}$＝0.05公尺＝5公分。

32.(D)。比例尺為長度之比，面積比為長度平方之比，$1^2：5^2=1：25$。

33.(B)。3：9＝1：3，當分子相等時，分母愈小，其值愈大，故3：8＞3：9。

34.(A)。甲：乙＝4：5＝$\dfrac{4}{5}：1$，甲是乙的$\dfrac{4}{5}$，即80%。

35.(C)。正方體有6面，表面積＝一邊的平方×6。

36.(C)。這次的成績為$80+80×\dfrac{1}{5}=80+16=96$分。

37.(D)。甲每日工作量為$\dfrac{1}{7}$，乙每日工作量為$\dfrac{1}{10}$，兩人合作每日工作量為 $(\dfrac{1}{7}+\dfrac{1}{10})=\dfrac{17}{70}$，總工作量為1，則所需天數為$1÷\dfrac{17}{70}=\dfrac{70}{17}=4\dfrac{2}{17}$ 天。

38.(D)。$4770÷(1+1\%×6)=4770÷(1+6\%)=4770×\dfrac{100}{106}=4500$。

39.(C)。$5\%×\boxed{}-220\%÷22\%=10$

$\dfrac{1}{20}×\boxed{}-10=10$

$\dfrac{1}{20}×\boxed{}=20$，$\boxed{}=400$。

40.(C)。$110\frac{2}{3}$元 $\div(1+16\%\times\frac{2}{3})=\frac{332}{3}$元 $\div(1+\frac{32}{300})=\frac{332}{3}$元 $\div\frac{332}{300}$

$\qquad =\frac{332}{3}\times\frac{300}{332}$元 $=100$元

41.(C)。甲管每分注水量為 $\frac{1}{12}$，乙管為 $\frac{1}{18}$，丙管為 $\frac{1}{24}$，三管齊開之注水

量為 $\frac{1}{12}+\frac{1}{18}+\frac{1}{24}=\frac{6+4+3}{72}=\frac{13}{72}$，注滿所需時間為 $1\div\frac{13}{72}=\frac{72}{13}$

$=5\frac{7}{13}$ 分鐘。

42.(D)。10人所需總天數 $=20\div\frac{1}{3}=60$天，每人每日工作量為 $\frac{1}{60}\div10$人$=$

$\frac{1}{600}$，已完成 $\frac{1}{3}$，剩餘工作量為 $\frac{2}{3}$，所需天數為 $\frac{2}{3}\div(\frac{1}{600}\times12$人$)=$

$\frac{100}{3}=33\frac{1}{3}$天。

43.(D)。$800\times95\%=760$元。

44.(B)。利息＝本金×利率×期數
　　　利息差＝乙銀行所得利息－甲銀行所得利息
　　　$500=$本金$\times10\%\times2-$本金$\times8\%\times2$
　　　$=$本金$\times20\%-$本金$\times16\%=$本金$\times4\%$
　　　本金$=500\div4\%=500\times25=12500$，
　　　謝先生的存款為本金的2倍$=25000$元

45.(C)。$1500\times1.12\times0.8-1500\doteqdot1500(0.896-1)=-156$

46.(B)。$\begin{cases}甲=乙+10\cdots\cdots\cdots(1)\\(甲+乙)\times\frac{1}{4}=乙\cdots(2)\end{cases}$

　　　由(2)式可知甲$+$乙$=4$乙，甲$=3$乙，乙$+10=3$乙，$10=2$乙，
　　　乙$=5$，甲$=15$。

47.(B)。設原有x元，依題意可得$x\times(1-\frac{1}{5})\times(1-\frac{2}{7})\times(1-\frac{5}{8})=156$

$\qquad x\times\frac{4}{5}\times\frac{5}{7}\times\frac{3}{8}=156 \quad x=156\times\frac{5}{4}\times\frac{7}{5}\times\frac{8}{3}=728$ (元)。

48.(A)。設全校人數x人，$480 = x \times \frac{1}{4} + 30$，$450 = x \times \frac{1}{4}$，$x = 1800$人。

49.(C)。設原有x公尺，依題意可得

$$x \times (1 - \frac{2}{3}) - 15 = x \times \frac{1}{6} + 1$$

$$x \times \frac{1}{3} - x \times \frac{1}{6} = 16 \text{，} x \times \frac{1}{6} = 16 \quad x = 96 \text{（公尺）。}$$

50.(B)。8立方公尺＋2000立方公分＝$8 + 2000 \div 1000000$立方公尺＝8.002立方公尺。

51.(A)。$231 \div 70\% = 231 \times \frac{10}{7} = 330$。

52.(D)。設原有x元，$x \times (1 - \frac{3}{5}) + 34 = x \times 1\frac{1}{4}$，$x \times \frac{5}{4} - x \times \frac{2}{5} = 34$

$$x \times (\frac{5}{4} - \frac{2}{5}) = 34 \text{，} x \times (\frac{25 - 8}{20}) = 34 \text{，} x \times \frac{17}{20} = 34 \text{，} x = 40 \text{。}$$

53.(D)。使用除法計算。

54.(E)。設某數為x，則$x \times \frac{3}{7} - x \times \frac{2}{5} = 13$，$x \times (\frac{3}{7} - \frac{2}{5}) = 13$，

$$x \times \frac{15 - 14}{35} = 13 \text{，} x \times \frac{1}{35} = 13 \text{，} x = 455 \text{。}$$

55.(A)。設全數共x個，則$x - (x \times \frac{3}{7} + x \times \frac{1}{5}) = x \times \frac{3}{7} + x \times \frac{1}{5} - 9$

$$x \times \frac{13}{35} = x \times \frac{22}{35} - 9 \text{，} x \times \frac{9}{35} = 9 \text{，} x = 35 \text{。}$$

56.(E)。小孩7人工資＝$2 \times 7 = 14 = $女5人工資

女1人工資＝$\frac{14}{5} = 2.8$元

女3人工資＝$2.8 \times 3 = 8.4 = $男4人工資

男1人工資＝$\frac{8.4}{4} = 2.1$元。

57.(B)。甲一日工作量＝$\frac{1}{9}$，乙一日工作量＝$\frac{1}{18}$，丙一日工作量＝$\frac{1}{12}$，甲、

乙、丙合作之一日工作量＝$\frac{1}{9} + \frac{1}{18} + \frac{1}{12}$，所需天數＝$1 \div (\frac{1}{9} + \frac{1}{18} + \frac{1}{12}) = 4$。

58.(E)。華氏＝攝氏×$\frac{9}{5}$＋32，依題意可知，華氏溫度比攝氏高72度，即

華氏－攝氏＝72，攝氏×$\frac{9}{5}$＋32－攝氏＝72，攝氏×$\frac{9}{5}$＝40，攝氏＝50度，華氏＝122度。

59.(B)。有兩次，一次分針接近時針，一次分針遠離時針，相差60°表示分針與時針差十個小刻度。設經過□分鐘後分針與時針成60°，x分的時針位置為15＋x×$\frac{5}{60}$－x⇒分針接近時針時：

15＋x×$\frac{5}{60}$－x＝10⇒$\frac{11}{12}$x＝5，x＝5$\frac{5}{11}$

分針遠離時針時：x－(15＋x×$\frac{5}{60}$)＝10⇒$\frac{11}{12}$x＝25。

60.(C)。兔7步＝狗3步之距離，則狗1步＝兔$\frac{7}{3}$步之距離，又同時間內兔走9步而狗走6步，因此同時間內狗走的距離為兔$\frac{7}{3}$×6步，由此可知，狗與兔之速度比＝$\frac{7}{3}$×6：9＝14：9，而距離之差＝14－9＝5，因此，狗走6步可超前兔5步（兔步），欲趕上兔須超前60步

（兔步），須狗步6×$\frac{60}{5}$＝72步。

61.(B)。木炭所佔百分比為(100－75－10)%＝15%，而木炭21公斤，因此

火藥有21÷15%＝21×$\frac{100}{15}$＝140公斤。

62.(C)。1÷0.02＝50（月）。

63.(A)。1公畝＝100平方公尺，$(5公尺)^2$＝25平方公尺，為4倍。

64.(C)。1公丈＝10公尺，10公丈×20公丈＝200平方公丈＝20000平方公尺＝200公畝，每公畝500元，200×500＝100000元。

65.(A)。長方形池塘可容水量為8×5×4＝160立方公尺，將水放入另一池塘，則其深度為160÷16÷5＝2（公尺）。

66.(C)。設繩子長x公尺，x×$\frac{1}{3}$－x×$\frac{1}{4}$＝3，x×($\frac{1}{3}$－$\frac{1}{4}$)＝3，

x×$\frac{1}{12}$＝3，x＝36（公尺）。

67.(E)。工人每日工作量 $= \frac{1}{10} \times \frac{1}{10} = \frac{1}{100}$，5日內完成所需工人數量為

x，則 $\frac{1}{100} \times x \times 5 = 1$，x＝20。

68.(C)。設只開小管需x分鐘，則 $(\frac{1}{6} + \frac{1}{x}) \times 4 = 1$，$\frac{1}{6} + \frac{1}{x} = \frac{1}{4}$，

$\frac{1}{x} + \frac{1}{4} - \frac{1}{6} = \frac{6-4}{24} = \frac{1}{12}$，x＝12。

69.(D)。華氏＝攝氏 $\times \frac{9}{5} + 32$，由左式可知華氏－攝氏＝44

（攝氏 $\times \frac{9}{5} + 32$）－攝氏＝44

攝氏 $\times \frac{4}{5} = 12$　攝氏＝15(℃)。

70.(D)。兩錶每天相差 (2－(－3))＝5分鐘，要差20分鐘則須20÷5＝4。

71.(E)。狗1步距離＝兔 $\frac{3}{2}$ 步，同時間狗走的距離與兔的比為 $\frac{3}{2} \times 3 : 4 =$

9：8，因此狗走6步（狗步）＝9步（兔步），此時兔走8步（兔步），而狗比兔多走1兔步之距離，因此狗欲進上兔50步（兔步），則須走6×50＝300狗步。

72.(B)。設酒原來純度x %，則該酒40公斤含酒精40×x %，加水5公斤後之純度為40×x%÷(40＋5)＝80%　40×x%＝45×80%，x＝45×80÷40＝90(%)。

73.(B)。120×75%×90%＝81（元）。

74.(D)。$\frac{172}{0.4}$ ＝430個印花，10元1個印花，那麼430個印花4300元。

75.(A)。500＋500×0.1×2＝600。

76.(A)。22－10＝12日＝12×24＝288時，15時20分－7時50分＝7時30分＝7.5時，288＋7.5＝295.5時。

77.(B)。18×25＝450平方公尺＝4.5公畝，4.5×240＝1080元。

78.(C)。(28＋4)×(16＋4)－28×16＝192平方公尺，120－192×0.5＝24

79.(A)。$x^2-2x+9=0$之二根為α,β

$\Rightarrow \alpha+\beta=-\dfrac{(-2)}{1}=2$，$\alpha\beta=9$

$\therefore \alpha^2+\beta^2=(\alpha+\beta)^2-2\alpha\beta=(2)^2-2\times9=4-18=-14$

80.(D)。$\begin{cases}3x-4y-3=0\\4x+3y+11=0\end{cases}$

$\Rightarrow x=-\dfrac{7}{5}$，$y=-\dfrac{9}{5}$，$x^2-y^2=-\dfrac{32}{25}$

81.(C)。設$f(x)：ax^3+bx^2+cx+d=0$

$f(0)=2\Rightarrow d=2$

$f(1)=f(2)=0$；$f(-1)=-6$

$\begin{cases}a+b+c+2=0\cdots\cdots\cdots\cdots(1)\\8a+4b+2c+2=0\cdots\cdots(2)\\-a+b-c+2=-6\cdots(3)\end{cases}$

$(1)+(3)\Rightarrow b=-5$　　代入(1)、(2)聯立$\Rightarrow a=2$，$b=1$

$\therefore f(x)=2x^3-5x^2+x+2$

82.(D)。只需以個位數來運算(十位數以後均不用管)

$3^3=27\Rightarrow$尾數為7　　　　$2^3=8\Rightarrow$尾數為8

$27-8=19\Rightarrow$尾數為9　　$\therefore$故選(D)

83.(B)。只需加最後二位數即知$89+88=177\Rightarrow$十位數為7。

84.(D)。設原有師：生$=x：30x$

$x+50：30x+50=1：25$，$30x+50=25x+1250$

$5x=1200$，$x=240$　$\therefore$現有$240+50=290$人

85.(C)。設上層x本$\Rightarrow$下層有$x-52$本

$(x-6)\div3=(x-52)+6$，$x-6=3x-138$，

$2x=132$，$x=66$

第二章 數系

命題分析

題目為依照某規則排列的一系列數字，但少了其中一個。請你依照規則找出所缺的數字來。

數列變化規則

一、解析

一串數列之中，如$a_1a_2a_3a_4a_5a_6$，前後數字之間出現某些變化規則。熟練這些規則，就很容易找出推論出的數字而得到正確的答案。

大部份的規則是比較奇數位$a_1a_3a_5$與偶數位$a_2a_4a_6$前後數字間的關係，把握此原則，大部份的數列問題都能迎刃而解。

二、規則

(一) $a_1a_3a_5$呈等差數列，$a_2a_4a_6$亦呈等差數列。

例1：(B)　　1　0　3　0　5　0　7　__　　(A)8　(B)0　(C)9　(D)6

例2：(A)　　1　5　9　13　17　__　25　29　　(A)21　(B)24　(C)19　(D)23

例3：(D)　　1　11　12　22　23　33　__　44

　　　　　　(A)28　(B)30　(C)32　(D)34

例4：(B)　　3　6　5　8　7　__　　(A)9　(B)10　(C)11　(D)12

(二) $a_1a_3a_5$呈等比數列，$a_2a_4a_6$亦呈等比數列。

例1：(D)　　1　2　3　4　6　8　12　__　(A)10　(B)12　(C)14　(D)16

（×2　×2　×2 上方；×2　×2 下方）

例2：(B)　　5　6　10　18　20　54　__　(A)30　(B)40　(C)50　(D)60

（×2　×2　×2 上方；×3　×3 下方）

(三) $a_1a_2a_3$呈等比數列。

例1：(D)　　$\dfrac{1}{25}$　$\dfrac{1}{5}$　1　5　25　__　(A)10　(B)50　(C)100　(D)125

（×5　×5　×5　×5　×5）

例2：(D)　　1　2　4　8　16　__

（×2　×2　×2　×2　×2）

(A)18　(B)24　(C)28　(D)32

(四) $a_1a_3a_5$呈等差數列，$a_2a_4a_6$呈等比數列，反之亦然。

例1：(D)　　1　2　3　4　5　8　7　__　(A)9　(B)12　(C)6　(D)16

（+2　+2　+2 上方；×2　×2　×2 下方）

⇒

例2：(A)　　3　4　6　6　12　8　24　__　(A)10　(B)12　(C)16　(D)24

（×2　×2　×2 上方；+2　+2　+2 下方）

(五) $a_1a_2a_3a_4a_5a_6$為自然數的平方或立方。

例1：(C)　　1　4　9　16　__　36　49　(A)18　(B)24　(C)25　(D)32

1^2　2^2　3^2　4^2　5^2　6^2　7^2

例2：(C)　　1　8　27　64　125　__　(A)256　(B)234　(C)216　(D)343

1^3　2^3　3^3　4^3　5^3　6^3

(六) $(a_1a_3$之差$)$與$(a_2a_4$之差$)$，或$(a_1a_2$之差$)$與$(a_2a_3$之差$)$，兩差之間呈等差數列。

例1：(D)
$$\overset{\overset{\displaystyle 10 \qquad\quad 18}{\frown\quad\frown}}{\underset{\underset{\displaystyle 14 \qquad\quad 22}{\smile\quad\smile}}{2\quad 6\quad 12\quad 20\quad 30\quad \_}}$$

$$\underset{\underset{\displaystyle 4\quad\ \ 4\quad\ \ 4}{\smile\ \smile\ \smile}}{10\quad 14\quad 18\quad 22}$$

(A)38　(B)39　(C)41　(D)42

例2：(A)
$$\overset{\overset{\displaystyle 8\qquad\ \ 16\qquad\ \ 24}{\frown\quad\ \frown\quad\ \frown}}{\underset{\underset{\displaystyle 12\qquad 20\qquad 28}{\smile\quad\smile\quad\smile}}{2\quad 5\quad 10\quad 17\quad 26\quad 37\quad 50\quad \_}}$$

$$\underset{\underset{\displaystyle 4\quad\ 4\quad\ 4\quad\ 4\quad\ 4}{\smile\ \smile\ \smile\ \smile\ \smile}}{8\quad 12\quad 16\quad 20\quad 24\quad 28}$$

(A)65　(B)54　(C)66　(D)62

(七) $(a_1a_3$之差$)$與$(a_2a_4$之差$)$，兩差之間呈等比數列。

例1：(D)
$$\overset{\overset{\displaystyle \times 3\qquad \times 3}{}}{\overset{\overset{\displaystyle 4\qquad 12\qquad 36}{\frown\quad\frown\quad\frown}}{\underset{\underset{\displaystyle 4\qquad 12\qquad 36}{\smile\quad\smile\quad\smile}}{5\quad 3\quad 9\quad 7\quad 21\quad 19\quad \_\quad \_}}}$$
$$\underset{\displaystyle \times 3\qquad \times 3}{}$$

(A)17 51　(B)16 32　(C)16 48　(D)57 55

(八) $a_1a_2a_3$之和與$a_4a_5a_6$之和相同。

例1：(B)
$$\underset{\underset{\displaystyle 15\qquad\ 15\qquad\ 15}{}}{\underline{1\ 5\ 9}\quad \underline{2\ 6\ 7}\quad \underline{3\ 4\ \_}}$$

(A)7　(B)8　(C)9　(D)10

(九) $a_1-a_2=a_3$，$a_4-a_5=a_6$或$a_1+a_2=a_3$，$a_2+a_3=a_4$，$a_3+a_4=a_5$，$a_4+a_5=a_6$。

例1：(B)
$$\overset{\overset{\displaystyle \frown\quad\quad\frown}{}}{5\quad 13\quad 8\quad 11\quad 3\quad 7\quad 4\quad 5\quad 1}$$
$5=\underline{13}-8$，$8=11-3$，$3=7-4$
$4=5-1$

(A)7　(B)13　(C)9　(D)11

例2：(C)
$$0\quad 1\quad 1\quad 2\quad \underline{\ \ }\quad 5\quad 8\quad 13$$
$0+1=1$，$1+1=2$，$1+2=\underline{3}$，$\underline{3}+5=8$，$5+8=13$

(A)1　(B)2　(C)3　(D)4

例3：(B)　　　27　8　19 __ 1　3　1

$27-8=19$，$\underline{4}-1=3$　(A)1　(B)4　(C)8　(D)16

(十) $a_1 \times a_2 = a_3$，$a_3 \times a_4 = a_5$，$a_5 \times a_6 = a_7$。

例1：(B)　　　36　$\dfrac{1}{3}$　12　$\dfrac{1}{4}$　3 __ 1

$36 \times \dfrac{1}{3} = 12$，$12 \times \dfrac{1}{4} = 3$，$3 \times \dfrac{1}{3} = 1$

(A)9　(B)$\dfrac{1}{3}$　(C)4　(D)1

例 題

( )　◎ 5，__，9，11，13　　(A)4　(B)5　(C)6　(D)7。

解 ◎(D)。此例數字均為前一數字加2，因此缺少的數字應為7，故正確答案是(D)。

精選試題

( )　1. 1　3　5　7　9　　　　　(A)3　(B)6　(C)8　(D)11　(E)13。

( )　2. 7　8　6　9　5　10　　　(A)2　(B)4　(C)8　(D)11　(E)12。

( )　3. 8　4　2　6　12　8　　　(A)4　(B)8　(C)12　(D)16　(E)20。

( )　4. 1　9　3　6　5　3　　　(A)0　(B)3　(C)4　(D)7　(E)9。

( )　5. 3　9　3　6　3　9　　　(A)1　(B)3　(C)6　(D)9　(E)27。

( )　6. 8　6　10　8　14　12　　(A)8　(B)10　(C)13　(D)20　(E)32。

( )　7. 3　7　6　10　9　　　　(A)3　(B)5　(C)8　(D)12　(E)13。

( )　8. 1　2　4　2　5　9　　　(A)4　(B)5　(C)6　(D)7　(E)8。

( )　9. 3　6　8　9　12　　　　(A)4　(B)8　(C)11　(D)14　(E)16。

( )　10. 4　9　5　7　6　5　7　(A)3　(B)4　(C)7　(D)8　(E)9。

( )　11. 9　8　7　6　8　10　　　(A)4　(B)7　(C)12　(D)14　(E)16。

( )　12. 2　4　8　3　6　12　4　　(A)2　(B)4　(C)6　(D)8　(E)16。

( )　13. 6　12　18　3　9　　　　(A)1　(B)6　(C)15　(D)21　(E)24。

( )　14. 2　8　4　16　8　　　　(A)10　(B)12　(C)14　(D)24　(E)32。

( )　15. 6　9　27　24　8　11　　(A)8　(B)14　(C)21　(D)33　(E)61。

( )　16. 1　4　7　10　8　6　4　5　(A)3　(B)6　(C)7　(D)9　(E)10。

( )　17. 4　12　6　18　9　　　　(A)6　(B)12　(C)21　(D)27　(E)36。

( )　18. 2　5　8　12　16　21　　(A)22　(B)23　(C)26　(D)28　(E)30。

( )　19. 3　12　3　7　3　　　　(A)3　(B)5　(C)7　(D)12　(E)15。

( )　20. (2，3，4)，(1，5，3)，(1，1，__)　(A)8　(B)7　(C)6　(D)5。

( )　21. 21，27，33，__，45　(A)35　(B)37　(C)39　(D)41。

( )　22. $\frac{1}{32}$，__，$\frac{1}{8}$，$\frac{1}{4}$，$\frac{1}{2}$　(A)$\frac{1}{20}$　(B)$\frac{1}{18}$　(C)$\frac{1}{16}$　(D)$\frac{1}{12}$。

( )　23. 7，4，__，3，5，2　(A)8　(B)6　(C)4　(D)5。

( )　24. 54，45，__，27，18　(A)30　(B)33　(C)36　(D)41。

( )　25. 50，38，__，14，2　(A)18　(B)21　(C)25　(D)26。

( )　26. $\frac{1}{25}$，__，$\frac{1}{9}$，$\frac{1}{4}$，$\frac{1}{1}$　(A)$\frac{1}{12}$　(B)$\frac{1}{16}$　(C)$\frac{1}{18}$　(D)$\frac{1}{21}$。

( )　27. 2+3，4+5，__，8+9　(A)6+6　(B)6+7　(C)7+8　(D)8+8。

( )　28. $\frac{1}{2}$，$\frac{2}{3}$，$\frac{3}{4}$，__，$\frac{5}{6}$　(A)$\frac{3}{5}$　(B)$\frac{3}{4}$　(C)$\frac{4}{5}$　(D)$\frac{9}{10}$。

( )　29. 6，10，9，__，12，16，15　(A)13　(B)10　(C)11　(D)8。

( )　30. 2，4，8，16，__，64　(A)24　(B)32　(C)48　(D)60　(E)128。

( )　31. 7，9，7，9，__　(A)7　(B)9　(C)16　(D)2。

( )　32. 4，5，8，13，__，29　(A)16　(B)19　(C)20　(D)23　(E)26。

( ) 33. 8，6，16，14，32，30， __ (A)64 (B)56 (C)48 (D)36。

( ) 34. $\frac{1}{4}$，$\frac{1}{8}$，$\frac{1}{16}$，$\frac{1}{32}$，__，$\frac{1}{128}$ (A)$\frac{1}{48}$ (B)$\frac{1}{40}$ (C)$\frac{1}{60}$ (D)$\frac{1}{64}$

(E)$\frac{1}{72}$。

( ) 35. 1　2　3　5　7　11　13　17 (A)21 (B)23 (C)25 (D)28。

( ) 36. __　41　37　34　32　31 (A)47 (B)46 (C)45 (D)44。

( ) 37. 0　1　1　2　__　5　8 (A)0 (B)1 (C)2 (D)3。

( ) 38. 2　4　6　__　5　7　4　6　8 (A)2 (B)3 (C)6 (D)7。

( ) 39. 11　1　2　22　__　5　33　7　10　44 (A)1 (B)2 (C)3 (D)4。

( ) 40. 22　24　25　30　32　33　38　40 (A)41 (B)42 (C)43 (D)44。

( ) 41. 8　6　18　16　__　46 (A)22 (B)24 (C)44 (D)48。

( ) 42. 0　2　3　0　5　6　0　__　9　0 (A)11 (B)10 (C)9 (D)8。

( ) 43. $\frac{1}{2}$　$\frac{1}{4}$　$\frac{2}{6}$　__　$\frac{4}{16}$　$\frac{6}{26}$ (A)$\frac{3}{7}$ (B)$\frac{4}{8}$ (C)$\frac{1}{9}$ (D)$\frac{2}{10}$。

( ) 44. 3　6　9　18　15　__　33　69　39 (A)13 (B)21 (C)22 (D)25。

( ) 45. 13　17　19　23__ (A)24 (B)25 (C)28 (D)29。

( ) 46. 3　1　2　13　__　8　23　12　11　33 (A)0 (B)1 (C)3 (D)5。

( ) 47. 2　6　12　20　30　42　56 (A)66 (B)72 (C)84 (D)91。

( ) 48. 0　1　1　2　__　5　8　13　21 (A)0 (B)1 (C)2 (D)3。

( ) 49. 1　2　2　4　__　32　256 (A)0 (B)1 (C)6 (D)8。

( ) 50. 840　420　280　210　168　140 (A)120 (B)110 (C)100 (D)90。

( ) 51. 2　6　4　10　6　__　8　18　10 (A)10 (B)12 (C)14 (D)16。

( ) 52. 15　__　17　18　19　21　23　26 (A)14 (B)15 (C)16 (D)17。

( ) 53. 3　6　10　15　21__ (A)28 (B)32 (C)35 (D)49。

( ) 54. $\dfrac{1}{9}$ $\dfrac{3}{2}$ $\dfrac{1}{6}$ $\dfrac{3}{4}$ $\dfrac{1}{9}$ $\dfrac{9}{4}$ $\dfrac{1}{6}$ $\dfrac{9}{16}$ $\dfrac{1}{9}$ (A)$\dfrac{3}{2}$ (B)$\dfrac{4}{3}$ (C)$\dfrac{81}{16}$ (D)$\dfrac{9}{4}$。

( ) 55. 23 64 29 49 31 ___ 37 25 (A)36 (B)25 (C)16 (D)9。

( ) 56. 29 1 27 3 23 5 17 7___ (A)1 (B)9 (C)15 (D)29。

( ) 57. 0 3 ___ 4 2 5 3 6 4 7 (A)−1 (B)0 (C)1 (D)2。

( ) 58. 11 12 33 24 ___ 36 77 (A)14 (B)55 (C)17 (D)77。

( ) 59. 1 2 3 4 0 6 7 8 (A)0 (B)3 (C)6 (D)9。

( ) 60. 0 1 1 2 3 5 ___ (A)1 (B)2 (C)8 (D)9。

( ) 61. 840 420 280 210 168 140 120 (A)210 (B)280 (C)105 (D)64。

( ) 62. 12 18 ___ 22 20 26 (A)16 (B)20 (C)24 (D)28。

( ) 63. 3 18 6 30 9 42 12 54 15 (A)22 (B)44 (C)66 (D)77。

( ) 64. 10 9 11 ___ 12 7 13 6 14 (A)10 (B)9 (C)8 (D)11。

( ) 65. 124 1 ___ 2 03 -56 (A)48 (B)-56 (C)-48 (D)56。

( ) 66. 16 9 25 11 36 13 49 ___ 64 (A)15 (B)17 (C)21 (D)25。

( ) 67. 11 16 21 26 31 36 41 46 51 (A)51 (B)56 (C)61 (D)66。

( ) 68. 77 11 66 22 44 ___ 55 (A)-33 (B)-11 (C)11 (D)55。

( ) 69. 21 16 5 11 -6 ___ -23 (A)-17 (B)-13 (C)17 (D)13。

( ) 70. 6 7 16 18 26 ___ 36 40 (A)29 (B)32 (C)38 (D)42。

( ) 71. 2 3 4 5 6 7 8 11 10 (A)11 (B)12 (C)13 (D)14。

( ) 72. 1 1 8 3 81 5 1024 7 (A)15625 (B)17254 (C)20542 (D)22102。

( )   73. 1   1   4   8   9   27   16   64   25   125   36   (A)64   (B)125   (C)216
                                                                         (D)343。

( )   74. 3   18   6   30   9   42   12   54   15   (A)22   (B)44   (C)66   (D)77。

( )   75. 0   3   1   2   -4   5   -11   (A)-20   (B)0   (C)10   (D)20。

( )   76. 3   7   4   9   5   19   14   (A)21   (B)31   (C)41   (D)51。

( )   77. 8   1   8   2   16   3   48   4   (A)102   (B)192   (C)202   (D)292。

( )   78. 1   11   21   26   31   36   41   46   51   (A)51   (B)56   (C)61   (D)66。

( )   79. 12   18   __   22   20   (A)8   (B)10   (C)16   (D)32。

( )   80. 2   __   12   20   30   42   (A)24   (B)18   (C)12   (D)6。

( )   81. 840   420   280   __   168   140   105   (A)105   (B)150   (C)210
                                                                         (D)255。

( )   82. 3   6   10   __   21   28   (A)15   (B)20   (C)25   (D)30。

( )   83. 48   __   20   10   6   3   (A)12   (B)24   (C)36   (D)48。

( )   84. 11   12   33   24   __   36   77   (A)22   (B)33   (C)44   (D)55。

( )   85. 4   2   9   4   16   __   25   8   (A)2   (B)4   (C)6   (D)8。

( )   86. 1   5   12   __   35   51   70   92   (A)16   (B)22   (C)28   (D)34。

( )   87. 3   9   __   18   21   23   24   (A)10   (B)12   (C)14   (D)16。

解答 解析

1.(D)。原題2數間差2，可得末項為9＋2＝11。

2.(B)。數系規律為＋1，－2，＋3，－4，＋5……，因此下一差距應為－6，10－6＝4。

3.(A)。五個數字一組，8，4，2，6，12。8，4。

4.(D)。分兩群：(1，3，5) 及 (9，6，3)，下一項為第一群（差距為2）5＋2＝7。

5.(B)。兩數列交錯出現：
數列一：3　3　3　…
數列二：9　6　9　…
下一數字為數列一，故知為3。

6.(D)。8，6，10，8，14，12，20
-2　+4　-2　+6　-2　+8　　　依-2，+4，-2，+6，-2，+8的規則。

7.(E)。差距依次為＋4，－1循環出現，9＋4＝13。

8.(B)。三數為一組，差距為＋1，＋2，－2，＋3，＋4，－4，因此9－4＝5。

9.(D)。差距為＋3，＋2，＋1，＋3，＋2，因此12＋2＝14。

10.(A)。分為2群相繼出現，(4，5，6，7) 及 (9，7，5)，下一位為第2群（差距為－2），5－2＝3。

11.(C)。差距之分布為－1，－1，－1，＋2，＋2，+2，因此10＋2＝12。

12.(D)。3數為一組，每組第2、3數字皆為前項乘以2而得，因此4×2＝8。

13.(C)。規律為＋6，＋6，÷6，＋6，＋6，因此9＋6＝15。

14.(E)。規律為×4，÷2，×4，÷2，×4，因此8×4＝32。

15.(D)。規律為＋3，×3，－3，÷3，＋3，×3，因此11×3＝33。

16.(B)。規律為＋3，＋3，＋3，－2，－2，－2，＋1，+1，因此5＋1＝6。

17.(D)。規律為×3，÷2，×3，÷2，×3，因此9×3＝27。

18.(C)。規律為＋3，＋3，＋4，＋4，＋5，+5，因此21＋5＝26。

19.(D)。規律為×4，÷4，＋4，－4，×4，因此3×4＝12。

20.(B)。每組和皆為9，因此9－1－1＝7。

21.(C)。3×7，3×9，3×11，3×15，故缺空應為3×13＝39。

22.(C)。後項皆為前項的2倍，因此 $\frac{1}{32} \times 2 = \frac{1}{16}$ 。

23.(B)。規律為 -3，$\boxed{+2}$，-3，$+2$，-3，因此 $4+2=6$ 。

24.(C)。差距為 -9，因此 $45-9=36$ 。

25.(D)。差距為 -12，因此 $38-12=26$ 。

26.(B)。每項皆為 $(\frac{1}{\square})^2$，$\square = 5$，$\cdots$，1，因此第2項為 $(\frac{1}{4})^2 = \frac{1}{16}$ 。

27.(B)。數字依序遞增，兩數間以「＋」相連，第3組為 $6+7$ 。

28.(C)。後項的分子＝前項的分母，後項的分母＝分子＋1，故第4項為 $\frac{4}{5}$ 。

29.(A)。差距為 $+4$，-1，$\boxed{+4}$，-1，$+4$，-1，第4項為 $9+4=13$ 。

30.(B)。後項＝前項 $\times 2$　因此 $16 \times 2 = 32$ 。

31.(A)。7，9，7，9，$\underset{?}{\_}$　連續且為相間隔者。

32.(C)。差距為 $+1$，$+3$，$+5$，$\boxed{+7}$，$+9$，因此 $13+7=20$ 。

33.(B)。差距值依序為 -2，$+10$，-2，$+(10+8)$，-2，$\boxed{+26}$，$(18+8)$，因此 $30+26=56$ 。

34.(D)。每項皆為前項除以2，因此 $\frac{1}{32} \div 2 = \frac{1}{64}$ 。

35.(B)。　　1　　1　　2+2=4　　2+4= 6

　　　　1　2　3　5　7　11　13　17　23

36.(B)。52　46　41　37　34　32　31

　　　　+6　+5　+4　+3　+2　+1

37.(D)。　　　　　1+1=2　　2+3=5

　　　　0　1　1　2　3　5　8

　　　　0+1=1　　1+2=3　　3+5=8

38.(B)。　2　2　　　2　2

　　　　2　4　6　3　5　7

39.(C)。11　　1　　2　　22　　　　5　　33　　7　　10　　44
　　　　(2−1+1)×11=22　　(5−3+1)×11=33　　(10−7+1)×11=44

40.(A)。　　2　　1　　5　　2　　1　　5　　2
　　　　22　24　25　30　32　33　38　40
　　　　差皆呈2，1，5此三數的循環。

41.(A)。　8　　6
　　　　18　16　　個位數相同。
　　　　48　46

42.(D)。023　056　089。

43.(D)。分母　2+4=6
　　　　　　　4+6=10
　　　　　　　10+6=16

44.(B)。3　6　9　18　15　21　33　69　39
　　　　一定要是3的倍數！

45.(D)。13　17　19　23　29
　　　　一定是質數。

46.(D)。3=1+2，13=⑤+8，23=12+11
　　　　前一項=後兩項相加。

47.(B)。　4　　6　　8　　10　　12　　14　　16
　　　　2　6　12　20　30　42　56　72

48.(D)。　1　　0　　1　　1　　2　　3　　5　　8
　　　　0　　1　　1　　2　　3　　5　　8　　13　21
　　　　1+0=1　0+1=1　1+1=2　1+2=3　2+3=5　3+5=8

49.(D)。1×2=2　2×2=4　2×4=8　…

50.(A)。840, $\dfrac{840}{2}$, $\dfrac{840}{3}$, $\dfrac{840}{4}$, $\dfrac{840}{5}$, $\dfrac{840}{6}$, $\dfrac{840}{7}$=120

51.(C)。

$$4+6=10 \quad 8+10=18$$

2　6　4　10　6　＿　8　18　10

$$2+4=6 \qquad 6+8=14$$

52.(C)。 15　16　17　18　19　21　23　26

　　　　1　1　1　1　2　2　3

53.(A)。

$$+3 \quad +4 \quad +5 \quad +6 \quad +7$$

3　6　10　15　21　<u>28</u>

54.(C)。

分母平方　分子平方　分母平方　分子平方

$\dfrac{1}{9}$　$\dfrac{3}{2}$　$\dfrac{1}{6}$　$\dfrac{3}{4}$　$\dfrac{1}{9}$　$\dfrac{9}{4}$　$\dfrac{1}{6}$　$\dfrac{9}{16}$　$\dfrac{1}{9}$　$\dfrac{81}{16}$

55.(A)。

$$+6 \qquad +2 \qquad +6$$

23　64　29　49　31　<u>36</u>　37

　　8^2　　　7^2　　　6^2

56.(B)。

$$+2 \qquad +2 \qquad +2$$

29　1　27　3　23　5　17　7　<u>9</u>

　　-2　　-4　　-6　　-8

57.(C)。

$$+1 \quad +1 \quad +1 \quad +1$$

0　3　<u>1</u>　4　2　5　3　6　4　7

　　$+1$　　$+1$　　$+1$　　$+1$

58.(B)。

$$+12 \qquad +12$$

11　12　33　24　<u>55</u>　36　77

11×1　11×3　11×5　11×7

59.(D)。 <u>1</u>　2　3　4　0　6　7　8　<u>9</u>

60.(C)。

$$0+1 \quad 1+1 \quad 1+2 \quad 2+3 \quad 3+5$$

0　1　1　2　3　5　<u>8</u>

61.(C)。840　420　280　210　168　140　120　<u>105</u>
⇒840×1＝420×2＝280×3＝210×4＝168×5
＝140×6＝120×7＝105×8

62.(A)。12　18　<u>16</u>　22　20　26
（上方：+4、+4；下方：+4、+4）

63.(C)。3　18　6　30　9　42　12　54　15　<u>66</u>
（上方：+3、+3、+3、+3）
6×3　6×5　6×7　6×9　6×11

64.(C)。10　9　11　<u>8</u>　12　7　13　6　14
（上方：+1、+1、+1、+1）
（下方：−1、−1、−1）

65.(D)。124　1　<u>56</u>　2　0　3　−56
（上方：+1、+1）
（下方：−56、−56、−56）

66.(A)。16　9　25　11　36　13　49　<u>15</u>　64
4^2　5^2　6^2　7^2　8^2
（上方：+2、+2、+2）

67.(B)。11　<u>16</u>　21　26　31　36　41　46　51　<u>56</u>
（上方：+10、+10、+10、+10）
（下方：+10、+10、+10、+10）

68.(B)。77　11　66　22　44　−11　55
11+66　22+44　−11+55

69.(C)。21　16　5　11　−6　17　−23
21−16　5−11　−6−17
16−5　11−(−6)

70.(A)。6　7　16　18　26　29　36　40
（上方：+10、+10、+10）
（下方：+11、+11）

71.(C)。

$$2 \overset{\frown}{} 3 \quad 4 \overset{\frown}{} 5 \quad 6 \overset{\frown}{} 7 \mid 8 \quad 11 \quad 10$$

$$\underset{+1}{} \quad \underset{+1}{} \quad \underset{+1}{} \mid \underset{+3}{} \quad \underset{10+3=13}{}$$

$$1 \leftarrow \mid \rightarrow +3$$

72.(A)。

$$\underset{1^2}{1} \quad 1 \quad \overset{\frown}{\underset{2^3}{8}} \quad 3 \quad \overset{\frown}{\underset{3^4}{81}} \quad 5 \quad \overset{\frown}{\underset{4^5}{1024}} \quad 7 \qquad \underset{5^6}{} \qquad 5^6 = 15625$$

73.(C)。

$$\underset{1^2}{1} \quad \underset{1^3}{1} \quad \underset{2^2}{4} \quad \underset{2^3}{8} \quad \underset{3^2}{9} \quad \underset{3^3}{27} \quad \underset{4^2}{16} \quad \underset{4^3}{64} \quad \underset{5^2}{25} \quad \underset{5^3}{125} \quad \underset{6^2}{36} \quad \underset{6^3}{}$$

$$6^3 = 216$$

74.(C)。

$$3 \quad 18 \quad 6 \quad 30 \quad 9 \quad 42 \quad 12 \quad 54 \quad 15$$

$$\quad 3\times6 \quad\quad 3\times10 \quad\quad 3\times14 \quad\quad 3\times18 \quad\quad 3\times22=66$$

75.(D)。

$$0 \quad \overset{A}{\underset{}{3}} \quad \overset{B}{1} \quad 2 \quad \overset{C}{-4} \quad 5 \quad -11$$

A組　$0\times(-1)+3\times(+1)+1\times(-1)=2$

B組　$3\times(-1)+1\times(+1)+2\times(-1)=-3+1-2=-4$

同理C組　$-4\times(-1)+5\times(+1)+(-11)\times(-1)=4+5+11=20$

76.(A)。

$$3 \quad 7 \quad 4 \quad 9 \quad 5 \quad 19 \quad 14 \quad 21$$

$$+4 \quad -3 \quad +5 \quad -4 \quad -5 \quad +7$$

77.(B)。

$$8 \quad 1 \quad 8 \quad 2 \quad 16 \quad 3 \quad 48 \quad 4 \quad \_$$

$$8\times1=8 \quad 8\times2=16 \quad 16\times3=48 \quad 48\times4=192$$

78.(B)。

$$1 \quad 11 \quad 21 \quad 26 \quad 31 \quad 36 \quad 41 \quad 46 \quad 51 \quad \_$$

$$+10 \quad +10 \quad 46+10=56$$

79.(C)。

$$\overset{+4}{12 \quad 18 \quad \_ \quad 22 \quad 20}$$

$$12+4=16 \quad +4$$

80.(D)。
$$\overset{+10}{\frown}\qquad\overset{+18}{\frown}$$
2　　　12　20　30　42
$$\underset{6+14=20}{\smile}\quad\underset{+22}{\smile}$$

81.(C)。
$$\overset{\div 2}{\frown}$$
840　420　280　　168　140　105
$$\underset{840\div 4=210}{\smile}$$
$$\div 3$$

82.(A)。3　　6　　10　　21　28
$$\underset{+3}{\smile}\ \underset{+4}{\smile}\ \underset{10+5=15}{\smile}$$

83.(B)。48　　　20　　10　　6　　3
$$\underset{48\div 2=24}{\smile}\qquad\underset{\div 2}{\smile}\qquad\underset{\div 2}{\smile}$$

84.(D)。
$$\overset{\times 7}{\frown}$$
11　12　33　24　　36　77
$$\underset{\times 3}{\smile}$$
$$11\times 5=55$$

85.(C)。4　2　9　4　16　　25　8
$$\underset{+2}{\smile}\ \underset{4+2=6}{\smile}$$

86.(B)。1　　5　　12　　35　51　70　92
$$\underset{+4}{\smile}\ \underset{+7}{\smile}\ \underset{12+10=22}{\ }\ \underset{+16}{\smile}\ \underset{+19}{\smile}\ \underset{+22}{\smile}$$

87.(C)。3　　9　　18　21　23　24
$$\underset{+6}{\smile}\ \underset{9+5=14}{\ }\ \underset{+3}{\smile}\ \underset{+2}{\smile}\ \underset{+1}{\smile}$$

Notes

第三章 分析推理

命題分析

　　這種測驗經常是邏輯分析、機率統計，或者是簡單的數學公式，包含一段較長的文字敘述，其中有一些條件可供推理，根據這段文字敘述回答問題。

例題

　　有卓、洪、孫、楊四位軍官，一同坐在一張方形桌子四周。已知四位軍官中有一位上校，一位是中校，一位是少校，還有一位是中尉。且知：

- 中尉坐在上校的正對面
- 少校坐在上校的右手邊
- 卓姓軍官是上校
- 中校坐在中尉的右手邊
- 楊姓軍官坐在中校的正對面
- 孫姓軍官是中校

( )　◎ 請問下面各敘述何者為正確？

(A)洪姓軍官是中校　　　(B)洪姓軍官是中尉

(C)孫姓軍官是少校　　　(D)孫姓軍官是中尉。

解　◎(B)。因為由條件中已知孫姓軍官是中校，故答案(A)(C)(D)均為錯誤。又由位置的敘述可以推論，少校坐在中校的正對面，故楊姓軍官是少校。唯一未決定官階者為洪姓軍官，可以推論他是必定是中尉，故正確答案是(B)。

精選試題

✔ 第1～2題

某一畢業班，全班共有50人，正在調查畢業旅行的旅遊景點，已知：

(1)去過陽明山的有30人。　　　　　(2)去過阿里山的有29人。

(3)去過墾丁的有23人。　　　　　　(4)去過陽明山、阿里山的有17人。

(5)去過陽明山、墾丁二地的有13人。　(6)去過阿里山、墾丁二地的有9人。

(7)又三地均沒去過的有2人。則請問：

(　)　1. 去過二地的有幾人？　(A)14　(B)19　(C)24　(D)29　人。

(　)　2. 恰去過一地的有幾人？　(A)14　(B)19　(C)24　(D)29　人。

✔ 第3～4題

有一天數學老師小考出了三題，第一題和第二題各為30分，第三題為40分，三題總分為100分。已知全班共有60人：

(1)第一題答對者有24人。　　　　　(2)第二題答對者有24人。

(3)第三題答對者有32人。　　　　　(4)第一、二題皆答對者有9人。

(5)第二、三題皆答對者有10人。　　(6)第一、三題皆答對者有12人。

(7)考零分者有6人。

(　)　3. 請問考100分者有幾人？　(A)4　(B)5　(C)6　(D)7　人。

(　)　4. 請問考70分以上的有幾人？　(A)11　(B)13　(C)17　(D)19　人。

✔ 第5～6題

小明有一個哥哥、一個弟弟和一個妹妹，已知：

(1)2年後哥哥的年紀是弟弟的2倍。　(2)3年前哥哥的年紀是弟弟年紀的3倍。

(3)弟弟和妹妹年紀相差1歲。　　　　(4)明年小明的年紀恰好是妹妹的2倍少1歲。

(5)2年前小明的年紀恰好是弟弟的2倍。

(　)　5. 請問小明今年幾歲？　(A)8　(B)10　(C)12　(D)14　歲。

(　)　6. 請問幾年後，哥哥年紀是妹妹的2倍？　(A)2　(B)3　(C)4　(D)5　年。

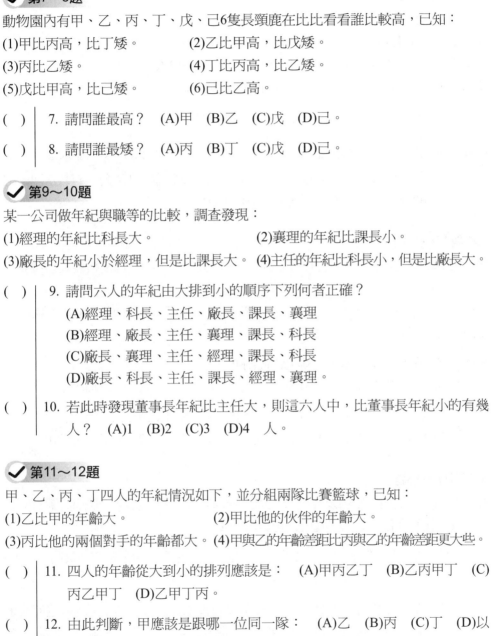

✔ **第7～8題**

動物園內有甲、乙、丙、丁、戊、己6隻長頸鹿在比比看看誰比較高，已知：

(1)甲比丙高，比丁矮。　　　　　(2)乙比甲高，比戊矮。

(3)丙比乙矮。　　　　　　　　　(4)丁比丙高，比乙矮。

(5)戊比甲高，比己矮。　　　　　(6)己比乙高。

(　)　 7. 請問誰最高？　(A)甲　(B)乙　(C)戊　(D)己。

(　)　 8. 請問誰最矮？　(A)丙　(B)丁　(C)戊　(D)己。

✔ **第9～10題**

某一公司做年紀與職等的比較，調查發現：

(1)經理的年紀比科長大。　　　　　　　　(2)襄理的年紀比課長小。

(3)廠長的年紀小於經理，但是比課長大。　(4)主任的年紀比科長小，但是比廠長大。

(　)　 9. 請問六人的年紀由大排到小的順序下列何者正確？

　　　　(A)經理、科長、主任、廠長、課長、襄理

　　　　(B)經理、廠長、主任、襄理、課長、科長

　　　　(C)廠長、襄理、主任、經理、課長、科長

　　　　(D)廠長、科長、主任、課長、經理、襄理。

(　)　10. 若此時發現董事長年紀比主任大，則這六人中，比董事長年紀小的有幾

　　　　人？　(A)1　(B)2　(C)3　(D)4　人。

✔ **第11～12題**

甲、乙、丙、丁四人的年紀情況如下，並分組兩隊比賽籃球，已知：

(1)乙比甲的年齡大。　　　　　　(2)甲比他的伙伴的年齡大。

(3)丙比他的兩個對手的年齡都大。(4)甲與乙的年齡差距比丙與乙的年齡差距更大些。

(　)　11. 四人的年齡從大到小的排列應該是：　(A)甲丙乙丁　(B)乙丙甲丁　(C)

　　　　丙乙甲丁　(D)乙甲丁丙。

(　)　12. 由此判斷，甲應該是跟哪一位同一隊：　(A)乙　(B)丙　(C)丁　(D)以

　　　　上皆非。

✔ 第13~14題

某一外語學校新聘有語文老師共27名，已知：

(1)能教英語的有14人。　　　　(2)能教日語的有13人。

(3)能教英、日語的有5人。　　　(4)能教法、日語的有4人。

(5)能教英、法語的有6人。　　　(6)三種都能教的有2人。

( )　13. 請問只能教法語的老師有幾人？　(A)4　(B)5　(C)6　(D)7人。

( )　14. 若該校原有教法語的老師佔原有教外語老師全數的 $\frac{1}{9}$，加入這批老師後，教法語的老師變成佔全校教外語老師的 $\frac{1}{7}$，則請問原有教法語的老師多少人？　(A)2　(B)3　(C)4　(D)5人。

✔ 第15~16題

士兵5人做射擊練習，每人有10發子彈，滿分為100分，60分為及格。成績發表，已知：

(1)甲的成績在丙之後，比戊高。　　(2)丁的成績在乙之前，恰好60分及格。

(3)戊的成績最低。　　　　　　　　(4)5個人的成績都不同。

( )　15. 請問5人的分數可能排名由高到低：

(A)丙甲丁戊乙　(B)甲丙丁戊乙　(C)丙甲丁乙戊　(D)丙丁甲戊乙。

( )　16. 若已知有三個人不及格，請問5個人的分數正確排名由高到低：

(A)丙甲丁戊乙　(B)甲丙丁戊乙　(C)丙甲丁乙戊　(D)丙丁甲乙戊。

✔ 第17~18題

張飛、趙雲、關羽、劉備及孔明五人來比身高誰高，結果發現，張飛比劉備個子矮，關羽比劉備個子高，又孔明比趙雲個子矮。

( )　17. 請問下列敘述何者正確？　(A)孔明個子最矮　(B)張飛個子最高　(C)關羽個子最高　(D)以上皆非。

( )　18. 若發現趙雲比張飛個子矮，則五人身高由高到矮排列，下列敘述何者正確？　(A)關羽、劉備、趙雲、張飛、孔明　(B)劉備、張飛、關羽、趙雲、孔明　(C)關羽、劉備、張飛、趙雲、孔明　(D)以上皆非。

✔ 第19～20題

已知有糖果30顆，小朋友有6人，每人皆可因表現差異而獲得糖果：

( )　19. 請問若每個小朋友分得糖果數量都不相同，分得糖果最多的小朋友，最多可獲得幾顆？　(A)5　(B)10　(C)15　(D)20　顆。

( )　20. 又如果將30顆糖果分給6個小朋友的方法一共有幾種？　(A) 6^{30}　(B) H_6^{30}　(C) P_6^{30}　(D) C_6^{30}　種。

✔ 第21～22題

甲地到乙地有陸路三條路線，水路則有兩條路線；而乙地到丙地有兩條陸路，水陸有兩條路線可通。則請問：

( )　21. 某人由甲地經乙地再到丙地，總共有幾種不同的走法？　(A)20　(B)25　(C)30　(D)35　種。

( )　22. 又某人由甲地經過乙地再到丙地後，折返經乙地回甲地；若規定去時要走陸路，回程時要走水路，則一共有幾種不同的走法？　(A)12　(B)24　(C)36　(D)48。

✔ 第23～24題

有一艘貨輪已載有貨櫃若干，途經A港口卸下2個貨櫃；在B港口裝上8個貨櫃，卸下3個貨櫃；C港口卸下4個貨櫃，再裝上1個貨櫃；在D港口裝上1個貨櫃；在E港口卸下5個貨櫃。

( )　23. 若貨輪在E港口卸完貨櫃後，發現貨輪上只剩下80個貨櫃，則請問貨輪剛到達C港時有多少貨櫃？　(A)78　(B)84　(C)87　(D)90　個。

( )　24. 若貨輪安全載重量為90個貨櫃，則哪一個港口的作業有問題？　(A)A　(B)B　(C)C　(D)以上皆非。

✔ **第25～26題**

有紅、綠、藍、黃、白及橙等六種顏色的小木屋依照順序從左至右排成一列；另外分別有中國人、日本人、美國人、法國人、德國人及義大利人等六國人士要住進這六間小木屋。已知：

(1)日本人住在第一間紅色小木屋。　　　(2)美國人住在義大利人右邊。

(3)法國人住在日本人與義大利人中間。　(4)美國人住在第四間黃色小木屋。

(5)中國人住在第六間橙色小木屋。

( )　25. 則請問德國人住在什麼顏色的小木屋？　(A)綠　(B)黃　(C)白　(D)以上皆非。

( )　26. 以下住屋順序何者正確？
　　　(A)日本人、德國人、法國人、義大利人、美國人、中國人
　　　(B)日本人、法國人、美國人、德國人、義大利人、中國人
　　　(C)日本人、法國人、義大利人、美國人、德國人、中國人
　　　(D)以上皆非。

✔ **第27～28題**

甲、乙、丙、丁、戊、己、庚7人比賽賽跑，7人成一路縱隊追趕著。若此時，已知：(1)丁在乙後面。(2)己在丁的後面跟著。(3)丙在庚的前面，在乙的後面追著。(4)甲在己後面跟著，在戊的前面跑著。

( )　27. 則請問前三名為誰？　(A)戊乙丁　(B)乙丁甲　(C)乙丁己　(D)庚丙丁。

( )　28. 那一個跑最後？　(A)乙　(B)丁　(C)戊　(D)甲。

✔ **第29～30題**

趙、錢、孫、李、吳、王6位老師圍坐在圓桌開校務會議，若已知孫老師坐在李老師的對面，李老師坐在錢老師的右手邊，王老師坐在吳老師的左手邊，而趙老師則坐在孫老師的隔壁。

( )　29. 若依順時鐘的方向來看，6人座位的順序可能是：　(A)孫王李吳錢趙
　　　(B)趙錢李吳王孫　(C)李錢趙孫吳王　(D)趙錢孫李吳王。

(　)　30. 若六位老師分別爲教國文、英文、數學、音樂、體育、美勞等六科的老師，且已知數學老師坐在美勞老師的對面，體育老師坐在國文老師的右手邊，音樂老師坐在體育老師的對面。若孫老師是國文老師，則請問李老師是教什麼？　(A)英文　(B)數學　(C)體育　(D)音樂。

✔ 第31～32題

存錢筒內有10元的硬幣x個，5元硬幣y個，若硬幣共有20個，總值共160元：

(　)　31. 則下列哪一個是符合題意的聯立方程式？

(A) $\begin{cases} x+y=20 \\ 5x+10y=160 \end{cases}$　　　　(B) $\begin{cases} x+y=160 \\ 10x+5y=20 \end{cases}$

(C) $\begin{cases} x+y=10 \\ 10x+5y=160 \end{cases}$　　　　(D) $\begin{cases} x+y=20 \\ 10x+5y=160 \end{cases}$。

(　)　32. 其解(x,y)＝？　(A)(6,10)　(B)(8,12)　(C)(12,8)　(D)(10,6)。

✔ 第33～35題

學生分配宿舍有x間，如果每間住5人，則有8人無宿舍可住，若已知學生共有y人：

(　)　33. 請列出其二元一次方程式：　(A)y＝5x－8　(B)y＝5x＋8　(C)y＝8x＋5　(D)5y＝x－8。

(　)　34. 若改安排爲6人一間宿舍，則有一間房間爲2個人住以外，尚有23間空房，請列出其聯立方程式：

(A) $\begin{cases} y=5x-8 \\ y=6x+144 \end{cases}$　　(B) $\begin{cases} y=5x+8 \\ y=6x+144 \end{cases}$

(C) $\begin{cases} y=5x+8 \\ y=6x-142 \end{cases}$　　(D) $\begin{cases} y=8x+5 \\ y=6x-142 \end{cases}$。

(　)　35. 其解(x,y)＝？　(A)(150,758)　(B)(150,754)　(C)(126,758)　(D)(126,754)。

✔ **第36～38題**

賞鳥季節去觀賞黑面琵鷺和白鷺鷥，發現其中黑面琵鷺數量x的3倍和白鷺鷥數量y的4倍相等，且兩種鳥類共計154隻：

( )　36. 請列出兩種鳥類數量關係的二元一次方程式：　(A)$3x-4=y$　(B)$y-3=x-4$　(C)$3x=4y$　(D)$4x=3y$。

( )　37. 請列出其聯立方程式：

(A) $\begin{cases} y = 154 + x \\ 4y = 3x \end{cases}$　　　　(B) $\begin{cases} y = x - 154 \\ 4y = 3x \end{cases}$

(C) $\begin{cases} y = 154 - x \\ y = \dfrac{4}{3}x \end{cases}$　　　　(D) $\begin{cases} y = 154 - x \\ y = \dfrac{3}{4}x \end{cases}$。

( )　38. 請問兩種鳥類各有幾隻？　(A)黑面琵鷺66隻，白鷺鷥88隻　(B)黑面琵鷺88隻，白鷺鷥66隻　(C)黑面琵鷺72隻，白鷺鷥82隻　(D)黑面琵鷺82隻，白鷺鷥72隻。

✔ **第39～40題**

有一時鐘固定每個小時會快1.5分鐘，若在今天早上8點12分調整為正確時間後：

( )　39. 請問當上午當到時鐘時間顯示為10點43分時，正確時間應為多少？
(A)10點25分　(B)10點30分　(C)10點35分　(D)10點40分。

( )　40. 請問此時鐘要過多久，顯示的時間才會恰好和標準時間相同？　(A)16　(B)18　(C)20　(D)22　天。

✔ **第41～42題**

千華國中啦啦隊競賽規定每隊8人，且每隊男、女生均至少要有2人。

( )　41. 甲班自願參加比賽的同學有2個女生與10個男生，由此12人中選出比賽選手，共有幾種不同的組隊方法？　(A)120　(B)144　(C)210　(D)248。

( ) 42. 乙班則有4名男生及7名女生想參加啦啦隊競賽。若由此11人中依規定選出8人組隊，則共有幾種不同的組隊方法？ (A)121 (B)161 (C)77 (D)308。

✔ **第43～44題**

現有紅，橙，黃，綠，藍，靛，紫共七種顏色的七顆彩色珠子，要串成一串項鍊。

( ) 43. 則全部共有幾種串法？ (A)360種 (B)410種 (C)180種 (D)以上皆非。

( ) 44. 若紅，橙兩色的珠子必須相鄰的方法共有幾種串法？ (A)60種 (B)120種 (C)30種 (D)以上皆非。

✔ **第45～46題**

甲、乙、丙、丁、戊、己、庚、辛共八人一起去吃喜酒，被安排坐在八人座的圓桌吃飯。若甲、乙兩人為夫妻必須坐在一起，而乙丙兩人有隙怨，不能安排坐在相鄰。

( ) 45. 甲、乙相鄰而坐的方法共有幾種？ (A)1440 (B)1480 (C)1680 (D)1800種。

( ) 46. 乙、丙兩人不相鄰而坐的方法有幾種？ (A)5040 (B)3600 (C)1440 (D)720。

✔ **第47～48題**

有A、B、C、D、E、F等6條單行道，分為東西方向三條，南北方向三條，且每方向都有。已知A為西向東，且與E同向；B為南向北，B且與D同向；E、F互相垂直。

( ) 47. 則A、C兩單行道互相 (A)同向 (B)反向 (C)垂直 (D)以上皆非。

( ) 48. 又B、C兩單行道互相 (A)同向 (B)反向 (C)垂直 (D)以上皆非。

✔ **第49～50題**

	贊成	反對	沒意見
一年級	30人	15人	10人
二年級	30人	15人	5人
三年級	25人	25人	5人

某一小學中有學生一、二、三年級共160人，舉辦了對戶外郊遊地點到陽明山的表決，其表決結果如右表所示。

( )　49. 若隨機取樣，恰好抽到二年級又剛好反對的機率有多少？　(A)15.625% (B)9.375% (C)0.625% (D)31.25%。

( )　50. 又再隨機抽樣，結果還是抽到二年級表示反對的機率有多少？ (A)8.81% (B)30.82% (C)27.67% (D)18.24%。

解答 解析

1.(C)。A.陽明山30人　B.阿里山29人　C.墾丁23人
　　A∩B陽明山，阿里山17人
　　A∩C陽明山，墾丁13人
　　B∩C陽明山，墾丁9人
　　A∩B∩C＝A∪B∪C－〔（A＋B＋C）－（A∩B＋B∩C＋A∩C）〕
　　＝48－（82－39）＝5
　　恰去過二地＝(A∩B)＋(B∩C)＋(A∩C)－2(A∩B∩C)＝29
　　29－5＝24

2.(B)。恰去過一地＝A∪B∪C－（恰去過二地）＝48－29＝19

3.(B)。至少對一題：54人
　　(A)第一題30分，(B)第二題30分，(C)第三題40分
　　A∩B＝9　A＝24　B＝24　C＝32
　　B∩C＝10　A∩C＝12　A∪B∪C＝54
　　A∪B∪C＝54＝A＋B＋C－(A∩B)－(B∩C)－(A∩C)＋(A∩B∩C)
　　A∩B∩C＝5

4.(C)。(A∩C)＋(B∩C)－(A∩B∩C)＝17

5.(D)。小明X　　(1)Y＋2＝2（Z＋2）
　　哥哥Y　　(2)Y－3＝3（Z－3）
　　弟弟Z　　(3)Z±1＝W
　　妹妹W　　(4)X＋1＝2（W＋1）－1
　　　　　　(5)X－2＝2（Z－2）
　　Z＝8，Y＝18，X＝14，W＝7

6.(C)。N年後，18＋N＝2（7＋N）　　N＝4

7.(D)。(1)丁＞甲＞丙。　　(2)戊＞乙＞甲→戊＞乙＞甲＞丙
　　　　(3)乙＞丙。　　　　(4)乙＞丁＞丙→戊＞乙＞丁＞甲＞丙
　　　　(5)己＞戊＞甲→己＞戊＞乙＞丁＞甲＞丙
　　　　(6)己＞乙
　　　　∴己最高。

8.(A)。∴丙最矮。

9.(A)。經理＞科長　　　　　　襄理＜課長
　　　　課長＜廠長＜經理　　　廠長＜主任＜科長
　　　　襄理＜課長＜廠長＜主任＜科長＜經理

10.(D)。比董事長年紀小的有襄理、課長、廠長、主任。

11.(B)。1. 乙＞甲。　2. 甲＞a(a≠0)。　3. 乙/丙＞甲＞丁⇒a＝丁。

12.(C)。∴故知乙丙一隊、甲丁一隊。

13.(B)。只能教英語：14－6－5＋2＝5
　　　　只能教日語：13－5－4＋2＝6
　　　　∴能教法語者：27－5－6－3＝13
　　　　只能教法語：13－6－4＋2＝5

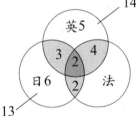

14.(C)。設原有外語老師x人
$$\frac{1}{9}x+5=\frac{1}{7}(x+27)$$
　　　　7x＋315＝9x＋243　2x＝72　x＝36
　　　　⇒原有36÷9＝4(人)

15.(C)。已知戊最低⇒故選(C)。

16.(D)。已知丙＞甲＞戊，丁＝60＞乙＞戊
　　　　∴如有3人不合格，必為甲、乙、戊⇒故選(D)。

17.(D)。(1)張＜劉＜關，孔＜趙。(1)五人高矮仍無法比較。

18.(C)。(1)孔＜趙＜張＜劉＜關。(2)五人高矮順序可比較。

19.(C)。因每位小朋友數量不同
　　　　∴由少而多至少為1, 2, 3, 4, 5顆
　　　　⇒最多者有30－1－2－3－4－5＝15顆

20.(A)。任意分發⇒6^{30}種。

21.(A)。

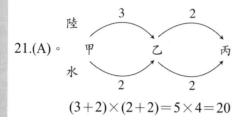

$(3+2)\times(2+2)=5\times4=20$

22.(B)。$(3\times2)\times(2\times2)=6\times4=24$

23.(C)。

	A	B	C	D	E	
x	-2	+8-3	-4+1	+1	-5	=80

$x=84$，$\therefore$在C港貨櫃：$x-2+8-3=87$

24.(D)。瞬間最多數量在B港　$84-2+8=90\leqq90$
$\therefore$均無問題。

25.(C)。紅—綠—藍—黃—白—橙　　　由(2)義—藍
　　　　　　　　　　　　　　　　　由(3)法—綠
　　　　　　　　　　　　　　　　　剩下德—白
　　中　日　美　法　德　義
　　(5)　(1)　(4)

26.(C)。參考前述順序。

27.(C)。$\because$乙＞丁＞己＞甲＞戊，丙＞庚
可知(A)(B)(D)均不成立，故選(C)。

28.(C)。又已知乙＞丙＞庚，丁＞己，甲＞戊
可知乙、丁、甲皆不是最後，故選(C)。

29.(C)。依題意順序填入空格：
(1)孫李坐對面
(2)錢坐李左邊
(3)二空給吳王
(4)剩下趙老師

30.(A)。(1)國右為體育。(2)體音對面坐。(3)數美對面坐。(4)國對面坐英。

31.(D)。共有20個→$x+y=20$
共為160元→$10x+5y=160$
$\begin{cases} x+y=20 \\ 10x+5y=160 \end{cases}$

32.(C)。 $\begin{cases} x+y=20..........(1) \\ 10x+5y=160...(2) \end{cases}$ $(2)-(1)\times5$，$5x=60$，$x=12\rightarrow y=8$

33.(B)。總數＝房間數×每間人數＋剩餘人數
$\therefore y=5x+8$

34.(C)。剩餘可住人數：$23\times6+(6-2)=142$
$\rightarrow y=6x-142$
$\therefore \begin{cases} y=5x+8 \\ y=6x-142 \end{cases}$

35.(A)。解聯立
$\begin{cases} y=5x+8.......(1) \\ y=6x-142...(2) \end{cases}$ $(2)-(1)$，$x=150\rightarrow y=758$

36.(C)。x的三倍＝y的四倍。$\therefore 3x=4y$，$y=\dfrac{3}{4}x$。

37.(D)。共154隻$\rightarrow x+y=154$　$y=154-x$
$\therefore \begin{cases} y=154-x \\ y=\dfrac{3}{4}x \end{cases}$

38.(B)。解聯立　$\dfrac{3}{4}x=154-x\Rightarrow\dfrac{7}{4}x=154\Rightarrow x=88$，$y=66$。

39.(D)。每60min快1.5min$\rightarrow$每分鐘快$\dfrac{1}{40}$min
設經過x分
10時43分－8時12分＝$(1+\dfrac{1}{40})x$
$151(\text{min})=\dfrac{41}{40}x$
$x\fallingdotseq147.3\rightarrow$實際時間為8時12分＋147.3分＝10時40分

40.(C)。每天快$1.5\times24=36$min　每天有$60\times24=1440$min
$\therefore1440\div36=40$(日)後，再次顯示標準時間
但鐘面僅顯示12小時$\rightarrow40\div2=20$(日)後即顯示標準時間。

41.(C)。2個女生一定要參加，所以一定是2女6男，由10個男生中選出6個
$C_6^{10}=210$(種)。

42.(B)。可能為4男4女，3男5女，2男6女

　　∴方法有 $C_4^4 C_4^7 + C_3^4 C_5^7 + C_2^4 C_6^7 = 35 + 84 + 42 = 161$（種）

43.(C)。1.

排成一列有 $7 \times 6 \times 5 \times 4 \times 3 \times 2 \times 1$
$= 7 \times 720 = 5040$

　　2. 項鍊為一圓圈，則紅色在1～7位置只能算一種，剩下720。

　　3. 1為紅，2～7之排列，可能與7～2之排列，翻成反面一樣，

　　　∴720/2 = 360。

44.(D)。$5 \times 4 \times 3 \times 2 \times 1 = 120$。

45.(A)。(1)甲、乙兩人坐在一起，有2種坐法，甲左乙右或甲右乙左。

　　(2)其餘6人之組合有 $C_1^6 \times C_1^5 \times C_1^4 \times C_1^3 \times C_1^2 \times C_1^1$

　　　$= 6 \times 5 \times 4 \times 3 \times 2 \times 1 = 720$

　　(3) $2 \times 720 = 1440$ 種。

46.(B)。(1)固定乙座位，則有 $7 \times 6 \times 5 \times 4 \times 3 \times 2 \times 1 = 5040$ 種。

　　(2)乙、丙相鄰而坐有1440種。

　　(3)不相鄰而坐 $= 5040 - 1440 = 3600$ 種。

47.(B)。(1)

(2)E、F垂直，∴F為南北向

　　∴剩C為東西向。

(3)每向都有，C與A不同向。

48.(C)。B、C互相垂直。

49.(B)。$\dfrac{50人}{160人} \times \dfrac{15人}{50人} = 9.375\%$

50.(A)。(1)第二次抽，則總人數 $= 159$ 人，二年級剩49人，反對剩14人。

　　(2)$\dfrac{49人}{159人} \times \dfrac{14人}{49人} = 8.81\%$

第四章　空間關係

命題分析

　　這個測驗有兩種類型：
一、題目中為某一立體圖之俯視圖和右側視圖，要從四個選項圖中選出該立體圖作為答案。
二、要從四個選項圖中選出一個可以和題目中之圖合併成4×4正方形的圖作為答案。

例題

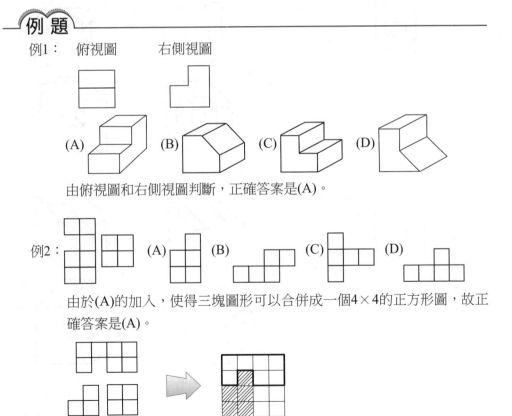

例1：　俯視圖　　右側視圖

（A）　　　　（B）　　　　（C）　　　　（D）

由俯視圖和右側視圖判斷，正確答案是(A)。

例2：　　（A）　　（B）　　（C）　　（D）

由於(A)的加入，使得三塊圖形可以合併成一個4×4的正方形圖，故正確答案是(A)。

精選試題

✔ 題型(1)

( )　1.

俯視圖 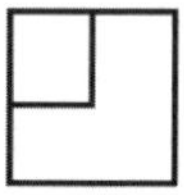　　右視圖

(A)

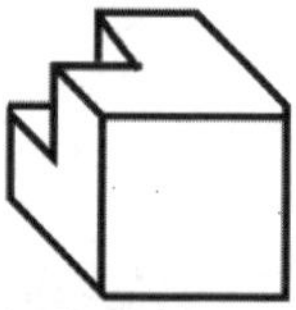

(B)

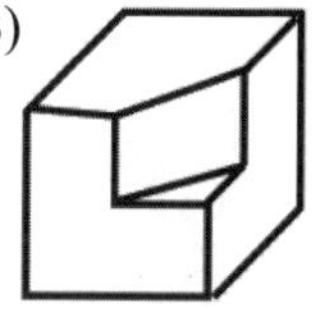

(C)

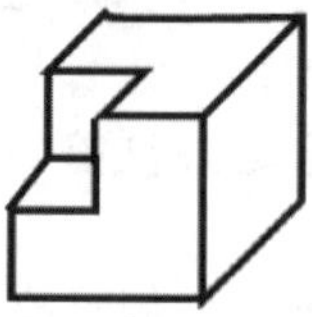

(D)

( )　2.

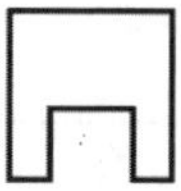

俯視圖　　右視圖

(A)

(B)

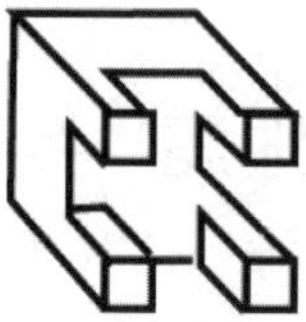

(C)

(D)

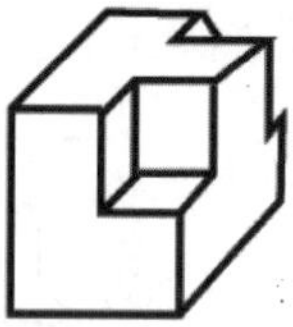

( )　3.

俯視圖 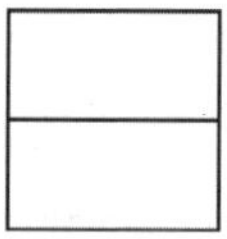　　右視圖

(A)

(B)

(C)

(D)

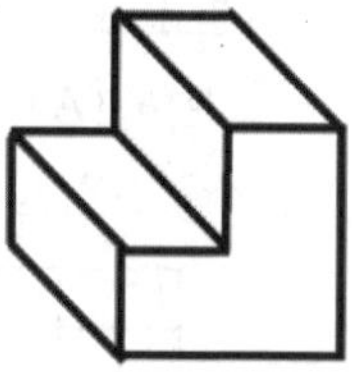

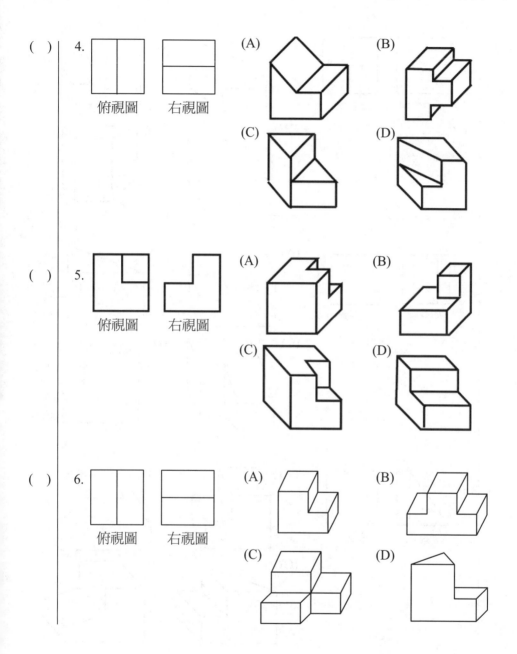

( ) 4.　俯視圖　右視圖

( ) 5.　俯視圖　右視圖

( ) 6.　俯視圖　右視圖

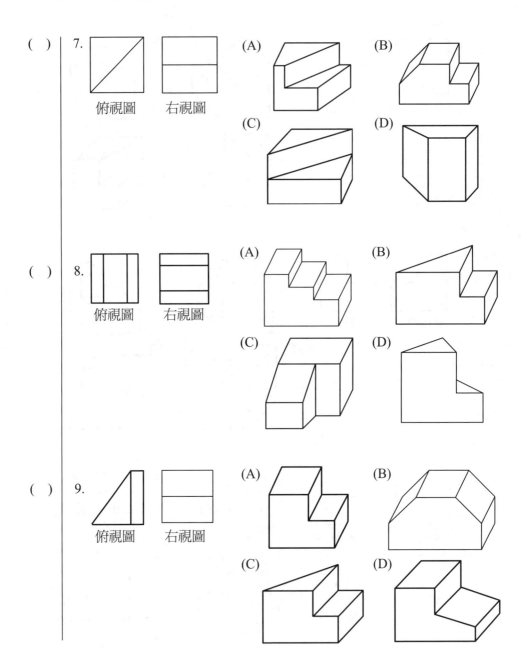

( ) 7.

俯視圖　　右視圖

(A)　(B)　(C)　(D)

( ) 8.

俯視圖　　右視圖

(A)　(B)　(C)　(D)

( ) 9.

俯視圖　　右視圖

(A)　(B)　(C)　(D)

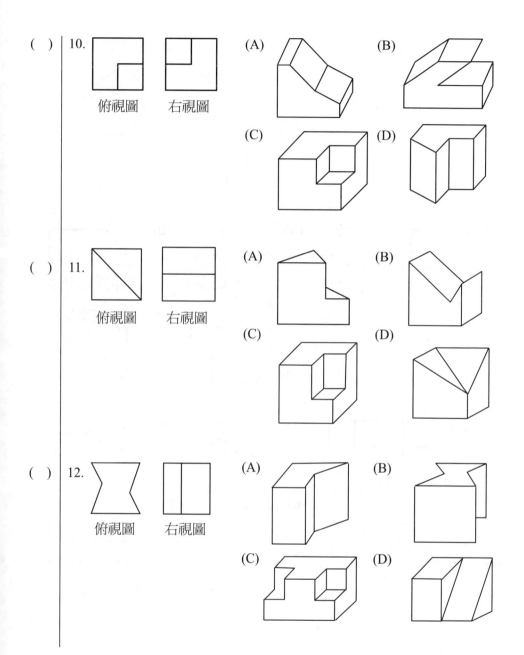

( )　10.　俯視圖　右視圖　(A)　(B)　(C)　(D)

( )　11.　俯視圖　右視圖　(A)　(B)　(C)　(D)

( )　12.　俯視圖　右視圖　(A)　(B)　(C)　(D)

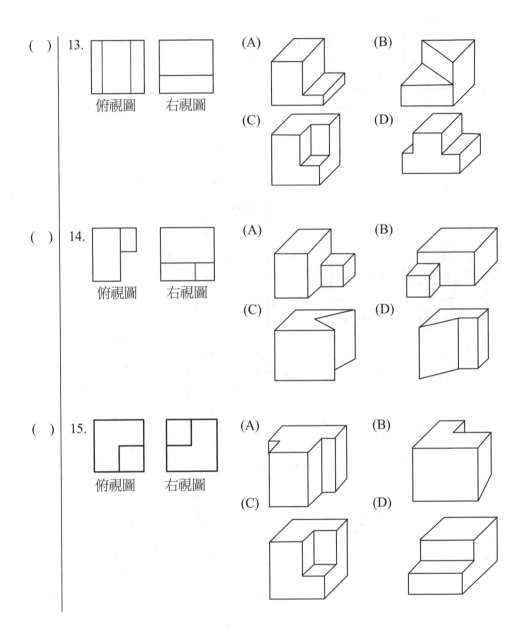

( ) 13.　俯視圖　右視圖　(A)　(B)　(C)　(D)

( ) 14.　俯視圖　右視圖　(A)　(B)　(C)　(D)

( ) 15.　俯視圖　右視圖　(A)　(B)　(C)　(D)

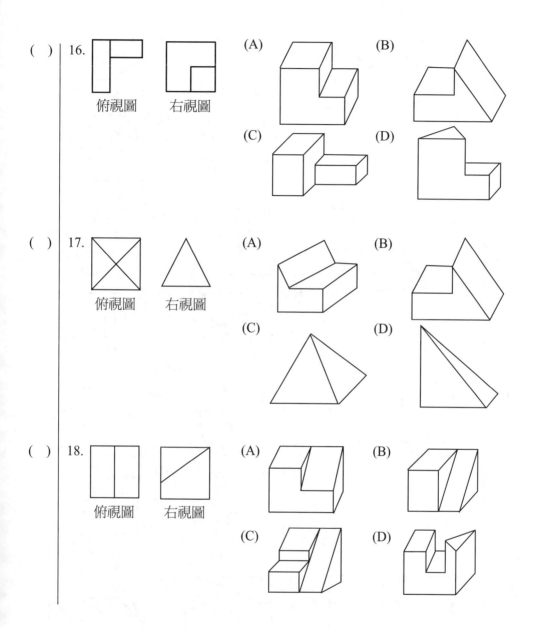

( ) 16.　俯視圖　右視圖　(A)　(B)　(C)　(D)

( ) 17.　俯視圖　右視圖　(A)　(B)　(C)　(D)

( ) 18.　俯視圖　右視圖　(A)　(B)　(C)　(D)

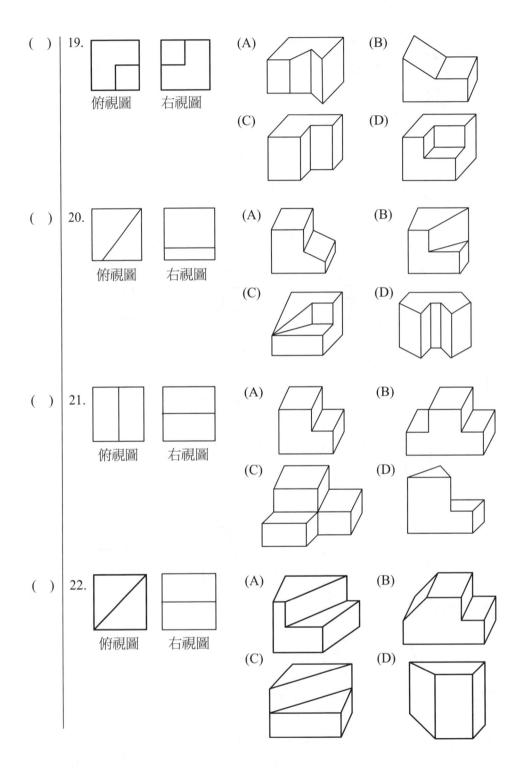

( )　19.　俯視圖　右視圖　(A)　(B)　(C)　(D)

( )　20.　俯視圖　右視圖　(A)　(B)　(C)　(D)

( )　21.　俯視圖　右視圖　(A)　(B)　(C)　(D)

( )　22.　俯視圖　右視圖　(A)　(B)　(C)　(D)

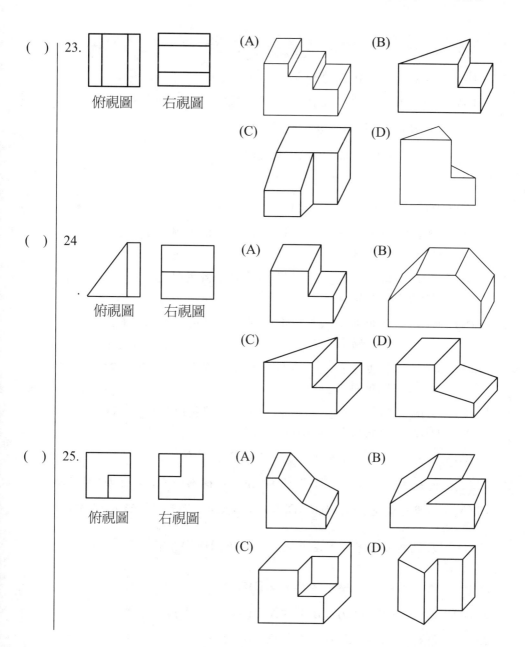

( ) 23.　俯視圖　右視圖
(A) (B)
(C) (D)

( ) 24.　俯視圖　右視圖
(A) (B)
(C) (D)

( ) 25.　俯視圖　右視圖
(A) (B)
(C) (D)

解答　解析

1.(B)　　2.(C)　　3.(C)　　4.(A)　　5.(B)

6.(A)。(B)(D)俯視不合，(C)皆不合，故選(A)。

7.(C)。(A)(B)(D)俯視均不合，故選(C)。

8.(A)。(B)(C)(D)俯視均不可能，故選(A)。

9.(C)。(A)(B)(D)俯視均不合，故選(C)。

10.(C)。僅(C)俯視圖符合，故選(C)。

11.(A)。(B)圖：俯視圖為▭，不符。(C)圖：俯視圖為▢，不符。
(D)圖：側視圖為▱，不符。

12.(B)。(A)圖：俯視圖為▱，不符。(C)圖：俯視圖為▭，不符。
(D)圖：俯視圖為▯，不符。

13.(D)。(A)圖：俯視圖為▯，不符。(B)圖：俯視圖為▱，不符。
(C)圖：俯視圖為▭，不符。

14.(A)。(B)圖：俯視圖為▭，不符。(C)圖：俯視圖為▱，不符。
(D)圖：側視圖為▯，不符。

15.(C)。(A)圖：俯視圖為▭，不符。(B)圖：俯視圖為▱，不符。
(D)圖：俯視圖為▭，不符。

16.(C)。俯視為一長方形垂直，故(A)(B)(D)皆不合。

17.(C)。俯視為四三角形，故(A)(D)不合；右視為一三角形，故(B)不合。

18.(A)。俯視為二長方形，故(C)(D)不合；右視為三角形與梯形，故(B)不合。

19.(D)。右視為大正方形，左上缺 $\dfrac{1}{4}$，故(A)(B)(C)皆不合。

20.(B)。俯視為梯形＋三角形，故僅(B)符合。

21.(A)。俯視：(B)(C)(D)不合；右視：(A)(B)(C)(D)合。

22.(C)。俯視：(A)(B)(D)不合；右視：(D)不合。

23.(A)。俯視：(B)(C)(D)不合；右視：(B)(C)(D)不合。

24.(C)。俯視：(A)(B)(D)不合；右視：(A)(B)(C)(D)合。

25.(C)。俯視：(A)(B)(D)不合；右視：(A)(B)(D)合。

✔ 題型(2)

( )　1.

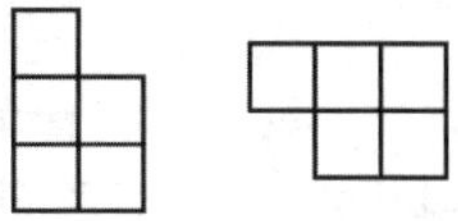

(A) 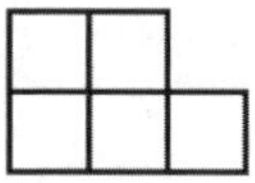　(B)

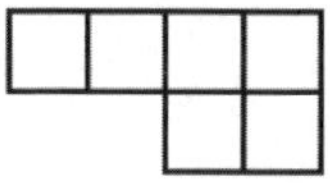

(C) 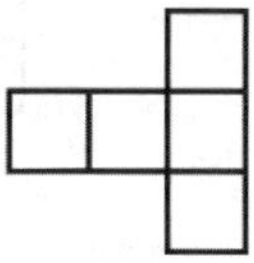　(D)

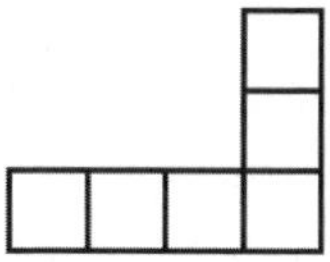

( )　2.

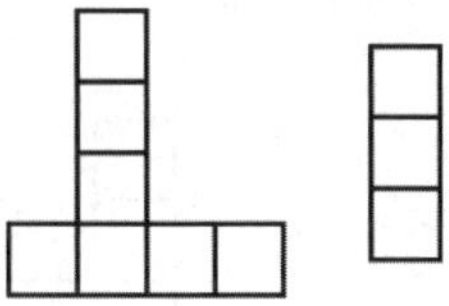

(A) 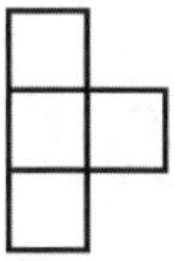　(B)

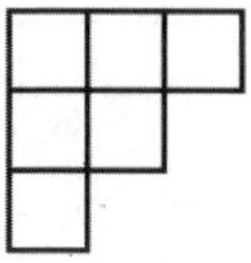

(C) 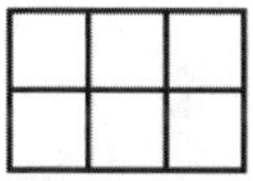　(D)

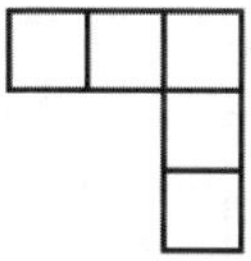

( )　3.

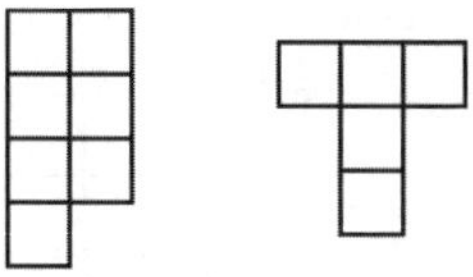

(A) 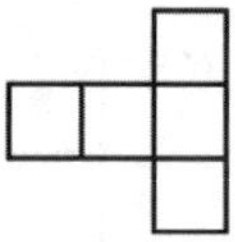　(B)

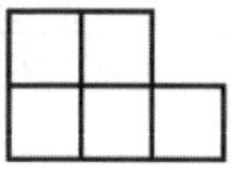

(C) 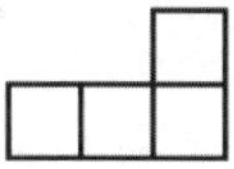　(D)

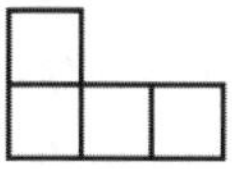

( )　4.

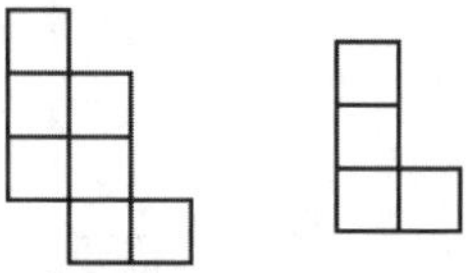

(A) 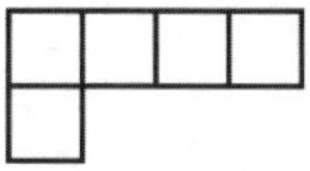　(B)

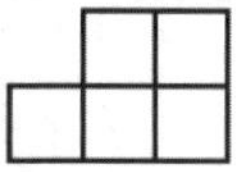

(C) 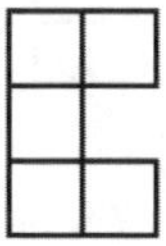　(D)

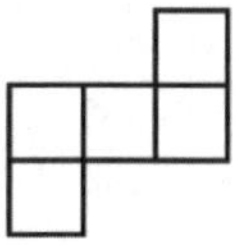

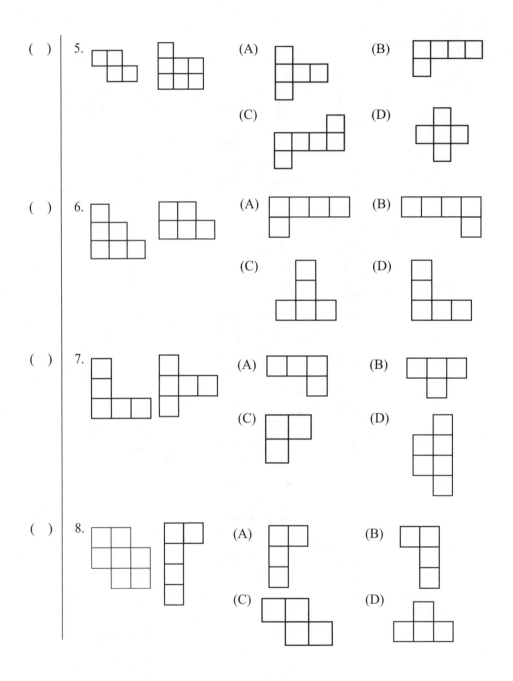

( )　5.

( )　6.

( )　7.

( )　8.

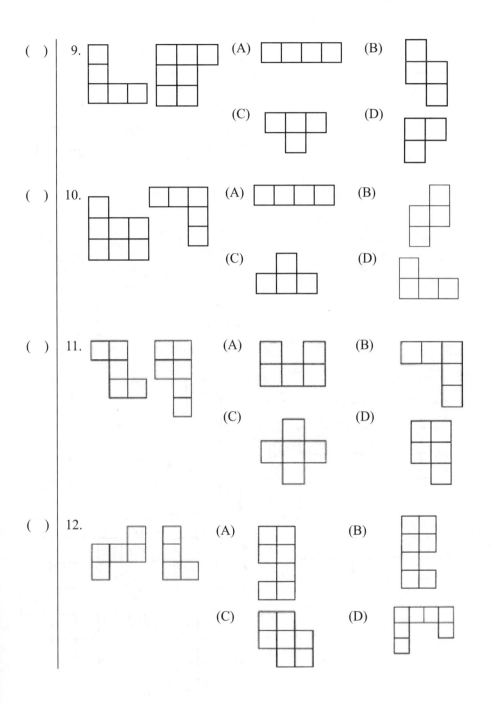

( ) 13.

( ) 14.

( ) 15.

( ) 16.

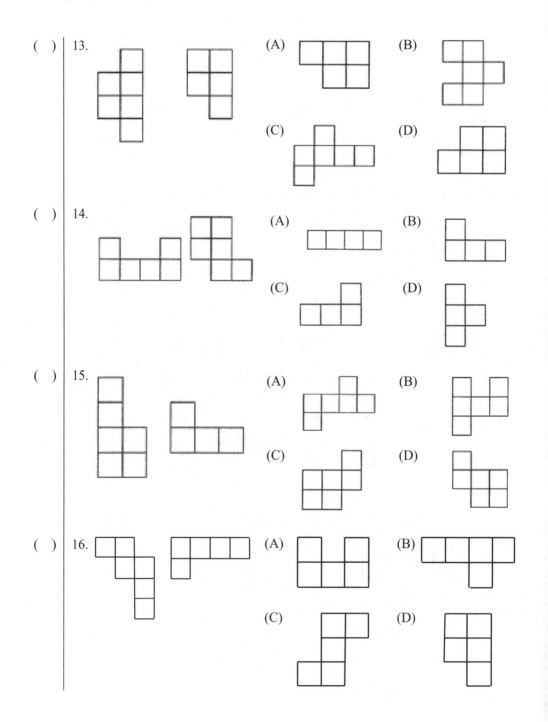

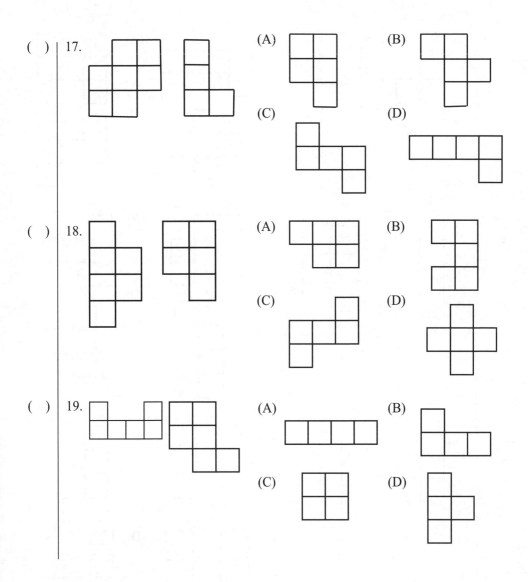

( )　17.

( )　18.

( )　19.

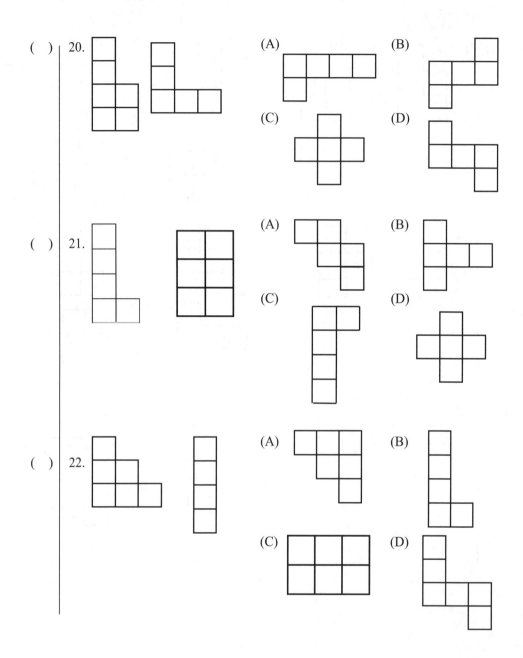

( ) 23.

( ) 24.

( ) 25.

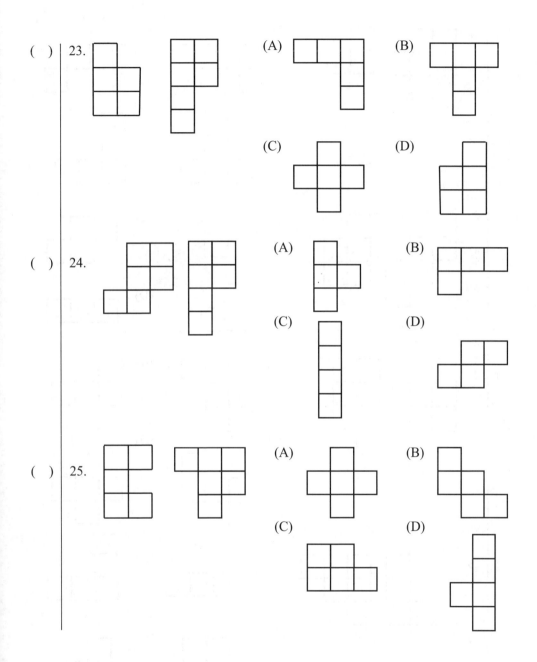

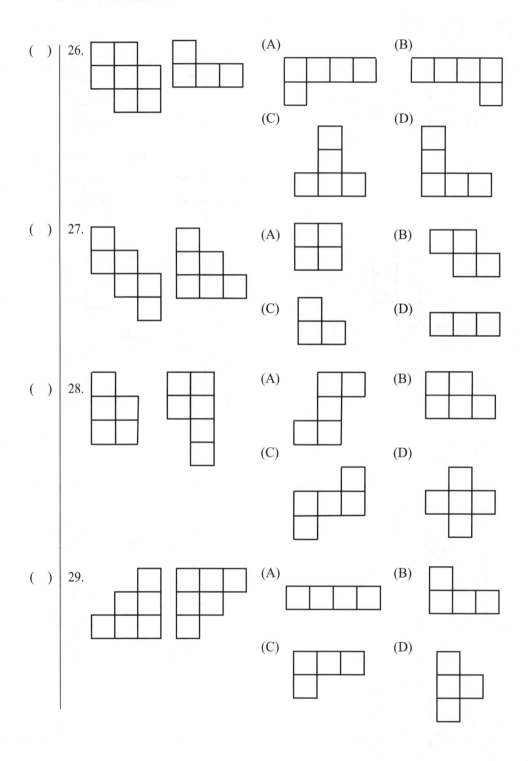

( ) 30.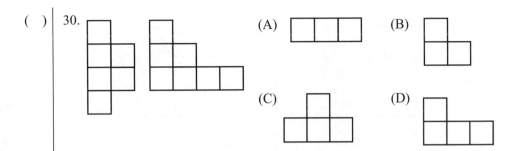

解答 解析

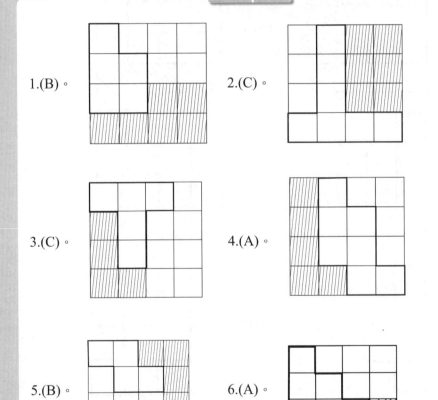

1.(B)。

2.(C)。

3.(C)。

4.(A)。

5.(B)。

6.(A)。

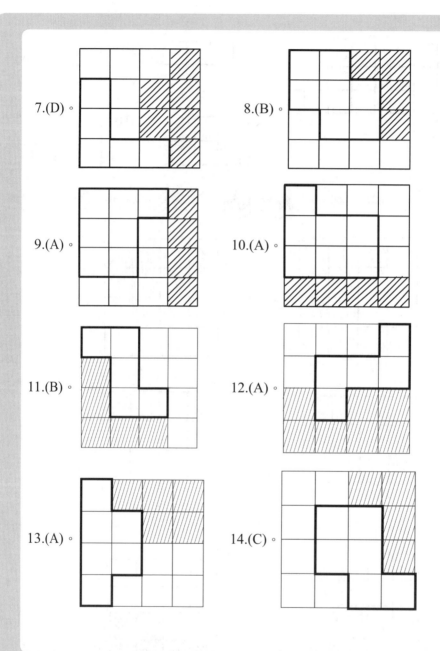

7.(D)。

8.(B)。

9.(A)。

10.(A)。

11.(B)。

12.(A)。

13.(A)。

14.(C)。

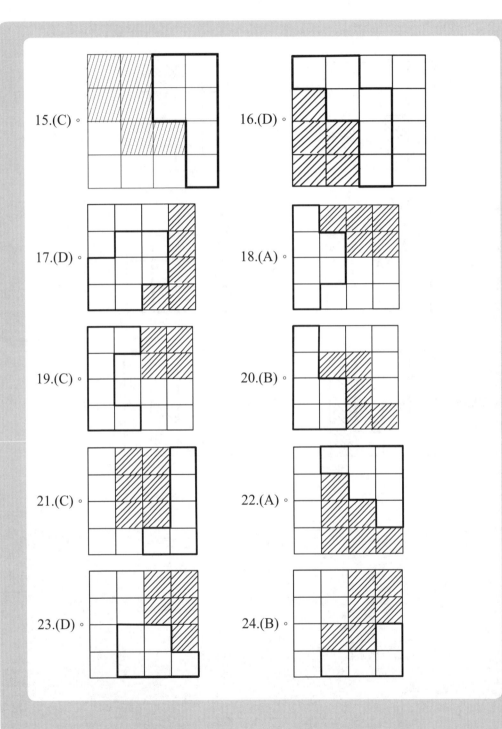

15.(C) 。

16.(D) 。

17.(D) 。

18.(A) 。

19.(C) 。

20.(B) 。

21.(C) 。

22.(A) 。

23.(D) 。

24.(B) 。

25.(D)。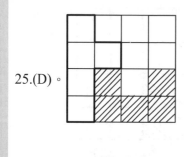

26.(A)。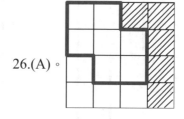

27.(C)。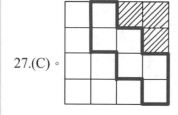

28.(B)。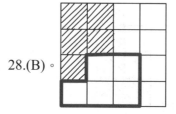

29.(A)。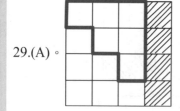

30.(B)。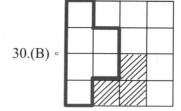

第五章 圖形推理

命題分析

　　這種測驗的題目是一系列圖形，請在其中找出它們共有的屬性或規則，再由四個選項中選出具有同一屬性或規則的圖形。

◎ 圖形排列規則

一、解析

　　簡單的平面圖形，排成一橫列，或是四方塊排列，要推測下一幅圖形，只要從方位、數量、顏色、組合等方式，尋找相互間變化的規則，即很容易找出下一幅圖形。

二、規則

(一)圖形以順時針方向 ↻ 變化方位。

　　例1： ＼ ＿ ＿ 　　　(A)＼ (B)＿ (C)＿ (D)＿

　　　　1. 線以 ↻ 方向移轉方位。　　　　　　　　　　答案：(D)。

　　　　2. 由西北 ➡ 北 ➡ 東北，每次移轉45°。

　　　　3. 由東北 ↻ 移轉45° ➡ 東。

　　例2： ⤹ ➤ ⤵ 　　　(A)⤸ (B)←⊰ (C)⊱ (D)↓

　　　　1. 箭矢以 ↻ 方向移轉方位。　　　　　　　　　答案：(A)。

　　　　2. 由東北 ➡ 東 ➡ 東南 ➡ 南，每次移轉45°。

　　　　3. 由南 ↻ 移轉45° ➡ 西南

(二) 圖形以逆時針方向 ↻ 變化方位。

例1：☐ ☐ ☐　　　　(A)☐　(B)☐　(C)☐　(D)☐

　　1.線以 ↻ 方向移轉方位。　　　　　　　　　　　　　答案：(B)。

　　2.由西北 ➡ 西南 ➡ 東南，每次移轉90º。

　　3.由東南 ↻ 移轉90º ➡ 東北。

例2：⊕ ⊘ ⊖ ⊗　　　　(A)⊕　(B)⊕　(C)⊖　(D)⊖

　　1.T字形以 ↻ 方向移轉方位。　　　　　　　　　　　答案：(A)。

　　2.由西 ➡ 西南 ➡ 南 ➡ 東南，每次移轉45º。

　　3.由東南 ↻ 移轉45º ➡ 東。

(三) 圖形以順時針、逆時針方向交錯變化方位。

例：　　　　　　　　　　(A)○　(B)○　(C)○　(D)○
　　1　2　3　4

　　1. 圖1 ➡ 圖3，小圓圈 ↻ 由北 ➡ 西，轉90º。　　　答案：(B)。

　　2. 圖2 ➡ 圖4，小圓圈 ↻ 由東 ➡ 南，轉90º。

　　3. 圖5之推測，要從第1項變化。小圓圈 ↻ 由西 ➡ 南。

(四) 圖形數量增減。

例1：▦ ▥ ▤ ▤
　　1　2　3　4　(A)⊟　(B)☰　(C)⊟　(D)☐

　　1. 直線減少：三條 ➡ 二條 ➡ 一條 ➡ 零條 ➡ 零。　答案：(A)。

　　2. 橫線減少：十條 ➡ 八條 ➡ 六條 ➡ 四條 ➡ 二條。

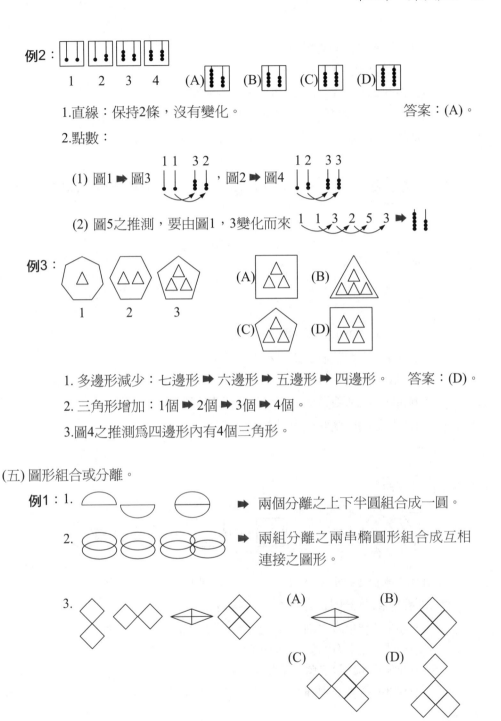

例2：

1　　2　　3　　4　　(A)　(B)　(C)　(D)

1.直線：保持2條，沒有變化。　　　　　　　　　答案：(A)。

2.點數：

(1) 圖1 ➡ 圖3　　　　，圖2 ➡ 圖4

(2) 圖5之推測，要由圖1，3變化而來　1 1 3 2 5 3 ➡

例3：

1　　2　　3　　(A)　(B)　(C)　(D)

1. 多邊形減少：七邊形 ➡ 六邊形 ➡ 五邊形 ➡ 四邊形。　　答案：(D)。

2. 三角形增加：1個 ➡ 2個 ➡ 3個 ➡ 4個。

3.圖4之推測為四邊形內有4個三角形。

(五) 圖形組合或分離。

例1：1.　　　　　　　➡　兩個分離之上下半圓組合成一圓。

2.　　　　　　　➡　兩組分離之兩串橢圓形組合成互相
　　　　　　　　　　連接之圖形。

3.　　　　　(A)　　　　(B)
　　　　　　(C)　　　　(D)

答：(B)。

兩組分離之相連菱形組合

(A)圖，四塊三角形組合，不符。

(B)圖，水平及垂直菱形組合，非常密合。

(C)圖，四塊菱形組合，水平菱形在垂直菱形下方，不符。

(D)圖，四塊菱形組合，水平菱形在垂直菱形左方，不符。

例2：1. 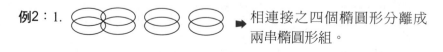 相連接之四個橢圓形分離成
　　　　　　　　　　　　　　　　　　　兩串橢圓形組。

2.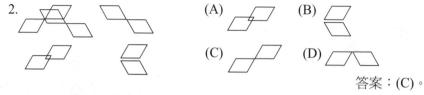

答案：(C)。

相連接之四塊菱形分離

(A)圖，兩塊菱形交錯，不符。

(B)圖，兩塊菱形分離，不符。

(C)圖，兩塊菱形呈向上傾斜且相連，符合。

(D)圖，兩塊菱形呈水平方位，不符。

(六) 圖形內外互換。

例1：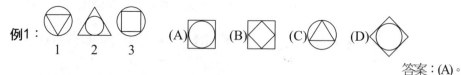

答案：(A)。

1.圖1 ➡ 圖2，外圓內三角 ➡ 外三角內圓(三角沒有變化方位)

2.圖3，為外圓內正方 ➡ 外正方內圓。

　(A)圖，外正方內圓，符合。(圖3之正方沒有變化成菱形)。

　(B)圖，外正方內菱形，不符。

　(C)圖，外圓內三角，不符。

　(D)圖，外菱形內圓。

例2：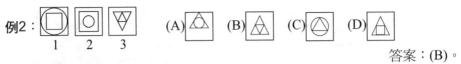

答案：(B)。

1.圖1→圖2，外圓內正方→外正方內圓。

2.圖3，為外倒三角內正三角→外正三角內倒三角。

(A)圖，外三角內圓形，不符。

(B)圖，外正三角形內倒三角，符合。

(C)圖，外圓內正三角，不符。

(D)圖，外正三角內正方，不符。

( )　

　　解　◎(A)。由於共同的規則是外圖都是由圓形組成，故正確答案是(A)。

精選試題

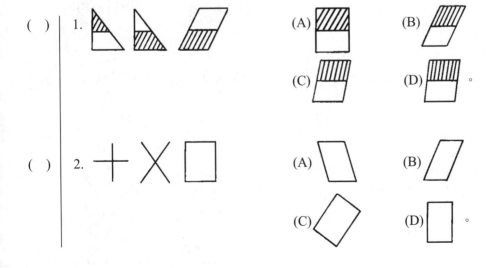

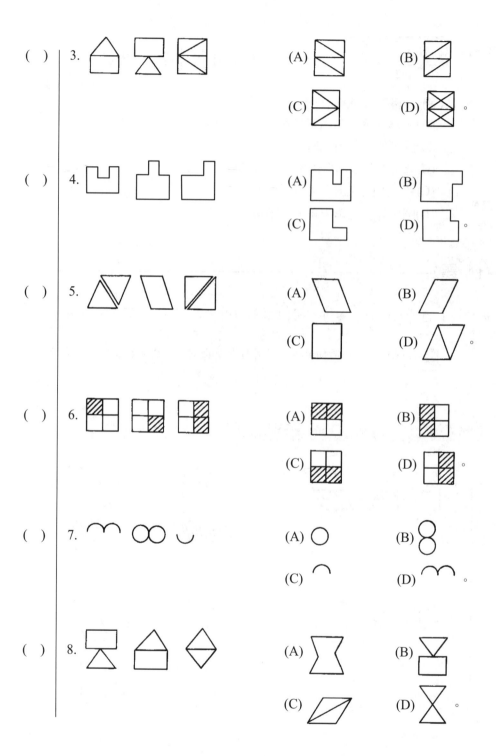

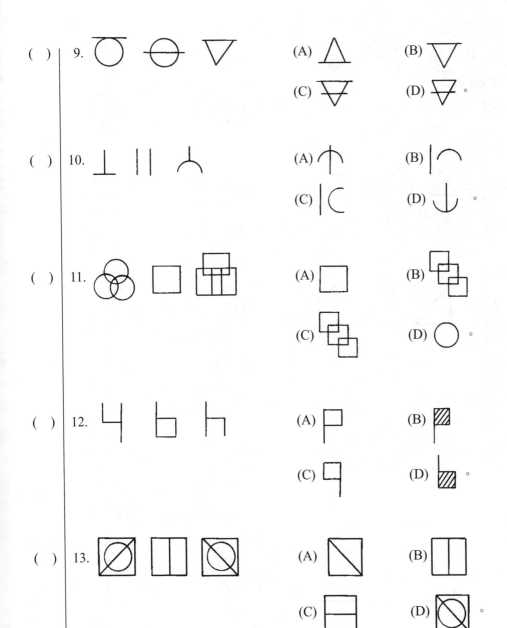

( )　9.

(A) △
(B) ▽
(C) ▽
(D) ▽。

( )　10.

(A)
(B)
(C)
(D)。

( )　11.

(A)
(B)
(C)
(D)。

( )　12.

(A)
(B)
(C)
(D)。

( )　13.

(A)
(B)
(C)
(D)。

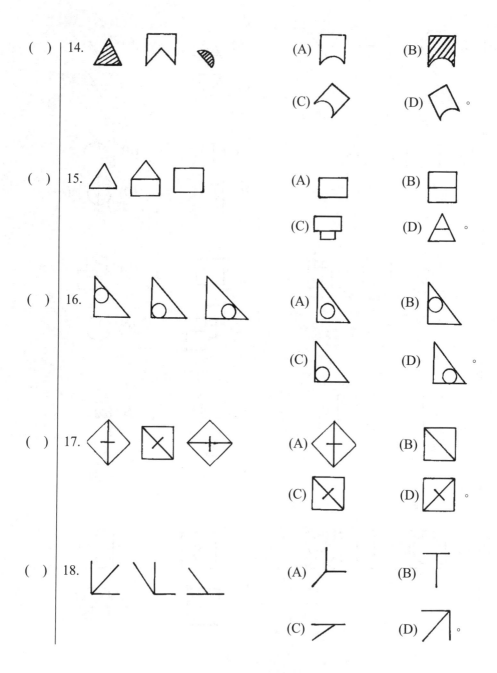

(　) 14.

(　) 15.

(　) 16.

(　) 17.

(　) 18.

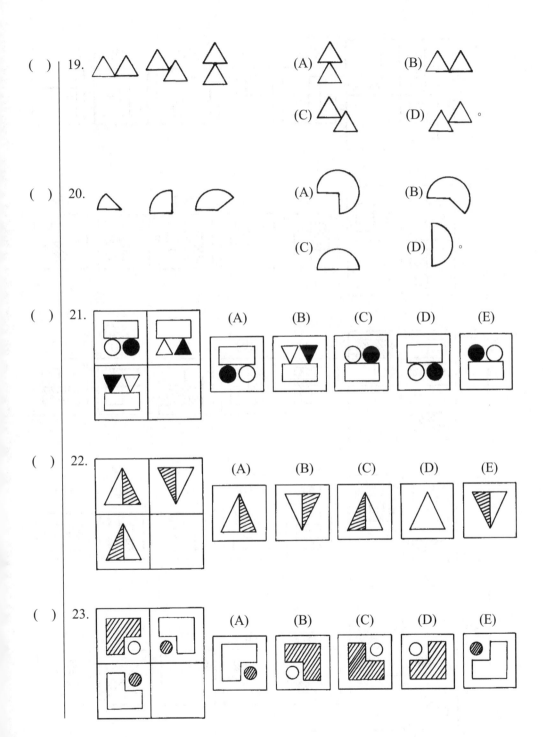

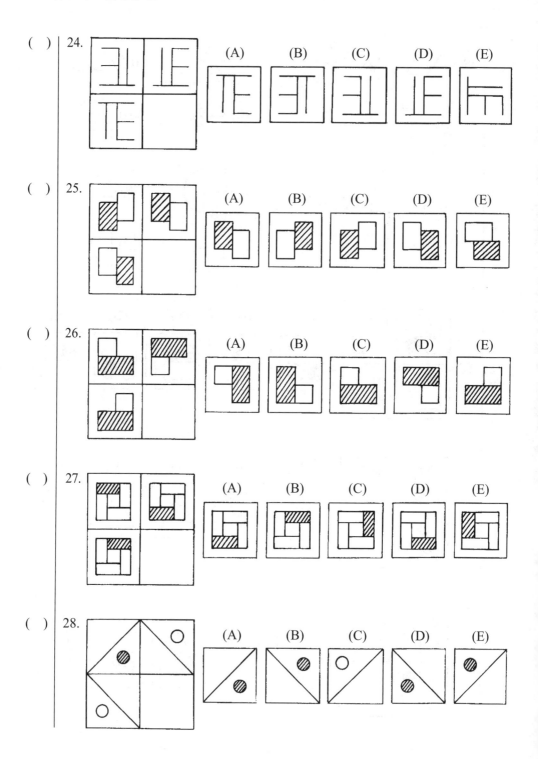

( ) 24.

( ) 25.

( ) 26.

( ) 27.

( ) 28.

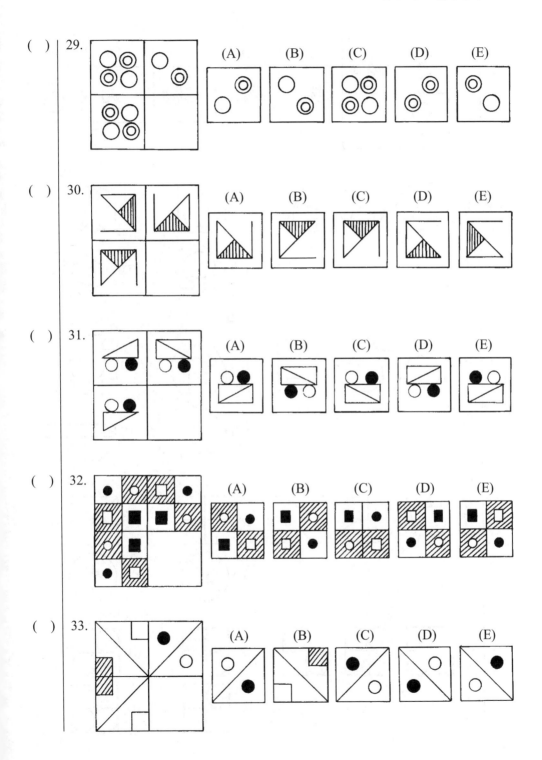

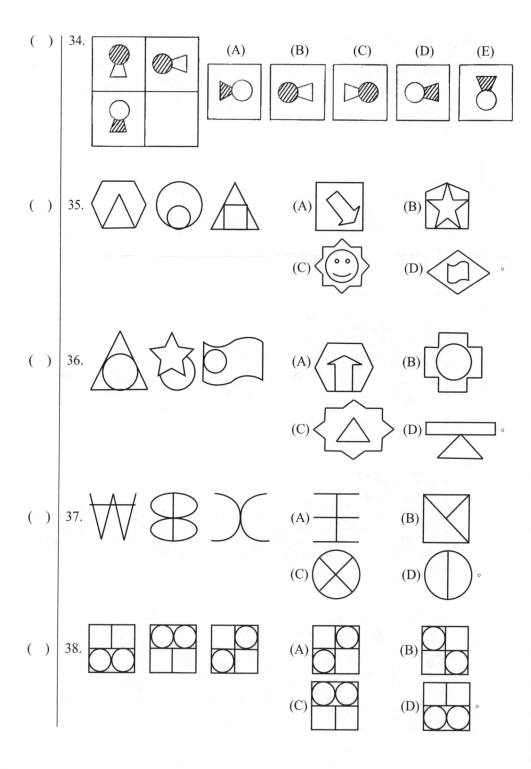

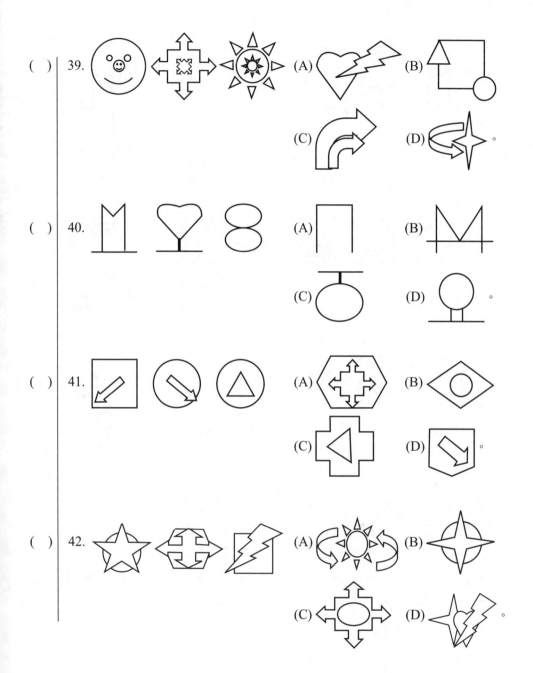

( )｜39.

(A)　(B)

(C)　(D)。

( )｜40.

(A)　(B)

(C)　(D)。

( )｜41.

(A)　(B)

(C)　(D)。

( )｜42.

(A)　(B)

(C)　(D)。

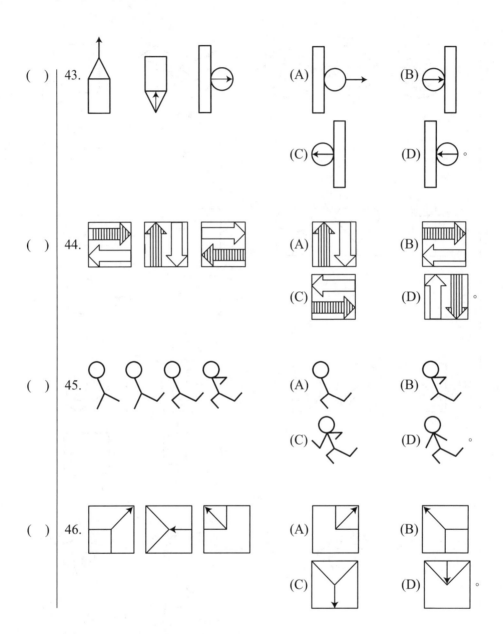

( ) 43.

( ) 44.

( ) 45.

( ) 46.

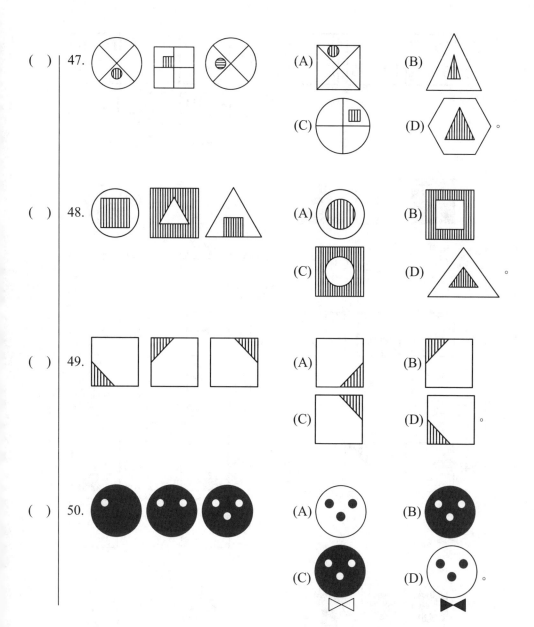

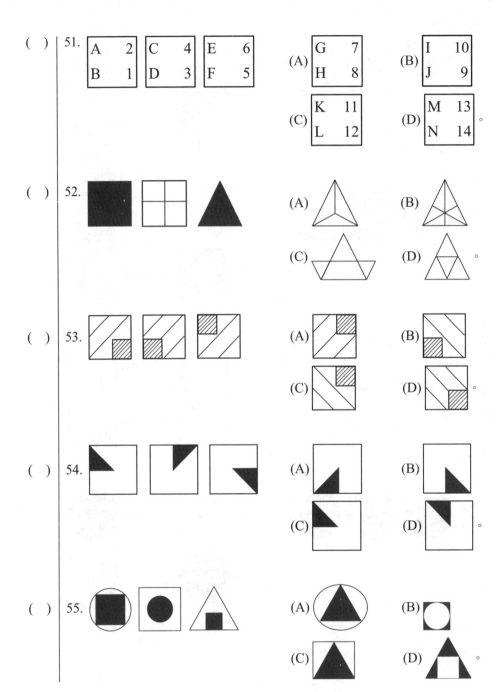

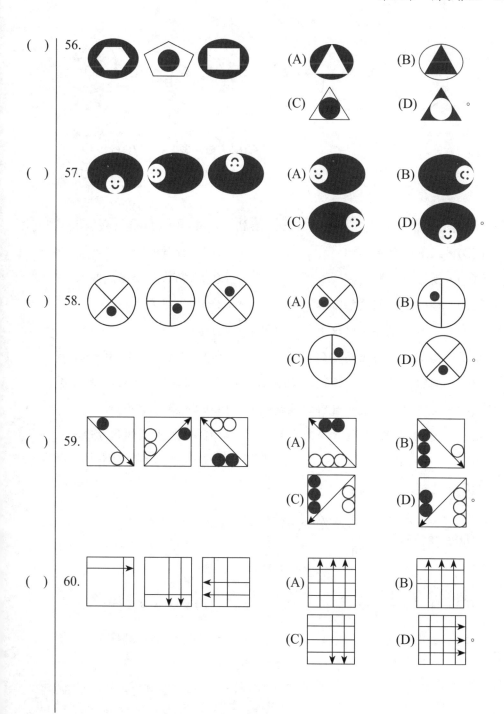

( )｜61.

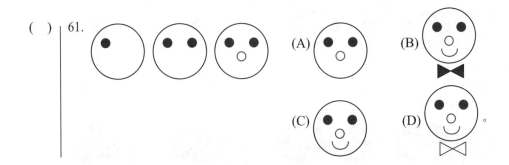

解答　解析

1.(B)。上下顏色互換。　　　　　　　　2.(C)。旋轉45°。

3.(C)。圖形上下顛倒。　　　　　　　　4.(C)。凸出部分變成凹入。

5.(C)。合併成一個完整圖形。　　　　　6.(B)。上下左右相反。

7.(A)。一半→完整，以水平線為中軸。　8.(D)。上下倒置。

9.(D)。橫線位置由上面移到中間。　　　10.(C)。下方線轉90°移到直線右邊。

11.(D)。圖1為三個圓形，圖2為一個方形，圖3為三個方形，圖4為一個圓形。

12.(C)。上下左右相反，且將缺線補滿。　13.(C)。橫線轉90°。

14.(C)。圖1為圖2的缺角，且顏色相反。　15.(B)。加上一個長方形。

16.(B)。逆轉180°。　　　　　　　　　17.(D)。正方形逆轉45°。

18.(C)。左邊二線逆轉45°。

19.(D)。順轉45°。　△△　➡　△△　➡　△△　➡　△△

為中心不動

20.(C)。每個加 $\frac{1}{8}$ 個圓。　　　　　21.(E)。以中心對稱。

22.(B)。上下相反。　　　　　　　　　　23.(D)。以中心對稱。

24.(B)。鏡像（左右2邊）。

25.(B)。左右鏡像（方位），而顏色黑白交錯。

26.(D)。以中心對稱。　　　　　　27.(D)。與上列左右相反。

28.(E)。以中心對稱。　　　　　　29.(A)。上下對稱。

30.(E)。以中心對稱。

31.(C)。圓的排序同，但三角形會變成長方形。

32.(E)。以中心對稱。

33.(D)。水平線鏡射。

34.(D)。上下互補。

35.(B)。大的空心幾何圖形中有一小的空心幾何圖形，且小圖與大圖的底部相接。

36.(B)。題目的三個圖形中皆有一圓。

37.(D)。左右兩半圓相反並結合。

38.(B)。前兩圖上下相反，後兩圖左右相反。

39.(C)。問題圖形皆為相似形。

40.(B)。圓形變成尖角。

41.(C)。裡面的三角形轉方向。

42.(B)。小的有尖角的圖形下面，有另一多邊形。

43.(B)。從圖1→2，可看到：(1)箭頭方向不變；(2)圖形左右相反，符合此條件的只有(B)。

44.(D)。可觀察到依序逆時針旋轉，故選(D)。

45.(C)。可觀察出跑步的動作越來越完整且不減少，故僅(C)符合。

46.(D)。向右旋轉45度角，故(D)為正解。

47.(B)。內外圖案形狀相同，故選(B)。

48.(C)。內外圖案形狀不同，故選(C)。

49.(A)。黑色部分順時針旋轉，故選(A)。

50.(C)。外加▷◁不打亂次序。

51.(B)。從前面的規律看出

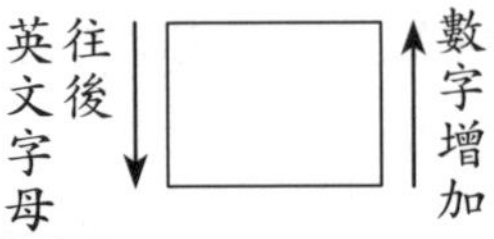

英文字母 往後 ↓ □ ↑ 數字增加

52.(D)。■（全黑）⊞（格子）→▲（全黑）△（格子），且分線由各邊中點相連。

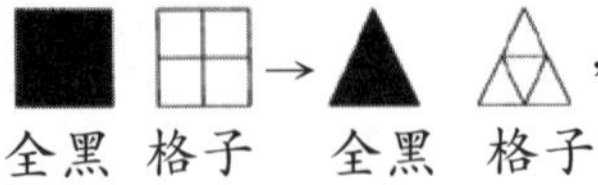

53.(A)。正方形黑塊以順時針方向旋轉
東南→西南→西北→東北。

54.(A)。黑三角塊由西北→東北→東南→西南。

55.(C)。外圓（白）內方（黑）→外方（白）內圓（黑）
外三角（白）內方（黑）→外方（白）內三角（黑）。

56.(C)。外橢圓（黑）內六角（白）→外五角（白）內圓（黑）
外橢圓（黑）內四角（白）→外三角（白）內圓（黑）。

57.(B)。笑臉的位置為逆時針旋轉，方向為順時針旋轉。

58.(B)。第一圖→第二圖，以逆時針轉45度
第三圖以逆時針轉45度成(B)圖。

59.(D)。箭頭逆時針轉90度，白圈由一個增為二個，第三圖箭頭（西北）以逆時針轉90度則成西南，白圈由二個增為三個。

60.(B)。線條一條不變，箭頭由一條（正東）成為二條（正南）
線條二條不變，箭頭由二條（正面）成為三條（正北）。

61.(C)。圖增加嘴巴。

第六章 重組

命題分析

　　這個測驗中，每個題目都是一個句子，可能是詩詞、古文或成語、俗語，不過字的排列已經打散，沒有依照順序，其中尚有一個多餘的字。

　　作答的方法，就是把那個多餘的字找出來。

　　此類題目範圍幾乎無限，但考題節選的多是朗朗上口的名句，考古題重複出現機率亦高，廣泛的閱讀，多熟悉題型，應該是非常好拿分的一個段落。

例題

( )　1. 自天強不健行子君以建息　(A)建　(B)自　(C)子　(D)行。

( )　2. 實多巷議事子街不譚　　(A)多　(B)子　(C)實　(D)譚。

解　1.(A)。把題目文字重組，便是「天行健君子以自強不息」，因此「建」字是多餘的，故正確答案是(A)。

　　2.(B)。原句為：街譚巷議事多不實，故選(B)。

精選試題

第1～50題

( )　1. 誰路鹿手死　(A)死　(B)手　(C)鹿　(D)路。

( )　2. 人老以及之老吾幼老　(A)人　(B)幼　(C)以　(D)老。

( )　3. 遊夜燭竹秉　(A)秉　(B)夜　(C)遊　(D)竹。

( )　4. 珠老小生蚌　(A)小　(B)珠　(C)蚌　(D)老。

(　)　　5. 出青而於藍勝於好藍　(A)好　(B)於　(C)藍　(D)出。

(　)　　6. 碑可口皆有　(A)口　(B)可　(C)有　(D)碑。

(　)　　7. 惑智不仁患者不者憂　(A)不　(B)仁　(C)患　(D)惑。

(　)　　8. 馬水流車龍　(A)流　(B)車　(C)水　(D)馬。

(　)　　9. 天翼上在鳥願做比　(A)鳥　(B)在　(C)上　(D)翼。

(　)　　10. 屏選平中雀　(A)選　(B)屏　(C)平　(D)雀。

(　)　　11. 金勸縷銀莫惜君衣　(A)縷　(B)金　(C)君　(D)銀。

(　)　　12. 君看天不之見河水上黃來　(A)黃　(B)看　(C)天　(D)之。

(　)　　13. 猶面琵半勤琶遮抱　(A)抱　(B)面　(C)勤　(D)半。

(　)　　14. 不無義人立信　(A)不　(B)立　(C)人　(D)義。

(　)　　15. 有海之粟滄一　(A)有　(B)海　(C)滄　(D)粟。

(　)　　16. 降天也將於斯大終任人　(A)終　(B)也　(C)於　(D)斯。

(　)　　17. 貴朋知別相交在心友　(A)惜　(B)別　(C)貴　(D)友。

(　)　　18. 國家出敵則患法士無者外弼入則有無　(A)有　(B)家　(C)敵　(D)患。

(　)　　19. 前見者不見若古人來後不　(A)來　(B)見　(C)若　(D)後。

(　)　　20. 欲之民之不從之所必　(A)之　(B)欲　(C)從　(D)不。

(　)　　21. 做知人信可不其也無而　(A)而　(B)可　(C)無　(D)做。

(　)　　22. 何本埃無物光處惹來塵一　(A)惹　(B)本　(C)光　(D)塵。

(　)　　23. 精業奮荒於而於嬉勤　(A)精　(B)奮　(C)勤　(D)荒。

(　)　　24. 修選講信能但賢睦舉　(A)但　(B)修　(C)舉　(D)賢。

(　)　　25. 白天化日光　(A)天　(B)化　(C)白　(D)日。

(　)　　26. 若水湯金固　(A)湯　(B)水　(C)固　(D)金。

( )｜27. 聞一如千不見百　(A)百　(B)千　(C)不　(D)如。

( )｜28. 紅一青綠中叢萬點　(A)青　(B)綠　(C)紅　(D)萬。

( )｜29. 生十聚年十訓學教年　(A)十　(B)年　(C)學　(D)生。

( )｜30. 莫下水若善上　(A)若　(B)莫　(C)上　(D)下。

( )｜31. 者可來過往者矣追已　(A)來　(B)過　(C)已　(D)往。

( )｜32. 鄰存比涯己若知內道天海　(A)道　(B)己　(C)海　(D)內。

( )｜33. 虎焉不出虎得穴入子(A)不　(B)出　(C)入　(D)子。

( )｜34. 馬網絲蛛跡　(A)絲　(B)馬　(C)跡　(D)網。

( )｜35. 秋卻涼天氣道個好　(A)秋　(B)天　(C)個　(D)氣。

( )｜36. 概棺論定　(A)概　(B)棺　(C)論　(D)定。

( )｜37. 破斧沈舟　(A)破　(B)斧　(C)沈　(D)舟。

( )｜38. 離鄉背景　(A)離　(B)鄉　(C)背　(D)景。

( )｜39. 病入膏盲　(A)病　(B)入　(C)膏　(D)盲。

( )｜40. 粗製爛造　(A)粗　(B)製　(C)爛　(D)造。

( )｜41. 飲鳩止渴　(A)飲　(B)鳩　(C)止　(D)渴。

( )｜42. 處類旁通　(A)處　(B)類　(C)旁　(D)通。

( )｜43. 魚目渾珠　(A)魚　(B)目　(C)渾　(D)珠。

( )｜44. 圓木求魚　(A)圓　(B)木　(C)求　(D)魚。

( )｜45. 文職彬彬　(A)文　(B)職　(C)彬　(D)彬

( )｜46. 一諾千斤　(A)一　(B)諾　(C)千　(D)斤。

( )｜47. 遠郊近攻　(A)遠　(B)郊　(C)近　(D)攻。

( )｜48. 顛佩流離　(A)顛　(B)佩　(C)流　(D)離。

( )｜49. 耳題面命　(A)耳　(B)題　(C)面　(D)命。

( )｜50. 觥籌交措　(A)觥　(B)籌　(C)交　(D)措。

解答 解析

1.(D)。原句應為：鹿死誰手，故路為贅字。

2.(B)。原句應為：老吾老以及人之老，故幼為贅字。

3.(D)。原句應為：秉燭夜遊，故竹為贅字。

4.(A)。原句應為：老蚌生珠，故小為贅字。

5.(A)。原句應為：青出於藍而勝於藍，故好為贅字。

6.(B)。原句應為：有口皆碑，故可為贅字。

7.(C)。原句應為：仁者不憂智者不惑，故患為贅字。

8.(A)。原句應為：車水馬龍，故流為贅字。

9.(C)。原句應為：在天願作比翼鳥，故上為贅字。

10.(C)。原句應為：雀屏中選，故平為贅字。

11.(D)。原句應為：勸君莫惜金縷衣，故銀為贅字。

12.(B)。原句應為：君不見黃河之水天上來，故看為贅字。

13.(C)。原句應為：猶抱琵琶半遮面，故勤為贅字。

14.(D)。原句應為：人無信不立，故義為贅字。

15.(A)。原句應為：滄海之一粟，故有為贅字。

16.(A)。原句應為：天將降大任於斯人也，故終為贅字。

17.(B)。原句應為：朋友相交貴在知心，故別為贅字。

18.(A)。原句應為：入則無法家弼士，出則無敵國外患者，故有為贅字。

19.(C)。原句應為：前不見古人後不見來者，故若為贅字。

20.(D)。原句應為：民之所欲必從之，故不為贅字。

21.(D)。原句應為：人而無信不知其可也，故做為贅字。

22.(C)。原句應為：本來無一物何處惹塵埃，故光為贅字。

23.(B)。原句應為：業精於勤而荒於嬉，故奮為贅字。

24.(A)。原句應為：選賢舉能講信修睦，故但為贅字。

25.(C)。原句應為：光天化日，故白為贅字。

26.(B)。原句應為：固若金湯，故水為贅字。

27.(B)。原句應為：百聞不如一見，故千為贅字。

28.(A)。原句應為：萬綠叢中一點紅，故青為贅字。

29.(C)。原句應為：十年生聚十年教訓，故學為贅字。

30.(D)。原句應為：上善莫若水，故下為贅字。

31.(B)。原句應為：往者已矣來者可追，故過為贅字。

32.(A)。原句應為：海內存知己天涯若比鄰，故道為贅字。

33.(B)。原句應為：不入虎穴焉得虎子，故出為贅字。

34.(D)。原句應為：蛛絲馬跡，故網為贅字。

35.(D)。原句應為：卻道天涼好個秋，故氣為贅字。

36.(A)。原句應為：「蓋」棺論定。　　37.(B)。原句應為：破「釜」沈舟。

38.(D)。原句應為：離鄉背「井」。　　39.(D)。原句應為：病入膏「肓」。

40.(C)。原句應為：粗製「濫」造。　　41.(B)。原句應為：飲「鴆」止渴。

42.(A)。原句應為：「觸」類旁通。　　43.(C)。原句應為：魚目「混」珠。

44.(A)。原句應為：「緣」木求魚。　　45.(B)。原句應為：文「質」彬彬。

46.(D)。原句應為：一諾千「金」。　　47.(B)。原句應為：遠「交」近攻。

48.(B)。原句應為：顛「沛」流離。　　49.(B)。原句應為：耳「提」面命。

50.(D)。原句應為：觥籌交「錯」。

✔ 第51～111題

( )　51. 陣古鑠今　(A)陣　(B)古　(C)鑠　(D)今。

( )　52. 殘無人道　(A)殘　(B)無　(C)人　(D)道。

( )　53. 拍按叫絕　(A)拍　(B)按　(C)叫　(D)絕。

( )　54. 班門弄釜　(A)班　(B)門　(C)弄　(D)釜。

( )　55. 萬賴無聲　(A)萬　(B)賴　(C)無　(D)聲。

( )　56. 忘自菲薄　(A)忘　(B)自　(C)菲　(D)薄。

( )　57. 見人見智　(A)見　(B)人　(C)見　(D)智。

( )　58. 不易而飛　(A)不　(B)易　(C)而　(D)飛。

( )　59. 南猿北轍　(A)南　(B)猿　(C)北　(D)轍。

( )　60. 毛塞頓開　(A)毛　(B)塞　(C)頓　(D)開。

( )　61. 汝子可教　(A)汝　(B)子　(C)可　(D)教。

( )　62. 束手無錯　(A)束　(B)手　(C)無　(D)錯。

( )　63. 煮豆燃箕　(A)煮　(B)豆　(C)燃　(D)箕。

( )　64. 弄獐之喜　(A)弄　(B)獐　(C)之　(D)喜。

( )　65. 驚世害俗　(A)驚　(B)世　(C)害　(D)俗。

( )　66. 仙聲奪人　(A)仙　(B)聲　(C)奪　(D)人。

( )　67. 出奇不意　(A)出　(B)奇　(C)不　(D)意。

( )　68. 歲月如竣　(A)歲　(B)月　(C)如　(D)竣。

( )　69. 美不盛收　(A)美　(B)不　(C)盛　(D)收。

( )　70. 永置不渝　(A)永　(B)置　(C)不　(D)渝。

( )　71. 披星載月　(A)披　(B)星　(C)載　(D)月。

( )　72. 運酬帷幄　(A)運　(B)酬　(C)帷　(D)幄。

( ) 73. 根深底固 (A)根 (B)深 (C)底 (D)固。

( ) 74. 倒行匿施 (A)倒 (B)行 (C)匿 (D)施。

( ) 75. 播亂反正 (A)播 (B)亂 (C)反 (D)正。

( ) 76. 投忌企鼠器 (A)企 (B)忌 (C)鼠 (D)投。

( ) 77. 楊步百一穿 (A)楊 (B)百 (C)一 (D)穿。

( ) 78. 東蘋效顰施 (A)施 (B)蘋 (C)東 (D)效。

( ) 79. 綢降雨繆未 (A)降 (B)雨 (C)繆 (D)未。

( ) 80. 交刎之吻頸 (A)吻 (B)刎 (C)交 (D)頸。

( ) 81. 及末長莫鞭 (A)長 (B)末 (C)鞭 (D)及。

( ) 82. 餵餐位素尸 (A)素 (B)尸 (C)餵 (D)餐。

( ) 83. 口後牛嘴雞 (A)後 (B)嘴 (C)牛 (D)雞。

( ) 84. 二三士桃殺陶 (A)士 (B)三 (C)陶 (D)殺。

( ) 85. 風馬相不豐及牛 (A)豐 (B)牛 (C)相 (D)風。

( ) 86. 十笑百步五步效 (A)五 (B)笑 (C)百 (D)效。

( ) 87. 人賠了又折陪兵夫 (A)陪 (B)賠 (C)人 (D)夫。

( ) 88. 治身家修國理平齊天下 (A)齊 (B)理 (C)修 (D)治。

( ) 89. 一晨日在計於曦之 (A)曦 (B)晨 (C)計 (D)之。

( ) 90. 淡君子之交水偽如 (A)淡 (B)水 (C)君 (D)偽。

( ) 91. 意人歡生得樂須盡 (A)樂 (B)意 (C)盡 (D)歡。

( ) 92. 飲一食一瓢水簞 (A)一 (B)水 (C)飲 (D)簞。

( ) 93. 無楊插柳心成蔭柳 (A)楊 (B)柳 (C)蔭 (D)心。

( ) 94. 到橋然船頭歪自直 (A)船 (B)然 (C)橋 (D)歪。

( ) 95. 明柳莊暗村花又一 (A)明 (B)柳 (C)村 (D)莊。

( ) 96. 莫死哀於心大活 (A)哀 (B)大 (C)活 (D)死。

( ) 97. 己助天自者助 (A)助 (B)己 (C)自 (D)天。

( )｜98. 萬里緣千一線牽姻　　(A)緣　　(B)萬　　(C)姻　　(D)千。

( )｜99. 只言於止謠智者　　(A)止　　(B)智　　(C)謠　　(D)只。

( )｜100. 五年十少十老時二　　(A)老　　(B)少　　(C)二　　(D)五。

( )｜101. 宮六色無顏七黛粉　　(A)色　　(B)七　　(C)黛　　(D)粉。

( )｜102. 覆巢卵之下碗無完　　(A)碗　　(B)卵　　(C)巢　　(D)無。

( )｜103. 出人未捷身師先死　　(A)捷　　(B)未　　(C)師　　(D)人。

( )｜104. 砍刀抽斷水水抽更流　　(A)抽　　(B)斷　　(C)水　　(D)砍。

( )｜105. 衣漸服寬終不悔帶　　(A)寬　　(B)服　　(C)帶　　(D)悔。

( )｜106. 有為基成恆功之本　　(A)為　　(B)恆　　(C)功　　(D)基。

( )｜107. 金散回盡還復來千　　(A)千　　(B)盡　　(C)回　　(D)復。

( )｜108. 士不毅兵可不弘以　　(A)士　　(B)兵　　(C)可　　(D)毅。

( )｜109. 城處無光不飛花春　　(A)處　　(B)光　　(C)飛　　(D)春。

( )｜110. 騖首然幕回　　(A)然　　(B)幕　　(C)首　　(D)騖。

( )｜111. 曲一新一歌唱酒杯　　(A)一　　(B)杯　　(C)唱　　(D)曲。

解答　解析

51.(A)。原句應為：「震」古鑠今。

52.(A)。原句應為：「慘」無人道。

53.(B)。原句應為：拍「案」叫絕。

54.(D)。原句應為：班門弄「斧」。

55.(B)。原句應為：萬「籟」無聲。

56.(A)。原句應為：「妄」自菲薄。

57.(B)。原句應為：見「仁」見智。

58.(B)。原句應為：不「翼」而飛。

59.(B)。原句應為：南「轅」北轍。

60.(A)。原句應為：「茅」塞頓開。

61.(A)。原句應為：「孺」子可教。

62.(D)。原句應為：束手無「策」。

63.(D)。原句應為：煮豆燃「萁」。

64.(B)。原句應為：弄「璋」之喜。

65.(C)。原句應為：驚世「駭」俗。

66.(A)。原句應為：「先」聲奪人。

67.(B)。原句應為：出「其」不意。

68.(D)。原句應為：歲月如「梭」。

69.(C)。原句應為：美不「勝」收。

70.(B)。原句應為：永「誌」不渝。

71.(C)。原句應為：披星「戴」月。

72.(B)。原句應為：運「籌」帷幄。

73.(C)。原句應為：根深「蒂」固。

74.(C)。原句應為：倒行「逆」施。

75.(A)。原句應為：「撥」亂反正。

76.(A)。投鼠忌器。

77.(C)。百步穿楊。

78.(B)。東施效顰。

79.(A)。未雨綢繆。

80.(A)。刎頸之交，非吻頸之交。

81.(B)。鞭長莫及。

82.(C)。尸位素餐。

83.(B)。雞口牛後。

84.(C)。二桃殺三士。

85.(A)。風馬牛不相及。

86.(D)。五十步笑百步。

87.(A)。賠了夫人又折兵。

88.(B)。修身齊家治國平天下，「理」為多餘。

89.(A)。一日之計在於晨，「曦」為多餘。

90.(D)。君子之交淡如水，「偽」為多餘。

91.(A)。人生得意須盡歡，「樂」為多餘。

92.(B)。一簞食一瓢飲，「水」為多餘。

93.(A)。無心插柳柳成蔭，無「楊」。

94.(D)。船到橋頭自然直，無「歪」。

95.(D)。柳暗花明又一村，無「莊」。

96.(C)。哀莫大於心死，無「活」。

97.(B)。天助自助者，無「己」。

98.(B)。千里姻緣一線牽，無「萬」。

99.(D)。謠言止於智者，無「只」。

100.(A)。原句：少年十五二十時→老為贅字。

101.(B)。原句：六宮粉黛無顏色→七為贅字。

102.(A)。原句：覆巢之下無完卵→碗為贅字。

103.(D)。原句：出師未捷身先死→人為贅字。

104.(D)。原句：抽刀斷水水更流→砍為贅字。

105.(B)。原句：衣帶漸寬終不悔→服為贅字。

106.(D)。原句：有恆為成功之本→基為贅字。

107.(C)。原句：千金散盡還復來→回為贅字。

108.(B)。原句：士不可以不弘毅→兵為贅字。

109.(B)。原句：春城無處不飛花→光為贅字。

110.(B)。原句：驀然回首→幕為贅字。

111.(C)。原句：一曲新歌酒一杯→唱為贅字。

Notes

第七章 文法運用

命題分析

　　這個測驗中，列舉了許多句子，每一個句子都用斜線分成(A)、(B)、(C)、(D)四個部分。其中有一個部分的文法運用有錯誤，請選出文法運用不正確的那一句。

　　這部分全是單純的白話句子，其中會有一句和其他三句意思不合，例如：其他句是正面意思，而這一句是反面意思。通常是形容詞、名詞或動詞使用不當。

例題

( )　1. (A)這篇小說　(B)寫得很好，　(C)若能譜為電視劇本，　(D)收視率一定很高。

( )　2. (A)漫步於　(B)斜風細雨中，　(C)僅有　(D)一番情趣。

解　1.(C)。這題是動詞使用錯誤，小說成為電視劇本，應用「編」而非「譜」，故為正確答案是(C)。
　　2.(C)。應為「別有」一番情趣。

精選試題

✔第1～50題

( )　1. (A)冷冽的寒風中　(B)英勇的國軍仍然　(C)畏畏縮縮　(D)堅守保家衛國的崗位。

( )　2. (A)蔚藍的天空　(B)皚皚的白雲　(C)皎潔的月色　(D)真是一幅美麗的圖畫。

( ) 　3. (A)隔壁張先生遭逢車禍　(B)不幸腦死　(C)家人決定器官捐贈　(D)禍害人間。

( ) 　4. (A)滴酒不沾的林先生　(B)終日醉生夢死　(C)遊手好閒　(D)最後終因肝病逝世。

( ) 　5. (A)胡博士好學不倦　(B)迷失自我　(C)雖已古稀之年　(D)仍然繼續求學。

( ) 　6. (A)這件刑案手法高超　(B)計畫縝密　(C)但法網恢恢　(D)終成懸案。

( ) 　7. (A)在一塵不染的　(B)礦坑中　(C)辛苦的礦工們　(D)正與大自然搏鬥著。

( ) 　8. (A)這一對賢伉儷　(B)真是姦夫淫婦　(C)恩恩愛愛　(D)羨煞旁人。

( ) 　9. (A)魔音穿腦　(B)的音樂晚會　(C)仙樂翩翩　(D)令人心情舒暢。

( ) 　10. (A)冷酷無情　(B)的義工們　(C)除夕夜仍在街頭幫助遊民　(D)真是令人敬佩。

( ) 　11. (A)小陳以飛碟球　(B)打敗所有對手　(C)幾乎球球射網得分　(D)真是厲害。

( ) 　12. (A)這對夫妻感情恩愛　(B)出雙入對　(C)狼狽為奸　(D)真是甜蜜。

( ) 　13. (A)這位鐵板神算　(B)醫術高明　(C)妙手回春　(D)真是好似華陀再世呀。

( ) 　14. (A)烈日當中　(B)白衣天使　(C)仍然辛勤的送信著　(D)真是辛苦。

( ) 　15. (A)艷陽高照的夏日　(B)來一碗　(C)熱呼呼的拉麵　(D)最是消暑。

( ) 　16. (A)老奶奶昨天過生日　(B)享年八十歲　(C)兒孫滿堂　(D)令人羨慕。

( ) 　17. (A)老趙剛被裁員　(B)老婆又跟別人私奔　(C)真是禍不單行　(D)教人拍手叫好。

( ) 　18. (A)這件案子　(B)對我而言　(C)不過緣木求魚　(D)輕鬆解決。

( ) 　19. (A)春節的腳步　(B)逐漸靠攏　(C)鐵公路車站都擠滿了　(D)思鄉心切的遊子。

( ) 　20. (A)隨著科技進步　(B)人與人間的距離已不再　(C)退避三舍　(D)遙不可及。

( )　21. (A)看著窗外　(B)絲絲的細雨　(C)陰風怒吼　(D)真是詩情畫意。

( )　22. (A)這位小姐容貌姣好　(B)個性溫柔　(C)吸引不少單身貴族　(D)紛紛中箭落馬。

( )　23. (A)這部小說　(B)服裝考究　(C)拍攝細膩　(D)不愧為世界級導演的作品。

( )　24. (A)他總是努力工作　(B)拾人牙慧　(C)誠懇親切　(D)是個難得的人才。

( )　25. (A)老長官做人海派　(B)總是巧取豪奪　(C)仗義執言　(D)最後得罪了不少人。

( )　26. (A)無私的義工們　(B)當有人需要幫助　(C)就可以看到他們　(D)真是令人厭惡。

( )　27. (A)在陸地上　(B)看似笨拙的企鵝　(C)在水中可是　(D)呼天搶地呢。

( )　28. (A)這家餐廳重新裝潢　(B)餐點又美味　(C)吸引許多老饕光臨　(D)號啕大哭。

( )　29. (A)他的雕刻作品　(B)真是栩栩如生　(C)維妙維肖　(D)令人嘔心瀝血。

( )　30. (A)歹徒的犯案手法　(B)洛陽紙貴　(C)日新月異　(D)令人防不勝防。

( )　31. (A)伸展台上　(B)模特兒光鮮亮麗　(C)真是沐猴而冠　(D)令人羨慕。

( )　32. (A)這部電影評論頗佳　(B)戲院門口總是　(C)大排長龍　(D)哀鴻遍野。

( )　33. (A)他的個性幽默　(B)大言不慚　(C)凡是有他的場合　(D)就有笑聲。

( )　34. (A)新娘子身穿白紗禮服　(B)衣衫襤褸　(C)喜氣洋洋　(D)真是漂亮。

( )　35. (A)台上魔術師的表演　(B)真是如雷貫耳　(C)不可思議　(D)神乎其技。

( )　36. (A)科學家們每天　(B)兢兢業業　(C)坐吃山空　(D)研發新科技。

( )　37. (A)這裡的資源豐富　(B)名列全國之冠　(C)從世界範圍看　(D)也是數之不盡。

( )　38. (A)春暖花開的四月天　(B)枝頭綻放的白色果實　(C)隨風灑落　(D)如詩如畫。

( )　39. (A)過年期間　(B)到處是人山人海　(C)臭味相投　(D)真是熱鬧非凡。

( )　40. (A)小華目瞪口呆　(B)引經據典　(C)口若懸河　(D)侃侃而談。

( )　41. (A)狼狽地　(B)漫步在　(C)夕陽下　(D)別有一番情趣。

( )　42. (A)張先生的攝影技術　(B)十分高超　(C)照片的人像真是　(D)音容宛在。

( )　43. (A)情場失意的老王　(B)終日焚膏繼晷　(C)醉生夢死　(D)令人惋惜。

( )　44. (A)天上烏雲密布　(B)河邊流水淙淙　(C)綠色的大地　(D)真是一幅美麗的圖畫。

( )　45. (A)這對鴛鴦大盜　(B)相互提攜　(C)狼狽為奸　(D)真是可惡。

( )　46. (A)隔壁老奶奶過生日　(B)九十歲大壽　(C)兒孫滿堂　(D)真是令人憤怒。

( )　47. (A)她聲如洪鐘　(B)身材纖細苗條　(C)在台上翩翩起舞　(D)輕柔飄逸好像精靈。

( )　48. (A)這份報告對我來說　(B)不過舉手之勞　(C)資料都是現成的　(D)堪稱拾金不昧。

( )　49. (A)小說裡的郭大俠武功高強　(B)為人笨拙，受人敬重　(C)又有美麗聰明的夫人　(D)真是羨煞旁人。

( )　50. (A)極受愛戴的老長官　(B)竟然被停職了　(C)不幸的消息傳開　(D)我們都感到天降甘霖。

解答　解析

1.(C)。應為盡忠職守。

2.(C)。白天不會有「皎潔月」。

3.(D)。應作「遺愛」人間。

4.(A)。應為「嗜酒如命」

5.(B)。確定學習方向，不應為迷失自我。

6.(D)。依題意應該已破案。

7.(A)。礦坑不可能一塵不染。

8.(B)。用詞不當，應用「鶼鰈情深」之類詞。

9.(A)。優美的音樂不該使人感到不適。

10.(A)。義工之行動應是溫馨體貼。

11.(C)。保齡球無網可射。

12.(C)。用詞不當，應用「鶼鰈情深」之類詞。

13.(A)。依題意應為醫生而非算命師。

14.(B)。郵差為綠衣天使。

15.(C)。消暑應是冰品。

16.(B)。享年是死後的說法。

17.(D)。對他人的不幸不應幸災樂禍。

18.(C)。緣木求魚指不可能的事，應用「雕蟲小技」之類。

19.(B)。腳步不可用靠攏形容，用接近較好，錯誤的詞。

20.(C)。多餘的詞。

21.(C)。多餘的詞。

22.(D)。形容不當錯誤的詞，可改為紛紛拜倒於石榴裙下。

23.(A)。錯誤的詞，「這部電影」才是，(A)的意不合。

24.(B)。錯誤的詞，「匠心獨具」可用，(B)是衍襲他人。

25.(B)。錯誤的詞，「見義勇為」才是，(B)是打劫之意。

26.(D)。錯誤的詞，應「令人敬佩」，(D)是不屑之狀。

27.(D)。錯誤的詞，應「悠遊自得」，(D)是怨聲不斷。

28.(D)。同上，應「共享其味」，(D)極其傷心的意思。

29.(D)。應「嘆為觀止」之作(D)盡極心思。

30.(B)。應「不斷翻新」才是(B)形容書本之珍貴。

31.(C)。應形容「衣著華麗」(C)是裝模作樣。

32.(D)。「一票難得」才是，(D)是怨聲連連。

33.(B)。滿座風生，(B)是志得意滿，說話不經思考之狀。

34.(B)。衣衫襤褸是衣著破舊。

35.(B)。如雷貫耳形容名望，名聲，抽象的。

36.(C)。坐吃山空是游手好閒，不知奮發以致破敗家產。

37.(D)。既然位置居冠，便應是「屈指可數」或「首屈一指」，而非「數之不盡」。

38.(B)。果實不會「綻放」，且不會「灑落」，應改為「花朵」才合理。

39.(C)。「臭味相投」是形容雙方志趣、性情相投合，與另三句形容人潮眾多無關。

40.(A)。「目瞪口呆」是受驚或受窘以致神情痴呆的樣子，與另三句形容人能言善道並不符合。

41.(A)。漫步夕陽下，應是「悠閒地」；狼狽是指情勢窘迫，進退兩難，不符合。

42.(D)。「音容宛在」用於對死者的弔唁之詞，不可用以形容生者，應改為「栩栩如生」才合理。

43.(B)。「焚膏繼晷」用來形容夜以繼日地勤讀不怠，與另三句形容失意頹廢完全相反。

44.(A)。由後三句可看出此時不應「烏雲密布」，應該天氣晴朗，「白雲悠悠」才符合。

45.(B)。「相互提攜」是指照顧與栽培，使用在正向的事情上，不適用做壞事，故不符合。

46.(D)。大壽是喜事，不應是憤怒。

47.(A)。後三句都是形容女舞者的動人，與「聲如洪鐘」沒有關係。

48.(D)。拾金不昧是揀到別人遺失的錢財而不據為己有。

49.(B)。笨拙是負面語詞，不宜用在稱讚的句子中。

50.(D)。「天降甘霖」用來比喻突來的喜事，與「停職」完全不符合。

✓ 第51～94題

( ) 51. (A)這對情侶 (B)經過了八年的愛情長跑 (C)終於自食惡果 (D)結成了佳偶。

( ) 52. (A)一個勇敢的人 (B)即使在風雨之中 (C)仍然彎腰駝背 (D)昂首闊步。

( ) 53. (A)這家戲院重新裝潢 (B)餐點又美味 (C)吸引許多老饕光臨 (D)讚不絕口。

( ) 54. (A)歹徒的犯案手法 (B)日新月異 (C)不斷改變花樣 (D)真是精神可嘉。

( ) 55. (A)小明是個好學生 (B)上課認真聽講，積極詢問 (C)作業也總是抄別人的 (D)真是個品學兼優的孩子。

( ) 56. (A)這部餐廳評論頗佳 (B)門口總是 (C)姦夫淫婦 (D)大排長龍。

( ) 57. (A)他總是努力工作 (B)愛屋及烏 (C)誠懇親切 (D)是個難得的人才。

( ) 58. (A)父母之年 (B)煙消雲散 (C)一則以喜 (D)一則以懼。

( ) 59. (A)生命就像一朵火焰 (B)漸漸燒盡自己 (C)孩子的誕生 (D)就是罪惡的開始。

( ) 60. (A)一個積極的人 (B)即使在困厄之中 (C)仍然屁滾尿流 (D)奮勇向前。

( ) 61. (A)天下古今之庸人 (B)皆以勤字致敗 (C)天下古今之才人 (D)皆以一傲字致敗。

( ) 62. (A)一個人 (B)同情人的不幸遭遇 (C)是很可憐的 (D)但絕不可以同情自己。

( ) 63. (A)人生的光榮 (B)不在永不失敗 (C)而在於能夠 (D)死皮賴臉。

( ) 64. (A)大丈夫 (B)患志之不立 (C)哀求 (D)名之不彰。

( ) 65. (A)歹徒的犯案手法 (B)小心求證 (C)日新月異 (D)令人防不勝防。

( ) 66. (A)這對新婚佳偶 (B)福無雙至 (C)真是天生一對 (D)羨煞旁人。

( ) 67. (A)健康的身體 (B)是罪惡淵藪 (C)病弱的身體 (D)是靈魂的監獄。

( ) 68. (A)積善之家 (B)必有餘慶 (C)積惡之家 (D)必有幸福。

( )　69. (A)在危急關頭退縮不前　(B)意志消沉　(C)無異給敵人造成一個　(D)畫地自限。

( )　70. (A)開心　(B)是動搖的開端　(C)動搖　(D)是失敗的近臨。

( )　71. (A)這家餐廳　(B)餐點美味　(C)吸引許多影迷光臨　(D)讚不絕口。

( )　72. (A)忌妒　(B)是唯一的良善　(C)無知　(D)是唯一的邪惡。

( )　73. (A)老趙剛升官　(B)老婆又平安產下一子　(C)真是禍不單行　(D)雙喜臨門。

( )　74. (A)這部影片　(B)內容枯燥　(C)氣勢磅礡　(D)深受歡迎。

( )　75. (A)這個網站人氣很旺　(B)名列全國之冠　(C)從世界範圍看　(D)也是乏人問津。

( )　76. (A)春暖花開的四月天　(B)枝頭綻放的粉色花朵　(C)片片隨風飄落　(D)如同南柯一夢。

( )　77. (A)沒有放棄　(B)就沒有失敗　(C)沒有偏食　(D)就沒有結束。

( )　78. (A)品學兼優的他總是　(B)書空咄咄　(C)平步青雲　(D)令人羨慕。

( )　79. (A)舞台上燈光炫麗　(B)舞台下觀眾冷淡　(C)這次的演唱會　(D)辦的相當成功。

( )　80. (A)這道佳餚　(B)是這位大廚　(C)經過滴水穿石　(D)才完成的成品。

( )　81. (A)在寒冷的風雨中　(B)枝頭新芽紛紛冒頭　(C)春陽煦煦　(D)真是舒服的季節。

( )　82. (A)新店開幕　(B)成功的宣傳　(C)吸引不少顧客上門　(D)偷拐搶騙。

( )　83. (A)他總是熱心助人　(B)賊頭賊腦　(C)獲得街坊鄰居　(D)一致稱讚。

( )　84. (A)在政治舞台上　(B)愛迪生　(C)的許多偉大發明　(D)造福了人類。

( )　85. (A)徐老師　(B)在小學任教數十年　(C)仁心仁術　(D)深受學生愛戴。

( )　86. (A)風景名勝地區　(B)每到假日總是　(C)人群擁擠　(D)哀鴻遍野。

( )　87. (A)新官上任總是　(B)屁股著火　(C)張大眼睛　(D)小心為上。

( )　88. (A)朋友相處貴在　(B)相知相惜　(C)阿諛奉承　(D)知己難尋。

( )　89. (A)寫滿願望的　(B)鹽水蜂炮　(C)在夜空中冉冉升空　(D)真是壯觀。

( )　90. (A)黃昏時刻　(B)遠方傳來陣陣　(C)公雞啼曉聲　(D)催我起床。

( )　91. (A)老闆娘雖年過半百　(B)但是風韻猶存　(C)走起路來步步蓮花　(D)有如風中殘燭。

( )　92. (A)婚姻大事總得　(B)兩情相悅　(C)銀貨兩訖　(D)才能維持長久。

( )　93. (A)人性本善是他　(B)堅信的原則　(C)所以店內裝滿監視器　(D)以防萬一。

( )　94. (A)投手成功投出　(B)三壘安打　(C)總算完成難得的　(D)完封結局。

解答　解析

51.(C)。「自食惡果」是指做了壞事得到報應、懲罰，與「結成佳偶」意思不同。

52.(C)。勇敢的人在風雨中昂首闊步，與「彎腰駝背」並不符合。

53.(A)。「餐點美味」「老饕光臨」，可知必然為飯館，而非戲院。

54.(D)。值得嘉許為正向形容詞。

55.(C)。本題之描述對小明多為正面的評價，「作業總是抄別人的」相較以下顯然有很大的出入。

56.(C)。形容饕客食家大排長龍，不應用「姦夫淫婦」。

57.(B)。努力工作、誠懇親切、難得人才，可以同時描述一個人。愛屋及烏是比喻愛一個人也連帶的關愛與他有關的人或物，與原句無關。

58.(B)。「父母之年，不可不知也，一則以喜，一則以懼。」勉人關心並擔憂父母的健康。煙消雲散是比喻事物如煙雲消散盡淨，與內容無關。

59.(D)。本句在說明生命的傳承，孩子的誕生應是希望的開始，並非罪惡的開始。

60.(C)。勇敢、風雨之中、昂首闊步，都是形容人的堅強，與戰敗逃走的「屁滾尿流」意義相反。

61.(B)。說明失敗的原因，庸人是以「惰」字致敗才對，故答(B)。

62.(C)。同情別人的不幸遭遇並不會讓自己變得可憐，(C)。選項錯誤。

63.(D)。人生的光榮不在永不失敗，而在能夠永不認輸。不應是「死皮賴臉」。

64.(C)。大丈夫患志之不立，不求名之不彰。大丈夫不應「哀求」別人給予名聲。

65.(B)。歹徒的犯案手法花樣百出，日新月異，令人防不勝防。「小心求證」一般是用在科學化思考上，與歹徒手法多變無關。

66.(B)。這對新婚佳偶，郎才女貌，真是天生一對，羨煞旁人。「福無雙至」是形容幸福不會接連來到，不可誤用。

67.(B)。健康的身體，是靈魂的住所，病弱的身體，是靈魂的監獄。「罪惡淵藪」是指罪惡聚集的地方，語意不合。

68.(D)。積善之家必有餘慶，積惡之家必有餘殃。本句在闡述果報的觀念，作惡多端必有惡報。

69.(D)。在危急關頭退縮不前，意志消沉，無異給敵人造成一個良機。畫地自限與文義全然無關。

70.(A)。灰心是動搖的開端，動搖是失敗的近臨。可看出本句是在說明失敗心態的產生，「開心」與句意不合。

71.(C)。這家餐廳，餐點美味，吸引許多老饕光臨，讚不絕口。既然餐點美味又吸引老饕，那當然不該是「影迷」。

72.(A)。忌妒並非良善的表現，而無知卻會造成許多惡事，可知錯誤必然是第一句。再由上下文義相反對照判斷，上文應是敘述良善之事，故選(A)。

73.(C)。由升官又生子，可知此事是雙喜臨門，則「禍不單行」與句意完全相反。

74.(B)。因氣勢磅礡而深受歡迎才合理,「內容枯燥」的形容在這個句子中不能成立。

75.(D)。「乏人問津」指無人探詢,語意不合。

76.(D)。南柯一夢是比喻人生如夢,富貴得失無常。

77.(C)。偏食與結束無關,應為「開始」

78.(B)。書空咄咄為失意的樣子。

79.(B)。燈光炫麗且成功,則反應不該是冷淡。

80.(C)。滴水穿石,比喻有志者事竟成,與句意不符,應用「挖空心思」較妥當。

81.(A)。春陽煦煦,新芽冒出的舒服季節,不應該是寒冷的風雨中。

82.(D)。顧客上門,應為參觀、消費,不應是偷搶拐騙。

83.(B)。熱心助人,獲得一致稱讚,則不應該賊頭賊腦。

84.(A)。愛迪生造福人類的發明,不應是在政治舞台上。

85.(C)。仁心仁術是用來形容醫德,並非教師。

86.(D)。哀鴻遍野,比喻到處都是流離失所的難民,與句意不符。

87.(B)。新官上任三把火,是比喻剛出任新職時,總要擺出架勢好好做幾件事,一顯威風與才幹,並非真的著火。

88.(C)。相知相惜的朋友,不應阿諛奉承。

89.(B)。依題意應為「平溪天燈」。蜂炮不會冉冉上升,也不會寫滿願望。

90.(A)。催起床的公雞啼聲,應為早晨。

91.(D)。風韻猶存,步步蓮花的女性,不應如風中殘燭般飄搖衰老。

92.(C)。婚姻並非商業交易,不該當成銀貨兩訖。

93.(A)。裝滿以防萬一的監視器,則必定是相信人性本惡。

94.(B)。投手應該投出三振,打者才能揮出安打。

Notes

第八章 語文推理

　　這類測驗裡，每個題目有兩組句子，每組句子包括兩個詞。請你運用推理聯想的能力，將前面句子裡兩個詞的語文關係，運用到後面的句子裡，使這兩組句子的語文關係，能夠前後呼應。

例題

( )　1. _____之於水果，好像母雞之於_____。　(A)青菜－公雞　(B)香蕉－家禽　(C)西瓜－雞蛋　(D)植物－動物。

( )　2. 水患－乾旱：　(A)颱風－洪水　(B)地震－海嘯　(C)天災－人禍　(D)晴朗－陰雨。

解 1.(B)。題意為香蕉是一種水果，就好像母雞是一種家禽，選答(B)能夠使兩者的意思前後呼應，故正確答案是(B)。
　　2.(D)。由於前面的水患和乾旱是兩個相反的詞，而下面四個答案中只有(D)晴朗和陰雨是相反的詞，故正確答案是(D)。

精選試題

( )　1. 快樂：悲哀＝喜悅：_____ (A)痛哭　(B)文靜　(C)憂愁　(D)氣慨。

( )　2. 努力：成功＝怠惰：_____ (A)失望　(B)失敗　(C)傷心　(D)死亡。

( )　3. 天長：地久＝高山：_____ (A)積雪　(B)樹林　(C)深海　(D)平原。

( )　4. 母親：孩子＝樹木：_____ (A)葉子　(B)草　(C)樹根　(D)果實。

( )　5. 生病：治療＝故障：_____ (A)整修　(B)翻新　(C)檢查　(D)測試。

( )　6. 節約：儲蓄＝浪費：_____ (A)吝嗇　(B)刻苦　(C)用功　(D)奢侈。

( )　7. 堯帝：唐＝舜帝：_____ (A)夏　(B)商　(C)周　(D)虞。

( )　8. 困惑：煩惱＝清晰：_____ (A)光明　(B)乾淨　(C)明朗　(D)潔白。

( )　9. 左：右＝西：_____ (A)東　(B)南　(C)北　(D)中。

( )　10. 教師：學校＝醫生：_____ (A)病房　(B)醫院　(C)病床　(D)西藥房。

( )　11. 報紙：新聞＝書本：_____ (A)技術　(B)漫畫　(C)作業　(D)知識。

( )　12. 國民：國家＝國人：_____ (A)機關　(B)團結　(C)團體　(D)眾多。

( )　13. 結婚：離婚＝相聚：_____ (A)離別　(B)永久　(C)訣別　(D)吻別。

( )　14. 煤爐：煤＝瓦斯爐：_____ (A)汽油　(B)食油　(C)煤渣　(D)煤氣。

( )　15. 龍：鳳＝鴛：_____ (A)雞　(B)鴦　(C)鶴　(D)鳥。

( )　16. 噩耗：佳音＝災禍：_____ (A)快樂　(B)得意　(C)歡喜　(D)幸福　(E)無憂。

( )　17. 清高：庸俗＝乾淨：_____ (A)髒亂　(B)不雅　(C)混濁　(D)陳舊　(E)黑暗。

( )　18. 淺顯：深奧＝從容：_____ (A)幽閒　(B)哭泣　(C)憂慮　(D)急迫　(E)安逸。

( )　19. 拮据：窮困＝逐漸：_____ (A)突然　(B)巧妙　(C)興會　(D)湊巧　(E)逐步。

( )　20. 散漫：集中＝發洩：_____　(A)奮發　　(B)怒吼　　(C)隱瞞　　(D)鬱積　　(E)放棄。

( )　21. 定罪：法網＝音樂：_____　(A)談天　　(B)開會　　(C)娛樂　　(D)清閒　　(E)興奮。

( )　22. 不動聲色：先聲奪人＝天才卓越：_____
　　　　(A)氣度非凡　(B)庸碌無能　(C)雜亂無章　(D)勞心勞力　(E)一餐百思。

( )　23. 三思而言：草率從事＝言行一致：_____
　　　　(A)言行合一　(B)力行為善　(C)語言不合　(D)口是心非　(E)言行力行。

( )　24. 夙夜匪懈：貫徹始終＝欲言又止：_____
　　　　(A)口齒伶俐　(B)言無不盡　(C)欲語還休　(D)信口開河　(E)輕諾寡信。

( )　25. 執迷不悟：痛改前非＝理屈詞窮：_____
　　　　(A)口乾舌盡　(B)有理不明　(C)心有不甘　(D)理直氣壯　(E)氣勢凌人。

( )　26. 偃旗息鼓：掛牌免戰＝懶懶散散：_____
　　　　(A)聞所未聞　(B)數典忘祖　(C)急急忙忙　(D)紆紆徐徐　(E)滄海橫流。

( )　27. 愁眉苦臉：愁雲慘霧＝饔飧不繼：_____
　　　　(A)飢寒交迫　(B)豐衣足食　(C)應接不暇　(D)禍棗災梨　(E)蓋棺論定。

( )　28. 朝氣勃勃：雄心勃勃＝堆積如山：_____
　　　　(A)不可勝數　(B)稀鬆平常　(C)三五成群　(D)連城之璧　(E)堆金積玉。

( )　29. 狼吞虎嚥：淺嘗細酌＝放浪形骸：_____
　　　　(A)庸俗無貌　(B)痛改前非　(C)虛情假意　(D)修心養性　(E)節儉樸實。

( )　30. 輕舉妄動：草率從事＝打草驚蛇：_____
　　　　(A)少見多怪　(B)先聲奪人　(C)名不虛傳　(D)冥頑不靈　(E)剛愎自用。

( )　31. _____之於鉛筆，好像板擦之於_____
　　　　(A)橡皮擦……粉筆　　　　(B)橡皮擦……黑板
　　　　(C)作業簿……粉筆　　　　(D)作業簿……黑板。

（　）32. _____之於公斤，好像距離之於_____
(A)長短……公尺　　　　　(B)重量……空間
(C)長短……空間　　　　　(D)重量……公尺。

（　）33. _____之於呼吸作用，好像二氧化碳之於_____
(A)氮氣……光合作用　　　(B)氧氣……光合作用
(C)氮氣……消化作用　　　(D)氧氣……消化作用。

（　）34. _____之於記憶卡，好像傳統相機之於_____
(A)數位相機……膠片　　　(B)電腦……鏡頭
(C)數位相機……鏡頭　　　(D)電腦……膠片。

（　）35. _____之於新竹，好像雨之於_____
(A)貢丸……基隆　　　　　(B)風……基隆
(C)貢丸……高雄　　　　　(D)風……高雄。

（　）36. _____之於狗，好像老鼠之於_____
(A)貓……貓　(B)狗……狗　(C)豬……貓　(D)狗……豬。

（　）37. _____之於金庸，好像衛斯理之於_____
(A)老夫子……倪匡　　　　(B)令狐沖……王澤
(C)陳家洛……三毛　　　　(D)韋小寶……倪匡。

（　）38. _____之於端午節，好像月餅之於_____
(A)湯圓……中秋節　　　　(B)粽子……中秋節
(C)粽子……重陽節　　　　(D)湯圓……重陽節。

（　）39. 積極之於_____，好比_____之於失敗
(A)成功……消極　　　　　(B)成功……灰心
(C)努力……消極　　　　　(D)努力……灰心。

（　）40. 鑽石之於_____，好比_____之於兩
(A)克拉……古董　　　　　(B)公分……古董
(C)克拉……黃金　　　　　(D)公分……翡翠。

( ) 41. 木頭之於＿＿＿＿，好比＿＿＿＿之於生鏽
   (A)腐朽……磚塊　　　　　　(B)破碎……磚塊
   (C)腐朽……鐵器　　　　　　(D)破碎……玉器。

( ) 42. 權利之於＿＿＿＿，好比＿＿＿＿之於服務
   (A)義務……享受　　　　　　(B)義務……施予
   (C)享受……施予　　　　　　(D)施予……義務。

( ) 43. 北投之於＿＿＿＿，好比＿＿＿＿之於冷泉
   (A)溫泉……花蓮　　　　　　(B)冷泉……礁溪
   (C)冷泉……花蓮　　　　　　(D)溫泉……蘇澳。

( ) 44. 卡布奇諾之於＿＿＿＿，好比＿＿＿＿之於日本
   (A)法國……抹茶　　　　　　(B)西班牙……紅茶
   (C)美國……綠茶　　　　　　(D)義大利……抹茶。

( ) 45. 瓷器之於＿＿＿＿，好比＿＿＿＿之於日本
   (A)印度……油畫　　　　　　(B)中國……漆器
   (C)美國……刺繡　　　　　　(D)法國……能劇。

( ) 46. 飛機之於＿＿＿＿，好比＿＿＿＿之於福特
   (A)萊特兄弟……汽車　　　　(B)諾貝爾……汽車
   (C)萊特兄弟……火車　　　　(D)諾貝爾……火車。

( ) 47. ＿＿＿＿之於壽司，好比美國之於＿＿＿＿
   (A)日本…漢堡　　　　　　　(B)中國…炸雞
   (C)法國…薯條　　　　　　　(D)印度…咖哩。

( ) 48. ＿＿＿＿之於萬里長城，好比埃及之於＿＿＿＿
   (A)日本…人面獅身　　　　　(B)英國…比薩斜塔
   (C)中國…金字塔　　　　　　(D)美國…凱旋門。

( ) 49. ＿＿＿＿之於光明，好比日落之於＿＿＿＿
   (A)日出…黑暗　　　　　　　(B)太陽…烏鴉
   (C)月亮…彩霞　　　　　　　(D)星星…彩虹。

(　) 50. _____之於汽油，好比風帆之於_____
(A)渡輪…雨水　(B)汽車…風
(C)飛機…電力　(D)潛艇…划槳。

(　) 51. _____之於蔬菜，好比豬肉之於_____
(A)烏龍茶…葷食　(B)甘蔗…海鮮
(C)高麗菜…肉類　(D)草莓…家禽。

(　) 52. _____之於青蛙，好比黃雀之於_____
(A)海馬…梅花鹿　(B)烏龜…蜻蜓
(C)蛇…螳螂　(D)蝌蚪…蜘蛛。

(　) 53. _____之於人，好比_____之於植物
(A)皮膚…根　(B)手…葉
(C)鼻…根　(D)鼻…氣孔。

(　) 54. _____之於發明家，好比梵谷之於_____
(A)甘地…漫畫家　　　　　(B)愛迪生…繪畫家
(C)林懷民…聲樂家　　　　(D)馬克吐溫…收藏家。

(　) 55. _____之於鐘錶，好比溫度之於_____
(A)時間…溫度計　(B)高度…壓力
(C)方向…時間　(D)高度…溫度計。

(　) 56. _____之於天干，好比子丑之於_____
(A)甲乙…方位　(B)丙丁…紫微斗數
(C)丙丁…地支　(D)八字…地支。

(　) 57. _____之於立業，好比落井之於_____
(A)成家…下石　(B)節儉…鑿井
(C)奢侈…下石　(D)成家…鑿井。

(　) 58. _____之於楓紅，好比春天之於_____
(A)冬天…颱風　(B)春天…彩虹
(C)夏天…夕陽　(D)秋天…櫻花。

( )　59. ＿＿＿＿之於水果，好比鴨子之於＿＿＿＿
　　　　　(A)菠菜…鳥類　(B)蘆筍…植物
　　　　　(C)香蕉…昆蟲　(D)百香果…家禽。

( )　60. ＿＿＿＿之於貫徹始終，好比失敗之於＿＿＿＿
　　　　　(A)努力…焚膏繼晷　　　　　(B)成功…畫地自限
　　　　　(C)成功…再接再厲　　　　　(D)興奮…黯然消魂。

( )　61. ＿＿＿＿之於鑽石，好比光年之於＿＿＿＿
　　　　　(A)克拉…距離　(B)毫克…時間　(C)奈米…壓力　(D)公尺…重量。

( )　62. ＿＿＿＿之於電腦，好比高速公路之於＿＿＿＿
　　　　　(A)滑鼠…交流道　　　　　(B)鍵盤…收費站
　　　　　(C)印表機…分隔島　　　　　(D)網際網路…汽車。

( )　63. ＿＿＿＿之於車輛，好比輸卵管之於＿＿＿＿
　　　　　(A)汽油…精子　(B)收費站…精子　(C)交通網路…卵子　(D)輪胎…月經。

( )　64. ＿＿＿＿之於大砲，好比子彈之於＿＿＿＿
　　　　　(A)砲彈…手槍　(B)投石器…火藥　(C)彈弓…飛機　(D)弓箭…大刀。

( )　65. ＿＿＿＿之於網球拍，好比棒球之於＿＿＿＿
　　　　　(A)頭盔…盜壘　(B)裁判…壘包　(C)球迷…捕手　(D)網球…球棒。

( )　66. ＿＿＿＿之於光明，好比仇恨之於＿＿＿＿
　　　　　(A)快樂…愛心　(B)黑暗…寬恕　(C)寬恕…仁慈　(D)知足…諒解。

( )　67. ＿＿＿＿之於瀆職，好比清廉之於＿＿＿＿
　　　　　(A)升官…記過　(B)稱職…貪污　(C)彈劾…賄賂　(D)申誡…罷免。

( )　68. ＿＿＿＿之於金榜題名，好比痛心疾首之於＿＿＿＿
　　　　　(A)欣喜若狂…名落孫山　(B)曲高和寡…江郎才盡　(C)焚膏繼晷…遊手
　　　　　好閒　(D)有口皆碑…六國封相。

( )　69. ＿＿＿＿之於防微杜漸，好比居安思危之於＿＿＿＿
　　　　　(A)有備無患…掩耳盜鈴　(B)亡羊補牢…抱薪救火　(C)曲突徙薪…未雨
　　　　　綢繆　(D)瓜田李下…四面楚歌。

(　) 70. _____之於兔死狗烹，好比如魚得水之於_____
(A)守成不易…唇亡齒寒　(B)鳥盡弓藏…平步青雲　(C)死灰復燃…打草驚蛇　(D)負荊請罪…池魚之殃。

(　) 71. 腳之於_____，好比_____之於手
(A)富貴手…戒指　(B)襪子…手套　(C)香港腳…指甲　(D)鞋子…鞋帶。

(　) 72. 地震之於_____，好比_____之於人禍
(A)搖晃…下雪　(B)天災…下雪　(C)震動…戰爭　(D)天災…戰爭。

(　) 73. 嗩吶之於_____，好比_____之於小提琴
(A)小喇叭…月琴　(B)琵琶…古箏　(C)吉他…鋼琴　(D)二胡…琵琶。

(　) 74. 馬鈴薯之於_____，好比_____之於水蜜桃
(A)洋蔥…蘋果　(B)蘿蔔…竹筍　(C)香蕉…木瓜　(D)白菜…碗豆。

(　) 75. 信紙之於_____，好比_____之於奶瓶
(A)郵票…水果　(B)郵局…汽水　(C)信封…牛奶　(D)郵差…水果。

(　) 76. 伉儷情深之於_____，好比_____之於反目成仇
(A)愛恨交織…手帕之交　(B)鶼鰈情深…水火不容　(C)忘年之交…水深火熱　(D)口蜜腹劍…大義滅親。

(　) 77. 期期艾艾之於_____，好比_____之於口若懸河
(A)笑裡藏刀…譁眾取寵　(B)如坐針氈…江郎才盡　(C)辯才無礙…吞吞吐吐　(D)含沙射影…臥虎藏龍。

(　) 78. 積極進取之於_____，好比_____之於尸位素餐
(A)池魚之殃…功虧一簣　(B)夙夜匪懈…任勞任怨　(C)消極頹廢…鞠躬盡瘁　(D)焚膏繼晷…自怨自艾。

解答　解析

1.(C)。快樂時不悲哀，喜悅時不憂愁。

2.(B)。努力能成功，急惰會失敗。

3.(C)。天長與地久同義，且天、地對比。高山與深海同屬遼闊之境，山、海對比。

4.(D)。母親養育孩子，樹木滋養果實。

5.(A)。生病須治療，故障須整修。

6.(D)。節約能儲蓄，浪費會奢侈。

7.(D)。帝王和朝代的關係，舜帝時代史家稱為虞。

8.(C)。困惑會使人煩惱，清晰會使人明朗。

9.(A)。左右相反，西東相反。

10.(B)。教師在學校工作，醫生在醫院工作。

11.(D)。報紙報導新聞，書本傳播知識。

12.(C)。國民因國家存在，國人在團體中奮鬥。

13.(A)。結婚與離婚相反，相聚與離別相反。

14.(D)。煤爐燒煤，瓦斯爐有煤氣。

15.(B)。龍鳳一對，鴛鴦一雙。

16.(D)。噩耗與佳音為事件消息的相反，災禍與幸福為生活狀況的相反。

17.(A)。清高則不庸俗，乾淨則不髒亂。

18.(D)。淺顯則不深奧，從容則不急迫。

19.(E)。拮据則窮困，逐漸亦逐步。

20.(D)。散漫為不集中，發洩為不鬱積。

21.(C)。定罪於法網，音樂為娛樂。

22.(B)。不動聲色與先聲奪人相反，天才卓越與庸碌無能相反。

23.(D)。三思而言為謹慎，不同於草率從事。言行一致為坦誠，口是心非為不誠實。

24.(C)。同義詞。

25.(D)。相反詞。

26.(D)。偃旗息鼓即掛牌免戰，懶懶散散即紆紆徐徐。

27.(A)。愁眉苦臉因愁雲慘霧，饔飧不繼即飢寒交迫。

28.(A)。朝氣勃勃與雄心勃勃意近，堆積如山形容很多，同不可勝數。

29.(D)。狼吞虎嚥相反於淺嘗細酌，放浪形骸相反於修心養性。

30.(B)。輕舉妄動意近草率從事，打草驚蛇意近於先聲奪人。

31.(A)。橡皮擦可擦鉛筆←→板擦可擦粉筆。

32.(D)。公斤為重量單位←→公尺為距離單位。

33.(B)。呼吸作用吸氧氣←→光合作用吸二氧化碳。

34.(A)。數位相機把照片存在記憶卡←→傳統相機把照片存在膠片。

35.(B)。新竹風城←→基隆雨都。

36.(A)。狗追貓←→貓追老鼠。

37.(D)。金庸寫武俠人物韋小寶←→倪匡寫科幻人物衛斯理。

38.(B)。端午節吃粽子←→中秋節吃月餅。

39.(A)。積極就會成功←→消極就會失敗。

40.(C)。鑽石用克拉計重←→黃金用兩計重。

41.(C)。木頭壞掉叫腐朽←→鐵器壞掉叫生鏽。

42.(A)。權利相對於義務←→享受相對於服務。

43.(D)。北投溫泉←→蘇澳冷泉。

44.(D)。義大利有卡布奇諾←→日本有抹茶。

45.(B)。中國產瓷器←→日本產漆器。

46.(A)。萊特兄弟發明飛機←→福特發明汽車。

47.(A)。壽司為日本料理，漢堡為美國食品。

48.(C)。萬里長城在中國，金字塔在埃及。

49.(A)。日出帶來光明，好比日落帶來黑暗。

50.(B)。汽車需要汽油作為動力，風帆需要風作為動力。

51.(C)。高麗菜是蔬菜的一種，豬肉是肉類的一種。

52.(C)。蛇吃青蛙，黃雀吃螳螂。

53.(D)。人用鼻呼吸，植物用氣孔呼吸。

54.(B)。愛迪生是著名的發明家，梵谷是著名的畫家。

55.(A)。鐘用來判讀時間，就像溫度計用來判讀溫度。

56.(C)。甲乙丙丁……屬於天干，子丑寅卯……屬於地支。

57.(A)。成家立業，落井下石。

58.(D)。秋天楓葉會紅，就像春天櫻花會開。

59.(D)。百香果是一種水果，鴨子是一種家禽。

60.(B)。貫徹始終就會成功，畫地自限就會失敗。

61.(A)。克拉是鑽石的計量單位，光年是宇宙間的距離單位。

62.(D)。網際網路連結電腦，傳遞訊息，就像高速公路連結各城市，讓汽車通行。

63.(C)。交通網路承載車輛，輸卵管承載卵子。

64.(A)。大砲射出砲彈，手槍射出子彈。

65.(D)。網球拍擊網球，球棒擊出棒球。

66.(B)。相反詞。　　67.(B)。相反詞。

68.(A)。心情的形容詞。　　69.(C)。相似詞。

70.(B)。相似詞。　　71.(B)。腳穿襪子，手戴手套。

72.(D)。地震為天災，戰爭是人禍。　73.(A)。中西樂器之外形相似。

74.(A)。蔬菜和水果。

75.(C)。信紙位於信封之中，牛奶位於奶瓶之中。

76.(B)。相似詞。　　77.(C)。相反詞。

78.(C)。相反詞。

Notes

第九章　實力演練

命題分析

　　本章使用方式：本章以分段的模式，標示出一份典型的智力測驗試題會如何命題，以及題目大概的段落分布與題數。讀者可從中找出自己最擅長與較不擅長的段落，在平時多演練較弱的部分，於實地測試時優先主攻最容易的段落。

✓ 重組（共12題）

( )　1. 汗留忠取心照青丹　　(A)照　(B)忠　(C)丹　(D)汗。

( )　2. 海曾冰經難為滄水　　(A)滄　(B)海　(C)難　(D)冰。

( )　3. 覽欲上看月青天明　　(A)看　(B)月　(C)覽　(D)欲。

( )　4. 深寂花寞梧清桐院鎖秋　　(A)花　(B)秋　(C)清　(D)深。

( )　5. 紅人粉花面相映桃　　(A)桃　(B)紅　(C)面　(D)粉。

( )　6. 舞狂武歌十年五笑　　(A)笑　(B)武　(C)五　(D)舞。

( )　7. 度眾千裏幾尋他百　　(A)千　(B)百　(C)幾　(D)度。

( )　8. 拋滴不盡相棄思血淚紅豆　　(A)拋　(B)思　(C)棄　(D)紅。

( )　9. 晚笛風吹聲殘拂柳　　(A)吹　(B)拂　(C)聲　(D)笛。

( )　10. 滾西滾長東逝江水　　(A)滾　(B)西　(C)東　(D)江。

( )　11. 夜昨風星今辰昨夜　　(A)今　(B)昨　(C)夜　(D)風。

( )　12. 自零水自飄落花流　　(A)水　(B)花　(C)飄　(D)落。

✅ 數的能力 I （共13題）

( )　13. 方程式 $x^2-4xy+5y^2+2x-8y+5=0$ 可簡化為 $(x+ay+b)^2+(y+c)^2=0$，
　　　　則 $(a,b,c)=$？　(A)(1,2,3)　(B)(-2,1,-2)　(C)(-1,-2,1)　(D)(3,2,3)。

( )　14. 解聯立方程式 $\begin{cases} x+2y-4z+21=0 \\ 2x-3y+z-20=0 \\ 3x+y+3z-7=0 \end{cases}$，$(x,y,z)=$？

　　　　(A)(1,0,1)　(B)(1,5,4)　(C)(1,2,-3)　(D)(1,-5,3)。

( )　15. 雞兔同籠，已知頭數相等，腳數一共為120隻，請問雞有幾隻？
　　　　(A)10　(B)15　(C)20　(D)25。

( )　16. 有一工程，甲獨做要8個工作日，乙要9個工作，丙則要11個工作天。若
　　　　現在甲先做了一半工程，再換乙繼續工作剩下工程的一半，再換丙來接
　　　　手直到工作完成。則請問三人共花了多少工作日才完成工作？　(A)9
　　　　(B)10　(C)11　(D)12　工作日。

( )　17. 小愛與大雄今年的年齡比為3：4，且小愛比大雄小8歲，則請問2人明年
　　　　的年齡比為多少？　(A)23：31　(B)25：33　(C)13：17　(D)27：35。

( )　18. 有A、B兩杯不同濃度的的溶液，A杯為2.4%，B杯為7.5%。若需要以
　　　　A、B兩杯調製出一杯濃度為3.6%溶液，則請問A、B兩杯溶液所需使用
　　　　量的比為多少？　(A)4：13　(B)8：25　(C)13：4　(D)25：8。

( )　19. 有2火車相向對開，已知2火車車身分別長為96公尺和84公尺，行駛速
　　　　度分別為6m/s和4m/s，則請問當2火車相遇到完全超過一共需要多少時
　　　　間？　(A)14　(B)16　(C)18　(D)20　秒。

( )　20. 秀秀原有50顆糖果，吃了若干顆後，哥哥回家後，分剩下的一半給哥
　　　　哥，不久，姐姐也回來了，她又將剩下的糖果數量分2/3給姐姐，最
　　　　後發現袋子內只剩下了6顆糖果，則請問秀秀分給哥哥幾顆糖果？
　　　　(A)12　(B)14　(C)16　(D)18。

( )　21. 有繩長若干，要測量一未知的井深，已知繩子折4折後比井深長1公尺，
　　　　若折5折後則比井深少1公尺，請問此繩子長為多少公尺？　(A)10
　　　　(B)20　(C)30　(D)40　公尺。

( )　22. 在河邊有一渡船，其安全乘載量為8人。現有21人等待渡船過河，已知撐篙的船伕有2個人為不可少，則請問渡輪至少需要載客幾趟才載得完？　(A)3　(B)4　(C)5　(D)6　趟。

( )　23. 時鐘的時針從4時23分到4時48分時，其時針總共移動了多少角度？　(A)11　(B)11.5　(C)12　(D)12.5　度。

( )　24. 某一部隊共有飛機120架，其中轟炸機數量為運輸機數量的2倍，戰鬥機數量為轟炸機數量的1.5倍，則請問戰鬥機共有多少架？　(A)30　(B)40　(C)50　(D)60　架。

( )　25. 有一隻蝸牛欲爬到樹頂，白天往上爬4公尺，晚上則下滑1公尺。已知樹高29公尺，則請問要爬幾天才能到達樹頂？　(A)7　(B)10　(C)12　(D)15　天。

✅ 語文推理（共16題）

( )　26. ____之於投石器，好比子彈之於____
　　(A)氣球…大砲　(B)石頭…手槍　(C)煙火…汽車　(D)書本…知識。

( )　27. ____之於絃樂器，好比標槍之於____
　　(A)爵士鼓…徑賽　(B)洞簫…國術　(C)月琴…射擊　(D)鋼琴…田賽。

( )　28. ____之於奢侈，好比逆流而上之於____
　　(A)儉約…發奮圖強　(B)浪費…自甘墮落　(C)節儉…往下沉淪　(D)墮落…修身養性。

( )　29. ____之於電阻，好比公尺之於____
　　(A)歐姆…距離　(B)伏特…重量　(C)奈米…時間　(D)光年…體積。

( )　30. 知本之於____，好像____之於____臺中
　　(A)花蓮…三峽　(B)臺東…谷關　(C)高雄…斗六　(D)新竹…埔里。

( )　31. ____之於蟻窩，好比軍人之於____
　　(A)工蟻…國家　(B)蟻后…國王　(C)外敵…投降　(D)蟻后…國家。

( )　32. ＿＿＿之於蘭嶼，好比米粉之於＿＿＿
　　　　　(A)豬腳…台南　　(B)飛魚…新竹　　(C)釋迦…高雄　　(D)鳳梨…南投。

( )　33. ＿＿＿之於樹葉，好比家族之於＿＿＿
　　　　　(A)河流…兄弟　　(B)花瓣…夫妻　　(C)樹幹…人丁　　(D)太陽…兄弟。

( )　34. 珊瑚之於＿＿＿，好像＿＿＿之於山
　　　　　(A)海…玉石　　(B)河…房屋　　(C)風…雪　　(D)雨…樹木。

( )　35. 望梅之於＿＿＿，好像＿＿＿之於充飢
　　　　　(A)比手…畫腳　　(B)畫餅…畫腳　　(C)止渴…畫餅　　(D)耳聰…目明。

( )　36. 紅茶之於＿＿＿，好比＿＿＿之於日本
　　　　　(A)法國…奶茶　　(B)西班牙…拉茶　　(C)美國…烏龍茶　　(D)印度…抹茶。

( )　37. 平劇之於＿＿＿，好比能劇之於＿＿＿
　　　　　(A)泰國…朝鮮　　(B)中國…韓國　　(C)中國…日本　　(D)中國…泰國。

( )　38. 容積之於＿＿＿，好比＿＿＿之於奈米
　　　　　(A)克拉…質量　　(B)光年…燭光　　(C)公升…長度　　(D)伏特…電阻。

( )　39. 風光之於＿＿＿，好比＿＿＿之於斷瓦
　　　　　(A)得意…斷糧　　(B)秀麗…人潮　　(C)明媚…殘垣　　(D)晴朗…颱風。

( )　40. 香港腳之於＿＿＿，好比＿＿＿之於病毒
　　　　　(A)黴菌…感冒　　(B)寄生蟲…蛀牙　　(C)病毒…瘟疫　　(D)挫傷…骨折。

( )　41. 戰爭之於＿＿＿，好比＿＿＿之於天災
　　　　　(A)和平…颶風　　(B)獨裁…民主　　(C)人禍…颱風　　(D)武器…宗教。

✅ 數系（共18題）

( )　42. 78　$\frac{1}{39}$　54　$\frac{1}{27}$　48　$\frac{1}{24}$　36　＿＿　(A)$\frac{1}{12}$　(B)$\frac{1}{14}$　(C)$\frac{1}{16}$
　　　　　(D)$\frac{1}{18}$。

( )　43. 23　17　＿＿＿　5　－1　－7　(A)13　(B)11　(C)7　(D)－5。

( ) 44. 1 5 5 8 10 14 ____ (A)16 (B)19 (C)21 (D)23。

( ) 45. 1 8 −6 15 −13 22 −20 ____ (A)−29 (B)−86 (C)86 (D)29。

( ) 46. 10 16 23 31 40 ____ (A)50 (B)62 (C)65 (D)71。

( ) 47. 39 42 53 ____ 64 65 (A)14 (B)25 (C)55 (D)18。

( ) 48. ____ 3 3 6 9 15 (A)−3 (B)0 (C)3 (D)6。

( ) 49. 2 5 3 −2 ____ −3 2 (A)0 (B)3 (C)−5 (D)−3。

( ) 50. 2 5 12 16 22 27 32 ____ 42 (A)22 (B)24 (C)36 (D)38。

( ) 51. 1 $\dfrac{1}{4}$ ____ $\dfrac{1}{256}$ 3125 (A)1 (B)9 (C)27 (D)84。

( ) 52. 3 $\dfrac{1}{4}$ 5 $\dfrac{1}{6}$ ____ $\dfrac{1}{5}$ 4 $\dfrac{1}{3}$ (A)$\dfrac{1}{3}$ (B)2 (C)$\dfrac{3}{4}$ (D)6。

( ) 53. 3 4 7 4 11 12 23 ____ 71 (A)0 (B)12 (C)16 (D)48。

( ) 54. 5 9 16 29 54 ____ 200 499 (A)63 (B)103 (C)81 (D)77。

( ) 55. 3 6 10 18 31 53 89 ____ (A)100 (B)112 (C)134 (D)148。

( ) 56. −1 4 3 2 5 4 ____ (A)9 (B)8 (C)4 (D)1。

( ) 57. $\dfrac{1}{2}$ $\dfrac{2}{5}$ $\dfrac{25}{2}$ ____ $\dfrac{625}{2}$ (A)−$\dfrac{2}{125}$ (B)−$\dfrac{2}{25}$ (C)$\dfrac{2}{25}$ (D)$\dfrac{2}{125}$。

( ) 58. 20 19 10 18 0 16 10 ____ (A)13 (B)21 (C)32 (D)42。

( ) 59. ____ 12 19 31 50 81 (A)7 (B)10 (C)15 (D)33。

解答 解析

1.(B)。原句為：留取丹心照汗青，故忠為贅字。

2.(D)。原句為：曾經滄海難為水，故冰為贅字。

3.(A)。原句為：欲上青天覽明月，故看為贅字。

4.(A)。原句為：寂寞梧桐深院鎖清秋，故花為贅字。

5.(D)。原句為：人面桃花相映紅，故粉為贅字。

6.(B)。原句為：笑舞狂歌五十年，故武為贅字。

7.(C)。原句為：眾裏尋他千百度，故幾為贅字。

8.(C)。原句為：滴不盡相思血淚拋紅豆，故棄為贅字。

9.(A)。原句為：晚風拂柳笛聲殘，故吹為贅字。

10.(B)。原句為：滾滾長江東逝水，故西為贅字。

11.(A)。原句為：昨夜星辰昨夜風，故今為贅字。

12.(D)。原句為：花自飄零水自流，故落為贅字。

13.(B)。原式 $= (x^2 + 4y^2 - 4xy + 2x - 4y + 1) + (y^2 - 4y + 4)$
$= (x - 2y + 1)^2 + (y - 2)^2$
$\therefore a = -2$，$b = 1$，$c = -2$

14.(D)。解聯立
$$\begin{cases} x + 2y - 4z + 21 = 0 ....(1) \\ 2x - 3y + z - 20 = 0 ....(2) \\ 3x + y + 3z - 7 = 0 ....(3) \end{cases}$$
$(1) + (2) + (3) \to 6x - 6 = 0$，$x = 1$
代入(2)、$(3) \to \begin{cases} -3y + z - 18 = 0 ....(4) \\ y + 3z - 4 = 0 ....(5) \end{cases}$
$(4) + (5) \times 3 \to 10z - 30 = 0$，$z = 3 \to y = -5$　$\therefore (x,y,z) = (1, -5, 3)$

15.(C)。設雞x隻，兔y隻 $\begin{cases} x = y \\ 2x + 4y = 120 \end{cases} \to 6y = 120$　$x = y = 20$

16.(A)。設全部工程為$1 \to$甲做$\frac{1}{2}$，乙、丙各做$\frac{1}{4}$
$$(\frac{1}{2} \div \frac{1}{8}) + (\frac{1}{4} \div \frac{1}{9}) + (\frac{1}{4} \div \frac{1}{11}) = 4 + \frac{9}{4} + \frac{11}{4} = 9$$

17.(B)。設今年小愛：大雄之年齡$= 3x : 4x$
$4x - 3x = x = 8$
$\therefore$今年是$24 : 32$
明年是$(24 + 1) : (32 + 1) = 25 : 33$

18.(C)。$2.4x + 7.5y = 3.6(x + y) \to 3.9y = 1.2x$　$13y = 4x$　$x : y = 13 : 4$

19.(C)。$(6+4)x=96+84$，$x=18$

20.(D)。$\frac{1}{3}\left[\frac{1}{2}(50-x)\right]=6$，$\frac{1}{2}(50-x)=18$

21.(D)。$\frac{x}{4}-\frac{x}{5}=2$，$x=40$

22.(B)。船伕2人→每趟只能坐$8-2=6$人，$21\div6=3\cdots3$，$3+1=4$

23.(D)。時針每分走$360\div12\div60=0.5^\circ$，$(48-23)\times0.5=12.5$

24.(D)。設運輸機有x架，$x+2x+3x=160\Rightarrow x=20$
　　　∴戰鬥機有$3x=60$架

25.(B)。每天上升$4-1=3$(m)，$29\div3=9\cdots2$，$9+1=10$

26.(B)。投石器投擲石頭，好比手槍發射子彈。

27.(D)。鋼琴是絃樂器的一種，擲標槍是田賽的一種。

28.(C)。儉約與奢侈是相反詞，好比逆流而上與往下沉淪是相反詞。

29.(A)。歐姆是電阻的單位，好比公尺是距離的單位。

30.(B)。知本是臺東的溫泉勝地，就像谷關是台中的溫泉勝地。

31.(A)。工蟻是蟻窩中的一分子，負責防衛工作，好比軍人是國家的一分子，負責防衛工作。

32.(B)。飛魚是蘭嶼的特產，好比米粉是新竹的特產。

33.(C)。家族擴展人丁，就像樹幹開枝散葉。

34.(A)。珊瑚產自海洋，好比玉石產於山中。

35.(C)。望梅止渴是一句慣用成語，好比畫餅充飢是一句慣用成語。

36.(D)。紅茶是印度人常喝的飲品，好比抹茶是日本人常喝的飲品。

37.(C)。平劇是中國是日本獨有的舞台藝術，能劇是日本獨有的舞台藝術。

38.(C)。公升是容積的單位，好比奈米是長度的單位。

39.(C)。風光明媚是慣用成語，好比殘垣斷瓦是慣用成語。

40.(A)。香港腳的病原是黴菌，好比感冒的病原是病毒。

41.(C)。戰爭是一種人為造成的災難，好比颱風是一種自然的災害。

42.(D)。6×13, $\dfrac{1}{3 \times 13}$, 6×9, $\dfrac{1}{3 \times 9}$, 6×8, $\dfrac{1}{3 \times 8}$, 6×6, $\underline{\dfrac{1}{3 \times 6}}$

43.(B)。$(6 \times 4 - 1)$, $(6 \times 3 - 1)$, $(6 \times 2 - 1)$, $(6 \times 1 - 1)$, $(6 \times 0 - 1)$, $(6 \times (-1) - 1)$

44.(A)。
$$1 \quad \overset{+4}{\frown} \quad 5 \quad 5 \quad \overset{+5}{\frown} \quad 8 \quad 10 \quad \overset{+6}{\frown} \quad 14 \quad \underline{16}$$
$$\underset{+3}{\smile} \qquad \underset{+6}{\smile}$$

45.(D)。
$$1 \overset{+7 \times 1}{\frown} 8 \overset{-7 \times 2}{\frown} -6 \overset{+7 \times 3}{\frown} 15 \overset{-7 \times 4}{\frown} -13 \overset{+7 \times 5}{\frown} 22 \overset{-7 \times 6}{\frown} -20 \overset{+7 \times 7}{\frown} \underline{29}$$

46.(A)。
$$10 \overset{+6}{\frown} 16 \overset{+7}{\frown} 23 \overset{+8}{\frown} 31 \overset{+9}{\frown} 40 \overset{+10}{\frown} \underline{50}$$

47.(C)。
$$39 \overset{+3}{\frown} 42 \quad 53 \overset{+2}{\frown} \underline{55} \quad 64 \overset{+1}{\frown} 65$$
$$\underset{+11}{\smile} \qquad \underset{+9}{\smile}$$

48.(B)。
$$\underline{0} \quad 3 \overset{3+3}{\frown} 3 \quad 6 \overset{6+9}{\frown} 9 \quad 15$$
$$\underset{0+3}{\smile} \qquad \underset{3+6}{\smile}$$

49.(C)。2，5，3，-2，$\underline{-5}$，-3，2

50.(D)。
$$2 \overset{+3}{\frown} 5 \overset{+7}{\frown} 12 \overset{+4}{\frown} 16 \overset{+6}{\frown} 22 \overset{+5}{\frown} 27 \overset{+5}{\frown} 32 \overset{+6}{\frown} \underline{38} \overset{+4}{\frown} 42$$

51.(C)。1，$\dfrac{1}{2^2}$，$\underline{3}^3$，$\dfrac{1}{4^4}$，5^5

52.(D)。3，$\dfrac{1}{4}$，5，$\dfrac{1}{6}$，$\underline{6}$，$\dfrac{1}{5}$，4，$\dfrac{1}{3}$

53.(D)。
$$3 \quad 4 \overset{3+4}{\frown} 7 \quad 4 \overset{7+4}{\frown} 11 \quad 12 \overset{11+12}{\frown} 23 \quad \underline{48} \overset{23+48}{\frown} 71$$

54.(B)。
$$5 \overset{\times 2-1}{\frown} 9 \overset{\times 2-2}{\frown} 16 \overset{\times 2-3}{\frown} 29 \overset{\times 2-4}{\frown} 54 \overset{\times 2-5}{\frown} \underline{103} \overset{\times 2-6}{\frown} 200 \overset{\times 2-7}{\frown} 493$$

55.(D)。
$$3 \quad 6 \quad 10 \overset{6+10+2}{\frown} 18 \quad 31 \overset{18+31+4}{\frown} 53 \quad 89 \overset{53+89+6}{\frown} \underline{148}$$
$$\underset{3+6+1}{\smile} \qquad \underset{10+18+3}{\smile} \qquad \underset{31+53+5}{\smile}$$

56.(A)。
$$\overbrace{\quad}^{-1+4}\quad\overbrace{\quad}^{3+2}\quad\overbrace{\quad}^{5+4}$$
$-1 \quad 4 \quad 3 \quad 2 \quad 5 \quad 4 \quad \underline{9}$

57.(D)。 $\dfrac{5^0}{2}$, $\dfrac{2}{5^1}$, $\dfrac{5^2}{2}$, $\dfrac{2}{\underline{5^3}}$, $\dfrac{5^4}{2}$

58.(A)。
$$\overbrace{\quad}^{-1}\quad\overbrace{\quad}^{-2}\quad\overbrace{\quad}^{-3}$$
$20 \quad 19 \quad 10 \quad 18 \quad 0 \quad 16 \quad 10 \quad \underline{13}$
$$\underbrace{\quad}_{-10}\quad\underbrace{\quad}_{-10}\quad\underbrace{\quad}_{+10}$$

59.(A)。
$$\overbrace{\quad}^{12+19}\quad\overbrace{\quad}^{31+50}$$
$\underline{7} \quad 12 \quad 19 \quad 31 \quad 50 \quad 81$
$$\underbrace{\quad}_{7+12}\quad\underbrace{\quad}_{19+31}$$

✔ 空間關係（共10題）

( ) 60.

俯視圖　　右視圖

(A) 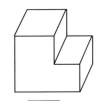 (B)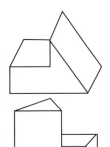

(C) (D)

( ) 61.

俯視圖　　右視圖

(A) (B)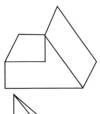

(C) (D)

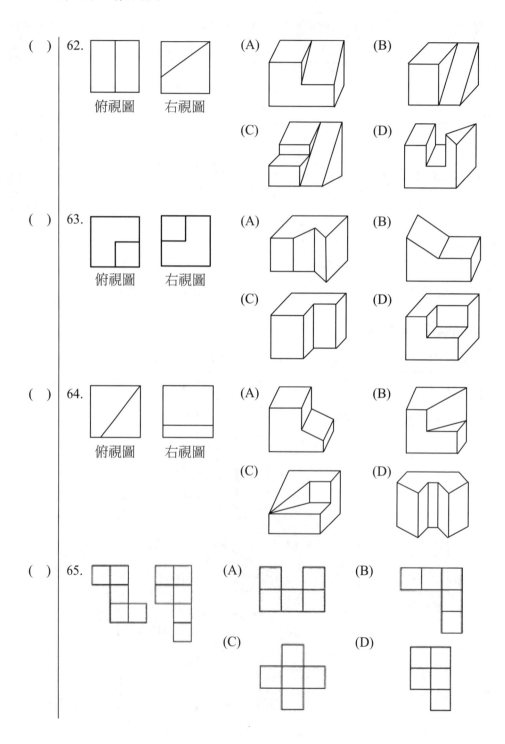

( ) 62.

俯視圖　　　右視圖

(A) (B) (C) (D)

( ) 63.

俯視圖　　　右視圖

(A) (B) (C) (D)

( ) 64.

俯視圖　　　右視圖

(A) (B) (C) (D)

( ) 65.

(A) (B) (C) (D)

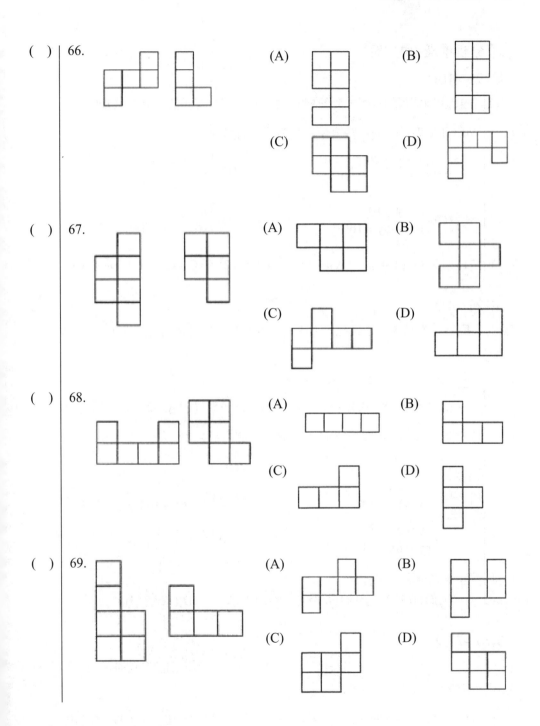

( )　66.

(A)　(B)

(C)　(D)

( )　67.

(A)　(B)

(C)　(D)

( )　68.

(A)　(B)

(C)　(D)

( )　69.

(A)　(B)

(C)　(D)

分析推理（共14題）

第70～71題

存錢筒內有10元的硬幣x個，5元硬幣y個，若硬幣共有20個，總值共160元：

( )　70. 則下列哪一個是符合題意的聯立方程式？

(A) $\begin{cases} x + y = 20 \\ 5x + 10y = 160 \end{cases}$
(B) $\begin{cases} x + y = 160 \\ 10x + 5y = 20 \end{cases}$

(C) $\begin{cases} x + y = 10 \\ 10x + 5y = 160 \end{cases}$
(D) $\begin{cases} x + y = 20 \\ 10x + 5y = 160 \end{cases}$。

( )　71. 其解(x,y)＝？　(A)(6,10)　(B)(8,12)　(C)(12,8)　(D)(10,6)。

第72～74題

學生分配宿舍有x間，如果每間住5人，則有8人無宿舍可住，若已知學生共有y人：

( )　72. 請列出其二元一次方程式：
(A)y＝5x－8　(B)y＝5x＋8　(C)y＝8x＋5　(D)5y＝X－8。

( )　73. 若改安排為6人一間宿舍，則有一間房間為2個人住以外，尚有23間空房，請列出其聯立方程式：

(A) $\begin{cases} y = 5x - 8 \\ y = 6x + 144 \end{cases}$
(B) $\begin{cases} y = 5x + 8 \\ y = 6x + 144 \end{cases}$

(C) $\begin{cases} y = 5x + 8 \\ y = 6x - 142 \end{cases}$
(D) $\begin{cases} y = 8x + 5 \\ y = 6x - 142 \end{cases}$。

( )　74. 其解(x,y)＝？
(A)(150,758)　(B)(150,754)　(C)(126,758)　(D)(126,754)。

第75～77題

在湖中有A、B、C三艘船，有3個大人，2個小孩欲分乘三艘船過河，但小孩不會划船，需與大人同行，則請問：

( )　75. 若2個小孩同船的安全乘坐法有幾種？　(A)7　(B)8　(C)9　(D)10。

( )　76. 小孩不同船的安全乘坐法有幾種？　(A)9　(B)12　(C)18　(D)24。

( )　77. 則全部總共有多少種安全乘坐法？　(A)29　(B)27　(C)25　(D)23。

●第78～79題

以0, 1, 2, 3, 4, 5這六個數字任取3個數字排列作一個三位數，且數字可重複使用，則請問：

( )　78. 大於234的三位數有幾個？　(A)100　(B)121　(C)200　(D)250　個。

( )　79. 所有的三位數之和為多少？　(A)78987　(B)65423　(C)58950　(D)45666。

●第80～81題

有四種不同口味的冰淇淋，分別為草莓、香草、芒果和柳橙，要分給甲、乙、丙、丁、戊等五個小孩子，若冰淇淋每種口味均無限量供應，則請問：

( )　80. 每人分一盒冰淇淋，請問有多少種分法？　(A)16　(B)256　(C)1024　(D)4096　種。

( )　81. 若每人分兩盒，則有幾種分法？　(A)100　(B)1,000　(C)10,000　(D)100,000　種。

●第82～83題

在一棟四層樓公寓中，分別住有A、B、C、D等四位房客，並且各自養有不同的寵物，貓、狗、魚和鳥等。已知：

(1) A先生養鳥。　　(2) B先生住在三樓。　　(3) C先生養狗。

(4)二樓養魚。　　(5)三樓養貓。　　(6) C先生住四樓。

( )　82. 請問下列何者正確：　(A)B先生養魚　(B)D先生住四樓　(C)B先生養貓　(D)以上皆非。

( )　83. 若又知A先生住一樓，則從一樓到四樓的住戶順序下列何者正確？　(A)ADBC　(B)ABCD　(C)CDAB　(D)以上皆非。

✅ 數的能力 II（共9題）

( )　84. 關於7200中，正因數中為完全平方數者有幾個？　(A)8　(B)10　(C)12　(D)14　個。

( )　85. 若 $a^x + a^{-x} = 4$，則 $a^{2x} + a^{-2x} = $？　(A)8　(B)10　(C)12　(D)14。

( )　86. 解 $\dfrac{\dfrac{12}{11} - \dfrac{1 + \dfrac{8}{13}}{\dfrac{7}{13} - \dfrac{12}{5}}}{} = $？　(A)0　(B)2　(C)4　(D)6。

( )　87. 甲、乙、丙三人相約去打桌球，預計打4個小時，每次2人上場，一人休息，則請問平均每人休息時間為多久？　(A)60　(B)80　(C)100　(D)120。

( )　88. 已知甲的12%為13，乙的13%為14，丙的14%為15，丁的15%為16，則請問，甲、乙、丙、丁四個數中最大的數是哪一個？　(A)甲　(B)乙　(C)丙　(D)丁。

( )　89. 有一正方體，已知其體積為125立方公分，則請問其表面積為多少平方公分？　(A)110　(B)130　(C)150　(D)170　平方公分。

( )　90. 三年甲班有40人，其中有15人近視；三年戊班有35人，其中有15人沒有近視，則三年甲班和三年戊班沒有近視的人數比是多少？　(A)1：1　(B)5：3　(C)8：7　(D)5：4。

( )　91. $x + 3y = 10$ 的正整數解有多少組？　(A)2　(B)3　(C)4　(D)無限多組。

( )　92. 二元一次方程組 $\begin{cases} x + y = 2 \\ x - y = -4 \end{cases}$ 的解滿足下列那一個二元一次方程式？　(A)$2x - 7 = 1$　(B)$2x + 3y - 7 = 0$　(C)$x = -2y + 2$　(D)$2x - y - 2 = 0$。

圖形推理（共10題）

( )　93.

( )　94.

( )　95.

( )　96.

( )　97.

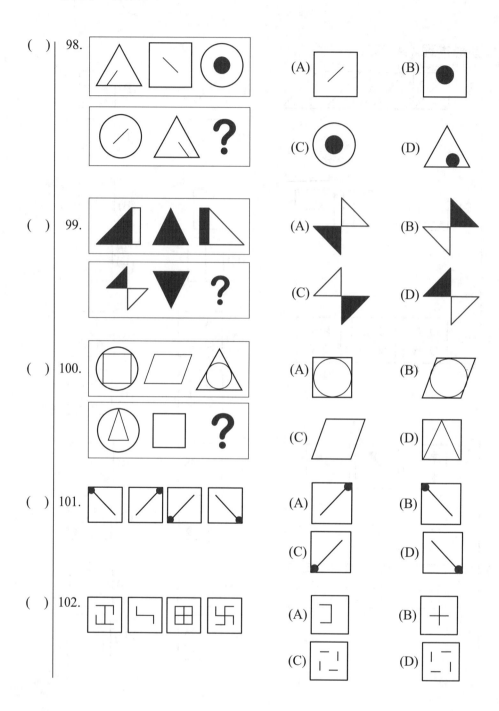

✅ 文法運用（共18題）

( )　103. (A)瓜瓞綿綿的　(B)萬里長城　(C)靜臥在苦難國土上　(D)抵禦北方匈奴入侵。

( )　104. (A)在辯論比賽中　(B)雙方問答尖銳　(C)書空咄咄　(D)真是精采。

( )　105. (A)在高速公路上　(B)返鄉的車潮　(C)星羅棋布　(D)動彈不得。

( )　106. (A)炎熱的夏日午後　(B)撥雲見日　(C)雷聲隆隆　(D)下了一場大雷雨。

( )　107. (A)即將退休的老校長　(B)懸壺濟世　(C)將近一甲子　(D)真是杏林滿天下。

( )　108. (A)小明總是　(B)聞雞起舞　(C)駕鶴西歸　(D)積極的迎接每一天。

( )　109. (A)台灣生產的水果　(B)汁多味美　(C)種類繁多真是　(D)譁眾取寵。

( )　110. (A)犯罪技術隨著　(B)科技進步　(C)日新月異　(D)創造了雙贏局面。

( )　111. (A)新開幕的餐廳門前　(B)排隊的人潮　(C)繼往開來　(D)生意很好。

( )　112. (A)經過一連串嚴厲考驗　(B)參賽者總算排除萬難　(C)心心相印　(D)獲得成功。

( )　113. (A)他的好嗓音　(B)尖酸刻薄　(C)真是繞樑三日　(D)餘韻猶存。

( )　114. (A)行遠必自邇　(B)登高必自卑　(C)萬丈高樓都是　(D)一呼百諾所造成的。

( )　115. (A)清明時節雨紛紛　(B)牛郎織女的愛情故事　(C)往往總是　(D)引人唏噓不已。

( )　116. (A)風吹草低見牛羊　(B)這江南水都美景的　(C)大山大水　(D)總是令人嚮往。

( )　117. (A)天真無邪的　(B)詐騙集團　(C)計畫縝密的　(D)犯下重大罪行。

( )　118. (A)考試開始鈴聲一響　(B)眾考生紛紛開始　(C)哀鴻遍野　(D)振筆疾書。

( )　119. (A)他家境貧窮　(B)富可敵國　(C)卻頗有志氣　(D)不為五斗米折腰。

( )　120. (A)他的穿著　(B)頗有品味　(C)往往衣衫襤褸　(D)蓬頭垢面。

解答　解析

60.(C)。俯視為一長方形垂直，故(A)(B)(D)皆不合。

61.(C)。俯視為四三角形，故(A)(D)不合；右視為一三角形，故(B)不合。

62.(A)。俯視為二長方形，故(C)(D)不合；右視為三角形與梯形，故(B)不合。

63.(D)。右視為大正方形，左上缺$\frac{1}{4}$，故(A)(B)(C)皆不合。

64.(B)。俯視為梯形＋三角形，故僅(B)符合。

65.(B)。 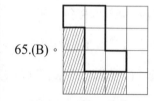 66.(A)。  67.(A)。

68.(C)。 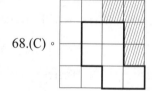 69.(C)。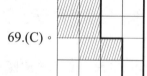

70.(D)。共有20個→x＋y＝20　　$\begin{cases} x+y=20 \\ 10x+5y=160 \end{cases}$

共為160元→10x＋5y＝160

71(C)。解聯立 $\begin{cases} x+y=20\cdots\cdots\cdots(1) \\ 10x+5y=160\cdots(2) \end{cases}$　　(2)－(1)×5，5x＝60，x＝12→y＝8

72.(B)。總數＝房間數×每間人數＋剩餘人數

∴y＝5x＋8

73.(C)。剩餘可住人數：$23 \times 6 + (6-2) = 142 \to y = 6x - 142$

$$\therefore \begin{cases} y = 5x + 8 \\ y = 6x - 142 \end{cases}$$

74.(A)。解聯立 $\begin{cases} y = 5x + 8 \text{.......}(1) \\ y = 6x - 142 \text{...}(2) \end{cases}$ $(2) - (1)$，$x = 150 \to y = 758$

75.(C)。大人：a_1, a_2, a_3　小孩：b_1, b_2

A船：$b_1 b_2 \square \to b_1 b_2 a_1$，$b_1 b_2 a_2$，$b_1 b_2 a_3$　三種

同樣，$b_1 b_2$ 坐B船或C船的組合各有三種

$\therefore$ 安全乘法 $= 3 + 3 + 3 = 9$ 種

76.(C)。A船 $b_1 \square$ 大人坐A船的坐法有三種
B船 $b_2 \square$ 大人坐B船的坐法有二種 $\left.\vphantom{\begin{matrix}1\\2\\3\end{matrix}}\right\} 3 \times 2 \times 1 = 6$ 種
C船　$\square$ 大人坐C船的坐法有一種

同樣，

A　　$\square$　　Ab_1　　$\square$
B　b_1　$\square$ 及 B　　　$\square$　　的組合各有6種
C　b_2　$\square$　　Cb_2　　$\square$

$\therefore$ 安全乘法 $= 6 + 6 + 6 = 18$ 種

77.(B)。全部安全乘坐法 $= 9 + 18 = 27$ 種。

78.(B)。

2　　　　　3　　　　　$\square$　　　　　1種
　　　　　　↓—4或5　　↑—5
2　　　　　$\square$　　　　　$\square$　　　　　$2 \times 6 = 12$ 種
↓—3,4,5　　　　　　　↑—0~5
$\square$　　　　　$\square$　　　　　$\square$　　　　　$3 \times 6 \times 6 = 108$ 種
　　　↑—————————↑—0~5

大於234的三位數 $= 1 + 12 + 108 = 121$ 種

79.(C)。因個位數之和為5的倍數，四組答案中只有(C)58950是5的倍數。

80.(C)。草莓　香草　芒果　柳橙→每個人只有4個選擇
　　　　　甲　　乙　　丙　　丁　　戊
　　　　　4　×　4　×　4　×　4　×　4＝1024種

81.(D)。甲　乙　丙　丁　戊
　　　　$10 \times 10 \times 10 \times 10 \times 10 = 100{,}000$種

82.(C)。

	人	寵物	
4F	(6)C	(3)狗	(A)B先生養貓，不是魚
3F	(2)B	(5)貓	(B)C先生住4樓，不是D先生
2F		(4)魚	(C)符合(2)、(5)條件
1F	A		

83.(A)。A住1F，則剩D住2F，而B住3F，C住4F，其順序是ADBC。

84.(C)。$7200 = 2^4 \times 3^2 \times 5^2 \rightarrow 2^2$, 2^4, 3^2, 5^2, $2^2 \times 3^2$, $2^4 \times 3^2$, $2^2 \times 5^2$, $2^4 \times 5^2$, $3^2 \times 5^2$, $2^2 \times 3^2 \times 5^2$, $2^4 \times 3^2 \times 5^2$, $2^0 \times 3^0 \times 5^0$，共12個。

85.(D)。$(a^x + a^{-x})^2 = a^{2x} + a^{-2x} + 2 = 4^2 = 16 \rightarrow a^x + a^{-2x} = 16 - 2 = 14$

86.(B)。原式 $= \dfrac{12}{11} - \dfrac{\frac{22}{13}}{-\frac{121}{65}} = \dfrac{12}{11} + \dfrac{10}{11} = 2$

87.(B)。$4 \times 60 \div 3 = 80(\min)$

88.(A)。甲：$\dfrac{13}{12} \times 100$　乙：$\dfrac{14}{13} \times 100$　丙：$\dfrac{15}{14} \times 100$　丁：$\dfrac{16}{15} \times 100$

　　　∵$\dfrac{1}{12} > \dfrac{1}{13} > \dfrac{1}{14} > \dfrac{1}{15}$　∴甲＞乙＞丙＞丁

89.(C)。$V=125cm^3$　$a \times a \times a=125$　$a=5$　面積$=6 \times 5 \times 5=150cm^2$

90.(B)。$(40-15):15=25:15=5:3$

91.(B)。$x+3y=10$的正整數解：

x	1	2	7
y	3	2	1

，共3組

92.(B)。$\begin{cases} x+y=2......(1) \\ x-y=-4...(2) \end{cases}$　$(1)+(2)$　$2x=-2$　$x=-1$　$y=3$

代入原題　$2 \times (-1)+9=7 \rightarrow$(B)正確

93.(A)。每次少一根線，故由5條線$\rightarrow$4條線$\rightarrow$3條線$\rightarrow$2條線$\rightarrow$1條線，故選(A)。

94.(D)。順時針旋轉，與基線垂直的線數由$2 \rightarrow 3 \rightarrow 5 \rightarrow 3 \rightarrow 2$，且朝上，故選(D)。

95.(C)。順時針旋轉90°，故選(C)。

96.(C)。菱形向下移動，箭頭順時針轉30°，故選水平的(C)。

97.(D)。折線的尖角逆時針旋轉，左上$\rightarrow$左下$\rightarrow$右下$\rightarrow$右上，而圖形每次增加一線，由一條線$\rightarrow$兩條線$\rightarrow$三條線的三角形$\rightarrow$四條線的四角形，故選(D)。

98.(B)。上下對照，中間圖案相同，外框圖形不同，故選(B)。

99.(A)。上下對照，左右相反、黑白相反，故選(A)。

100.(B)。上圖有二圓、一正方形、一平行四邊形、一三角形，下圖有一圓、一三角形、一正方形，所以要再加上一平行四邊形與圓的組合。

101.(B)。左上$\rightarrow$右上$\rightarrow$左上$\rightarrow$右下$\rightarrow$左上。

102.(C)。圖$(1)+(2)=(3)$，$(4)+(C)=(3)$，故選(C)。

103.(A)。瓜瓞綿綿是用來形容子孫眾多，不可形容長城。

104.(C)。書空咄咄，比喻失意、激憤的狀態。與題意不合。

105.(C)。星羅棋布，形容布列繁密，如星星、棋子般的廣泛分布，不適用
　　　　於車潮。

106.(B)。撥去烏雲，重見天日。比喻除去障礙，重見光明。與大雷雨
　　　　無關。

107.(B)。懸壺濟世是指醫生，而非教師。

108.(C)。駕鶴西歸，比喻人死亡。

109.(D)。譁眾取寵，以迎合眾人的言語行動來博取他人的注意。

110.(D)。犯罪僅犯罪者得利，無關雙贏。

111.(C)。繼往開來：承續先人的事業，並為後人開拓道路。

112.(C)。心心相印，比喻彼此心意互通。

113.(B)。尖酸刻薄，待人苛刻或言辭銳利，不能形容歌聲。

114.(D)。一人呼喚，百人應和。形容權勢顯赫，隨從盛多。

115.(A)。牛郎織女應為七夕，非清明。

116.(B)。塞北地區有大山、大水，風吹草低見牛羊，與江南水都美景
　　　　無關。

117.(A)。天真無邪：性情率直、真誠，毫無邪念。

118.(C)。哀鴻遍野：比喻到處都是流離失所的難民。

119.(B)。個人擁有的財富可與國家資財相比。形容極為富有。與題意不合。

120.(B)。衣衫襤褸：衣服破爛。蓬頭垢面：形容人頭髮散亂、面容骯髒、
　　　　不修邊幅的樣子。皆與「有品味」不相關。

第十章　性向心理測驗模擬試題

命題分析

　　這一類的心理測驗類更近似於人格測驗，讓公司瞭解員工在職業興趣、性格、行為、處事方法等面向的表現如何。

　　以平常心填寫即可，然短時間內可能有許多題目，需注意時間掌握，尤需仔細看清作答說明與題目，千萬不要答錯，把完全符合的答案選成完全不符合，那可就傷腦筋囉。

　　以心理測驗本身來講，是沒有標準答案的，但機關考試中，公司必然有一定的要求，一個不認同自己或難與他人溝通的人，錄取機會可能較低，因此不要太過天馬行空，以一般人的思考方向作答並不會差太遠。

　　本章共收錄有6回測驗內容，每回為50題。由於捷運考試不公布心理測驗題目，也未有正確答案，因此編者設計兩種題型（前3回與後3回題型略有不同），以供讀者練習參考。

第一回

( )　1. 我對自己很有信心
　　　(A)完全不同意　(B)相當不同意　(C)有點不同意　(D)有點同意
　　　(E)相當同意　(F)完全同意。

( )　2. 心情不好我會找人訴苦
　　　(A)完全不同意　(B)相當不同意　(C)有點不同意　(D)有點同意
　　　(E)相當同意　(F)完全同意。

( )　3. 我覺得自己的生命很有意義
　　　(A)完全不同意　(B)相當不同意　(C)有點不同意　(D)有點同意
　　　(E)相當同意　(F)完全同意。

(　)　4. 我曾經想要自殺
(A)完全不同意　(B)相當不同意　(C)有點不同意　(D)有點同意
(E)相當同意　(F)完全同意。

(　)　5. 我喜歡和別人一起工作
(A)完全不同意　(B)相當不同意　(C)有點不同意　(D)有點同意
(E)相當同意　(F)完全同意。

(　)　6. 我常常覺得心情低落
(A)完全不同意　(B)相當不同意　(C)有點不同意　(D)有點同意
(E)相當同意　(F)完全同意。

(　)　7. 我認為我的人生沒有目標
(A)完全不同意　(B)相當不同意　(C)有點不同意　(D)有點同意
(E)相當同意　(F)完全同意。

(　)　8. 我對現在的生活感到滿意
(A)完全不同意　(B)相當不同意　(C)有點不同意　(D)有點同意
(E)相當同意　(F)完全同意。

(　)　9. 我常常覺得有人故意想傷害我
(A)完全不同意　(B)相當不同意　(C)有點不同意　(D)有點同意
(E)相當同意　(F)完全同意。

(　)　10. 我很容易分心
(A)完全不同意　(B)相當不同意　(C)有點不同意　(D)有點同意
(E)相當同意　(F)完全同意。

(　)　11. 大致上，我是個蠻細心的人
(A)完全不同意　(B)相當不同意　(C)有點不同意　(D)有點同意
(E)相當同意　(F)完全同意。

(　)　12. 我有能同甘共苦的朋友
(A)完全不同意　(B)相當不同意　(C)有點不同意　(D)有點同意
(E)相當同意　(F)完全同意。

( )｜13. 別人常常用「傻瓜」這一類的字眼來形容我
(A)完全不同意　(B)相當不同意　(C)有點不同意　(D)有點同意
(E)相當同意　(F)完全同意。

( )｜14. 我想要改變我的性別
(A)完全不同意　(B)相當不同意　(C)有點不同意　(D)有點同意
(E)相當同意　(F)完全同意。

( )｜15. 如果能夠選擇，我希望能用另一個人的身分來活
(A)完全不同意　(B)相當不同意　(C)有點不同意　(D)有點同意
(E)相當同意　(F)完全同意。

( )｜16. 我常常安靜地傾聽別人說話
(A)完全不同意　(B)相當不同意　(C)有點不同意　(D)有點同意
(E)相當同意　(F)完全同意。

( )｜17. 我脾氣不好
(A)完全不同意　(B)相當不同意　(C)有點不同意　(D)有點同意
(E)相當同意　(F)完全同意。

( )｜18. 我不能夠控制我的情緒
(A)完全不同意　(B)相當不同意　(C)有點不同意　(D)有點同意
(E)相當同意　(F)完全同意。

( )｜19. 我喜歡嘗試新事物
(A)完全不同意　(B)相當不同意　(C)有點不同意　(D)有點同意
(E)相當同意　(F)完全同意。

( )｜20. 現在的環境讓我很難適應
(A)完全不同意　(B)相當不同意　(C)有點不同意　(D)有點同意
(E)相當同意　(F)完全同意。

( )｜21. 我不喜歡和不認識的人說話
(A)完全不同意　(B)相當不同意　(C)有點不同意　(D)有點同意
(E)相當同意　(F)完全同意。

(　)　22. 我常常關心時事和新聞
(A)完全不同意　　(B)相當不同意　　(C)有點不同意　　(D)有點同意
(E)相當同意　　(F)完全同意。

(　)　23. 做事的時候，我一定從頭到尾完成
(A)完全不同意　　(B)相當不同意　　(C)有點不同意　　(D)有點同意
(E)相當同意　　(F)完全同意。

(　)　24. 我不喜歡獨處
(A)完全不同意　　(B)相當不同意　　(C)有點不同意　　(D)有點同意
(E)相當同意　　(F)完全同意。

(　)　25. 遇到不合理的事，我會跳出來伸張正義
(A)完全不同意　　(B)相當不同意　　(C)有點不同意　　(D)有點同意
(E)相當同意　　(F)完全同意。

(　)　26. 我很在意別人說的話
(A)完全不同意　　(B)相當不同意　　(C)有點不同意　　(D)有點同意
(E)相當同意　　(F)完全同意。

(　)　27. 我樂意幫忙做些與己無關的小事
(A)完全不同意　　(B)相當不同意　　(C)有點不同意　　(D)有點同意
(E)相當同意　　(F)完全同意。

(　)　28. 我是個不愛說話的人
(A)完全不同意　　(B)相當不同意　　(C)有點不同意　　(D)有點同意
(E)相當同意　　(F)完全同意。

(　)　29. 遇到困難我總是非常煩惱
(A)完全不同意　　(B)相當不同意　　(C)有點不同意　　(D)有點同意
(E)相當同意　　(F)完全同意。

(　)　30. 我不喜歡有人反抗我
(A)完全不同意　　(B)相當不同意　　(C)有點不同意　　(D)有點同意
(E)相當同意　　(F)完全同意。

( )　31. 我做事有自己的原則和方法，從不改變
　　　(A)完全不同意　(B)相當不同意　(C)有點不同意　(D)有點同意
　　　(E)相當同意　(F)完全同意。

( )　32. 我不能容忍有人和我意見不同
　　　(A)完全不同意　(B)相當不同意　(C)有點不同意　(D)有點同意
　　　(E)相當同意　(F)完全同意。

( )　33. 我常常感到焦慮、壓力大
　　　(A)完全不同意　(B)相當不同意　(C)有點不同意　(D)有點同意
　　　(E)相當同意　(F)完全同意。

( )　34. 在人很多的公眾場合，我會感到害怕
　　　(A)完全不同意　(B)相當不同意　(C)有點不同意　(D)有點同意
　　　(E)相當同意　(F)完全同意。

( )　35. 我願意站出來為社會服務
　　　(A)完全不同意　(B)相當不同意　(C)有點不同意　(D)有點同意
　　　(E)相當同意　(F)完全同意。

( )　36. 這個世界沒有我也不會怎麼樣
　　　(A)完全不同意　(B)相當不同意　(C)有點不同意　(D)有點同意
　　　(E)相當同意　(F)完全同意。

( )　37. 同一個問題我會思考很多次還是很難作決定
　　　(A)完全不同意　(B)相當不同意　(C)有點不同意　(D)有點同意
　　　(E)相當同意　(F)完全同意。

( )　38. 別人的批評與建議我會傾聽並考慮是否要接受
　　　(A)完全不同意　(B)相當不同意　(C)有點不同意　(D)有點同意
　　　(E)相當同意　(F)完全同意。

( )　39. 決定一件事之後我會馬上行動
　　　(A)完全不同意　(B)相當不同意　(C)有點不同意　(D)有點同意
　　　(E)相當同意　(F)完全同意。

( )｜40. 我常常改變已經決定的事
(A)完全不同意　(B)相當不同意　(C)有點不同意　(D)有點同意
(E)相當同意　(F)完全同意。

( )｜41. 我喜歡成為別人目光的焦點
(A)完全不同意　(B)相當不同意　(C)有點不同意　(D)有點同意
(E)相當同意　(F)完全同意。

( )｜42. 有趣的事會讓我沉溺其中而忽略其他的事
(A)完全不同意　(B)相當不同意　(C)有點不同意　(D)有點同意
(E)相當同意　(F)完全同意。

( )｜43. 在團體中我不喜歡主動表示意見
(A)完全不同意　(B)相當不同意　(C)有點不同意　(D)有點同意
(E)相當同意　(F)完全同意。

( )｜44. 我常覺得事情會做不完所以要趕快
(A)完全不同意　(B)相當不同意　(C)有點不同意　(D)有點同意
(E)相當同意　(F)完全同意。

( )｜45. 和別人合作太麻煩，我寧願自己來
(A)完全不同意　(B)相當不同意　(C)有點不同意　(D)有點同意
(E)相當同意　(F)完全同意。

( )｜46. 我經常因為意見不合和別人吵架
(A)完全不同意　(B)相當不同意　(C)有點不同意　(D)有點同意
(E)相當同意　(F)完全同意。

( )｜47. 我覺得考慮太多是很蠢的事
(A)完全不同意　(B)相當不同意　(C)有點不同意　(D)有點同意
(E)相當同意　(F)完全同意。

( )　48. 在很多人面前說話會讓我覺得不自在
　　　　(A)完全不同意　　(B)相當不同意　　(C)有點不同意　　(D)有點同意
　　　　(E)相當同意　　(F)完全同意。

( )　49. 我喜歡靜靜坐在角落看其他人嬉鬧
　　　　(A)完全不同意　　(B)相當不同意　　(C)有點不同意　　(D)有點同意
　　　　(E)相當同意　　(F)完全同意。

( )　50. 常常自我反省是否有需要改進的地方
　　　　(A)完全不同意　　(B)相當不同意　　(C)有點不同意　　(D)有點同意
　　　　(E)相當同意　　(F)完全同意。

第二回

( )　1. 我不做盲目的事，總是有目標的，用正確的步驟來解決每一個具
體問題
(A)完全不同意　(B)相當不同意　(C)有點不同意　(D)有點同意
(E)相當同意　(F)完全同意。

( )　2. 我認為指出問題而不去思考答案是浪費時間
(A)完全不同意　(B)相當不同意　(C)有點不同意　(D)有點同意
(E)相當同意　(F)完全同意。

( )　3. 無論什麼事情，要我發生興趣，總比別人困難
(A)完全不同意　(B)相當不同意　(C)有點不同意　(D)有點同意
(E)相當同意　(F)完全同意。

( )　4. 我認為合乎邏輯的循序漸進是解決問題的最好方法
(A)完全不同意　(B)相當不同意　(C)有點不同意　(D)有點同意
(E)相當同意　(F)完全同意。

( )　5. 我在小組會上發表的意見經常使一些人感到厭煩
(A)完全不同意　(B)相當不同意　(C)有點不同意　(D)有點同意
(E)相當同意　(F)完全同意。

( )　6. 經常花費大量時間去考慮別人是怎麼看的
(A)完全不同意　(B)相當不同意　(C)有點不同意　(D)有點同意
(E)相當同意　(F)完全同意。

( )　7. 做自以為正確的事情比去博得別人的贊同要更有意義
(A)完全不同意　(B)相當不同意　(C)有點不同意　(D)有點同意
(E)相當同意　(F)完全同意。

( )　8. 我不尊重那些經常做沒把握事的人
(A)完全不同意　(B)相當不同意　(C)有點不同意　(D)有點同意
(E)相當同意　(F)完全同意。

( )　9. 我需要的刺激和興趣比別人多

(A)完全不同意　(B)相當不同意　(C)有點不同意　(D)有點同意
(E)相當同意　(F)完全同意。

( )　10. 我知道如何在面臨考驗時保持內心鎮靜

(A)完全不同意　(B)相當不同意　(C)有點不同意　(D)有點同意
(E)相當同意　(F)完全同意。

( )　11. 爲解決難題，我能堅持很長一段時間不放鬆

(A)完全不同意　(B)相當不同意　(C)有點不同意　(D)有點同意
(E)相當同意　(F)完全同意。

( )　12. 有時我對事情過於熱心

(A)完全不同意　(B)相當不同意　(C)有點不同意　(D)有點同意
(E)相當同意　(F)完全同意。

( )　13. 在特別空閒時，我倒常常想出好主意來

(A)完全不同意　(B)相當不同意　(C)有點不同意　(D)有點同意
(E)相當同意　(F)完全同意。

( )　14. 在解決問題時，我常常憑直覺來判斷「正確」或「錯誤」

(A)完全不同意　(B)相當不同意　(C)有點不同意　(D)有點同意
(E)相當同意　(F)完全同意。

( )　15. 在解決問題時，我分析問題較快，而綜合所掌握的資料較慢

(A)完全不同意　(B)相當不同意　(C)有點不同意　(D)有點同意
(E)相當同意　(F)完全同意。

( )　16. 有時，我打破常規去做我原來並不想做的事

(A)完全不同意　(B)相當不同意　(C)有點不同意　(D)有點同意
(E)相當同意　(F)完全同意。

( )　17. 我有收集東西的癖好

(A)完全不同意　(B)相當不同意　(C)有點不同意　(D)有點同意
(E)相當同意　(F)完全同意。

( ) 18. 幻想促成了我許多重要計畫的提出
(A)完全不同意　(B)相當不同意　(C)有點不同意　(D)有點同意
(E)相當同意　(F)完全同意。

( ) 19. 我喜歡客觀而有理性的人
(A)完全不同意　(B)相當不同意　(C)有點不同意　(D)有點同意
(E)相當同意　(F)完全同意。

( ) 20. 如果要我在本職工作之外的兩種職業中選擇一種，我寧願當一個
實際工作者，而不當探險家
(A)完全不同意　(B)相當不同意　(C)有點不同意　(D)有點同意
(E)相當同意　(F)完全同意。

( ) 21. 我能和自己的同事相處得很好
(A)完全不同意　(B)相當不同意　(C)有點不同意　(D)有點同意
(E)相當同意　(F)完全同意。

( ) 22. 我有較好的審美能力
(A)完全不同意　(B)相當不同意　(C)有點不同意　(D)有點同意
(E)相當同意　(F)完全同意。

( ) 23. 我一生中一直在追求著名利和地位
(A)完全不同意　(B)相當不同意　(C)有點不同意　(D)有點同意
(E)相當同意　(F)完全同意。

( ) 24. 我喜歡堅信自己結論的人
(A)完全不同意　(B)相當不同意　(C)有點不同意　(D)有點同意
(E)相當同意　(F)完全同意。

( ) 25. 靈感與獲得成功無關
(A)完全不同意　(B)相當不同意　(C)有點不同意　(D)有點同意
(E)相當同意　(F)完全同意。

( ) 26. 爭論時，使我感到最高興的是原來與我觀點不一的人變成了我的朋友。這樣即使犧牲我原先的觀點也在所不惜
(A)完全不同意　(B)相當不同意　(C)有點不同意　(D)有點同意
(E)相當同意　(F)完全同意。

( ) 27. 我的興趣在於提出新的建議，而不是設法說服別人去接受這些建議
(A)完全不同意　(B)相當不同意　(C)有點不同意　(D)有點同意
(E)相當同意　(F)完全同意。

( ) 28. 我樂於獨自一人整天深思熟慮
(A)完全不同意　(B)相當不同意　(C)有點不同意　(D)有點同意
(E)相當同意　(F)完全同意。

( ) 29. 我避免去做那些使自己感到低下的工作
(A)完全不同意　(B)相當不同意　(C)有點不同意　(D)有點同意
(E)相當同意　(F)完全同意。

( ) 30. 評論資料時，我覺得資料的來源比內容更為重要
(A)完全不同意　(B)相當不同意　(C)有點不同意　(D)有點同意
(E)相當同意　(F)完全同意。

( ) 31. 我不滿意那些不確定和不可預言的事
(A)完全不同意　(B)相當不同意　(C)有點不同意　(D)有點同意
(E)相當同意　(F)完全同意。

( ) 32. 我喜歡心思縝密的人
(A)完全不同意　(B)相當不同意　(C)有點不同意　(D)有點同意
(E)相當同意　(F)完全同意。

( ) 33. 一個人的自尊比得到別人的敬慕更為重要
(A)完全不同意　(B)相當不同意　(C)有點不同意　(D)有點同意
(E)相當同意　(F)完全同意。

( )　34. 我覺得那些力求完美的人是不明智的
　　　(A)完全不同意　　(B)相當不同意　　(C)有點不同意　　(D)有點同意
　　　(E)相當同意　　(F)完全同意。

( )　35. 我寧願和大家一起工作，也不願單獨工作
　　　(A)完全不同意　　(B)相當不同意　　(C)有點不同意　　(D)有點同意
　　　(E)相當同意　　(F)完全同意。

( )　36. 我喜歡做那種對別人產生影響的工作
　　　(A)完全不同意　　(B)相當不同意　　(C)有點不同意　　(D)有點同意
　　　(E)相當同意　　(F)完全同意。

( )　37. 生活中，我經常碰到一些不能用「正確」或「錯誤」來加以衡量
　　　的問題
　　　(A)完全不同意　　(B)相當不同意　　(C)有點不同意　　(D)有點同意
　　　(E)相當同意　　(F)完全同意。

( )　38. 對我來說，「各得其所，各在其位」是很重要的
　　　(A)完全不同意　　(B)相當不同意　　(C)有點不同意　　(D)有點同意
　　　(E)相當同意　　(F)完全同意。

( )　39. 那些使用古怪的和不常用詞語的作家，純粹是為了炫耀自己
　　　(A)完全不同意　　(B)相當不同意　　(C)有點不同意　　(D)有點同意
　　　(E)相當同意　　(F)完全同意。

( )　40. 許多人之所以感到苦惱，是因為他們把事情看得太認真了
　　　(A)完全不同意　　(B)相當不同意　　(C)有點不同意　　(D)有點同意
　　　(E)相當同意　　(F)完全同意。

( )　41. 即使遭到不幸、挫折和反對，我仍對我的工作保持原有的熱情
　　　(A)完全不同意　　(B)相當不同意　　(C)有點不同意　　(D)有點同意
　　　(E)相當同意　　(F)完全同意。

( ) 42. 想入非非是不切實際的
(A)完全不同意 (B)相當不同意 (C)有點不同意 (D)有點同意
(E)相當同意 (F)完全同意。

( ) 43. 我對「我不知道的事」比「我知道的事」印象更深刻
(A)完全不同意 (B)相當不同意 (C)有點不同意 (D)有點同意
(E)相當同意 (F)完全同意。

( ) 44. 我對「這可能是什麼」比「這是什麼」更感興感
(A)完全不同意 (B)相當不同意 (C)有點不同意 (D)有點同意
(E)相當同意 (F)完全同意。

( ) 45. 我經常為自己在無意中說話傷人而悶悶不樂
(A)完全不同意 (B)相當不同意 (C)有點不同意 (D)有點同意
(E)相當同意 (F)完全同意。

( ) 46. 我喜歡標新立異
(A)完全不同意 (B)相當不同意 (C)有點不同意 (D)有點同意
(E)相當同意 (F)完全同意。

( ) 47. 我認為「出主意沒什麼了不起」，這種說法是中肯的
(A)完全不同意 (B)相當不同意 (C)有點不同意 (D)有點同意
(E)相當同意 (F)完全同意。

( ) 48. 我不喜歡提那些顯得無知的問題
(A)完全不同意 (B)相當不同意 (C)有點不同意 (D)有點同意
(E)相當同意 (F)完全同意。

( ) 49. 一旦任務在身，即使受到挫折，我也能堅決完成
(A)完全不同意 (B)相當不同意 (C)有點不同意 (D)有點同意
(E)相當同意 (F)完全同意。

( ) 50. 如果A、B、C、D、E、F表示作一番事業達成願望的難易程度，
我會選擇
(A)A (B)B (C)C (D)D (E)E (F)F。

第三回

( )　1. 我對自己的前途充滿信心
　　　(A)完全不同意　　(B)相當不同意　　(C)有點不同意　　(D)有點同意
　　　(E)相當同意　　(F)完全同意。

( )　2. 為了最終的目標，我不在意暫時的得失
　　　(A)完全不同意　　(B)相當不同意　　(C)有點不同意　　(D)有點同意
　　　(E)相當同意　　(F)完全同意。

( )　3. 我經常花很多時間考慮別人對我的看法
　　　(A)完全不同意　　(B)相當不同意　　(C)有點不同意　　(D)有點同意
　　　(E)相當同意　　(F)完全同意。

( )　4. 我做一件事主要是自己覺得應該去做，而不是為了贏得別人的贊同
　　　(A)完全不同意　　(B)相當不同意　　(C)有點不同意　　(D)有點同意
　　　(E)相當同意　　(F)完全同意。

( )　5. 在很多事情上，我總是瞻前顧後、猶豫不決
　　　(A)完全不同意　　(B)相當不同意　　(C)有點不同意　　(D)有點同意
　　　(E)相當同意　　(F)完全同意。

( )　6. 對我來說憑直覺解決問題是很少有的，也是不可靠的
　　　(A)完全不同意　　(B)相當不同意　　(C)有點不同意　　(D)有點同意
　　　(E)相當同意　　(F)完全同意。

( )　7. 美的東西往往能使我長時間激動不已，以致於讓旁人感到無法理解
　　　(A)完全不同意　　(B)相當不同意　　(C)有點不同意　　(D)有點同意
　　　(E)相當同意　　(F)完全同意。

( )　8. 那些經常沉湎「奇特」念頭中的人，是不切實際的
　　　(A)完全不同意　　(B)相當不同意　　(C)有點不同意　　(D)有點同意
　　　(E)相當同意　　(F)完全同意。

( )　　9. 在解決問題的過程中，我常常分析時很快，但綜合時很慢
　　　　(A)完全不同意　(B)相當不同意　(C)有點不同意　(D)有點同意
　　　　(E)相當同意　(F)完全同意。

( )　10. 我認為追求盡善盡美是不明智的
　　　　(A)完全不同意　(B)相當不同意　(C)有點不同意　(D)有點同意
　　　　(E)相當同意　(F)完全同意。

( )　11. 我是一個與傳統觀念格格不入的人
　　　　(A)完全不同意　(B)相當不同意　(C)有點不同意　(D)有點同意
　　　　(E)相當同意　(F)完全同意。

( )　12. 許多人之所以感到煩惱，一個重要的原因是他們對許多事情都太
　　　　認真了
　　　　(A)完全不同意　(B)相當不同意　(C)有點不同意　(D)有點同意
　　　　(E)相當同意　(F)完全同意。

( )　13. 有時我覺得自己真是太孤獨了，彷彿一個人被遺忘在這世界上
　　　　(A)完全不同意　(B)相當不同意　(C)有點不同意　(D)有點同意
　　　　(E)相當同意　(F)完全同意。

( )　14. 如果某一問題令我一籌莫展，我會很快放棄原來的想法，從別的
　　　　方面去尋找解決的方法
　　　　(A)完全不同意　(B)相當不同意　(C)有點不同意　(D)有點同意
　　　　(E)相當同意　(F)完全同意。

( )　15. 坦率地說，我不是一個優秀的預言家
　　　　(A)完全不同意　(B)相當不同意　(C)有點不同意　(D)有點同意
　　　　(E)相當同意　(F)完全同意。

( )　16. 我的人際關係很好
　　　　(A)完全不同意　(B)相當不同意　(C)有點不同意　(D)有點同意
　　　　(E)相當同意　(F)完全同意。

( )　17. 我通常憑自己的「直覺」去思考問題，而且事情總是如我所預料
　　　的那樣發生了
　　　(A)完全不同意　(B)相當不同意　(C)有點不同意　(D)有點同意
　　　(E)相當同意　(F)完全同意。

( )　18. 凡是我不喜歡做的事，我很少去做
　　　(A)完全不同意　(B)相當不同意　(C)有點不同意　(D)有點同意
　　　(E)相當同意　(F)完全同意。

( )　19. 只要是我愛做的事，即使希望只有百分之一，我也會去嘗試一下
　　　(A)完全不同意　(B)相當不同意　(C)有點不同意　(D)有點同意
　　　(E)相當同意　(F)完全同意。

( )　20. 失敗常使我傷透了心，我不認為自己是一個非常有毅力的人
　　　(A)完全不同意　(B)相當不同意　(C)有點不同意　(D)有點同意
　　　(E)相當同意　(F)完全同意。

( )　21. 即使我討厭的人，我也能和他很好地共事
　　　(A)完全不同意　(B)相當不同意　(C)有點不同意　(D)有點同意
　　　(E)相當同意　(F)完全同意。

( )　22. 要想說服別人去做某件事，對我來說太困難了
　　　(A)完全不同意　(B)相當不同意　(C)有點不同意　(D)有點同意
　　　(E)相當同意　(F)完全同意。

( )　23. 我非常討厭缺乏進取精神的人
　　　(A)完全不同意　(B)相當不同意　(C)有點不同意　(D)有點同意
　　　(E)相當同意　(F)完全同意。

( )　24. 我認為把一個良好的構想變為現實比提出構想更重要
　　　(A)完全不同意　(B)相當不同意　(C)有點不同意　(D)有點同意
　　　(E)相當同意　(F)完全同意。

( )　25. 我精力充沛，能長時間緊張工作，而不知疲倦
　　　(A)完全不同意　(B)相當不同意　(C)有點不同意　(D)有點同意
　　　(E)相當同意　(F)完全同意。

( )　26. 我的工作中還有些地方需要加以改進
　　　(A)完全不同意　　(B)相當不同意　　(C)有點不同意　　(D)有點同意
　　　(E)相當同意　　(F)完全同意。

( )　27. 對我來說，我的工作就是我的愛好
　　　(A)完全不同意　　(B)相當不同意　　(C)有點不同意　　(D)有點同意
　　　(E)相當同意　　(F)完全同意。

( )　28. 我天天盼望休假日的來臨
　　　(A)完全不同意　　(B)相當不同意　　(C)有點不同意　　(D)有點同意
　　　(E)相當同意　　(F)完全同意。

( )　29. 與我朋友們的工作相比，我更喜歡自己的工作
　　　(A)完全不同意　　(B)相當不同意　　(C)有點不同意　　(D)有點同意
　　　(E)相當同意　　(F)完全同意。

( )　30. 每個工作日對我來說都有「度日如年」的感覺
　　　(A)完全不同意　　(B)相當不同意　　(C)有點不同意　　(D)有點同意
　　　(E)相當同意　　(F)完全同意。

( )　31. 我寧願工作也不願意閒著
　　　(A)完全不同意　　(B)相當不同意　　(C)有點不同意　　(D)有點同意
　　　(E)相當同意　　(F)完全同意。

( )　32. 我常常對眼前的工作感到厭煩
　　　(A)完全不同意　　(B)相當不同意　　(C)有點不同意　　(D)有點同意
　　　(E)相當同意　　(F)完全同意。

( )　33. 我對目前的工作環境還滿意
　　　(A)完全不同意　　(B)相當不同意　　(C)有點不同意　　(D)有點同意
　　　(E)相當同意　　(F)完全同意。

( )　34. 大部分時間裡，我像是在被壓迫著工作
　　　(A)完全不同意　　(B)相當不同意　　(C)有點不同意　　(D)有點同意
　　　(E)相當同意　　(F)完全同意。

( ) 35. 我覺得我目前所從事的工作比其他工作更有意思
(A)完全不同意　(B)相當不同意　(C)有點不同意　(D)有點同意
(E)相當同意　(F)完全同意。

( ) 36. 我根本不喜歡我天天要做的工作
(A)完全不同意　(B)相當不同意　(C)有點不同意　(D)有點同意
(E)相當同意　(F)完全同意。

( ) 37. 很多時候,我是廢寢忘食地埋頭於我的工作的
(A)完全不同意　(B)相當不同意　(C)有點不同意　(D)有點同意
(E)相當同意　(F)完全同意。

( ) 38. 我討厭在別人面前談我的工作,也不喜歡別人提起我的工作
(A)完全不同意　(B)相當不同意　(C)有點不同意　(D)有點同意
(E)相當同意　(F)完全同意。

( ) 39. 我覺得工作是一種很大的享受
(A)完全不同意　(B)相當不同意　(C)有點不同意　(D)有點同意
(E)相當同意　(F)完全同意。

( ) 40. 我的工作太枯燥乏味了
(A)完全不同意　(B)相當不同意　(C)有點不同意　(D)有點同意
(E)相當同意　(F)完全同意。

( ) 41. 我暫時對自己的工作還滿意
(A)完全不同意　(B)相當不同意　(C)有點不同意　(D)有點同意
(E)相當同意　(F)完全同意。

( ) 42. 做一件事情,當結果與我估計相符時,我就感到很滿意;否則,
即使別人說我成功了,我也會感到不滿意
(A)完全不同意　(B)相當不同意　(C)有點不同意　(D)有點同意
(E)相當同意　(F)完全同意。

( ) 43. 通常,對所做的事,我要求達到的標準往往要高於一般人
(A)完全不同意　(B)相當不同意　(C)有點不同意　(D)有點同意
(E)相當同意　(F)完全同意。

(　) 44. 對感興趣的事，我都能盡力而為；對不感興趣的事，做好做壞我都無所謂
(A)完全不同意　(B)相當不同意　(C)有點不同意　(D)有點同意
(E)相當同意　(F)完全同意。

(　) 45. 我覺得，有一番成就是人生最重要的、幸福的事情，這樣即使苦些也值得
(A)完全不同意　(B)相當不同意　(C)有點不同意　(D)有點同意
(E)相當同意　(F)完全同意。

(　) 46. 每做一件事，我通常都從工作方法上入手
(A)完全不同意　(B)相當不同意　(C)有點不同意　(D)有點同意
(E)相當同意　(F)完全同意。

(　) 47. 我經常成功，很少失敗
(A)完全不同意　(B)相當不同意　(C)有點不同意　(D)有點同意
(E)相當同意　(F)完全同意。

(　) 48. 我好勝心強，從不服輸
(A)完全不同意　(B)相當不同意　(C)有點不同意　(D)有點同意
(E)相當同意　(F)完全同意。

(　) 49. 生活對我來說，是枯燥乏味的
(A)完全不同意　(B)相當不同意　(C)有點不同意　(D)有點同意
(E)相當同意　(F)完全同意。

(　) 50. 我能很容易地消除人際隔閡
(A)完全不同意　(B)相當不同意　(C)有點不同意　(D)有點同意
(E)相當同意　(F)完全同意。

第四回

( )　1. 你的童年是在父母的溺愛下度過的嗎？
　　　(A)100%　(B)80%　(C)60%　(D)40%　(E)20%　(F)10%。

( )　2. 你步入社會後路途坎坷，屢遭人白眼？
　　　(A)100%　(B)80%　(C)60%　(D)40%　(E)20%　(F)10%。

( )　3. 若你在戀愛時被戀人甩掉，是否會失去生活的勇氣？
　　　(A)100%　(B)80%　(C)60%　(D)40%　(E)20%　(F)10%。

( )　4. 你的收入不高，但手頭總感到很寬裕？
　　　(A)100%　(B)80%　(C)60%　(D)40%　(E)20%　(F)10%。

( )　5. 讓你和性情不同的人一起工作，簡直是活受罪嗎？
　　　(A)100%　(B)80%　(C)60%　(D)40%　(E)20%　(F)10%。

( )　6. 你從來沒有服用過安眠藥物嗎？
　　　(A)100%　(B)80%　(C)60%　(D)40%　(E)20%　(F)10%。

( )　7. 你的朋友貿然帶一個討厭的人來訪，總使你感到震驚嗎？
　　　(A)100%　(B)80%　(C)60%　(D)40%　(E)20%　(F)10%。

( )　8. 原定陞遷名單中有你，可是在公布名單時不知為什麼又換了另一
　　　個人。即便如此，你也心情坦然，並向他祝賀嗎？
　　　(A)100%　(B)80%　(C)60%　(D)40%　(E)20%　(F)10%。

( )　9. 你看到那些奇裝異服，聽到那些亂糟糟的音樂，就感到噁心嗎？
　　　(A)100%　(B)80%　(C)60%　(D)40%　(E)20%　(F)10%。

( )　10. 你認為一些新規定、新制服的頒布和實施，都是順理成章、勢在
　　　必行的事嗎？
　　　(A)100%　(B)80%　(C)60%　(D)40%　(E)20%　(F)10%。

( )　11. 你接連遇到幾件不愉快的事，會一次比一次感到苦惱嗎？
　　　(A)100%　(B)80%　(C)60%　(D)40%　(E)20%　(F)10%。

( )　12. 即使和工作上的競爭對手交談，你也能心平氣和嗎？
　　　　(A)100%　(B)80%　(C)60%　(D)40%　(E)20%　(F)10%。

( )　13. 建立新的人際關係對你來說是相當容易嗎？
　　　　(A)100%　(B)80%　(C)60%　(D)40%　(E)20%　(F)10%。

( )　14. 別人擅自動用你的物品，你會生氣很久嗎？
　　　　(A)100%　(B)80%　(C)60%　(D)40%　(E)20%　(F)10%。

( )　15. 即使多次失敗，你也不放棄再嘗試的機會嗎？
　　　　(A)100%　(B)80%　(C)60%　(D)40%　(E)20%　(F)10%。

( )　16. 對沒有完成的重要事情，你會吃不下飯，睡不好覺嗎？
　　　　(A)100%　(B)80%　(C)60%　(D)40%　(E)20%　(F)10%。

( )　17. 有50%成功的把握你才會去做有風險的事嗎？
　　　　(A)100%　(B)80%　(C)60%　(D)40%　(E)20%　(F)10%。

( )　18. 只要有流行感冒，你就會被感染上嗎？
　　　　(A)100%　(B)80%　(C)60%　(D)40%　(E)20%　(F)10%。

( )　19. 別人若對你不公正，你會找機會進行報復嗎？
　　　　(A)100%　(B)80%　(C)60%　(D)40%　(E)20%　(F)10%。

( )　20. 一有空閒時間，你就想看小說和報紙嗎？
　　　　(A)100%　(B)80%　(C)60%　(D)40%　(E)20%　(F)10%。

( )　21. 你每天都會花一定的時間來計畫明天該做的事嗎？
　　　　(A)100%　(B)80%　(C)60%　(D)40%　(E)20%　(F)10%。

( )　22. 你會先處理最大、最重要的事情嗎？
　　　　(A)100%　(B)80%　(C)60%　(D)40%　(E)20%　(F)10%。

( )　23. 你能夠完成每天計畫中該做的事嗎？
　　　　(A)100%　(B)80%　(C)60%　(D)40%　(E)20%　(F)10%。

( )　24. 你能夠從容地在期限內完成工作嗎？
　　　　(A)100%　(B)80%　(C)60%　(D)40%　(E)20%　(F)10%。

( )｜25. 你的桌子井然有序嗎？
　　　(A)100%　(B)80%　(C)60%　(D)40%　(E)20%　(F)10%。

( )｜26. 你能很快地找出很久以前歸檔的文件嗎？
　　　(A)100%　(B)80%　(C)60%　(D)40%　(E)20%　(F)10%。

( )｜27. 你知道如何避免如不速之客之類的干擾嗎？
　　　(A)100%　(B)80%　(C)60%　(D)40%　(E)20%　(F)10%。

( )｜28. 受干擾後，你能夠很快恢復工作嗎？
　　　(A)100%　(B)80%　(C)60%　(D)40%　(E)20%　(F)10%。

( )｜29. 你能夠有效地分配工作時間嗎？
　　　(A)100%　(B)80%　(C)60%　(D)40%　(E)20%　(F)10%。

( )｜30. 你經常反省自己處理時間的方法，並加以改善嗎？
　　　(A)100%　(B)80%　(C)60%　(D)40%　(E)20%　(F)10%。

( )｜31. 當你在看一本有關謀殺的小說時，你通常能在作者沒告訴答案之前就知道兇手是誰嗎？
　　　(A)100%　(B)80%　(C)60%　(D)40%　(E)20%　(F)10%。

( )｜32. 你很少寫錯別字嗎？
　　　(A)100%　(B)80%　(C)60%　(D)40%　(E)20%　(F)10%。

( )｜33. 你寧願參加音樂會而不願待在家裡嗎？
　　　(A)100%　(B)80%　(C)60%　(D)40%　(E)20%　(F)10%。

( )｜35. 牆上的畫掛歪了，你會想著去扶正嗎？
　　　(A)100%　(B)80%　(C)60%　(D)40%　(E)20%　(F)10%。

( )｜36. 你能記得自己看過或聽過的事情嗎？
　　　(A)100%　(B)80%　(C)60%　(D)40%　(E)20%　(F)10%。

( )｜37. 你是個做事認真的人嗎？
　　　(A)100%　(B)80%　(C)60%　(D)40%　(E)20%　(F)10%。

( )　38. 你喜歡打牌或下棋嗎？
　　　 (A)100%　(B)80%　(C)60%　(D)40%　(E)20%　(F)10%。

( )　39. 你對自己的預算有控制嗎？
　　　 (A)100%　(B)80%　(C)60%　(D)40%　(E)20%　(F)10%。

( )　40. 你喜歡學習諸如能使時鐘、馬達等走動的原理嗎？
　　　 (A)100%　(B)80%　(C)60%　(D)40%　(E)20%　(F)10%。

( )　41. 你喜歡改變一些日常生活慣例，使自己擁有更充裕的時間嗎？
　　　 (A)100%　(B)80%　(C)60%　(D)40%　(E)20%　(F)10%。

( )　42. 閒暇時，你喜歡運動嗎？
　　　 (A)100%　(B)80%　(C)60%　(D)40%　(E)20%　(F)10%。

( )　43. 對你來說數學是難的嗎？
　　　 (A)100%　(B)80%　(C)60%　(D)40%　(E)20%　(F)10%。

( )　44. 你喜歡跟年輕人在一起嗎？
　　　 (A)100%　(B)80%　(C)60%　(D)40%　(E)20%　(F)10%。

( )　45. 你能列出5個自認為夠朋友的人嗎？
　　　 (A)100%　(B)80%　(C)60%　(D)40%　(E)20%　(F)10%。

( )　46. 對一般自己能辦到的事，你樂於幫助別人嗎？
　　　 (A)100%　(B)80%　(C)60%　(D)40%　(E)20%　(F)10%。

( )　47. 你不喜歡做過於繁瑣的工作嗎？
　　　 (A)100%　(B)80%　(C)60%　(D)40%　(E)20%　(F)10%。

( )　48. 你看書看得很快嗎？
　　　 (A)100%　(B)80%　(C)60%　(D)40%　(E)20%　(F)10%。

( )　49. 你相信「小心謹慎，穩扎穩打」是句至理名言嗎？
　　　 (A)100%　(B)80%　(C)60%　(D)40%　(E)20%　(F)10%。

( )　50. 你喜歡新朋友、新地方與新的東西嗎？
　　　 (A)100%　(B)80%　(C)60%　(D)40%　(E)20%　(F)10%。

第五回

( )　1. 你聽人講話時專注嗎？
　　　(A)100%　(B)80%　(C)60%　(D)40%　(E)20%　(F)10%。

( )　2. 你的日常行為舉止是否非常通情達理？
　　　(A)100%　(B)80%　(C)60%　(D)40%　(E)20%　(F)10%。

( )　3. 你是否常常發現別人的優點，稱讚他人的長處？
　　　(A)100%　(B)80%　(C)60%　(D)40%　(E)20%　(F)10%。

( )　4. 你覺得自己是不是一個性格外向的人？
　　　(A)100%　(B)80%　(C)60%　(D)40%　(E)20%　(F)10%。

( )　5. 你對外界的刺激敏感嗎？
　　　(A)100%　(B)80%　(C)60%　(D)40%　(E)20%　(F)10%。

( )　6. 你喜歡憑想像判斷事情嗎？
　　　(A)100%　(B)80%　(C)60%　(D)40%　(E)20%　(F)10%。

( )　7. 你向別人承認自己的錯誤時是出於真心嗎？
　　　(A)100%　(B)80%　(C)60%　(D)40%　(E)20%　(F)10%。

( )　8. 你是否喜歡參加一些具有風險性的體育運動或考察活動？
　　　(A)100%　(B)80%　(C)60%　(D)40%　(E)20%　(F)10%。

( )　9. 你常常會在大庭廣眾下發表意見時感到難為情嗎？
　　　(A)100%　(B)80%　(C)60%　(D)40%　(E)20%　(F)10%。

( )　10. 你敢嘗試一些你從未做過的事嗎？
　　　(A)100%　(B)80%　(C)60%　(D)40%　(E)20%　(F)10%。

( )　11. 你對麻煩又瑣碎的事很有耐心嗎？
　　　(A)100%　(B)80%　(C)60%　(D)40%　(E)20%　(F)10%。

( )　12. 你是否有頻繁的不尋常舉動及表現？
　　　(A)100%　(B)80%　(C)60%　(D)40%　(E)20%　(F)10%。

(　)　13. 你是否覺得自己比所有其他人優越，因此可以怠慢別人？
(A)100%　(B)80%　(C)60%　(D)40%　(E)20%　(F)10%。

(　)　14. 你是否做任何事都三思而後言？
(A)100%　(B)80%　(C)60%　(D)40%　(E)20%　(F)10%。

(　)　15. 你常為自己的成就、修養或才能而自豪不已嗎？
(A)100%　(B)80%　(C)60%　(D)40%　(E)20%　(F)10%。

(　)　16. 你覺得自己是個理智的人嗎？
(A)100%　(B)80%　(C)60%　(D)40%　(E)20%　(F)10%。

(　)　17. 你做事情是否唐突冒失呢？
(A)100%　(B)80%　(C)60%　(D)40%　(E)20%　(F)10%。

(　)　18. 是否一件小事也會使你冒火？
(A)100%　(B)80%　(C)60%　(D)40%　(E)20%　(F)10%。

(　)　19. 你有一個不稱職的父親嗎？
(A)100%　(B)80%　(C)60%　(D)40%　(E)20%　(F)10%。

(　)　20. 不論何事你總喜歡振振有詞？
(A)100%　(B)80%　(C)60%　(D)40%　(E)20%　(F)10%。

(　)　21. 你對待別人粗暴無理嗎？
(A)100%　(B)80%　(C)60%　(D)40%　(E)20%　(F)10%。

(　)　22. 你是否總是想成為權勢顯赫的豪門後代或打扮華麗的絕代佳人？
(A)100%　(B)80%　(C)60%　(D)40%　(E)20%　(F)10%。

(　)　23. 你的戀人或配偶與異性交往比較密切時，你心中會極為不滿嗎？
(A)100%　(B)80%　(C)60%　(D)40%　(E)20%　(F)10%。

(　)　24. 你是否對很多事情都心懷疑慮？
(A)100%　(B)80%　(C)60%　(D)40%　(E)20%　(F)10%。

( )｜25. 你對自己從事工作能輕鬆勝任嗎？
　　　　(A)100%　(B)80%　(C)60%　(D)40%　(E)20%　(F)10%。

( )｜26. 你有興趣與人不停地探討某一個問題嗎？
　　　　(A)100%　(B)80%　(C)60%　(D)40%　(E)20%　(F)10%。

( )｜27. 你是個好鬥的人嗎？
　　　　(A)100%　(B)80%　(C)60%　(D)40%　(E)20%　(F)10%。

( )｜28. 你是否使人感到易於接近？
　　　　(A)100%　(B)80%　(C)60%　(D)40%　(E)20%　(F)10%。

( )｜29. 在關於天氣、錢財、職業及人際關係這些問題上，你是否常有先
　　　　見之明？
　　　　(A)100%　(B)80%　(C)60%　(D)40%　(E)20%　(F)10%。

( )｜30. 你是否心情開朗，待人溫和可親？
　　　　(A)100%　(B)80%　(C)60%　(D)40%　(E)20%　(F)10%。

( )｜31. 你有能力克服困難嗎？
　　　　(A)100%　(B)80%　(C)60%　(D)40%　(E)20%　(F)10%。

( )｜32. 猛獸即使是關在鐵籠裡，你見了也會惴惴不安嗎？
　　　　(A)100%　(B)80%　(C)60%　(D)40%　(E)20%　(F)10%。

( )｜33. 如果你能到一個新環境，你要把生活安排的和從前不一樣嗎？
　　　　(A)100%　(B)80%　(C)60%　(D)40%　(E)20%　(F)10%。

( )｜34. 整個一生中，你一直覺得你能達到所預期的目標嗎？
　　　　(A)100%　(B)80%　(C)60%　(D)40%　(E)20%　(F)10%。

( )｜35. 你在小學時敬佩的老師，到現在仍然令你敬佩嗎？
　　　　(A)100%　(B)80%　(C)60%　(D)40%　(E)20%　(F)10%。

( )｜36. 不知為什麼，有些人總是迴避或冷淡你嗎？
　　　　(A)100%　(B)80%　(C)60%　(D)40%　(E)20%　(F)10%。

( )　37. 你雖然善良，卻常常得不到好報嗎？
　　　　(A)100%　(B)80%　(C)60%　(D)40%　(E)20%　(F)10%。

( )　38. 在大街上，你常常避開你所不願意打招呼的人嗎？
　　　　(A)100%　(B)80%　(C)60%　(D)40%　(E)20%　(F)10%。

( )　39. 當你聚精會神地欣賞音樂時，如果有人在旁邊高談闊論你仍能專
　　　　心聽音樂嗎？
　　　　(A)100%　(B)80%　(C)60%　(D)40%　(E)20%　(F)10%。

( )　40. 你不論到什麼地方，都能清楚地辨別方向嗎？
　　　　(A)100%　(B)80%　(C)60%　(D)40%　(E)20%　(F)10%。

( )　41. 你熱愛所學專業和所從事的工作嗎？
　　　　(A)100%　(B)80%　(C)60%　(D)40%　(E)20%　(F)10%。

( )　42. 生動的夢境，常常干擾你的睡眠嗎？
　　　　(A)100%　(B)80%　(C)60%　(D)40%　(E)20%　(F)10%。

( )　43. 季節氣候的變化一般不影響你的情緒嗎？
　　　　(A)100%　(B)80%　(C)60%　(D)40%　(E)20%　(F)10%。

( )　44. 你是否只會對那些經過千挑百選的朋友才大膽地吐露自己的心事
　　　　與秘密？
　　　　(A)100%　(B)80%　(C)60%　(D)40%　(E)20%　(F)10%。

( )　45. 在與一群人交談時，你是否經常發覺自己駕馭不住自己，在東想
　　　　西想那些與交談話題無關的事情？
　　　　(A)100%　(B)80%　(C)60%　(D)40%　(E)20%　(F)10%。

( )　46. 別人問你一些複雜的事，你是否時常覺得「跟他多講幾句沒什麼
　　　　意思」？
　　　　(A)100%　(B)80%　(C)60%　(D)40%　(E)20%　(F)10%。

( )　47. 你是否覺得那些太過於表現自己感受的人是膚淺的和不誠懇的？
(A)100%　(B)80%　(C)60%　(D)40%　(E)20%　(F)10%。

( )　48. 你是否時常避免坦誠地表達自己的感受，因為你認為別人根本不會理解？
(A)100%　(B)80%　(C)60%　(D)40%　(E)20%　(F)10%。

( )　49. 你是否覺得需要自己的時間、空間，一個人靜靜地才能清醒並且整理好思緒？
(A)100%　(B)80%　(C)60%　(D)40%　(E)20%　(F)10%。

( )　50. 你與一大群人或朋友在一起時，是否時常覺得有深深的隔閡、孤寂或失落？
(A)100%　(B)80%　(C)60%　(D)40%　(E)20%　(F)10%。

第六回

( )　1. 你的身體是否夠健康，即使長時間在外奔波，也能保持旺盛的精力？
(A)100%　(B)80%　(C)60%　(D)40%　(E)20%　(F)10%。

( )　2. 你是否熱情、開朗，在聯歡會上載歌載舞，十分活躍？
(A)100%　(B)80%　(C)60%　(D)40%　(E)20%　(F)10%。

( )　3. 你找別人辦事時，是否能在對方粗暴無理的情況下克制自己，並待之彬彬有禮？
(A)100%　(B)80%　(C)60%　(D)40%　(E)20%　(F)10%。

( )　4. 你是否善於跟各種行業、各種癖好的人打交道？
(A)100%　(B)80%　(C)60%　(D)40%　(E)20%　(F)10%。

( )　5. 你的言語表達能力是否出色，能用簡明、生動的語言將一件事或一樣東西敘述得清清楚楚？
(A)100%　(B)80%　(C)60%　(D)40%　(E)20%　(F)10%。

( )　6. 到市場去購買東西，你是否能夠透過討價還價，以最便宜的市場價買到你要買的東西？
(A)100%　(B)80%　(C)60%　(D)40%　(E)20%　(F)10%。

( )　7. 你是否喜歡到處奔波的職業？
(A)100%　(B)80%　(C)60%　(D)40%　(E)20%　(F)10%。

( )　8. 在辦事過程中，別人是否稱讚過你細心、謹慎？
(A)100%　(B)80%　(C)60%　(D)40%　(E)20%　(F)10%。

( )　9. 你辦事是不是腳踏實地？
(A)100%　(B)80%　(C)60%　(D)40%　(E)20%　(F)10%。

( )　10. 你對產品的外觀、品質、性能、價格、銷售、財務諸如此類的問題是否在行？
(A)100%　(B)80%　(C)60%　(D)40%　(E)20%　(F)10%。

( ) 11. 你是否能預見事物的未來？

(A)100% (B)80% (C)60% (D)40% (E)20% (F)10%。

( ) 12. 一個客人到你家來作客，你是否能透過短時間的觀察、交談，準確無誤地把握他的需要並且適當地滿足他？

(A)100% (B)80% (C)60% (D)40% (E)20% (F)10%。

( ) 13. 當對方的需要被你激發起來以後，你是否善於抓住時機，順水推舟，推銷你打算出售的傢具？

(A)100% (B)80% (C)60% (D)40% (E)20% (F)10%。

( ) 14. 平時人際交往中，你是否懂得軟硬兼施的交涉藝術，而不是用一種方式，千篇一律地對待任何交涉對象？

(A)100% (B)80% (C)60% (D)40% (E)20% (F)10%。

( ) 15. 你是否善於充分利用交談以外的其他社交手段，針對對方的弱點給交涉對象施加必要的壓力，迫使對方就範？

(A)100% (B)80% (C)60% (D)40% (E)20% (F)10%。

( ) 16. 你是否具備良好的數學計算能力和心算能力？

(A)100% (B)80% (C)60% (D)40% (E)20% (F)10%。

( ) 17. 你的穿著和打扮是否給人一種精明、可靠的感覺？

(A)100% (B)80% (C)60% (D)40% (E)20% (F)10%。

( ) 18. 你是否對本行業的行情瞭若指掌？

(A)100% (B)80% (C)60% (D)40% (E)20% (F)10%。

( ) 19. 你是否充分認識到對朋友講信譽、負責任，樹立良好形象的重要性呢？

(A)100% (B)80% (C)60% (D)40% (E)20% (F)10%。

( ) 20. 在推銷產品的過程中，你是否能堅持艱苦奮鬥的精神，爲企業（或公司）花最少的錢，辦最多的事？

(A)100% (B)80% (C)60% (D)40% (E)20% (F)10%。

( )　21. 你是否身材均勻、五官端正？
　　　　　(A)100%　(B)80%　(C)60%　(D)40%　(E)20%　(F)10%。

( )　22. 你是否開朗，待人熱情大方？
　　　　　(A)100%　(B)80%　(C)60%　(D)40%　(E)20%　(F)10%。

( )　23. 你是否總是精力旺盛？
　　　　　(A)100%　(B)80%　(C)60%　(D)40%　(E)20%　(F)10%。

( )　24. 你的言語表達能力是否良好，並且口齒清晰？
　　　　　(A)100%　(B)80%　(C)60%　(D)40%　(E)20%　(F)10%。

( )　25. 你講話是否幽默？
　　　　　(A)100%　(B)80%　(C)60%　(D)40%　(E)20%　(F)10%。

( )　26. 你是否善於跟各式各樣的人打交道？
　　　　　(A)100%　(B)80%　(C)60%　(D)40%　(E)20%　(F)10%。

( )　27. 你跟你的朋友們一起出去旅遊，是否能將大伙的食、衣、住、行
　　　　　及其財物等安排得井井有條？
　　　　　(A)100%　(B)80%　(C)60%　(D)40%　(E)20%　(F)10%。

( )　28. 你的時間觀念是否很強，能把時間安排得緊湊、有效率？
　　　　　(A)100%　(B)80%　(C)60%　(D)40%　(E)20%　(F)10%。

( )　29. 你的穿著是否整潔、大方？
　　　　　(A)100%　(B)80%　(C)60%　(D)40%　(E)20%　(F)10%。

( )　30. 你的工作責任心是否很強，從不喜歡敷衍了事？
　　　　　(A)100%　(B)80%　(C)60%　(D)40%　(E)20%　(F)10%。

( )　31. 你覺得別人都喜歡你嗎？
　　　　　(A)100%　(B)80%　(C)60%　(D)40%　(E)20%　(F)10%。

( )　32. 你是否挺拔、清秀、舉止高雅、得體，有著標準身高？
　　　　　(A)100%　(B)80%　(C)60%　(D)40%　(E)20%　(F)10%。

（　）│ 33. 你是否總是笑臉迎人，給人一種彬彬有禮、熱情大方的印象？
　　　│ (A)100%　(B)80%　(C)60%　(D)40%　(E)20%　(F)10%。

（　）│ 34. 你是否樂意從事與各式各樣的人打交道的工作？
　　　│ (A)100%　(B)80%　(C)60%　(D)40%　(E)20%　(F)10%。

（　）│ 35. 與別人約會時，你是否能夠準時赴約，從不無故失約？
　　　│ (A)100%　(B)80%　(C)60%　(D)40%　(E)20%　(F)10%。

（　）│ 36. 在擠公車時，別人踩了你，而他竟然若無其事。這時，你是否能
　　　│ 克制住自己並冷靜地指出這種舉止是不道德、不禮貌的？
　　　│ (A)100%　(B)80%　(C)60%　(D)40%　(E)20%　(F)10%。

（　）│ 37. 你的語言表達能力如何，講話是否溫和而有分寸？
　　　│ (A)100%　(B)80%　(C)60%　(D)40%　(E)20%　(F)10%。

（　）│ 38. 你的生活作風是否正派？
　　　│ (A)100%　(B)80%　(C)60%　(D)40%　(E)20%　(F)10%。

（　）│ 39. 你臥室內的衣物是否安排得有條不紊，而不是亂七八糟？
　　　│ (A)100%　(B)80%　(C)60%　(D)40%　(E)20%　(F)10%。

（　）│ 40. 你相信宇宙中有外星人存在嗎？
　　　│ (A)100%　(B)80%　(C)60%　(D)40%　(E)20%　(F)10%。

（　）│ 41. 你是否受過高中以上的教育，並且懂得一種以上的外語？
　　　│ (A)100%　(B)80%　(C)60%　(D)40%　(E)20%　(F)10%。

（　）│ 42. 你是否認為自己是朋友中最勇敢的人？
　　　│ (A)100%　(B)80%　(C)60%　(D)40%　(E)20%　(F)10%。

（　）│ 43. 在他人的眼中，你是一個富有正義感的人嗎？
　　　│ (A)100%　(B)80%　(C)60%　(D)40%　(E)20%　(F)10%。

（　）│ 44. 你是否相信有靈異事件？
　　　│ (A)100%　(B)80%　(C)60%　(D)40%　(E)20%　(F)10%。

( )　45. 在你心中，冒險是一種勇敢的表現嗎？
　　　　(A)100%　(B)80%　(C)60%　(D)40%　(E)20%　(F)10%。

( )　46. 如果在路上遇到搶劫事件，你通常會當作沒看見嗎？
　　　　(A)100%　(B)80%　(C)60%　(D)40%　(E)20%　(F)10%。

( )　47. 如果可以選擇，比起姣好的外貌，你更想要一顆聰慧的頭腦嗎？
　　　　(A)100%　(B)80%　(C)60%　(D)40%　(E)20%　(F)10%。

( )　48. 遭逢意外事件，你是否能迅速想出辦法並冷靜處理？
　　　　(A)100%　(B)80%　(C)60%　(D)40%　(E)20%　(F)10%。

( )　49. 對於難以解釋的超自然現象，你能夠以理性態度去解釋它嗎？
　　　　(A)100%　(B)80%　(C)60%　(D)40%　(E)20%　(F)10%。

( )　50. 相較於母親，你更喜歡與你的父親親近嗎？
　　　　(A)100%　(B)80%　(C)60%　(D)40%　(E)20%　(F)10%。

第十一章　數理邏輯模擬試題

第一回

( )　1. 國家出敵則患法士無者外弱入則無　(A)國　(B)家　(C)敵　(D)患。

( )　2. 前見者不見若古人來後不　(A)來　(B)見　(C)若　(D)後。

( )　3. 欲民之不從之所必　(A)之　(B)欲　(C)從　(D)不。

( )　4. 做知人信可不其而也無　(A)而　(B)可　(C)無　(D)做。

( )　5. 何本埃無物光處惹來塵一　(A)惹　(B)本　(C)光　(D)塵。

( )　6. 虎不類成貓反畫犬　(A)貓　(B)虎　(C)畫　(D)類。

( )　7. 將天大任於降責人也斯　(A)降　(B)將　(C)斯　(D)責。

( )　8. 笑來從人何處客問　(A)來　(B)客　(C)人　(D)問。

( )　9. 秉遊燭夜蠟　(A)遊　(B)蠟　(C)夜　(D)秉。

( )　10. 大盤小鐵珠落珠玉　(A)鐵　(B)盤　(C)珠　(D)玉。

( )　11. 前月明光球床　(A)前　(B)明　(C)球　(D)床。

( )　12. 千雲和路里萬八月　(A)千　(B)和　(C)里　(D)萬。

( )　13. 將一籃一打12顆生雞蛋由高樓向地面拋下，已知這一籃的生雞蛋只有破與未破兩種結局，則請問下列比例何者不可能發生：
　　(A)1：1　　　　　　　　　(B)1：2
　　(C)3：7　　　　　　　　　(D)5：7。

( )　14. 一邊長各為6公分的正方體，6面皆塗上顏料後，再將各邊長三等分，切成長寬高各為2公分的小立方體，則請問這些小立方體中6面皆未塗上顏料的有幾個？

(A)1　　　　　　　　　　　　(B)2

(C)3　　　　　　　　　　　　(D)4。

( )　15. 一艘小船要擺渡過河，已知小船速度為每小時4公里，河水流速亦為每小時4公里，若小船始終維持船首與對岸成垂直的方向行進，一共花費2小時才到達對岸，則小船實際在河中行走的路徑有多長？

(A)8　　　　　　　　　　　　(B)$8\sqrt{2}$

(C)16　　　　　　　　　　　(D)$16\sqrt{2}$　公里。

( )　16. 已知今年淑美年齡與老公俊毅的年齡比為5：6，且淑美比老公俊毅小4歲，則請問2人明年的年齡和為多少歲？

(A)40　　　　　　　　　　　(B)42

(C)44　　　　　　　　　　　(D)46　歲。

( )　17. 有一文具店舉行大特價促銷，原子筆1枝10元，買5枝送1枝；鉛筆1枝5元，買10枝送1枝；橡皮擦1塊原價20元，1次買3塊特價50元。現在秀琴需要原子筆6枝，鉛筆12枝，橡皮擦5塊，而她有現金500元鈔票1張，則老闆要找她多少錢？

(A)185　　　　　　　　　　　(B)195

(C)205　　　　　　　　　　　(D)305　元。

( )　18. 甲、乙兩杯濃度不同的食鹽水溶液，甲杯為6%，乙杯為15%。現在若需要以甲、乙兩杯食鹽水調製出一杯濃度為10%的食鹽水，則請問甲、乙兩杯溶液所需使用量的比為多少？

(A)5：4　　　　　　　　　　(B)4：5

(C)3：2　　　　　　　　　　(D)2：3。

( )　19. 某一列火車向南行駛，途中要穿越一隧道。已知火車每小時速度
為90公里，火車全長為200公尺，隧道長40公里，則從火車頭進
入隧道開始計時，到火車尾離開隧道，共花費多久時間？
(A)608 　　　　　　　　　　　　　　(B)1608
(C)2608 　　　　　　　　　　　　　　(D)3608　秒。

( )　20. 牧場內有養牛、羊、豬各若干隻，已知三者數量的關係為牛為羊
的2倍少40隻，豬為牛的一半多10隻，三者總合為530隻。則請問
豬羊的比例為多少？
(A)1：2 　　　　　　　　　　　　　　(B)2：3
(C)5：7 　　　　　　　　　　　　　　(D)27：29。

( )　21. 有一條景觀道路兩旁欲種植路樹若干株，已知路長500公尺，
路樹間距為20公尺，頭尾皆要種植；另外在路旁每兩棵樹中間
要放置一座路燈做為夜間照明用，則請問總共要設置多少座路
燈？
(A)26 　　　　　　　　　　　　　　(B)50
(C)52 　　　　　　　　　　　　　　(D)100　座。

( )　22. 美環帶了蘋果和巧克力去孤兒院送給小朋友吃，若分配一人2盒
巧克力和1粒蘋果，結果巧克力還剩下22盒，蘋果剩下36顆；一
人3盒巧克力和2顆蘋果，則不足42盒巧克力，蘋果不足28顆；請
問孤兒院中共有小朋友多少人？
(A)31 　　　　　　　　　　　　　　(B)64
(C)123 　　　　　　　　　　　　　　(D)128　人。

( )　23. 志文開車從甲地出發到乙地旅行，已知甲乙兩地相距360公里，
志文先花費了6個小時從甲地到達乙地；回程時，車子以去程相
同的時速，在距乙地300公里處拋錨，志文只好徒步花了10個小
時走回甲地。則請問志文來回甲乙兩地的平均時速為多少？
(A)60 　　　　　　　　　　　　　　(B)34.5
(C)6.4 　　　　　　　　　　　　　　(D)3.2　公里。

( )　24. 有一張很大張的紙,厚度為2mm,每對摺一次,厚度就變成1倍的厚度;理論上若要讓這張紙變成1公尺的厚度,則最少要對摺幾次?
　　　(A)7　　　　　　　　　　　(B)8
　　　(C)9　　　　　　　　　　　(D)10　次。

( )　25. 已知木製地板一塊為每邊30公分的正方形,每一片單價50元,工錢為每平方公尺150元。老王新屋裝潢,地板面積為長12公尺,寬15公尺,則請問老王舖滿全部地板,那他總共要付多少錢?
　　　(A)27,000　　　　　　　　(B)100,000
　　　(C)127,000　　　　　　　　(D)200,000　元。

( )　26. 甲每5天進城一次,乙每9天進城一次,丙每12天進城一次,某天人在城裡相遇,那麼下次相遇至少要幾天?
　　　(A)60　　　　　　　　　　　(B)180
　　　(C)240　　　　　　　　　　(D)360　天。

( )　27. 有一件商品,連續2次降價10%後的售價為405元,則請問此商品的價是多少元?
　　　(A)450　　　　　　　　　　(B)480
　　　(C)500　　　　　　　　　　(D)550　元。

( )　28. _____之於中國,好比尼羅河之於_____
　　　(A)珠江…美國　　　　　　　(B)亞馬遜河…埃及
　　　(C)長江…埃及　　　　　　　(D)淡水河…法國。

( )　29. _____之於鞋子,好比手之於_____
　　　(A)頭,二手套　　　　　　　(B)手…戒子
　　　(C)腳…帽子　　　　　　　　(D)腳…手套。

( )　30. _____之於紙張,好比粉筆之於_____
　　　(A)鉛筆…黑板　　　　　　　(B)鋼筆…立可白
　　　(C)蠟筆…桌子　　　　　　　(D)橡皮擦…板擦。

( )　31. _____之於胎生，好比雞之於_____
　　　　(A)烏鴉…卵胎生　　　　　　　　(B)牛…卵生
　　　　(C)豬…胎生　　　　　　　　　　(D)鯨魚…卵胎生。

( )　32. _____之於李白，好比宋詞之於_____
　　　　(A)元曲…蘇轍　　　　　　　　　(B)唐詩…蘇軾
　　　　(C)小說…陸游　　　　　　　　　(D)歌劇…王維。

( )　33. _____之於中國，好比歌仔戲之於_____
　　　　(A)能劇…美國　　　　　　　　　(B)京劇…台灣
　　　　(C)歌劇…日本　　　　　　　　　(D)默劇…法國。

( )　34. _____之於愛迪生，好比毛筆之於_____
　　　　(A)汽車…畢昇　　　　　　　　　(B)火藥…墨子
　　　　(C)電燈…蒙恬　　　　　　　　　(D)飛機…老子。

( )　35. _____之於法國，好比希特勒之於_____
　　　　(A)拿破崙…德國　　　　　　(B)林肯…俾斯麥
　　　　(C)孫中山…英國　　　　　　(D)甘地…加拿大。

( )　36. _____之於南極，好比北極熊之於_____
　　　　(A)企鵝…北極　　　　　　　(B)禿鷹…撒哈拉沙漠
　　　　(C)海豚…非洲　　　　　　　(D)長毛象…西伯利亞。

( )　37. 壽比南山之於_____，好比_____之於去世
　　　　(A)結婚…來世再見　　　　　(B)生育…弄璋之喜
　　　　(C)升官…凱旋歸來　　　　　(D)祝壽…駕鶴歸西。

( )　38. 有恆之於_____，好比_____之於快樂之本
　　　　(A)立業之本…服從　　　　　(B)服務之本…整潔
　　　　(C)成功之本…助人　　　　　(D)齊家之本…忠勇。

( )　39. 粽子之於_____，好比_____之於中秋節
　　　　(A)端午節…月餅　　　　　　(B)元宵節…湯圓
　　　　(C)中元節…賞月　　　　　　(D)清明節…賽龍舟。

( )　40. 楓紅之於_____，好比_____之於冬天
　　　　(A)春天…桂花　　　　　　　　(B)秋天…下雪
　　　　(C)冬天…颱風　　　　　　　　(D)夏天…梅花。

( )　41. 烏龜之於_____，好比_____之於短命
　　　　(A)笨拙…駱駝　　　　　　　　(B)膽小…海豚
　　　　(C)短命…飛蛾　　　　　　　　(D)長壽…蜉蝣。

( )　42. 2　1　4　3　__　5　(A)1　(B)2　(C)3　(D)6。

( )　43. 6　16　61　(A)120　(B)150　(C)224　(D)301。

( )　44. 2　5　11　20　32　(A)43　(B)45　(C)47　(D)49。

( )　45. 2　4　12　48　(A)96　(B)120　(C)240　(D)480。

( )　46. 20　15　10　5　(A)10　(B)5　(C)0　(D)-5。

( )　47. $\frac{2}{3}$　$\frac{1}{2}$　$\frac{2}{5}$　$\frac{1}{3}$　$\frac{2}{7}$　(A)$\frac{1}{4}$　(B)$\frac{1}{6}$　(C)$\frac{2}{11}$　(D)$\frac{2}{9}$。

( )　48. 16　20　28　40　49　16　(A)51　(B)55　(C)60　(D)64。

( )　49. 5　2　3　__　4　-5　(A)-1　(B)2　(C)3　(D)4。

( )　50. 3　15　7　12　11　9　15　(A)6　(B)81　(C)819。

( )　51. 1　3　4　7　11　(A)14　(B)16　(C)18　(D)20。

( )　52. 4　__　9　27　16　64　(A)7　(B)11　(C)8　(D)18。

( )　53. 1　$\frac{11}{2}$　$\frac{1}{3}$　$\frac{9}{4}$　$\frac{1}{5}$　$\frac{7}{6}$　$\frac{1}{7}$
　　　　(A)$\frac{7}{8}$　(B)$\frac{5}{8}$　(C)$\frac{8}{11}$　(D)$\frac{9}{8}$。

( )　54. 23　29　47　75　(A)95　(B)100　(C)102　(D)110。

( )　55. 2　3　1　4　5　9　(A)7　(B)8　(C)9　(D)14。

( )　56. 7　__　5　8　19　54　23　(A)1　(B)2　(C)5　(D)7。

( )　57. 11　14　25　__　27　48　(A)21　(B)55　(C)17　(D)79。

( )　58. 13　12　17　24　23　18　29　30
　　　　(A)10　(B)19　(C)26　(D)28。

( )　59.　$\dfrac{2}{5}$　$\dfrac{3}{10}$　$\dfrac{3}{4}$　1　$\dfrac{4}{3}$　＿　$\dfrac{5}{2}$

　　　　(A)0　(B)1　(C)$\dfrac{10}{3}$　(D)$\dfrac{3}{10}$ 。

( )　60.

俯視圖　　右視圖

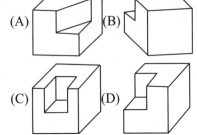

(A)　(B)

(C)　(D)

( )　61.

俯視圖　　右視圖

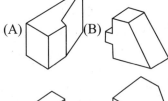

(A)　(B)

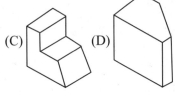

(C)　(D)

( )　62.

俯視圖　　右視圖

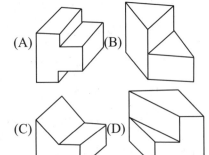

(A)　(B)

(C)　(D)

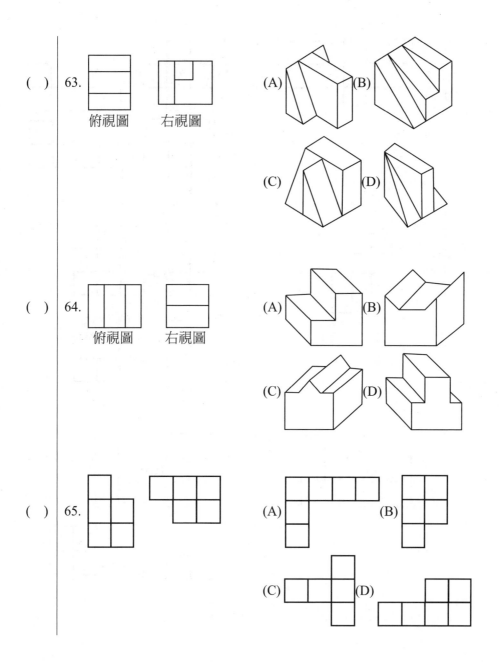

(　)　63.　俯視圖　右視圖

(A) (B) (C) (D)

(　)　64.　俯視圖　右視圖

(A) (B) (C) (D)

(　)　65.

(A) (B) (C) (D)

( )　66.

( )　67.

( )　68.

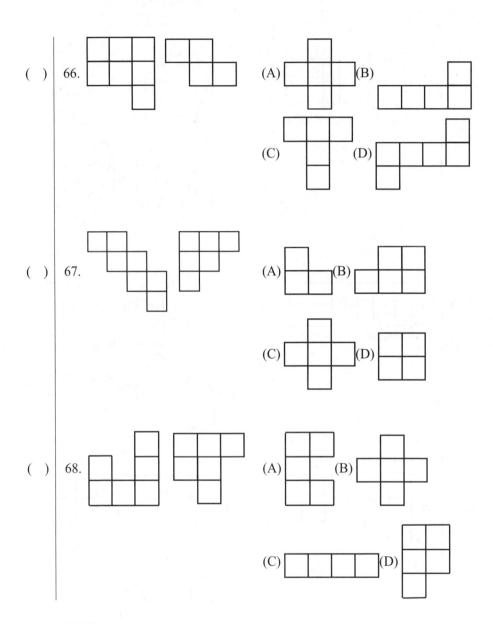

( )　69.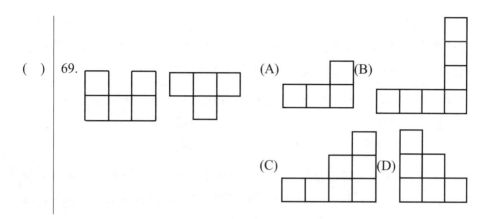

● 第70～71題

李白、王維、杜甫，白居易四人欲乘一小船渡河，可是小船一次最多僅能乘坐二人，且必須有人將船開回原岸，才能繼續載人過河。但李白、王維二人不合，倘若獨處，必會打架；而杜甫、白居易二人亦有相同的問題。

( )　70. 四人欲平安渡河的乘船順序，下列敘述何者正確？
(A)李白＋杜甫，李白，王維＋白居易，白居易，李白＋白居易
(B)李白＋白居易，白居易，杜甫＋白居易，白居易，王維＋白居易
(C)杜甫＋白居易，白居易，李白＋白居易，李白，李白＋王維
(D)以上皆非。

( )　71. 若又來了陸游一人也要渡河，但他不能與任何人獨處，否則將引起爭吵，則五人平安渡河的順序下列何者正確？
(A)李白＋白居易，白居易，王維＋白居易，王維，陸游，李白，李白＋杜甫，杜甫，王維＋杜甫
(B)王維＋杜甫，杜甫，李白＋杜甫，李白，陸游，王維，王維＋白居易，白居易，李白
(C)李白＋白居易，李白，王維＋杜甫，杜甫，陸游，王維，王維＋白居易
(D)以上皆非。

◎第72～73題

李清照要去參加一個晚宴,她準備了黑、白、橙、藍及黃五種顏色的裙子
共5件;紅、橙、黃、綠、黑、白及藍等七種顏色的衣服共7件。

( )　72. 請問李清照搭配上衣與裙子的顏色,共有多少種組合?
　　　　(A)35種　　　　　　　　　　(B)45種
　　　　(C)53種　　　　　　　　　　(D)以上皆非。

( )　73. 又李清照為了搭配衣服,又找來了黑、白、銀、咖啡及紫等五種
　　　　顏色共5雙鞋子來搭配衣服。則請問李清照選擇上衣、裙子和鞋
　　　　子組合一共有多少種?
　　　　(A)100種　　　　　　　　　　(B)150種
　　　　(C)175種　　　　　　　　　　(D)以上皆非。

◎第74～75題

展昭,王朝,馬漢,白玉堂及師爺五人來比賽誰私房錢存的多,結果發現
展昭的私房錢比師爺多,馬漢的私房錢比白玉堂少,王朝的私房錢比白玉
堂少,且師爺的私房錢比白玉堂多。

( )　74. 請問下列敘述何者正確?
　　　　(A)展昭的私房錢最多　　　　(B)師爺的私房錢最少
　　　　(C)白玉堂的私房錢最少　　　(D)以上皆非。

( )　75. 若又發現王朝的私房錢比馬漢少,則五人的私房錢多寡依順序排
　　　　列,下列何者正確?
　　　　(A)師爺,白玉堂,王朝,馬漢,展昭
　　　　(B)展昭,白玉堂,師爺,王朝,馬漢
　　　　(C)展昭,師爺,白玉堂,王朝,馬漢
　　　　(D)以上皆非。

◉ 第76～77題

某次小考，老師出了2題數學題目，班上同學一共有60人，第一題答對的37人，答對第二題的有25人，兩題都答對的有8人。

( ) │ 76. 請問兩題全部都答錯的人有多少人？
│ (A)6　　　　　　　　　　　(B)7
│ (C)8　　　　　　　　　　　(D)9 人。

( ) │ 77. 請問只答對一題的有多少人？
│ (A)38　　　　　　　　　　(B)46
│ (C)50　　　　　　　　　　(D)54人。

◉ 第78～79題

愛德華和貝拉去吃飯，學生餐廳今日供應的菜色有肉類5種、魚3種、蔬菜4種、甜點3種，可任意指定。

( ) │ 78. 愛德華要點肉、魚、蔬菜各1種，不要甜點。則他有幾種點法？
│ (A)30　　　　　　　　　　(B)12
│ (C)20　　　　　　　　　　(D)60 種。

( ) │ 79. 貝拉要點魚跟蔬菜各1種，甜點2種，她有幾種點法？
│ (A)24　　　　　　　　　　(B)36
│ (C)40　　　　　　　　　　(D)45 種。

( ) │ 80. 阿仁這次月考成績班上排名從前面和從後面數來都是第21名，則請問阿仁班上同學總共有多少人？
│ (A)40　　　　　　　　　　(B)41
│ (C)42　　　　　　　　　　(D)43 人。

( ) │ 81. 來旺丟擲3顆骰子，第一顆骰子代表百位數，第二顆骰子代表十位數，第三顆骰子代表個位數。則請問他擲出骰子所組成的三位數為偶數的機率為多少？
│ (A)$\dfrac{1}{3}$　　　　　　　　(B)$\dfrac{3}{2}$
│ (C)$\dfrac{2}{3}$　　　　　　　　(D)$\dfrac{6\times6\times3}{6^3}=\dfrac{1}{2}$。

( )　82. 有一長方體箱子，內部邊長分別為45×60×120公分，另有一堆小
　　　　正方體盒子，邊長皆為10公分。則請問這長方體箱子總共可以裝
　　　　多少個完整的小正方體盒子？
　　　　(A)224　　　　　　　　　　　　(B)4×6×12=288
　　　　(C)324　　　　　　　　　　　　(D)388　個。

( )　83. 某一籠子裡共有雞兔30隻，已知全部一共有84隻腳，則請問雞總
　　　　共有幾隻？
　　　　(A)12　　　　　　　　　　　　(B)16
　　　　(C)18　　　　　　　　　　　　(D)24　隻。

( )　84. 阿達素以頑皮聞名，一天他父親帶他參加一場宴會，遇到一位
　　　　好久不見的長輩，親切地詢問他的年紀，他便頑皮的回答說，
　　　　16年前，他父親的年紀是他的3倍，現在則為2倍。則請問阿達
　　　　今年幾歲？
　　　　(A)28　　　　　　　　　　　　(B)30
　　　　(C)32　　　　　　　　　　　　(D)34　歲。

( )　85. 有一條繩子，剪去全長的 $\frac{1}{6}$ 後，再對折，量得為45公分，則請問
　　　　繩子全長為幾公尺？
　　　　(A)1.08　　　　　　　　　　　(B)10.8
　　　　(C)4.5　　　　　　　　　　　 (D)5.4公尺。

( )　86. 有一二位數，已知個位數和十位數數字和為11，若將個位數數字
　　　　和十位數數字交換，可得一新的二位數，此新二位數為原來的二
　　　　位數的2倍多7。則請問此新數為多少？
　　　　(A)38　　　　　　　　　　　　(B)83
　　　　(C)56　　　　　　　　　　　　(D)65。

( )　87. 某一家商店推出特賣商品，每賣一件可獲利60元。已知其成本為
　　　　特價的7折，則請問特價為多少元？
　　　　(A)100　　　　　　　　　　　(B)150
　　　　(C)200　　　　　　　　　　　(D)250　元。

( )　88. 某一貨運行收費標準為（長＋寬＋高＝150公分）為一計價單位，不足一單位亦算一單位，每單位要收費為100元。若阿福有一包裹，邊長分別為72×115×91公分，則阿福要付運費多少元？
(A)200　　　　　　　　　　(B)300
(C)400　　　　　　　　　　(D)500　元。

( )　89. 一時針，從3點整走到3點28分時，請問分針總共走了多少度？
(A)16.8　　　　　　　　　　(B)17.5
(C)168　　　　　　　　　　(D)175　度。

( )　90. 已知大齒輪有180齒，小齒輪有120齒，若兩齒輪相接，則當大齒輪轉4圈時，小齒輪轉了幾圈？
(A)6　　　　　　　　　　　(B)7
(C)8　　　　　　　　　　　(D)9　圈。

( )　91. 有個邊長為30公分的立方體，若將其表面塗上油漆後，再將其切成1立方公分的小立方體，則請問表面有一面塗上油漆的小立方體有幾個？
(A)784　　　　　　　　　　(B)900
(C)4704　　　　　　　　　(D)5400　個。

( )　92. 有渡船4艘，每艘可載客4人，若有5個人要過河，安全的坐船方式有幾種？
(A)621　　　　　　　　　　(B)625
(C)45－4=1020　　　　　　(D)1024　種。

( )　93.

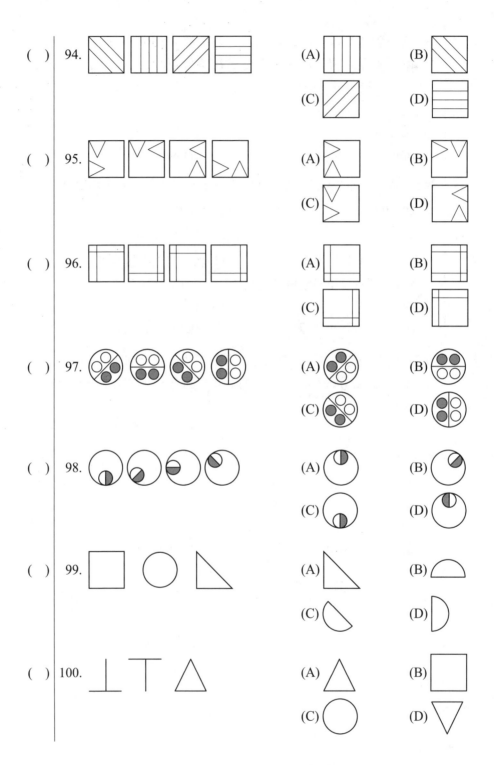

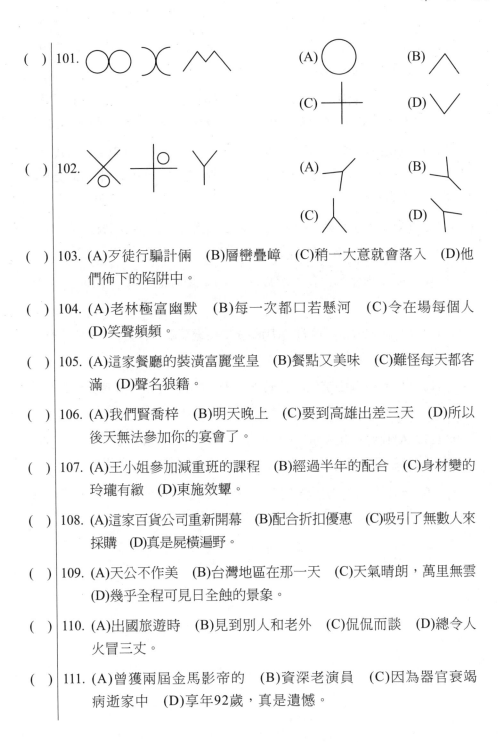

( )　101.

(A) ○

(B) ∧

(C) ＋

(D) ∨

( )　102.

(A)

(B)

(C) 人

(D)

( )　103. (A)歹徒行騙計倆　(B)層巒疊嶂　(C)稍一大意就會落入　(D)他們佈下的陷阱中。

( )　104. (A)老林極富幽默　(B)每一次都口若懸河　(C)令在場每個人　(D)笑聲頻頻。

( )　105. (A)這家餐廳的裝潢富麗堂皇　(B)餐點又美味　(C)難怪每天都客滿　(D)聲名狼籍。

( )　106. (A)我們賢喬梓　(B)明天晚上　(C)要到高雄出差三天　(D)所以後天無法參加你的宴會了。

( )　107. (A)王小姐參加減重班的課程　(B)經過半年的配合　(C)身材變的玲瓏有緻　(D)東施效顰。

( )　108. (A)這家百貨公司重新開幕　(B)配合折扣優惠　(C)吸引了無數人來採購　(D)真是屍橫遍野。

( )　109. (A)天公不作美　(B)台灣地區在那一天　(C)天氣晴朗，萬里無雲　(D)幾乎全程可見日全蝕的景象。

( )　110. (A)出國旅遊時　(B)見到別人和老外　(C)侃侃而談　(D)總令人火冒三丈。

( )　111. (A)曾獲兩屆金馬影帝的　(B)資深老演員　(C)因為器官衰竭病逝家中　(D)享年92歲，真是遺憾。

( )　112. (A)許先生的口才極佳　(B)每次上台演講　(C)結結巴巴的印象 (D)總令人獲益良多。

( )　113. (A)火山灰嚴重影響歐洲空運　(B)航空業者及民眾都事不干己 (C)航空業者抨擊禁航措施　(D)航管局認為飛行安全必須優先考量。

( )　114. (A)儘管市場最近受到衝擊　(B)公司仍對本季達到財報目標難以置 信　(C)發言人表示，推動新的經營計畫後　(D)營收將有兩位數以 上的成長。

( )　115. (A)元宵節燈會　(B)吸引人潮到河邊　(C)一邊吃著粽子　(D)一 邊看龍舟比賽。

( )　116. (A)小李極為自負　(B)認為凡事只要有他　(C)一切成空　(D) 水到渠成。

( )　117. (A)阿華做事不踏實　(B)總愛依樣畫葫蘆　(C)信口開河　(D)真 是有口皆碑。

( )　118. (A)六位登山英雄花了七十二天　(B)忍受密林荊棘與毒蟲侵襲 (C)完成台灣首次海岸山脈全段縱走　(D)真是分身乏術。

( )　119. (A)政府日前表示　(B)媒體已成為現代人資訊的主要來源　(C) 為避免兒童及少年染指其中　(D)計畫修法規範媒體業者。

( )　120. (A)近年來警方頻頻查獲　(B)合法當舖暗中經營高利貸　(C)許多 借貸人求助卻誤入陷阱　(D)實在動人心弦。

解答　解析

1.(A)。原句為：入則無法家弼士，出則無敵國外患者。故國為贅字。

2.(C)。原句為：前不見古人後不見來者，若為贅字。

3.(D)。原句為：民之所欲必從之，不為贅字。

4.(D)。原句為：人而無信不知其可，做為贅字。

5.(C)。原句為：本來無一物，何處惹塵埃，光為贅字。

6.(A)。原句為：畫虎不成反類犬，貓為贅字。

7.(D)。原句為：天將降大任於斯人也，責為贅字。

8.(C)。原句為：笑問客從何處來，人為贅字。

9.(B)。原句為：秉燭夜遊，蠟為贅字。

10.(A)。原句為：大珠小珠落玉盤，鐵為贅字。

11.(C)。原句為：床前明月光，球蠟為贅字。為贅字。

12.(D)。原句為：八千里路雲和月，萬為贅字。

13.(C)。(1)1：1表示有 $12 \times \frac{1}{2} = 6$（破），$12 \times \frac{1}{2} = 6$（未破）

　　　(2)1：2表示有 $12 \times \frac{1}{3} = 4$（破），$12 \times \frac{2}{3} = 8$（未破）

　　　(3)3：7表示有 $12 \times \frac{3}{10} = 3.6$ 及 $12 \times \frac{7}{10} = 8.4$，不是整數，不可能發生

　　　(4)5：7表示有 $12 \times \frac{5}{12} = 5$（破），$12 \times \frac{7}{12} = 7$（未破）

14.(A)。依題意，正方體可切成27個小立方體如右圖。標示1,2,3,4,6,7,8,9列之小立方題有兩面或三面有顏料。而5列之小立方體，頂層及底層之面有塗料，只剩下中間層那一個小立方體沒有塗料。

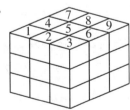

15.(B)。(1)小船在河中之合成速度V

$$V = \sqrt{V_1{}^2 + V_2{}^2} = \sqrt{4^2 + 4^2} = 4\sqrt{2} \text{ km/hr}$$

(2)小船行走路徑 $S = Vt = 4\sqrt{2} \times 2 = 8\sqrt{2}$

16.(D)。X：Y＝5：6，Y＝X＋4

6X＝5Y＝5（X＋4）＝5X＋20

∴X＝20，Y＝24

2人明年年齡和＝（X＋1）＋（Y＋1）＝20＋1＋24＋1＝46歲

17.(D)。原子筆費用＝（6－1）×10＝50元

鉛筆費用＝（12－1）×5＝55元

橡皮擦費用＝（5－3）×20＋50＝90元

找錢＝500－50－55－90＝305元

18.(A)。設甲：乙＝x：y

$\Rightarrow 6\% \times \dfrac{x}{x+y} + 15\% \times \dfrac{x}{x+y} = 10\%$

$\Rightarrow 6x + 15y = 10x + 10y \Rightarrow 4x + 5y \Rightarrow x : y = 5 : 4$

19.(B)。S＝Vt　S＝40km＋0.2km＝40.2km

V＝90km/hr

40.2＝90／60×60×t＝40.2×4＝1608秒

20.(D)。設牛＝x隻，羊＝y隻，豬＝z隻

$\begin{cases} x+y+z=530\cdots(1) \\ x=2y-40\cdots(2) \\ z=\dfrac{1}{2}x+10\cdots(3) \end{cases}$

$(2)(3)$代入$(1) \Rightarrow x + \dfrac{x+40}{2} + \dfrac{1}{2}x + 10 = 530$

2x＝500，x＝250，y＝145，z＝135

z：y＝27：29

21.(B)。單側種樹株數＝$\dfrac{500}{20}$＋1＝26株

路燈數＝2×（26－1）＝50座

22.(B)。X（蘋果）＝Z（小朋友）×1＋36
　　　　Y（巧克力）＝Z×2＋22
　　　　X＝2Z－28，Y＝3Z－42　　　Z＋36＝2Z－28，Z＝64人

23.(B)。

　　　　S＝Vt，360＋360＝V×（6＋5＋10）＝21V
　　　　$V = \dfrac{720}{21} \fallingdotseq 34.5 km／hr$

24.(C)。$2^n \geqq 1m = 1000mm$
　　　　n＝1時，$2^1 = 2mm$，對摺一次，厚度增加2mm，$2^2 = 4mm$
　　　　n＝2時，$2^2 = 4mm$，對摺二次，厚度增為8mm，$2^3 = 8mm$
　　　　n＝9時，$2^9 = 512mm$，厚度增為$2^{10} = 1024mm$

25.(C)。地板費＝$\dfrac{12 \times 15}{0.3 \times 0.3} \times 50 = 100,000$元
　　　　工錢＝12×15×150＝27,000元
　　　　總費用＝100,000＋27,000＝127,000元

26.(B)。$[5,9,12] = 2^2 \times 3^2 \times 5 = 180$

27.(C)。x×0.9×0.9＝405　x＝500

28.(C)。長江為中國文明發源之河流,如同尼羅河是埃及文化發源之河流。

29.(D)。腳穿鞋子,如同手戴手套。

30.(A)。鉛筆在紙張上書寫,就像粉筆在黑板上書寫。

31.(B)。牛為胎生動物,雞是卵生動物。

32.(B)。李白為唐詩名手,蘇軾為宋詞大家。

33.(B)。京劇是中國文化的精粹,歌仔戲是台灣文化的結晶。

34.(C)。愛迪生發明電燈,蒙恬發明毛筆。

35.(A)。拿破崙曾是法國的領導者,希特勒曾是德國的領導者。

36.(A)。企鵝是南極區特有的生物,北極熊是北極區特有的生物。

37.(D)。壽比南山用於祝壽的賀辭,駕鶴西歸是有人去世的悼辭。

38.(C)。青年守則：有恒為成功之本，助人為快樂之本。

39.(A)。端午節要吃粽子，就像中秋節要吃月餅。

40.(B)。秋天楓葉會紅，就像冬天會下雪。

41.(D)。烏龜是長壽的象徵，就像蜉蝣是短命的象徵。

42.(D)。2　1　4　3　$\underline{6}$　5　（+2、+2）

43.(D)。6　16　61　$\underline{301}$　（×3−2、×4−3、×5−4）

44.(C)。2　5　11　20　32　47　（+3、+6、+9、+12、+15）

45.(C)。2　4　12　48　$\underline{240}$　（×2、×3、×4、×5）

46.(C)。20　15　10　5　$\underline{0}$　（−5、−5、−5、−5）

47.(A)。$\dfrac{2}{3}$　$\dfrac{1}{2}$　$\dfrac{2}{5}$　$\dfrac{1}{3}$　$\dfrac{2}{7}$　$\dfrac{1}{4}$　（$\frac{1}{2+1}$、$\frac{1}{3+1}$）

48.(C)。16　20　28　40　49　$\underline{60}$　16　（+20、+20）

49.(A)。5　2　3　$\underline{-1}$　4　−5　（−3、−4）

50.(A)。3　15　7　12　11　9　15　$\underline{6}$　（−3、−3、−3／+4、+4、+4）

51.(C)。1　3　4　7　11　$\underline{18}$　（1+3、3+4、4+7、7+11）

52.(C)。4　$\underline{8}$　9　27　16　64
$\Rightarrow 2^2$　$\underline{2^3}$　3^2　3^3　4^2　4^3

53.(B)。1　$\overset{\overset{\frac{11-2}{2+2}}{\frown}}{\underset{\frac{11}{2}\quad\frac{1}{3}}{}}$　$\overset{\overset{\frac{9-2}{4+2}}{\frown}}{\underset{\frac{9}{4}\quad\frac{1}{5}}{}}$　$\overset{\overset{\frac{7-2}{6+2}}{\frown}}{\underset{\frac{7}{6}\quad\frac{1}{7}}{}}$　$\frac{5}{8}$

54.(A)。23　$\overset{\overset{+24}{\frown}}{29\quad47}$　$\overset{\overset{+48}{\frown}}{65\quad\underline{95}}$

55.(D)。2　3　$\overset{\overset{3+1}{\frown}}{1\quad4}$　$\overset{\overset{1+4}{\frown}}{5}$　$\overset{\overset{4+5}{\frown}}{9}$　$\overset{\overset{5+9}{\frown}}{\underline{14}}$

56.(B)。7　$\underline{2}$　5　$\underline{8}$　19　$\underline{54}$　23　　畫線部分為偶數，故選(B)。

57.(A)。11　$\overset{\overset{11+14}{\frown}}{14\quad25}$　$\underline{21}$　$\overset{\overset{21+27}{\frown}}{27\quad48}$

58.(B)。13　12　$\overset{\overset{+1}{\frown}}{17\quad24\_23}$　18　$\overset{\overset{+1}{\frown}}{29\_30}$　19

59.(C)。以1為對稱中心，左右互為倒數。

60.(A)。(B)(C)(D)圖，右視圖為□，不符。

61.(C)。(A)圖，右視圖為□，不符。(B)圖，右視圖為⬠，不符。
　　　(D)圖，右視圖為□，不符。

62.(C)。(A)圖，右視圖為☰。(B)圖，俯視圖為◺。
　　　(D)圖，右視圖為□，均不符。

63.(B)。(A)圖，俯視圖為▤，不符。(C)圖，右視圖為□□，不符。
　　　(D)圖，右視圖為◸，不符。

64.(D)。(A)(B)右視圖為□，(C)右視圖為☰，不符。

65.(D)。　　　　66.(B)。　　　67.(A)。

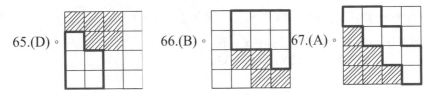

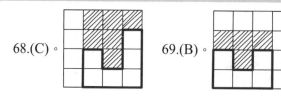

68.(C)。　　　　　69.(B)。

70.(A)。(B)杜甫、白居易在一起，不合。(C)杜甫、白居易，李白王
　　　維在一起，不合。

71.(D)。陸游不能與任何人在岸上，也不能同船而行。

72.(A)。7×5＝35

73.(C)。(1)裙子：5件。衣服：7件。鞋子：5雙
　　　(2)組合＝5×7×5＝175種

74.(A)。(1)王＜白＜師＜展，馬＜白。(2)五人私房錢多少無法比較。

75.(D)。(1)王＜白＜師＜展，王＜馬＜白。
　　　(2)(A)展最多，不是最少。(B)馬不是最少。(C)馬不是最少。

76.(A)。★解題關鍵在重疊處只能算一次
　　　　60－37－25＋8＝6

77.(B)。60－8－6＝46　　　　78.(D)。5×3×4=60(種)

79.(B)。$3×4×C_2^3$=36(種)　　　80.(B)。21×2－1（重複算的）＝41

81.(D)。$\dfrac{6×6×3}{6^3}=\dfrac{1}{2}$　　　82.(B)。4×6×12=288

83.(B)。雞X隻　　2X＋4Y＝84　　　兔Y隻　　X＋Y＝30　　　X＝18

84.(C)。阿達X歲3(X－16)＝Y－16
　　　父Y歲　　Y＝2X　　　X＝32

85.(A)。繩長Xcm $\dfrac{5X}{6} \times \dfrac{1}{2} = 45$　　　$X = 108cm = 1.08m$

86.(B)。$X + Y = 11$　　　　　　　　　　個位數X

　　　　$2(10Y + X) + 7 = 10X + Y$　　十位數Y

　　　　$Y = 3$，$X = 8$

87.(C)。成本X元　　$X = \dfrac{7}{10}Y$

　　　　特價Y元　　$\dfrac{3}{10}Y = 60$

　　　　$Y = 200$元

88.(A)。

　　　$72 + 115 + 91 = 278 = $計價單位

　　　$2 \times 100 = 200$

89.(C)。分針一分鐘走6度　　$28(分) \times 6$度$= 168$度

90.(A)。$180 \times 4 = 120 \times \boxed{6}$

91.(C)。

　　　$28 \times 28 \times 6 = 4704$正算

　　　$30 - 1 - 1 = 28$

　　　　　　↑

　　　2端被塗3面

　　　邊上正方形被塗2面

92.(C)。$4^5 - 4 = 1020$（種）

93.(B)。三角形順時針旋轉。

94.(B)。平行線順時針轉動。

95.(C)。兩個三角形順時針轉動。

96.(D)。規律為交角在左上→右下。

97.(A)。直線順轉45°。

98.(D)。小圓逆轉45°。

99.(C)。剩左下的一半。

100.(D)。┬ 形旋轉180°，成倒 ┴ 。

　　　　△ 形旋轉180°，成倒 ▽ 。

101.(D)。削去最左與最右，剩下中間的一半。

102.(A)。(1) ↻轉135°(小圓)：南→東北。

　　　　(2) ↻轉135°(小直線)：南→東北。

103.(B)。層巒疊嶂，意為山峰重疊，連綿不斷。

104.(B)。口若懸河，比喻說話滔滔不絕，能言舌辯。

105.(D)。聲名狼藉，比喻名聲非常惡劣。

106.(A)。賢喬梓，尊稱別人父子，不可用為自稱。

107.(D)。東施效顰，比喻不衡量本身的條件，而盲目胡亂的模仿他人，以致收到反效果。

108.(D)。屍橫遍野，形容遭殺死的人很多。

109.(A)。天公不作美，指天氣不符合人們心中所預期的情況。

110.(D)。火冒三丈，形容人十分生氣。

111.(D)。應為享壽。

112.(C)。結結巴巴，形容說話不流利。

113.(B)。應為「深受影響」。

114.(B)。難以置信，意為很難令人相信。

115.(A)。河邊吃粽子看龍舟，應為端午節。

116.(C)。一切成空，比喻不切實際的想法無法實現。

117.(D)。有口皆碑，眾人的嘴，都如記載功德的石碑。比喻人人稱讚、頌揚。

118.(D)。分身乏術，比喻非常繁忙，無法再兼顧他事。

119.(C)。染指，比喻覬覦非分的利益。

120.(D)。動人心弦，意為感人至為深切，頗能引起共鳴。

第二回

( )　1. 酒一水曲詞杯新一　(A)杯　(B)水　(C)詞　(D)酒。

( )　2. 杖鞋芒牛輕勝竹馬　(A)馬　(B)鞋　(C)牛　(D)竹。

( )　3. 情卻情被怒無多惱　(A)怒　(B)多　(C)情　(D)惱。

( )　4. 亦別時相容見時難　(A)亦　(B)容　(C)難　(D)時。

( )　5. 物是休人非事體事　(A)體　(B)物　(C)休　(D)事。

( )　6. 零丁裡嘆零柳丁洋　(A)洋　(B)嘆　(C)柳　(D)零。

( )　7. 春滿色花園不住關　(A)滿　(B)關　(C)色　(D)花。

( )　8. 前塞山鳶白西鷺飛　(A)西　(B)鳶　(C)前　(D)鷺。

( )　9. 總匾把舊新換符桃　(A)符　(B)舊　(C)桃　(D)匾。

( )　10. 淡宜濃塗抹妝總相　(A)宜　(B)塗　(C)濃　(D)妝。

( )　11. 看成側嶺成山峰橫　(A)橫　(B)山　(C)嶺　(D)側。

( )　12. 江春知水暖鴨滾先　(A)滾　(B)知　(C)鴨　(D)春。

( )　13. 有一列火車以時速80公里前進過橋，當火車頭經過橋頭時開始計時，直到火車尾離開橋尾結束計時，已知這列火車總長為200公尺，橋長2.5公里，則請問此火車過橋約花了多久時間？
(A)1　　　　　(B)1.5
(C)2　　　　　(D)2.5　分鐘。

( )　14. 一牧場有養牛、羊與馬共850隻，其中已知牛的數量減去50，恰為馬的數量，而羊的數量為牛的數量3倍再加上100，則請問此牧場總共養有牛幾隻？
(A)160　　　　(B)180
(C)200　　　　(D)250　隻。

( ) 15. 甲每3天進城一次，乙每7天進城一次，丙每9天進城一次，某天三人在城中相遇，那麼請問下次三人在城中相遇至少要幾天後？

(A)21　　　　　　　　　　(B)27

(C)63　　　　　　　　　　(D)189　天。

( ) 16. 愛咪今年和凱特年紀之和為63歲，且愛咪年紀為凱特的0.75倍，則請問兩人的年紀相差幾歲？

(A)7　　　　　　　　　　(B)8

(C)9　　　　　　　　　　(D)10　歲。

( ) 17. 一艘小船要過河，已知小船速度為每小時4公里，河水流速亦為每小時4公里；若小船始終維持船首與對岸垂直的方向行進，共花費2小時才到達對岸，則小船實際在河中行走的路徑有多長？

(A)8　　　　　　　　　　(B)$8\sqrt{2}$

(C)16　　　　　　　　　　(D)$16\sqrt{2}$　公里。

( ) 18. M比N大9，M與N之和為35，則N為多少？

(A)9　　　　　　　　　　(B)13

(C)17　　　　　　　　　　(D)22。

( ) 19. 化簡 $\dfrac{x-3}{x^2+x-12}$ = ?

(A)$\dfrac{1}{x+4}$　　　　　　(B)$\dfrac{1}{x+3}$

(C)$\dfrac{1}{x-4}$　　　　　　(D)$\dfrac{1}{x-3}$。

( ) 20. $\dfrac{1}{7}$是$\dfrac{2}{3}$的百分之幾？

(A)10%　　　　　　　　　(B)21%

(C)32%　　　　　　　　　(D)43%。

( ) 21. 大齒輪有280齒，小齒輪有70齒，若兩齒輪相接，則當大齒輪轉7圈時，小齒輪轉了幾圈？

(A)10　　　　　　　　　　(B)14

(C)28　　　　　　　　　　(D)36　圈。

( ) 22. 小千到市場買水果，若買2斤水果會剩下40元，買4斤則不足20元，則買3斤應該會如何？
(A)剩下10元　　　　　(B)不足10元
(C)剩下20元　　　　　(D)不足20元。

( ) 23. 5□6=12□3+7，□應該是填入什麼？
(A)÷，×　　　　　(B)＋，÷
(C)－，＋　　　　　(D)×，－。

( ) 24. $3^0+3^1+3^2+3^3=$?
(A)39　　　　　(B)40
(C)41　　　　　(D)42。

( ) 25. 小明和小華各有65元和175元，媽媽則有280元，若媽媽打算將280元分給兩人，使得兩人的錢相等，則請問小華分到多少錢？
(A)85　　　　　(B)100
(C)115　　　　　(D)235 元。

( ) 26. ＿＿＿之於同日而語，好比眼鏡之於＿＿＿
(A)雨衣…一衣帶水　　　　　(B)水閘…開源節流
(C)聊天…迫在眉睫　　　　　(D)打針…全神貫注。

( ) 27. ＿＿＿之於此起彼落，好比枕頭之於＿＿＿
(A)嗑瓜子…吞吞吐吐　　　　　(B)翹翹板…置之腦後
(C)趕時間…分秒必爭　　　　　(D)電梯…能上能下。

( ) 28. ＿＿＿之於有條不紊，好比千奇百怪之於＿＿＿
(A)雜亂無章…平淡無奇　　　　　(B)力爭上游…藉藉無名
(C)大名鼎鼎…弱不禁風　　　　　(D)名列前茅…參差不齊。

( ) 29. ＿＿＿之於鍥而不捨，好比專心一致之於＿＿＿
(A)愁眉苦臉…拖泥帶水　　　　　(B)名列前茅…揮金如土
(C)一暴十寒…心不在焉　　　　　(D)多才多藝…一無所長。

( ) 30. ＿＿＿之於土崩瓦解，好比一刀兩斷之於＿＿＿
(A)固若金湯…藕斷絲連　　　　　(B)深信不疑…深信不疑
(C)其貌不揚…其貌不揚　　　　　(D)庸庸碌碌…鴉雀無聲。

( )　31. ＿＿＿之於寸陰若歲，好比千年萬載之於＿＿＿
　　　(A)王日愒歲…老王賣瓜　　　(B)歲月如流…解甲歸田
　　　(C)魯魚亥豕…積年累月　　　(D)一日三秋…萬古千秋。

( )　32. ＿＿＿之於揮金如土，好比百戰百勝之於＿＿＿
　　　(A)經年累月…人聲鼎沸　　　(B)三心兩意…遺臭萬年
　　　(C)視錢如命…屢戰屢敗　　　(D)鴉雀無聲…委靡不振。

( )　33. ＿＿＿之於荊軻，好像負荊請罪之於＿＿＿
　　　(A)圖窮匕見…廉頗　　　　　(B)望梅止渴…曹操
　　　(C)班門弄斧…麻醉作用　　　(D)紙上談兵…趙括。

( )　34. 班門弄斧之於＿＿＿，好比＿＿＿之於藺相如
　　　(A)趙高…望梅止渴　　　　　(B)荊軻…指鹿為馬
　　　(C)周處…圖窮匕見　　　　　(D)魯班…完璧歸趙。

( )　35. 臥薪嘗膽之於＿＿＿，好像＿＿＿之趙高
　　　(A)劉備…毛遂自薦　　　　　(B)廉頗…紙上談兵
　　　(C)勾踐…指鹿為馬　　　　　(D)趙括…三顧茅廬。

( )　36. 螳螂捕蟬之於＿＿＿，好比＿＿＿之於漁翁
　　　(A)蜈蚣…殘花敗柳　　　　　(B)黃雀…鷸蚌相爭
　　　(C)蜘蛛…兄弟鬩牆　　　　　(D)老鷹…姦夫淫婦。

( )　37. 二八年華之於＿＿＿，好比＿＿＿之於含飴弄孫
　　　(A)荳蔻年華…耳順之年　　　(B)盤游終日…風燭殘年
　　　(C)年登耄耋…經旬累月　　　(D)慘綠少年…百年樹人。

( )　38. 倒吃甘蔗之於＿＿＿，好比＿＿＿之於焉知非福
　　　(A)望梅止渴…紅杏出牆　　　(B)漸入佳境…塞翁失馬
　　　(C)回眸一笑…拈花微笑　　　(D)流水無情…水性揚花。

( )　39. 先禮後兵之於＿＿＿，好比＿＿＿之於有名無實
　　　(A)不上不下…夜長夢多　　　(B)志士仁人…三寸金蓮
　　　(C)先憂後樂…有恃無恐　　　(D)五日京兆…一葉孤舟。

( )　40. 放蕩不羈之於＿＿＿，好比＿＿＿之於拖泥帶水
　　　　　(A)道聽塗說…名落孫山　　　　(B)愁眉苦臉…固若金湯
　　　　　(C)循規蹈矩…乾淨俐落　　　　(D)半信半疑…柳暗花明。

( )　41. 得寸進尺之於＿＿＿，好比＿＿＿之於健步如飛
　　　　　(A)無關痛癢…參差不齊　　　　(B)適可而止…步履蹣跚
　　　　　(C)鍥而不捨…生死攸關　　　　(D)乾淨俐落…心不在焉。

( )　42. 4 2 8 ＿＿＿ 128 2048　(A)12　(B)14　(C)16　(D)18。

( )　43. 8 1 8 2 ＿＿＿ 3 48　(A)2　(B)4　(C)8　(D)16。

( )　44. 0 2 1 8 2 24 3 ＿＿＿ 4　(A)32　(B)64　(C)72　(D)91。

( )　45. 0 1 1 ＿＿＿ 2 125 3 2401 4　(A)6　(B)7　(C)9　(D)17。

( )　46. 4 2 6 8 14 22 36　(A)14　(B)29　(C)58　(D)172。

( )　47. 3 5 6 10 12 20 23 39　(A)25　(B)37　(C)43　(D)57。

( )　48. 1 2 ＿＿＿ 7 91 92　(A)2　(B)4　(C)6　(D)8。

( )　49. 3 7 4 9 5 19 14 21　(A)5　(B)7　(C)11　(D)21。

( )　50. 8 6 13 ＿＿＿ 18 12 23 15　(A)8　(B)9　(C)10　(D)11。

( )　51. 48 ＿＿＿ 30 10 6 3　(A)12　(B)14　(C)16　(D)18。

( )　52. 0 3 3 8 5 7 2 11　(A)7　(B)8　(C)9　(D)10。

( )　53. ＿＿＿ 12 19 31 50 81　(A)7　(B)10　(C)15　(D)33。

( )　54. 72 2 56 4 ＿＿＿ 6 24　(A)42　(B)52　(C)40　(D)36。

( )　55. 17 19 22 26 31 37　(A)41　(B)42　(C)43　(D)44。

( )　56. 48 24 20 10 6 3　(A)－1　(B)0　(C)1　(D)2。

( )　57. 4 2 8 4 12 6　(A)4　(B)8　(C)12　(D)18。

( )　58. 1 6 36 3 18 108　(A)7　(B)8　(C)9　(D)10。

( )　59. 7 4 12 9 27 24　(A)11　(B)21　(C)36　(D)72。

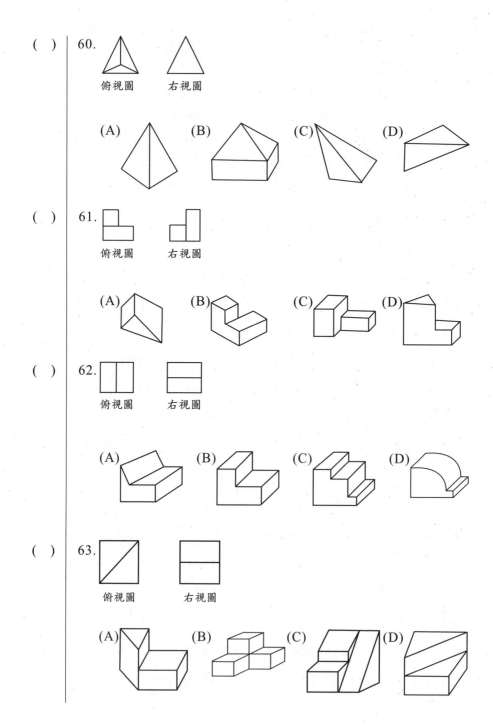

( ) 60.
俯視圖　　右視圖
(A)　　(B)　　(C)　　(D)

( ) 61.
俯視圖　　右視圖
(A)　　(B)　　(C)　　(D)

( ) 62.
俯視圖　　右視圖
(A)　　(B)　　(C)　　(D)

( ) 63.
俯視圖　　右視圖
(A)　　(B)　　(C)　　(D)

( )　64.

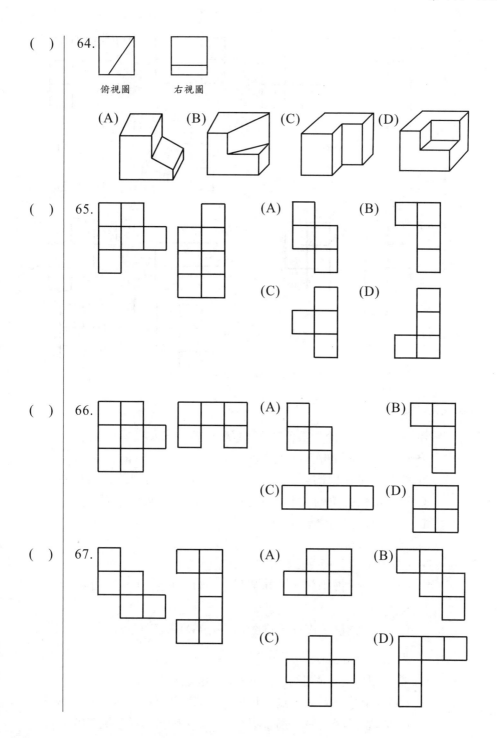

俯視圖　　　右視圖

(A)　(B)　(C)　(D)

( )　65.

(A)　(B)

(C)　(D)

( )　66.

(A)　(B)

(C)　(D)

( )　67.

(A)　(B)

(C)　(D)

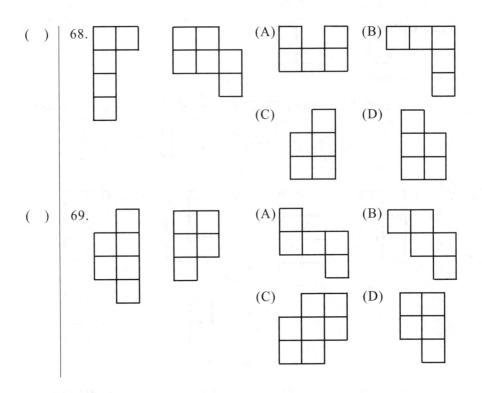

( )　68.

( )　69.

◎第70~72題

　　甲、乙、丙三人從事不同的職業，某天三人在吧台坐成一排，各點三種不同的飲料，已知：

　　A.推銷員坐在甲的旁邊。　　　　B.坐在乙旁邊的人喝啤酒。

　　C.坐在畫家旁邊的人喝馬丁尼。　D.乙沒有喝馬丁尼。

　　E.公司職員沒有喝威士忌。

( )　70. 請問甲、乙、丙三人分別是何職業？

　　(A)畫家、推銷員、公司職員　　(B)推銷員、公司職員、畫家

　　(C)公司職員、畫家、推銷員　　(D)畫家、公司職員、推銷員。

( )　71. 請問甲、乙、丙三人分別是喝什麼飲料？

　　(A)威士忌、啤酒、馬丁尼　　(B)馬丁尼、威士忌、啤酒

　　(C)啤酒、威士忌、馬丁尼　　(D)啤酒、馬丁尼、威士忌。

( ) 72. 請問甲、乙、丙三人誰坐在中間？
　　　　(A)甲　　　　　　　　　　(B)乙
　　　　(C)丙　　　　　　　　　　(D)以上皆非。

● 第73~75題
　　有咖啡、汽水、可樂、啤酒四種飲料排成一列放在桌上，已知：
　　A.第一種飲料是咖啡或啤酒。　B.第二種飲料不是汽水。
　　C.第三種飲料不是可樂。　　　D.第四種飲料是可樂或啤酒。
　　E.第三或第四種飲料是啤酒。

( ) 73. 請問汽水是第幾種飲料？
　　　　(A)1　　　　　　　　　　(B)2
　　　　(C)3　　　　　　　　　　(D)4。

( ) 74. 請問第4種飲料是什麼？
　　　　(A)咖啡　　　　　　　　　(B)汽水
　　　　(C)可樂　　　　　　　　　(D)啤酒。

( ) 75. 所有飲料的排列順序為：
　　　　(A)咖啡、可樂、汽水、啤酒
　　　　(B)咖啡、啤酒、可樂、汽水
　　　　(C)可樂、啤酒、汽水、咖啡
　　　　(D)可樂、汽水、啤酒、咖啡。

● 第76~78題
　　有兄妹三人，每天中午都會一起到餐廳吃午餐，已知三兄妹每
　　次不是吃排骨飯，就是牛肉麵，而且：
　　A.如果老大吃排骨飯，則老二一定吃牛肉麵。
　　B.老大和老三兩人不會同時吃同樣的食物。
　　C.老二和老三兩人不會同時都吃牛肉麵。

( ) 76. 請問哪一個人每天只吃牛肉麵？
　　　　(A)老大　　　　　　　　　(B)老二
　　　　(C)老三　　　　　　　　　(D)以上皆非。

( ) 77. 請問哪一個人每天只吃排骨飯？
(A)老大 (B)老二
(C)老三 (D)以上皆非。

( ) 78. 請問誰有可能昨天吃牛肉麵，今天吃排骨飯？
(A)老大 (B)老二
(C)老三 (D)以上皆非。

◉ 第79~80題

四個人一起搭計程車離開，假設計程車的費用與行走路程成正比，已知：

A.計程車走了1公里後，第一個人下車。

B.再走1公里後，第二個人下車。

C.再走1公里後，第三個人下車。

D.再走1公里後，最後一個人下車並買單。

E.計程車資共花了240元。

( ) 79. 則第二個人應負擔多少車資才公平？
(A)15 (B)35
(C)48 (D)72 元。

( ) 80. 則第四個人應負擔多少車資才公平？
(A)24 (B)72
(C)96 (D)125 元。

( ) 81. 有一文具店出售鉛筆盒，原訂價為250元，週年特價85折，有貴賓卡再打9折，則鉛筆盒的售價為多少元？
(A)180 (B)191
(C)202 (D)303。

( ) 82. 若某一士兵跑步，經測量其每一步的平均距離為80公分，每3秒可跑17步，則請問士兵1000公尺要跑多久？
(A)180 (B)200
(C)220 (D)240 秒。

( )　83. 甲、乙、丙三人相約去打桌球，預計打4個小時，每次2人上
　　　　場，一人休息，則請問平均每人休息時間為多久？
　　　　(A)60　　　　　　　　　　(B)80
　　　　(C)100　　　　　　　　　(D)120　分鐘。

( )　84. 已知甲數的18%等於乙數的16%，也等於丙數的25%，則下列
　　　　何者敘述正確？
　　　　(A)甲＞乙＞丙　　　　　　(B)甲＞丙＞乙
　　　　(C)乙＞丙＞甲　　　　　　(D)乙＞甲＞丙。

( )　85. 利用數學公式（a+b）(a−b)=a^2-b^2，可以計算出1005×995
　　　　等於多少？
　　　　(A)999975　　　　　　　　(B)999995
　　　　(C)100005　　　　　　　　(D)100025。

( )　86. 全班有50位同學，英文不及格的有15人，數學不及格的有19
　　　　人，英文與數學都及格的有21人。請問英文與數學都不及格
　　　　的有幾人？
　　　　(A)4　　　　　　　　　　　(B)5
　　　　(C)13　　　　　　　　　　(D)17。

( )　87. 有一張很大張的紙，厚度為2mm，每對摺一次，厚度就變成1
　　　　倍的厚度；理論上若要讓這張紙變成1公尺厚度，則最少要對
　　　　摺幾次？
　　　　(A)7　　　　　　　　　　　(B)8
　　　　(C)9　　　　　　　　　　　(D)10　次。

( )　88. 下列哪一式中，哪一個不等於 $4\frac{3}{5}$

　　　　(A)$4+\frac{1}{5}+\frac{1}{5}+\frac{1}{5}$　　　　(B)$5-\frac{1}{5}-\frac{1}{5}$

　　　　(C)$4-\frac{3}{5}$　　　　　　(D)$2\frac{1}{5}+2\frac{1}{5}+\frac{1}{5}$。

( )　89. 甲每分鐘走30公尺，乙每分鐘走25公尺，已知目前甲在乙前
方20公尺處，則請問要經過多久甲乙兩人才會相距50公尺？
(A)2　　　　　　　　　　　　(B)4
(C)6　　　　　　　　　　　　(D)8　分鐘。

( )　90. 假設K÷23=45，那麼下列哪一項是對的？
(A)K×45=23　　　　　　　　(B)23÷K=45
(C)23÷45=K　　　　　　　　(D)23×45=K。

( )　91. 在計算250÷(5×2)時，阿美姊誤寫成250÷5x2來計算，結果
誤差多少？
(A)0　　　　　　　　　　　　(B)25
(C)50　　　　　　　　　　　　(D)75。

( )　92. □+□+□=#，#+#+#=○+□，若○=8，那麼□＝？
(A)0　　　　　　　　　　　　(B)1
(C)2　　　　　　　　　　　　(D)3。

( )　93.

( )　94.

( )　95.

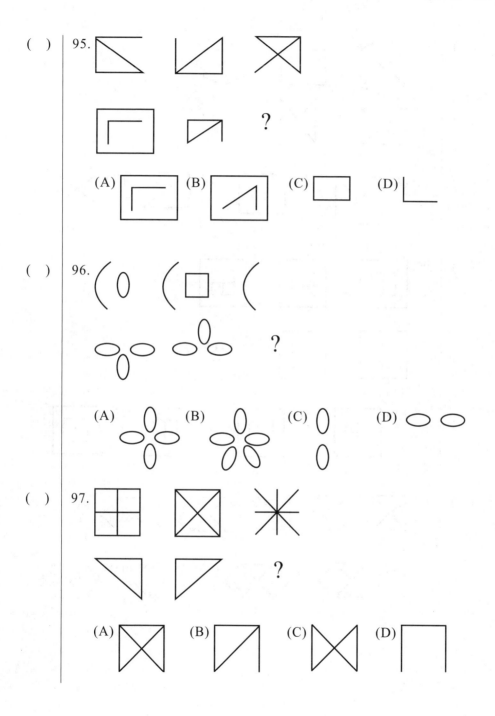

( )　96.

( )　97.

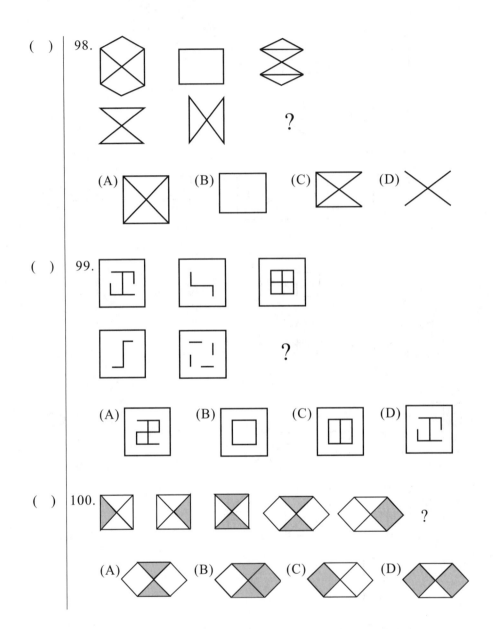

( )　101.

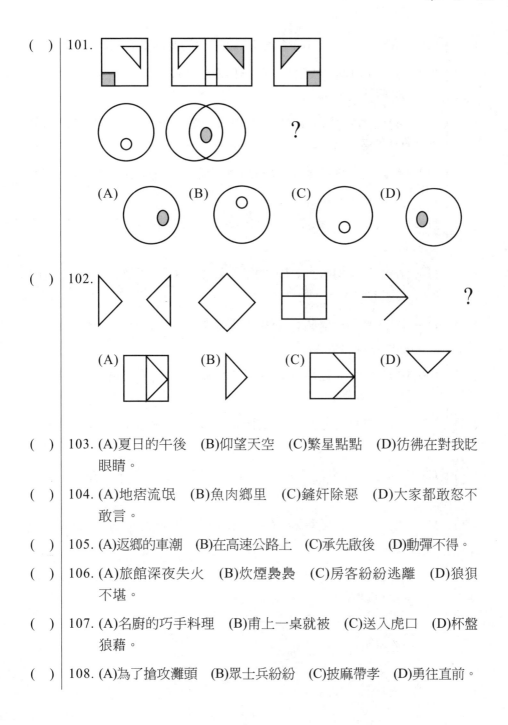

( )　102.

( )　103. (A)夏日的午後　(B)仰望天空　(C)繁星點點　(D)彷彿在對我眨
　　　　　眼睛。

( )　104. (A)地痞流氓　(B)魚肉鄉里　(C)鏟奸除惡　(D)大家都敢怒不
　　　　　敢言。

( )　105. (A)返鄉的車潮　(B)在高速公路上　(C)承先啟後　(D)動彈不得。

( )　106. (A)旅館深夜失火　(B)炊煙裊裊　(C)房客紛紛逃離　(D)狼狽
　　　　　不堪。

( )　107. (A)名廚的巧手料理　(B)甫上一桌就被　(C)送入虎口　(D)杯盤
　　　　　狼藉。

( )　108. (A)為了搶攻灘頭　(B)眾士兵紛紛　(C)披麻帶孝　(D)勇往直前。

( )　109. (A)等待的日子　(B)總是讓人感到　(C)度日如年　(D)不容置喙。

( )　110. (A)大雨傾盆的日子　(B)總讓人有看不清　(C)前方的哀嚎　(D)與徬徨。

( )　111. (A)莊周曉夢迷蝴蝶　(B)炮竹一聲除舊歲　(C)新年新氣象　(D)恭喜發財。

( )　112. (A)萬丈高樓平地起　(B)圖窮匕現　(C)唯有踏實的基礎　(D)才有機會成功。

( )　113. (A)老奶奶　(B)沒上過學所以　(C)一口咬定　(D)連名字都不會寫。

( )　114. (A)黃先生對銀行　(B)的溢付款項　(C)一手遮天　(D)而贏得大家的讚譽。

( )　115. (A)陳老師教學認真　(B)深受同學愛戴　(C)屆齡退休　(D)讓人一片冰心。

( )　116. (A)眼看迴光返照　(B)卻想不出辦法　(C)真是傷透腦筋　(D)讓人一籌莫展。

( )　117. (A)每年的元宵節　(B)龍山寺　(C)一片火樹銀花　(D)真是火冒三丈。

( )　118. (A)這對夫妻好不恩愛　(B)男盜女娼　(C)夫唱婦隨　(D)令人稱羨。

( )　119. (A)王先生喜愛閱讀　(B)博學多聞　(C)一字千金　(D)被村民稱為有腳書櫥。

( )　120. (A)春天一到　(B)百花齊放　(C)大雪紛飛　(D)到處一片欣欣向榮的氣息。

解答 解析

1.(B)。 原句為：一曲新詞酒一杯。

2.(C)。 原句為：竹杖芒鞋輕勝馬。

3.(A)。 原句為：多情卻被無情惱。

4.(B)。 原句為：相見時難別亦難。

5.(A)。 原句為：物是人非事事休。

6.(C)。 原句為：零丁洋裡嘆零丁。

7.(D)。 原句為：春色滿園關不住。

8.(B)。 原句為：西塞山前白鷺飛。

9.(D)。 原句為：總把新桃換舊符。

10.(B)。 原句為：淡妝濃抹總相宜。

11.(B)。 原句為：橫看成嶺側成峰。

12.(A)。 原句為：春江水暖鴨先知。

13.(C)。 80km/hr→80÷60=1.33km/min
　　　　 火車經過的距離：2.5+0.2=2.7(km)
　　　　 2.7÷1.33=2.03≒2(min)

14.(A)。 設有牛x隻
　　　　 x+x−50+3x+100=850 ⇒ 5x+50=850 ⇒ x=160

15.(C)。 [3, 7, 9]=63

16.(C)。 設凱特x歲
　　　　 x+0.75x=63 ⇒ x=36，0.75x=27
　　　　 兩人相差36−27=9(歲)

17.(B)。 由圖知船速與水流的合力，小船實際
　　　　 移動路徑為$4\sqrt{2}$ km/hr
　　　　 故2小時的路徑長是$8\sqrt{2}$

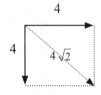

18.(B)。 M=N+9 ⇒ N+N+9=35 ⇒ N=13

19.(A)。 原式$=\dfrac{x-3}{(x+4)(x-3)}=\dfrac{1}{(x+4)}$

20.(B)。 $\frac{1}{7} \div \frac{2}{3} = \frac{3}{14} \fallingdotseq 21.4\%$

21.(C)。 大齒輪齒數×轉動圈數＝小齒輪齒數×轉動圈數 $\frac{280 \times 7}{70}$
$=28$

22.(A)。 設水果每斤x元
$2x+40=4x-20 \Rightarrow 2x=60 \Rightarrow x=30$
∴小千有$30 \times 2+40=100$元　買3斤$=100-30 \times 3=10$(元)

23.(B)。 $5+6=12 \div 3+7=11$

24.(B)。 $1+3+9+27=40$

25.(A)。 設媽媽分給小華x元 $\Rightarrow$ 媽媽分給小明$(280-x)$元
$65+280-x=175+x \Rightarrow 2x=170 \Rightarrow x=85$

26.(C)。 這是不用成語的引申義,只從字面上來看。聊天當然是同一天在對談,眼鏡的位置就在眉毛睫毛前面,故選(C)。

27.(B)。 這是不用成語的引申義,只從字面上來看。翹翹板一上一下,故狀態為此起彼落,枕頭是墊在頭下面的,所以是置之腦後。

28.(A)。 反義詞。雜亂無章與有條不紊相反;平淡無奇與千奇百怪相反。

29.(C)。 反義詞。一暴十寒與鍥而不捨相反;心不在焉與專心一致相反。

30.(A)。 反義詞。固若金湯與土崩瓦解相反;藕斷絲連與一刀兩斷相反。

31.(D)。 近義詞。寸陰若歲,一日三秋,皆形容感覺時間消逝緩慢。萬古千秋、千年萬載,皆形容時間的長久。

32.(C)。 反義詞。視錢如命與揮金如土相反;百戰百勝與屢戰屢敗相反。

33.(A)。 圖窮匕見,戰國時,燕太子丹派荊軻獻燕國的地圖,而藏匕首於圖中,以謀刺秦王的故事。後比喻事情發展到最後,形跡敗露,現出真相。
負荊請罪,戰國時趙國大將廉頗與上卿藺相如不和,相如為社稷著想,每每退讓。廉頗得知後深覺自己無知,乃袒衣露肉,背負荊條,隨賓客到藺相如居所謝罪。後世用來形容向對方承認錯誤,請求責罰和原諒。

34.(D)。　班門弄斧，在巧匠魯班門前玩弄大斧。比喻在行家面前
　　　　　賣弄本事，不自量力。
　　　　　完璧歸趙，藺相如奉使秦國，交涉以和氏璧換取秦城
　　　　　時，識破秦國詭詐，巧妙的使璧安然回到趙國。後比喻
　　　　　物歸原主。

35.(C)。　臥薪嘗膽，越王勾踐戰敗後以柴草臥鋪，並經常舔嘗苦膽，以
　　　　　時時警惕自己不忘所受苦難的故事。後用以比喻刻苦自勵。
　　　　　指鹿為馬，秦二世時，趙高欲為亂，恐群臣反，乃指鹿為馬以
　　　　　試探群臣。後以指鹿為馬指憑空故意顛倒黑白，混淆是非。

36.(B)。　螳螂捕蟬，黃雀在後，比喻眼光短淺，只貪圖眼前利益
　　　　　而不顧後患。
　　　　　鷸蚌相爭，漁翁得利，比喻兩相爭執必會造成兩敗俱
　　　　　傷，而讓第三者獲利的局面。

37.(A)。　近義詞。
　　　　　二八年華，指女子十六歲；荳蔻年華，形容年輕未婚的少女。
　　　　　耳順之年，指六十歲。含飴弄孫，上了年紀的人當可含
　　　　　飴自甘，弄孫為樂，不問餘事，以恬適自娛。

38.(B)。　歇後語。
　　　　　甘蔗愈近根部甜度愈高，故愈吃愈甜，倒吃甘蔗，意謂漸入佳境。
　　　　　古時候邊塞上有個老翁，丟了一匹馬。別人去安慰他，
　　　　　他卻說：「怎麼知道不是件好事呢？」過了幾個月，這
　　　　　匹馬果然帶著一匹好馬回來了。比喻禍福時常互轉，不
　　　　　能以一時論定。故曰塞翁失馬，焉知非福。

39.(C)。　此題乍看之下意思都不相通，其實是考語法結構，前者
　　　　　為先……後……；後者為有……無……。

40.(C)。　反義詞。放蕩不羈與循規蹈矩相反，拖泥帶水與乾淨俐落相反。

41.(B)。　反義詞。得寸進尺與適可而止相反；步履蹣跚與健步如飛
　　　　　相反。

42.(C)。

43.(D)。 $\overset{8\times2}{8\quad 1\quad 8\quad 2\quad \underline{}\quad 3\quad 48}$
$\underset{8\times1\qquad\qquad 16\times3}{}$

44.(B)。 $0\quad \underset{2^1\times1}{\underline{2}}\quad 1\quad \underset{2^2\times2}{\underline{8}}\quad 2\quad \underset{2^3\times3}{\underline{24}}\quad 3\quad \underset{2^4\times4}{\underline{}}\quad 4$

45.(C)。 $0\quad \underset{1^1}{\underline{1}}\quad 1\quad \underset{3^2}{\underline{}}\quad 2\quad \underset{5^3}{\underline{125}}\quad 3\quad \underset{7^4}{\underline{2401}}\quad 4$

46.(C)。 $4\quad 2\quad 6\quad 8\quad 14\quad 22\quad 36\quad \underline{58}$
上方: 2+6　8+14　22+36
下方: 4+2　6+8　14+22

47.(C)。 $3\quad 5\quad 6\quad 10\quad 12\quad 20\quad 23\quad 39\quad \underline{43}$
上方: $+2^1$　$+2^2$　$+2^3$　$+2^4$
下方: +1　+2　+3　+4

48.(C)。 $\underline{1}\quad 2\quad \underline{6}\quad 7\quad 91\quad 92$
上方: +1　+1　+1

49.(B)。 $3\quad 7\quad 4\quad 9\quad 5\quad 19\quad 14\quad 21\quad \underline{7}$
下方: 7−3　9−4　19−5　21−14

50.(B)。 $8\quad 6\quad 13\quad \underline{9}\quad 18\quad 12\quad 23\quad 15$
上方: −2　−4　−6　−8
下方: +7　+9　+11

51.(A)。 $\underline{48}\quad \underline{12}\quad 30\quad 10\quad 6\quad 3$
上方: ÷4　÷3　÷2

52.(C)。 $0\quad 3\quad 3\quad 8\quad 5\quad 7\quad 2\quad 11\quad \underline{9}$
上方: 3−0　8−3　7−5　11−2

53.(A)。 $\underline{7}\quad 12\quad 19\quad 31\quad 50\quad 81$
下方: +7　+12　+19　+31

54.(C)。 $\underline{72}$　2　$\underline{56}$　4　$\underline{40}$　6　$\underline{24}$
　　　　$2^3 \times 9$　　$2^3 \times 7$　　$2^3 \times 5$　　$2^3 \times 3$

55.(D)。 17　19　22　26　31　37　__
　　　　　+2　+3　+4　+5　+6　+7

56.(A)。 48　24　20　10　6　3　$\underline{-1}$
　　　　　÷2　−4　÷2　−4　÷2　−4

57.(C)。 ×4　　　×3　　　×2
　　　　 4　2　8　4　12　6　$\underline{12}$
　　　　　−2　　−4　　−6
　　　　　　　÷12　　　　　÷12

58.(C)。 ÷12　　　　÷12
　　　　 1　6　36　3　18　108　$\underline{9}$
　　　　　×6　×6　　×6　×6

59.(D)。 ×3　　　×3　　　×3
　　　　 7　4　12　9　27　24　$\underline{72}$
　　　　　−3　　−3　　−3

60.(A)。 由俯視圖知上部是中心在三角形之內的三角錐，由右視圖知側面為三角形，故選(A)。

61.(B)。 由俯視圖知為一正方形連接一長方形，故選(B)。

62.(B)。 由俯視圖為二長方形可知不是(C)，右視圖為二長方形可知不是(A)(D)，選(B)。

63.(D)。 俯視圖為二個三角形拼成方塊，可知只能選(D)，確認右視圖符合。

64.(B)。 俯視圖為梯形加三角形，可知應為(B)。

65.(B)。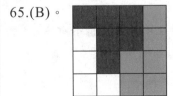

66.(C)。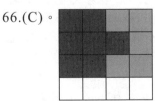

67.(A)。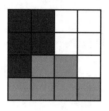

68.(B)。

69.(D)。

70.~72.
(1)由條件2知，坐在中間的人喝啤酒。
(2)由條件3、4知，甲是畫家，坐在中間，丙喝馬丁尼。
(3)由條件5知，丙是公司職員，乙喝威士忌。
(4)再由條件1知，乙是推銷員。

70.(A)　　71.(C)　　72.(A)

73.~75.
(1)由條件5與條件1知：第一種飲料是咖啡，第四種飲料是啤酒。
(2)由條件2與條件3知，第二種飲料是可樂，第三種飲料是汽水。

73.(C)　　74.(D)　　75.(A)

76.~78.
邏輯判斷：
若條件1成立，則老大吃排骨飯，老二吃牛肉麵，因為條件2，老三吃牛肉麵，如此與條件3衝突。
條件1若不成立，老大吃牛肉麵，則依條件2，老三吃排骨飯，老二兩種都可能，滿足題目要求。
故知：
76.(A)。老大每天吃牛肉麵。
77.(C)。老三每天只吃排骨飯。

78.(B)。老二兩種都有可能。

79.~80.

第一段每人負擔：$\frac{60}{4}$=15(元) 　　第二段每人負擔：$\frac{60}{3}$=20(元)

第三段每人負擔：$\frac{60}{2}$=30(元) 　　第四段每人負擔：$\frac{60}{1}$=60(元)

故，第二個人負擔15＋20＝35(元)，第四個人負擔15+20+30+60=125元。

79.(B)　　　80.(D)

81.(B)。 $250 \times 0.85 \times 0.9 = 191$。

82.(C)。 該士兵每3秒可跑$17 \times 0.8 = 13,6$(m)
　　　　故其速率是$13.6 \div 3 = 4.53$(m/s)
　　　　$1000 \div 4.53 \fallingdotseq 220$

83.(B)。 3人中每次只上場2人→休息時間占1/3
　　　　$4 \times 60 \div 3 = 80$

84.(D)。 甲：乙：丙＝$\frac{100}{18}$：$\frac{100}{16}$：$\frac{100}{25}$
　　　　∴乙＞甲＞丙

85.(A)。 1005×995
　　　　$=(1000+5)(1000-5)$
　　　　$=1000000-25$
　　　　$=999975$

86.(B)。 至少有一科不及格的有：$50-21=29$(人)
　　　　兩科都不及格的有：$15+19-29=5$(人)

87.(C)。 1m=1000mm
　　　　$2^{10}=1024>1000$

88.(C)。 $4\frac{3}{5}=4+\frac{3}{5} \Rightarrow 4-\frac{3}{5}=3\frac{2}{5}$ 　　兩者不相等

89.(C)。 走得快的甲在乙前方，兩人差距只會越來越大
　　　　現在相距20m，每分鐘相差5m，
　　　　故$(50-20) \div 5=6$，6分鐘後相距50m

90.(D)。 $K \div 23 = 45$
→移項，兩邊同 $\times 23$
∴ $K = 23 \times 45$

91.(D)。 $250 \div 10 = 25 \Rightarrow 250 \div 5 \times 2 = 100$
$100 - 25 = 75$

92.(B)。 $1 + 1 + 1 = 3$
$3 + 3 + 3 = 8 + 1$
∴ $\square = 1$、$\# = 3$

93.(D)。 第1個圖可分解為第2與第3個圖，但第3個圖方向旋轉90º。

94.(B)。 前兩個圖重疊，變成第3個圖。

95.(B)。 兩圖重疊後，刪去原圖缺口對面的線。

96.(D)。 刪去前兩圖有變化的單位。

97.(C)。 兩圖重疊後刪去有重覆的線條。

98.(B)。 兩圖重疊後，刪去有重覆的線條。

99.(D)。 兩圖重疊即得第3圖。

100.(C)。兩圖重疊後反白。

101.(C)。第一圖和第三圖重疊後，較小的圖形反白。

102.(A)。兩圖重疊後刪除中間的重覆的線條。

103.(A)。晚上才看得到繁星點點。

104.(C)。令人敢怒不敢言的壞蛋，不會做鏟奸鋤惡的事。

105.(C)。承先啓後，承繼先人的遺教，並開啓後來的事業。不可用來形容塞車。

106.(B)。炊煙裊裊，形容生火燒煮東西時所產生繚繞搖曳、緩緩上升的煙。不可用來形容火警。

107.(C)。虎口，比喻危險的境地。不可用來形容吃東西。形容進食的又猛又急，可用狼吞虎嚥。

108.(C)。披麻帶孝，麻，粗麻布衣。披麻帶孝指為親人服喪。

109.(D)。不容置喙，不容許插嘴或批評。與全句意義無關。

110.(C)。「哀嚎」與句義無關。

111.(A)。莊周夢蝶與後文的新年賀詞無關。

112.(B)。圖窮匕見，後比喻事情發展到最後，形跡敗露，現出真相。

113.(C)。一口咬定：堅持己見，絕不改口。

114.(C)。一手遮天，比喻玩弄權術、瞞上欺下的行徑。不值得被稱讚。

115.(D)。一片冰心，比喻人冰清玉潔、恬靜淡泊的性情。

116.(A)。依題意，應是遇到無法處理的困境。迴光返照，比喻事物完全毀滅前暫時的興旺，與句義無關。

117.(D)。火冒三丈，形容人十分生氣。不可用在形容花燈。

118.(B)。男盜女娼，形容行為卑劣，寡廉鮮恥。

119.(C)。一字千金，比喻文辭精當，價值極高。與博學多聞意義不同。

120.(C)。百花齊放的春天不會大雪紛飛。

第三回

( )　1. 窮下碧中落黃上泉　(A)中　(B)上　(C)下　(D)落。

( )　2. 樂多情不似情苦無　(A)無　(B)樂　(C)苦　(D)多。

( )　3. 情人薄似秋淡雲　(A)情　(B)薄　(C)雲　(D)淡。

( )　4. 誰猛誰頭非是暗點　(A)頭　(B)猛　(C)是　(D)非。

( )　5. 冤仇家宜結解不宜　(A)宜　(B)結　(C)仇　(D)冤。

( )　6. 點靈一是吾敲師虛　(A)師　(B)敲　(C)虛　(D)點。

( )　7. 悲特離合總無情歡　(A)特　(B)離　(C)歡　(D)無。

( )　8. 桃春花依西舊笑風　(A)西　(B)桃　(C)春　(D)舊。

( )　9. 梅砌下落如雪霜亂　(A)雪　(B)梅　(C)砌　(D)霜。

( )　10. 別般是一滋卡味在頭心　(A)卡　(B)般　(C)心　(D)味。

( )　11. 蠟心燭有還惜火別　(A)蠟　(B)心　(C)惜　(D)火。

( )　12. 裏尋百萬他千度眾　(A)眾　(B)萬　(C)百　(D)尋。

( )　13. 有一張很大張的紙，厚度為2mm，每對摺一次，厚度就變成1倍；若要讓這張紙變成1公尺的厚度，則最少要對摺幾次？
　　　　(A)7　　　　　　　　　　　(B)8
　　　　(C)9　　　　　　　　　　　(D)10　次。

( )　14. 牧場內有養牛、羊、豬各若干隻，已知三者數量的關係為牛是羊的1/2倍再多4隻，豬是牛的3倍再少5隻，三者總和為167隻。則請問豬有多少隻？
　　　　(A)65　　　　　　　　　　　(B)70
　　　　(C)85　　　　　　　　　　　(D)90　隻。

( )　15. 已知甲數的11%等於乙數的1/3，也等於丙數的2/5，則下列何者敘述正確？
(A)甲＞乙＞丙　　　　　　　(B)甲＞丙＞乙
(C)乙＞丙＞甲　　　　　　　(D)乙＞甲＞丙。

( )　16. 有一蝸牛爬樹，已知蝸牛每天白天往上爬3公尺，晚上下滑0.5公尺，到了第四天才爬到樹頂，則請問此樹高為多少公尺？
(A)10　　　　　　　　　　　(B)10.5
(C)11　　　　　　　　　　　(D)11.5　公尺。

( )　17. 有一個簡單沒有重量刻度的天平，若現有180公斤的鹽巴和一個7公斤的砝碼，另有一袋2公斤的米，問最少使用天平幾次，就可將這些鹽分成151公斤和29公斤兩部份？
(A)2　　　　　　　　　　　(B)3
(C)4　　　　　　　　　　　(D)5　次。

( )　18. 有甲、乙兩杯不同濃度的食鹽水溶液，已知甲杯濃度為7%，乙杯為19%。現若用甲、乙兩杯食鹽水調製出一杯濃度為11%的食鹽水溶液，則請問甲、乙兩杯溶液所需使用量的比例為多少？
(A)1：2　　　　　　　　　　(B)3：4
(C)4：3　　　　　　　　　　(D)2：1。

( )　19. 有一橋樑工程，若請50個工人來做，要120天才能完工，若請75個工人來做，則可提前幾天完工？
(A)30　　　　　　　　　　　(B)40
(C)50　　　　　　　　　　　(D)60　天。

( )　20. 甲每9天進城採購一次，乙每4天進城一次，丙則每6天進城一次；某日三人在城中相遇，則請問下次三人相遇至少要再過幾天後？
(A)21　　　　　　　　　　　(B)36
(C)45　　　　　　　　　　　(D)53　天。

( )　21. 某家飲料公司推出特價促銷活動，一杯飲料只賣15元，收集空飲料杯3杯，買飲料可折抵10元，則請問50元最多可以喝到幾杯飲料？
(A)2　　　　　　　　　　　　(B)3
(C)4　　　　　　　　　　　　(D)5　杯。

( )　22. 彼得在計算240×(3÷5)÷(6÷2)時，誤寫成240÷3÷5×6÷2來計算，則請問他算出的答案與正確答案誤差為多少？
(A)0　　　　　　　　　　　　(B)4
(C)28　　　　　　　　　　　(D)128。

( )　23. 一個12小時制的時鐘，時針的移動速度為一分鐘多少角度？
(A)0.5　　　　　　　　　　　(B)1
(C)2　　　　　　　　　　　　(D)2.5　度。

( )　24. 在一個大紙箱中有6個中紙箱，而每一個中紙箱內又有4個小紙箱，則請問全部紙箱一共有多少個？
(A)28　　　　　　　　　　　(B)29
(C)30　　　　　　　　　　　(D)31　個。

( )　25. 某麵包店裡賣吐司原價一條60元，當日晚上九點過後則打5折出售，每週五定價一律改為9折，則請問在週末晚上九點以後，吐司實際售價為多少元？
(A)19　　　　　　　　　　　(B)27
(C)41　　　　　　　　　　　(D)50　元。

( )　26. _____之於金榜題名，好比痛心疾首之於_____
(A)名落孫山…欣喜若狂　　　(B)咄咄逼人…負荊請罪
(C)張燈結綵…一鳴驚人　　　(D)錦衣夜行…哀鴻遍野。

( )　27. _____之於土崩瓦解，好比一刀兩斷之於_____
(A)固若金湯…藕斷絲連　　　(B)天崩地裂…一廂情願
(C)死灰復燃…紅男綠女　　　(D)庸庸碌碌…鴉雀無聲。

( )　28. _____之於兔死狗烹，好比如魚得水之於_____
(A)守成不易…唇亡齒寒　　　(B)鳥盡弓藏…平步青雲
(C)朱門酒臭…打草驚蛇　　　(D)負荊請罪…池魚之殃。

( )　29. ＿＿＿＿＿之於魯班，好比完璧歸趙之於＿＿＿＿＿
　　　　(A)望梅止渴…花木蘭　　　　　　(B)橫掃千軍…楊貴妃
　　　　(C)班門弄斧…藺相如　　　　　　(D)圖窮匕見…孟嘗君。

( )　30. ＿＿＿＿＿之於不自量力，好比學富五車之於＿＿＿＿＿
　　　　(A)螳螂捕蟬…兄弟鬩牆　　　　　(B)螳臂擋車…學識淵博
　　　　(C)殘花敗柳…人面獸心　　　　　(D)錦衣夜行…姦夫淫婦。

( )　31. ＿＿＿＿＿之於彩衣娛親，好比董永之於＿＿＿＿＿
　　　　(A)郯子…臥冰求鯉　　　　　　　(B)老萊子…賣身葬父
　　　　(C)仲由…鹿乳奉親　　　　　　　(D)歐陽修…負米養親。

( )　32. ＿＿＿＿＿之於滿面春風，好比鍥而不捨之於＿＿＿＿＿
　　　　(A)愁眉苦臉…一暴十寒　　　　　(B)此起彼落…藕斷絲連
　　　　(C)道聽塗說…感人肺腑　　　　　(D)八面威風…弱不禁風。

( )　33. ＿＿＿＿＿之於蓴羹鱸膾，好比焚膏繼晷之於＿＿＿＿＿
　　　　(A)直眉瞪眼…一丘之貉　　　　　(B)狗吠火車…矻矻歲月
　　　　(C)紫袍金帶…御酒龍茶　　　　　(D)蜩螗沸羹…夙興夜寐。

( )　34. 殺雞儆猴之於＿＿＿＿＿，好比＿＿＿＿＿之於名不虛傳
　　　　(A)朝三暮四…平淡無奇　　　　　(B)通宵達旦…咄咄逼人
　　　　(C)逐鹿中原…難得糊塗　　　　　(D)以儆效尤…聲名遠播。

( )　35. 功虧一簣之於＿＿＿＿＿，好比＿＿＿＿＿之於曾母投杼
　　　　(A)半途而廢…三人市虎　　　　　(B)一飛沖天…揮金如土
　　　　(C)一暴十寒…夙夜匪懈　　　　　(D)指鹿為馬…匹夫之勇。

( )　36. 二八年華之於＿＿＿＿＿，好比＿＿＿＿＿之於羊羔美酒
　　　　(A)蛛絲馬跡…胸中甲兵　　　　　(B)及笄之年…莊周夢蝶
　　　　(C)年登耄耋…金漿玉醴　　　　　(D)杏眼圓睜…乘龍快婿。

( )　37. 門可羅雀之於＿＿＿＿＿，好比＿＿＿＿＿之於勤奮不懈
　　　　(A)光天化日…孜孜矻矻　　　　　(B)車水馬龍…玩日愒歲
　　　　(C)戶樞不蠹…兄弟鬩牆　　　　　(D)繩之以法…風花雪月。

( ) 38. 業紹陶朱之於_____，好比_____之於天賜石麟
(A)斯文在茲…百子圖開　　　　　(B)肱傳三折…三寸金蓮
(C)源遠流長…熊夢徵祥　　　　　(D)群賢畢至…弄瓦徵祥。

( ) 39. 一國三公之於_____，好比_____之於宵衣旰食
(A)蕭規曹隨…盈科後進　　　　　(B)唯我獨尊…翫歲愒日
(C)政出多門…枵腹從公　　　　　(D)解衣推食…蓬門蓽戶。

( ) 40. 蜀犬吠日之於_____，好比_____之於休休有容
(A)見多識廣…睚眥必報　　　　　(B)吳牛喘月…包藏禍心
(C)書空咄咄…卑以自牧　　　　　(D)井底之蛙…養尊處優。

( ) 41. 師心自用之於_____，好比_____之於梧鼠技窮
(A)囫圇吞棗…米珠薪桂　　　　　(B)膠柱鼓瑟…汗牛充棟
(C)故步自封…黔驢技窮　　　　　(D)削足適履…大相逕庭。

( ) 42. 3　1　6　2　□　3　12　4　(A)9　(B)13　(C)16　(D)18。

( ) 43. 2　□　12　20　30　42　(A)2　(B)4　(C)6　(D)8。

( ) 44. 1　2　2　□　8　32　(A)3　(B)4　(C)5　(D)6。

( ) 45. 15　34　33　□　42　25　60　(A)11　(B)35　(C)62　(D)70。

( ) 46. 0　1　1　□　3　5　8　13　(A)0　(B)1　(C)2　(D)3。

( ) 47. 1　1　2　□　3　9　4　16　(A)1　(B)4　(C)8　(D)9。

( ) 48. 4　2　9　4　□　6　25　8　(A)13　(B)16　(C)22　(D)23。

( ) 49. 20　15　40　□　60　35　(A)15　(B)20　(C)25　(D)30。

( ) 50. 1　12　23　□　45　56　67　(A)21　(B)32　(C)34　(D)43。

( ) 51. 6　11　16　21　□　31　36　(A)31　(B)38　(C)41　(D)26。

( ) 52. 2　□　10　17　26　37　(A)7　(B)8　(C)9　(D)10。

( ) 53. 1/25　1/5　1　5　□　125　(A)15　(B)25　(C)35　(D)45。

( ) 54. 13　5　24　25　□　51　46　75　(A)24　(B)35　(C)50　(D)58。

( ) 55. 2　□　4　20　8　30　16　40　(A)10　(B)15　(C)20　(D)25。

( ) 56. 10 9 11 8 □ 7 13 6 (A)10 (B)12 (C)16 (D)18。

( ) 57. 15 □ 10 5 15 7 20 9 (A)3 (B)6 (C)12 (D)18。

( ) 58. 20 15 40 □ 60 35 (A)17 (B)25 (C)29 (D)31。

( ) 59. 0 1 1 2 □ 5 8 13 21 (A)3 (B)5 (C)7 (D)13。

( ) 60.

俯視圖 　　右視圖

(A) 　(B) 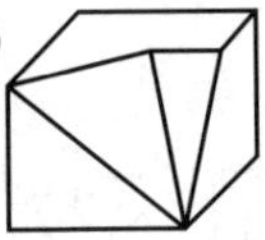　(C) 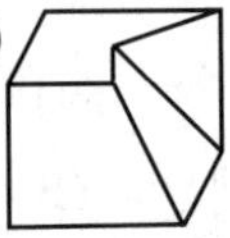　(D)

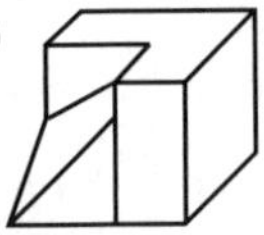

( ) 61.

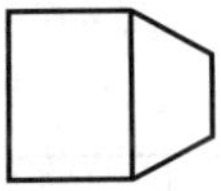

俯視圖 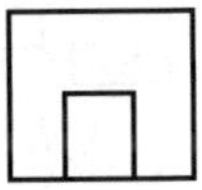　　右視圖

(A) 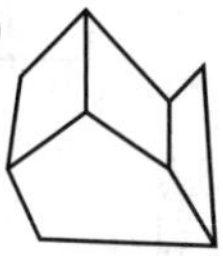　(B) 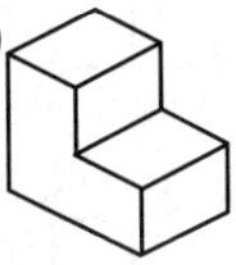　(C) 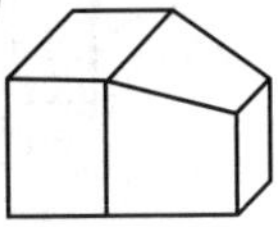　(D)

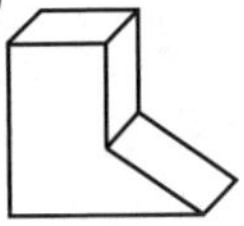

( ) 62.

俯視圖　　右視圖

(A) 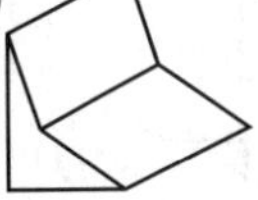　(B) 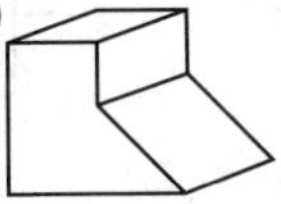　(C) 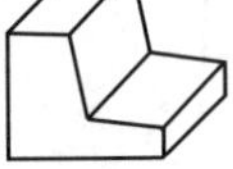　(D)

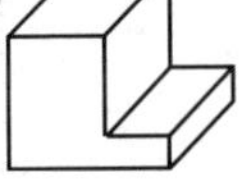

( )　63.

俯視圖　　　右視圖

(A)　　　(B)　　　(C)　　　(D)

( )　64.

俯視圖　　右視圖

(A)　　(B)　　(C)　　(D)

( )　65.　　　　(A)　　　　(B)

　　　　　(C)　　　　(D)

( )　66.　　　　(A)　　　　(B)

　　　　　(C)　　　　(D)

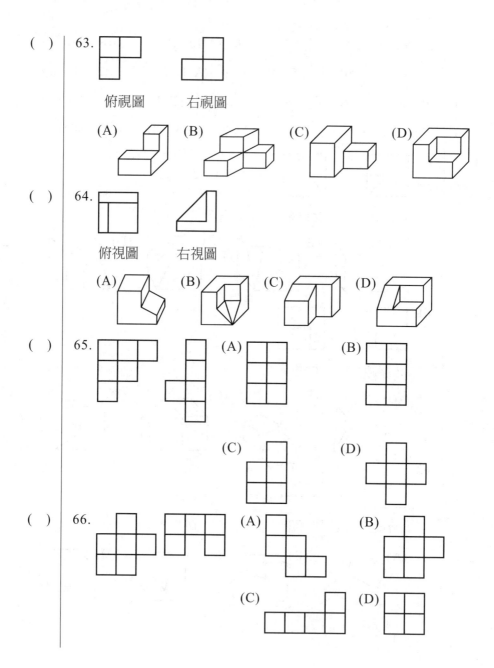

( )　67.

(A)

(B)

(C)

(D)

( )　68.

(A)

(B)

(C)

(D)

( )　69.

(A)

(B)

(C)

(D)

◎ 第70~71題

　　　有甲、乙、丙、丁共4隻體重不同的大象，已知：

　　　(1)乙比丙輕，比丁重　　(2)甲比乙重，比丙輕　　(3)丙最重

( )　70. 請問誰最輕？

　　　(A)甲　　　　　　　　　　(B)乙

　　　(C)丙　　　　　　　　　　(D)丁。

( ) 71. 請問這4隻大象依照重量最重到最輕的順序應該為何？
(A)甲乙丙丁 　　　　　　　　　(B)丙甲乙丁
(C)丙乙丁甲 　　　　　　　　　(D)丁甲乙丙。

◎ 第72~74題
已知從A地到B地，有3條陸路，2條水路，而B地到C地則有3條水路，4條陸路可走。請問：

( ) 72. 由A地經B地再到C地，共有幾種不同的走法？
(A)20 　　　　　　　　　　　(B)25
(C)30 　　　　　　　　　　　(D)35　種。

( ) 73. 若規定A地經B地要走水路，再到C地則不限制，則有多少種不同的走法？
(A)12 　　　　　　　　　　　(B)14
(C)16 　　　　　　　　　　　(D)18　種。

( ) 74. 若A地經過B地再到C地後，折返經B地回A地，規定去時要走陸路，回程時要走水路，則一共有幾種不同的走法？
(A)12 　　　　　　　　　　　(B)14
(C)16 　　　　　　　　　　　(D)18　種。

◎ 第75~76題
已知有新生共x人，宿舍有y間，若一間宿舍住4人，則有6人無宿舍可住，若一間宿舍住6人，則有一間房間只住了4人，並有54間空房間：

( ) 75. 請列出其聯立方程式：

(A) $\begin{cases} 4y = x + 6 \\ 6y = x + 326 \end{cases}$ 　　　　(B) $\begin{cases} 4y = x - 6 \\ 6y = x - 326 \end{cases}$

(C) $\begin{cases} 4y = x - 6 \\ 6y = x + 326 \end{cases}$ 　　　　(D) $\begin{cases} 4y = x + 6 \\ 6y = x - 326 \end{cases}$ 。

( ) 76. 其解(x,y) ＝？
(A)(666, 175)　　(B)(760, 155)
(C)(870, 136) 　　　　　　　(D)(670, 166)。

◉ 第77~78題

有一天數學老師小考出了三題，第一題和第二題各為30分，第三題為40分，總分為100分，全班共有35人：

(1)第一題答對者有14人　　　(2)第二題答對者有18人
(3)第三題答對者有19人　　　(4)第一、二題皆答對者有6人
(5)第二、三題皆答對者有8人　(6)第一、三題皆答對者有7人
(7)考零分者有2人

( )　77. 請問考滿分者有幾人？
　　　(A)2　　　　　　　　　　(B)3
　　　(C)4　　　　　　　　　　(D)5　人。

( )　78. 請問考60分以上的有幾人？
　　　(A)15　　　　　　　　　　(B)18
　　　(C)20　　　　　　　　　　(D)22　人。

◉ 第79~80題

有一大蓄水池，用A水管注水需時3小時，用B水管需時5小時，已知：

(1)用A水管注水50公升水桶需時7.5分鐘
(2)用B水管注水10公升水桶需時2.5分鐘

( )　79. 請問這大蓄水池加滿水共有多少水量？
　　　(A)800　　　　　　　　　　(B)1200
　　　(C)1600　　　　　　　　　(D)1800　公升。

( )　80. 若先用A水管注水這大蓄水池1小時後，再加入B水管，則加滿這大蓄水池共需要多少小時？
　　　(A)1.25　　　　　　　　　　(B)2.5
　　　(C)3.75　　　　　　　　　(D)5　小時。

( )　81. 一長15公尺，寬8公尺之水池，周圍有寬1公尺之走道，則走道面積為多少？
　　　(A)40　　　　　　　　　　(B)50
　　　(C)60　　　　　　　　　　(D)70　平方公尺。

( )　82. 如右圖，正方形四邊長均為8，三角形斜線部
　　　　份佔全部面積的多少？
　　　　(A)1/3　　　　　　　　　　　(B)1/4
　　　　(C)1/5　　　　　　　　　　　(D)1/6。

( )　83. 某三角形之第一角度數為第二角之3倍，第三角比第二角多55
　　　　度，則第二角為幾度？
　　　　(A)25　　　　　　　　　　　　(B)35
　　　　(C)45　　　　　　　　　　　　(D)55　　度。

( )　84. 將5個數字：1、2、3、4、5全取不重複，排成一個5位數，則
　　　　此5位數能被2整除的機率為多少？
　　　　(A)1/5　　　　　　　　　　　(B)2/5
　　　　(C)1/2　　　　　　　　　　　(D)3/5。

( )　85. 數列1，3，5，……之前16項和為多少？
　　　　(A)240　　　　　　　　　　　(B)256
　　　　(C)260　　　　　　　　　　　(D)650。

( )　86. 用鉛線焊成體積27立方公尺的正方體的邊，共需鉛線多少長
　　　　度？
　　　　(A)24　　　　　　　　　　　　(B)36
　　　　(C)48　　　　　　　　　　　　(D)64　　公尺。

( )　87. 有一數列之和為510，其平均為34，則共有幾個數？
　　　　(A)60　　　　　　　　　　　　(B)34
　　　　(C)15　　　　　　　　　　　　(D)不能確定。

( )　88. 一容器內的水，第一天蒸發2/5，第二天蒸發了前一天剩下的
　　　　1/3，則剩下的水量是原來之幾分之幾？
　　　　(A)2/5　　　　　　　　　　　(B)1/7
　　　　(C)3/11　　　　　　　　　　　(D)1/15。

( )　89. 某登山隊出發前點名，每三個一數，每五個一數，都餘二
　　　　人，則加上嚮導一人，此登山隊總共有幾人？
　　　　(A)17　　　　　　　　　　　　(B)18
　　　　(C)19　　　　　　　　　　　　(D)20　　人。

( ) 90. 今年甲44歲，乙的年齡加上甲的1/4後恰為甲的1/2，乙去年幾歲？
(A)22 　　　　　　　　　　(B)11
(C)10 　　　　　　　　　　(D)8　歲。

( ) 91. 邊長分別為45公分和120公分之長方形木板，要拼出最小的正方形，則此正方形共用掉多少塊木板？
(A)12 　　　　　　　　　　(B)24
(C)36 　　　　　　　　　　(D)40　塊。

( ) 92. 某物以定價打75折為售價，可賺120元，若已知定價為成本的1.6倍，則其成本為多少元？
(A)300 　　　　　　　　　　(B)400
(C)500 　　　　　　　　　　(D)600　元。

( ) 93.

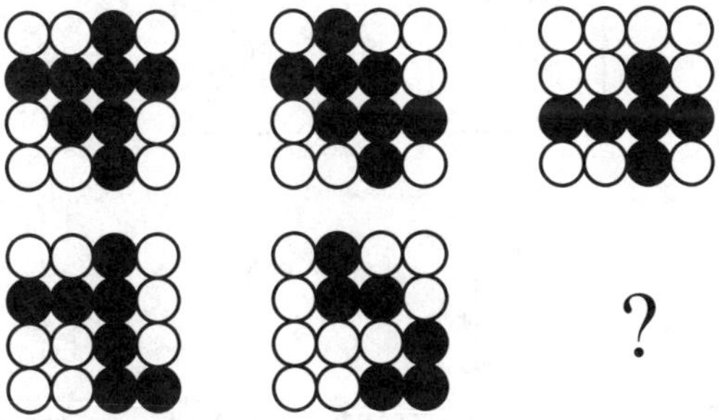

(A)  (B) 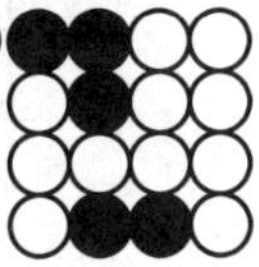 (C) 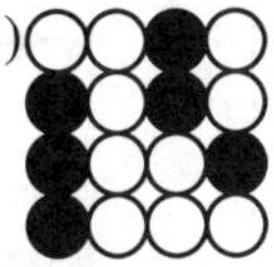 (D)

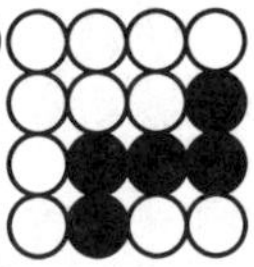

( ) 94.

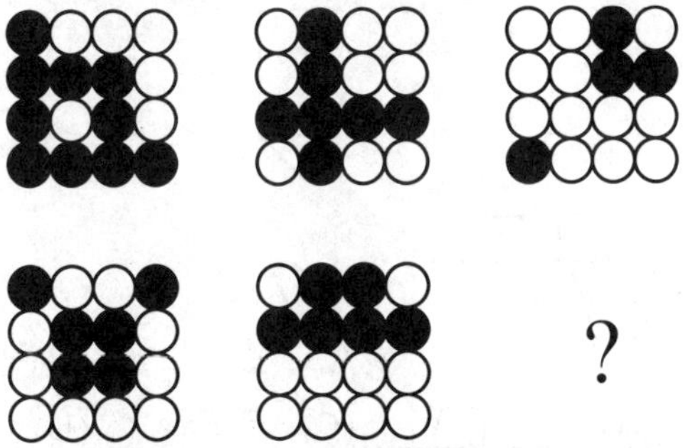

(A) 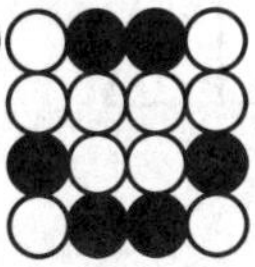 (B)  (C)  (D)

( ) 95.

( ) 96.

( ) 97.

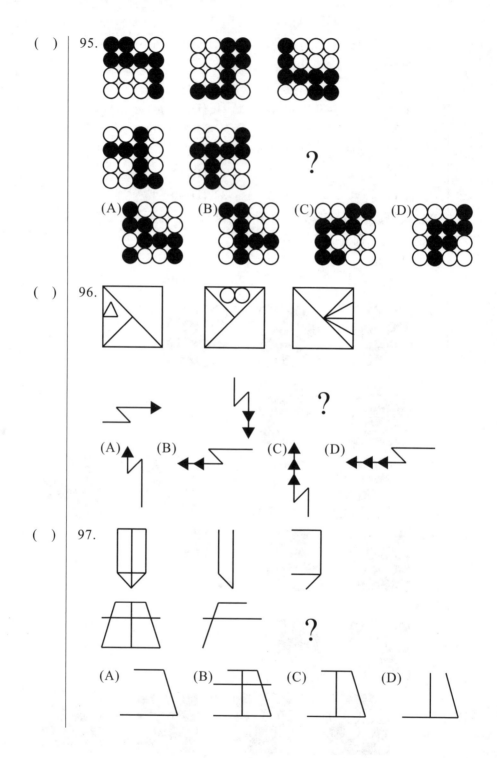

(　) | 98.

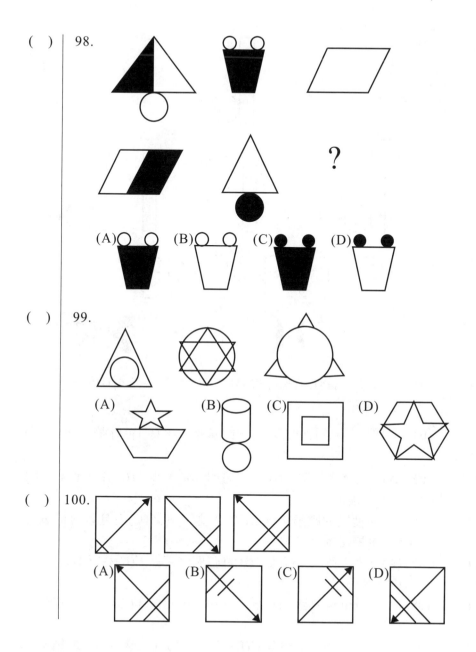

(A)　(B)　(C)　(D)

(　) | 99.

(A)　(B)　(C)　(D)

(　) | 100.

(A)　(B)　(C)　(D)

( ) 101.

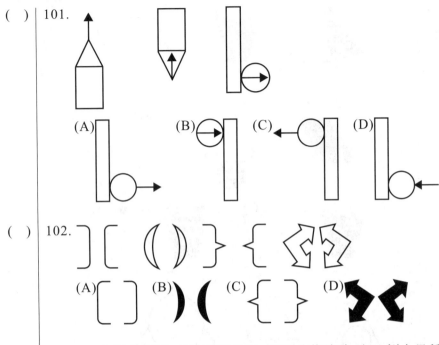

( ) 102.

( ) 103. (A)夜闌人靜時／(B)聞雞起舞／(C)品茗論詩／(D)倒也是種沉靜的風雅。

( ) 104. (A)他好賭成性／(B)竟然飲鴆止渴／(C)企圖翻本／(D)簡直不可救藥。

( ) 105. (A)每次資訊展期／(B)總是吸引大量人潮／(C)引頸就戮／(D)車水馬龍的。

( ) 106. (A)他獲獎的雕塑／(B)不僅內容充實／(C)而且讜言偉論／(D)全場聽眾為之動容。

( ) 107. (A)小王終獲佳人青睞／(B)昨日席開百桌／(C)筵開湯餅／(D)好不熱鬧。

( ) 108. (A)他雖位居顯赫／(B)收入豐厚／(C)但尸位素餐／(D)自奉甚簡。

( ) 109. (A)研究學問一定要有／(B)刀光劍影／(C)發憤忘食的精神／(D)才能日有所成。

( ) 110. (A)時光荏苒人事／(B)早已目無法紀／(C)舊地重遊／(D)真是不勝感慨。

( )　111. (A)一個扶搖直上／(B)揮金如土／(C)的紈袴子弟／(D)如何重振沒落的家族企業。

( )　112. (A)他是位面惡心善／(B)溫柔體貼的人／(C)以後你會被他的溫柔／(D)所殺雞取卵。

( )　113. (A)旅行雖辛苦／(B)但只要峰迴路轉／(C)好好補充睡眠／(D)就能消除疲勞。

( )　114. (A)他總是為朋友／(B)兩肋插刀／(C)擔任池魚之殃／(D)的救火員角色。

( )　115. (A)他瓜田李下／(B)監守自盜／(C)如今身陷囹圄／(D)真是咎由自取。

( )　116. (A)在緊要關頭時／(B)他竟始亂終棄／(C)將球誤傳給對手／(D)真是佩服了他。

( )　117. (A)滿山的波斯菊／(B)如此姹紫嫣紅／(C)處處龍馬精神／(D)真教人陶醉。

( )　118. (A)他滿口仁義道德／(B)卻是兩面手法／(C)馬齒徒長的做法／(D)真是可恥。

( )　119. (A)曾叱吒風雲的將軍／(B)如今淚眼婆娑／(C)髮禿齒豁模樣／(D)怎不令人悲悽。

( )　120. (A)大師的風範和節操／(B)常令仰慕者有／(C)高山仰之／(D)巫山雲雨的欽歎。

解答 解析

1.(A)。 原句為：上窮碧落下黃泉。

2.(B)。 原句為：無情不似多情苦。

3.(D)。 原句為：人情薄似秋雲。

4.(B)。 原句為：誰是誰非暗點頭。

5.(C)。 原句為：冤家宜解不宜結。

6.(B)。 原句為：靈虛一點是吾師。

7.(A)。 原句為：悲歡離合總無情。

8.(A)。 原句為：桃花依舊笑春風。

9.(D)。 原句為：砌下落梅如雪亂。

10.(A)。 原句為：別是一般滋味在心頭。

11.(D)。 原句為：蠟燭有心還惜別。

12.(B)。 原句為：眾裏尋他千百度。

13.(C)。 $2^{k+1}=1000$
$k\fallingdotseq 9$

14.(C)。 設牛有x隻，設羊有y隻，設豬有z隻

依題意，牛有$\frac{1}{2}y+4$隻，豬有$3(\frac{1}{2}y+4)-5$

則$\frac{1}{2}y+4+y+3(\frac{1}{2}y+4)-5=167$，$y=52$

豬有$3(\frac{1}{2}\times 52+4)-5=85$

15.(A)。 $\frac{11}{100}$甲$=\frac{1}{3}$乙$=\frac{2}{5}$丙$\Rightarrow$乙$=\frac{33}{100}$甲，丙$=\frac{55}{200}$甲$=\frac{22.5}{100}$甲
因此甲 > 乙 > 丙

16.(B)。 前3天共爬了$(3-0.5)\times 3=7.5$
第4天的高度為$7.5+3=10.5$

17.(C)。 $7+2=9$　　　$29\div9=3\dfrac{2}{9}$

第4次再用2公斤的米即可稱得29公斤，最少使用4次。

18.(D)。 依題意 $\dfrac{0.07x+0.19y}{x+y}=\dfrac{11}{100}$

$7x+19y=11x+11y$

$8y=4x$

$x:y=2:1$

19.(B)。 $75\times x(天)=50\times120$　　　$x=80天$

$120-80=40$，因此提前40天完工。

20.(B)。

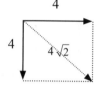

$\begin{array}{c|ccc}2&9&4&6\\3&\overline{9}&2&3\\\hline&3&2&1\end{array}$

$[9,4,6]=2^2\times3^2=36$

21.(C)。 $15\times3(杯)=45$（元）

$50-45=5$（元）

$5+10=15$（元）

可以再買一杯，因此總共為4杯。

22.(A)。 $240\times(3\div5)\div(6\div2)=240\times\dfrac{3}{5}\times\dfrac{2}{6}=240\times\dfrac{1}{5}$

$240\div3\times5\div6\div2=240\times\dfrac{1}{3}\times\dfrac{1}{5}\times6\times\dfrac{1}{2}=240\times\dfrac{1}{5}$

因此2者無誤差。

23.(A)。 $\dfrac{360}{12\times60}=\dfrac{6}{12}=0.5$

24.(D)。 $1+1\times6+6\times4=31$

25.(B)。 $60\times0.5\times0.9=27$

26.(A)。 反義詞。欣喜若狂與痛心疾首相反；金榜題名與名落孫山相反。

27.(A)。 反義詞。固若金湯與土崩瓦解相反；一刀兩斷與藕斷絲連相反。

28.(B)。　近義詞。鳥盡弓藏與兔死狗烹皆比喻事成之後，有功之人即遭到殺戮或捨棄的命運。

如魚得水與平步青雲皆比喻行事平穩順利。

29.(C)。　班門弄斧：指在名匠魯班門前玩弄大斧，比喻不自量力。

完璧歸趙：趙國藺相如出使秦國，安然將和氏璧送回趙國，比喻物歸原主。

30.(B)。　同義詞。螳臂擋車即指不自量力；學富五車即指學識淵博。

31.(B)。　成語主角配對。彩衣娛親的主角為老萊子；賣身葬父的主角為董永。

32.(A)。　反義詞。愁眉苦臉與滿面春風相反；鍥而不捨與一暴十寒相反。

33.(D)。　近義詞。蜩螗沸羹與鼎羹鑪膾皆比喻事情不能堅持到底，只差最後的步驟而功敗垂成。

焚膏繼晷與夙興夜寐皆比喻夜以繼日地勤奮不息。

34.(D)。　近義詞。殺雞儆猴與以儆效尤皆用於針對壞人所做的壞事處以嚴重的刑罰，來警告其他想要仿效做壞事的人。

聲名遠播與名不虛傳皆比喻為人聲望名譽、流傳甚廣。

35.(A)。　近義詞。功虧一簣與半途而廢皆比喻做事中途停止，沒法堅持到底。

三人市虎與曾母投杼皆比喻有時謠言是可以掩飾真相的。

36.(C)。　反義詞。二八年華與年登耄耋相反；金漿玉醴與羊羔美酒相反。

37.(B)。　反義詞。門可羅雀與車水馬龍相反；玩日愒歲與勤奮不懈相反。

38.(C)。　近義詞。業紹陶朱與源遠流長比喻事業能長久。

熊夢徵祥與天賜石麟皆是祝賀人家生子。

39.(C)。　近義詞。一國三公與政出多門比喻事權不統一，國家權力分散。

枵腹從公與宵衣旰食皆形容不顧己身，勤於政事。

40.(A)。　反義詞。蜀犬吠日與見多識廣相反；睚眥必報與休休有容相反。

41.(C)。　近義詞。師心自用與故步自封皆形容人剛愎自用，自我為中心。

黔驢技窮與梧鼠技窮皆形容為人像半瓶水響叮噹，沒什麼真才實學。

42.(A)。　3　1　6　2　□　3　12　4……

　　　　　　　3×2　　3×3　　3×4

　　　　□＝9

43.(C)。

2　□　12　20　30　42

+4　+6　+8　+10　+12

$\square = 2 + 4 = 6$

44.(B)。

1　2　2　□　8　32……

$\rightarrow 2^0$、2^1、2^1、□、2^3、2^5……

2^{0+1}　2^{1+2}

2^{1+1}　2^{2+3}

$\square = 2^2 = 4$

45.(D)。

15　　34　　33　　□　　42　　25　　60

$1+5=6$　$3+4=\underline{7}$　$3+3=6$　　$4+2=6$　$2+5=\underline{7}$　$6+0=6$

因此□為2位數加起來為7，只有(D)70→7＋0＝7符合。

46.(C)。

0　　$\underline{1}$　　1　　□　　3　　5　　8　　13

$1-0=0$　$3-1=\square$　$8-3=5$

$\square = 3 - 1 = 2$

47.(B)。

1　1　2　□　3　9　4　16

1^2　　$\square^2$　　3^2　　4^2

$\square^2 = 2^2 = 4$

48.(B)。

4　2　9　4　□　6　25　8

2^2　　3^2　　4^2　　5^2

$\square = 4^2 = 16$

49.(C)。

20　15　40　□　60　35

$\underline{3} \times 5$　　$\underline{5} \times 5$　　$\underline{7} \times 5$

$\square = 5 \times 5 = 25$

50.(C)。 1 $\xrightarrow{+11}$ 12 $\xrightarrow{+11}$ 23 $\xrightarrow{+11}$ □ $\xrightarrow{+11}$ 45 $\xrightarrow{+11}$ 56 $\xrightarrow{+11}$ 67

$\square = 23 + 11 = 34$

51.(D)。 6 $\xrightarrow{+5}$ 11 $\xrightarrow{+5}$ 16 $\xrightarrow{+5}$ 21 $\xrightarrow{+5}$ □ $\xrightarrow{+5}$ 31 $\xrightarrow{+5}$ 36

$\square = 21 + 5 = 26$

52.(A)。 2　□ $\xrightarrow{+10}$ 10　17 $\xrightarrow{+20}$ 26　37

$\square = 17 - 10 = 7$

53.(B)。 $\dfrac{1}{25}$　$\dfrac{1}{5}$　1　5　□　125

$\xrightarrow{\times 5}$ $\xrightarrow{\times 5}$ $\xrightarrow{\times 5}$ $\xrightarrow{\times 5}$ $\xrightarrow{\times 5}$

$\square = 5 \times 5 = 25$

54.(B)。 13　5 $\xrightarrow{+11}$ 24　25 $\xrightarrow{+11}$ □ $\xrightarrow{+11}$ 51　46　75

$\square = 24 + 11 = 35$

55.(A)。 2　□ $\xrightarrow{+10}$ 4　20 $\xrightarrow{+10}$ 8　30 $\xrightarrow{+10}$ 16　40

$\square = 20 - 10 = 10$

56.(B)。 10　9 $\xrightarrow{+1}$ 11　8 $\xrightarrow{+1}$ □ $\xrightarrow{+1}$ 7　13　6

$\square = 11 + 1 = 12$

57.(A)。 15　□ $\xrightarrow{+2}$ 10　5 $\xrightarrow{+2}$ 15　7 $\xrightarrow{+2}$ 20　9

$\square = 5 - 2 = 3$

58.(B)。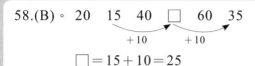

$$\square=15+10=25$$

59.(A)。

0	1	1	2	$\square$	5	8	13	21
		↓	↓	↓	↓	↓	↓	↓
		0+1	1+1	1+2	2+$\square$	$\square$+5	5+8	8+13

$$\square=1+2=3$$

60.(B)。由俯視圖可知切2個三角形，右視圖只切一個三角形，(B)即為所求。

61.(C)。俯視圖可知由一個四方形和一梯形組成，右視圖為一大四方形和一小四方形（即梯形小頭），可知(C)即為所求。

62.(D)。由俯視圖可知由兩個長方形構成，右視圖可知兩個長方形一高一低，選項(D)即為所求。

63.(B)。由俯視圖可知由三個方形組成，由右視圖可知其中之一個方形比較高，選項(B)即為所求。

64.(D)。從俯視圖可知由兩個長條形夾一個四方形，右視圖可看到有斜坡，因此選項(D)即為所求。

65.(C)。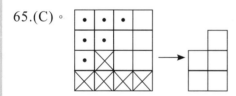

66.(C)。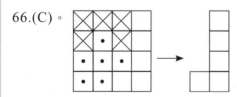

67.(C)。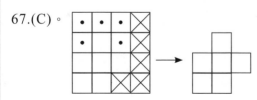

68.(A)。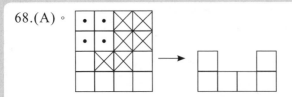

69.(C)。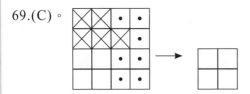

70.～71.

70.(D)。 乙比丙輕，比丁重→丙>乙>丁

71.(B)。 甲比乙重，比丙輕→丙>甲>乙
　　　　由此可知：丙 > 甲 > 乙 > 丁

72.～74.

A地 ⟶ ⟨3陸 / 2水⟩ ⟶ B地 ⟶ ⟨3水 / 4陸⟩ ⟶ C地

72.(D)。 $(3+2) \times (3+4) = 35$ 種

73.(B)。 $2 \times (3+4) = 14$ 種

74.(D)。 $3 \times 4 + 3 \times 2 = 18$ 種

75.～76.

75.(C)。 $\begin{cases} 4y = x - 6 \\ 6(y - 54) = x + 2 \end{cases} \Rightarrow \begin{cases} 4y = x - 6 \\ 6y = x + 36 \end{cases}$

76.(D)。解聯立可得$(x, y) = (670, 166)$

77.～78.

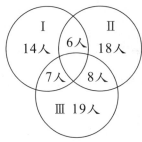

77.(B)。由圖可知，S(Ⅰ ∪ Ⅱ ∪ Ⅲ)＝S(Ⅰ)＋S(Ⅱ)＋S(Ⅲ)－
S(Ⅰ ∩ Ⅱ)－S(Ⅱ ∩ Ⅲ)－S(Ⅰ ∩ Ⅲ)＋S(Ⅰ ∩ Ⅱ ∩ Ⅲ)
$35-2=14+18+19-6-7-8+$S(Ⅰ ∩ Ⅱ ∩ Ⅲ)
$\Rightarrow$S(Ⅰ ∩ Ⅱ ∩ Ⅲ)＝3

78.(A)。S(Ⅱ ∩ Ⅲ)＋S(Ⅰ ∩ Ⅲ)＝7＋8＝15

79.(B)。蓄水池水量 $=\dfrac{50}{7.5}\times 3\times 60=\dfrac{10}{2.5}\times 5\times 60=1200$

80.(A)。$1200-\dfrac{50}{7.5}\times 60=1200-400=800$

$800=\dfrac{50}{7.5}t+\dfrac{10}{2.5}t\Rightarrow 32t=2400\Rightarrow t=75\text{min}=1.25\text{hr}$

81.(B)。

17
15
10　8

$17\times 10-15\times 8=170-120=50$

82.(B)。$\dfrac{\dfrac{1}{2}\times 8\times 4}{8\times 8}=\dfrac{1}{4}$

83.(A)。$(3x)+x+(x+55)=180$
$5x+55=180$　　$5x=125$　　$x=25$

84.(B)。 $\dfrac{4!+4!}{5!}=\dfrac{2\times 4!}{5!}=\dfrac{2}{5}$

85.(B)。 $\dfrac{n[2a_1+(n-1)d]}{2}=\dfrac{16\times(2+15\times 2)}{2}=256$

86.(B)。 邊$^3=27$，邊$=3$，$12\times 3=36$

87.(C)。 $\Sigma a_n=510$—①

$\dfrac{\Sigma a_n}{n}=34$—② $\dfrac{①}{②}\Rightarrow n=15$

88.(A)。 $1-(\dfrac{2}{5})-(1-\dfrac{2}{5})\times\dfrac{1}{3}=\dfrac{3}{5}-\dfrac{3}{15}=\dfrac{6}{15}=\dfrac{2}{5}$

89.(B)。 $[3,5]+2+1=15+2+1=18$

90.(C)。 $x+\dfrac{1}{4}\times 44=\dfrac{1}{2}\times 44$

$x=11$ $11-1=10$

91.(B)。 $[45,120]=360$

$\dfrac{360}{45}=8$ $\dfrac{360}{120}=3$ $8\times 3=24$

92.(D)。 $0.75\times(1.6x)-x=120$ $x=600$

93.(B)。 w：白球，b：黑球

① $\begin{cases}8w\\8b\end{cases}$ ② $\begin{cases}9w\\7b\end{cases}$ ③ $\begin{cases}10w\\6b\end{cases}$

④ $\begin{cases}9w\\7b\end{cases}$ ⑤ $\begin{cases}10w\\6b\end{cases}$ ⑥ $\begin{cases}11w\\5b\end{cases}$

(B)即為所求。

94.(A)。 ① $\begin{cases}6w\\10b\end{cases}$ ② $\begin{cases}9w\\7b\end{cases}$ ③ $\begin{cases}12w\\4b\end{cases}$

④ $\begin{cases}10w\\6b\end{cases}$ ⑤ $\begin{cases}10w\\6b\end{cases}$ ⑥ $\begin{cases}10w\\6b\end{cases}$

95.(B)。　①～③：順時針；④～⑥：逆時針，(B)即為所求。

96.(D)。　順時針增加箭頭數，

因此　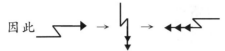

97.(D)。　將原圖形拆成2個，

因此　

98.(C)。　與第一排的圖形整個黑白相反，

因此　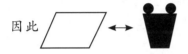

99.(B)。　都要包含圓形。

100.(D)。上下對稱轉箭頭，因此為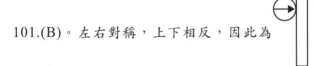

101.(B)。左右對稱，上下相反，因此為

102.(D)。圖形黑白相間，左右相反。

103.(B)。此為描述夜晚的情境，聞雞起舞不相符。

104.(B)。飲鴆止渴非適合的形容語法。

105.(C)。引頸就戮形容從容就義。

106.(A)。雕塑與演講不相干。

107.(C)。筵開湯餅乃祝人生子。

108.(C)。尸位素餐乃指空居職位享受俸祿而不盡職守。

109.(B)。刀光劍影形容環境充滿了凶險的氣氛。

110.(B)。目無法紀與本句不相干。

111.(A)。扶搖直上與本句不相干。

112.(D)。殺雞取卵與本句不相干。

113.(B)。峰迴路轉與本句文意不符。

114.(C)。池魚之殃在本句不適合。

115.(A)。瓜田李下與本句文意不符。

116.(B)。始亂終棄與本句文意不符。

117.(C)。龍馬精神與本句文意不符。

118.(C)。馬齒徒長的做法與本句文意不符。

119.(B)。淚眼婆娑形容淚光在眼裡閃爍。

120.(D)。巫山雲雨的欽歡與本句文意不符。

第四回

( )　1. 五笑狂三歌十年舞　　(A)舞　(B)三　(C)五　(D)年。

( )　2. 綠蓼楊柳堤紅灘頭　　(A)柳　(B)堤　(C)頭　(D)蓼。

( )　3. 靈一點兒是吾虛師　　(A)師　(B)兒　(C)靈　(D)虛。

( )　4. 夢一朝秋勢落成春　　(A)勢　(B)朝　(C)夢　(D)秋。

( )　5. 半緣修君道半佛緣　　(A)君　(B)佛　(C)緣　(D)半。

( )　6. 共山唱僧閒野叟吟和　　(A)閒　(B)唱　(C)吟　(D)僧。

( )　7. 南鷹來飛北歸鴻燕　　(A)北　(B)鷹　(C)南　(D)燕。

( )　8. 力氛拔世山河氣蓋　　(A)力　(B)世　(C)氛　(D)山。

( )　9. 龍車如席流水馬如　　(A)席　(B)流　(C)車　(D)龍。

( )　10. 花自如飄水自流零　　(A)零　(B)自　(C)如　(D)水。

( )　11. 莊曉夢迷蝴生衣蝶　　(A)迷　(B)衣　(C)莊　(D)夢。

( )　12. 衣寬帶漸終不瘦悔　　(A)寬　(B)終　(C)漸　(D)瘦。

( )　13. 某公司民國85年營業額為4億元，民國86年營業額為6億元，該年的成長率為50%。87、88、89三年的成長率皆相同，且民國89年的營業額為48億元。則該公司89年的成長率為多少？
　　(A)60%　　　　　　　　(B)80%
　　(C)100%　　　　　　　(D)120%。

( )　14. 將一張B4的長方形紙張對折剪開之後，就成為B5的紙張，且其形狀跟原來B4的形狀相似，已知B4紙張的長邊為36.4公分，則請問B4紙張的短邊長為多少公分？
　　(A)16.9公分　　　　　　(B)25.7公分
　　(C)36.9公分　　　　　　(D)44.0公分。

( )　15. 根據過去的紀錄得知，某電腦工廠檢驗其產品的過程中，將良品誤檢驗為不良品的機率為0.20，將不良品誤檢驗為良品的機率為0.16。又知該產品中，不良品佔5%，良品佔95%。若一件產品被檢驗為良品，但是該產品實際上為不良品之機率為多少？

(A)0.01　　　　　　　　　　(B)0.02

(C)0.03　　　　　　　　　　(D)0.04。

( )　16. 籃球3人鬥牛賽，共有甲、乙、丙、丁、戊、己、庚、辛、壬9人參加，組成3隊，且甲、乙兩人不在同一隊的組隊方法有多少種？

(A)150種　　　　　　　　　(B)180種

(C)210種　　　　　　　　　(D)240種。

( )　17. 某人存入銀行10000元，年利率4%，以半年複利計息，滿一年本利和為多少元？

(A)10104元　　　　　　　　(B)10204元

(C)10304元　　　　　　　　(D)10404元。

( )　18. 如右圖各小方格為1立方公分的正方形。試問圖中大大小小的正方形共有多少個？

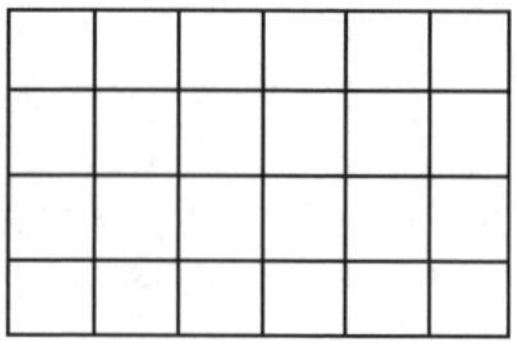

(A)40　　　　　　　　　　　(B)50

(C)60　　　　　　　　　　　(D)70。

( )　19. 一顆半徑為12公分的大巧克力球，裡面包著一顆半徑為5公分的軟木球。如果將此巧克力球拿掉軟木球後重新融化，做成半徑為2公分的實心巧克力球，最多可以做幾顆這樣的巧克力球？

(A)100顆　　　　　　　　　(B)150顆

(C)200顆　　　　　　　　　(D)250顆。

( )　20. 某一運動有一種特殊計分法，規定踢進一球得16分，犯規後
　　　　的罰踢，進一球則得6分。請問下列哪種分數不可能在計分板
　　　　上出現？
　　　　(A)26　　　　　　　　　　　(B)28
　　　　(C)82　　　　　　　　　　　(D)284。

( )　21. 有一高中招收高一新生共有男生1008人、女生924人報到。學
　　　　校想將他們依男女合班的原則平均分班，且要求各班有同樣
　　　　多的男生，也有同樣多的女生；考量教學效益，並限制各班
　　　　總人數在40與50人之間，則共分成幾班？
　　　　(A)28班　　　　　　　　　　(B)36班
　　　　(C)42班　　　　　　　　　　(D)54班。

( )　22. 小華在一廣場上從某一點出發，先往東北方前進50公尺後轉
　　　　往正西方向行進，一段時間後測得原出發點在他的南偏東60
　　　　度方向；則此時他距原出發點大約多少公尺？
　　　　(A)43公尺　　　　　　　　　(B)50公尺
　　　　(C)71公尺　　　　　　　　　(D)87公尺。

( )　23. 某高中高三學生依選考類組分成三班，各班學生人數分別為
　　　　38，34，36人，第一次段考數學科各班老師算出該班平均成
　　　　績分別為72，65，77分，則這次考試全年級的平均成績是幾
　　　　分？
　　　　(A)62分　　　　　　　　　　(B)71分
　　　　(C)84分　　　　　　　　　　(D)96分。

( )　24. 某數學老師計算學期成績的公式如下：五次平時考中取較好
　　　　的三次之平均值佔30%，兩次期中考各佔20%，期末考佔
　　　　30%。某生平時考成績分別為62、78、71、72、92，期中考
　　　　成績分別為85、80，期末考成績為80，則該生學期成績為多
　　　　少分？
　　　　(A)68分　　　　　　　　　　(B)76分
　　　　(C)81分　　　　　　　　　　(D)92分。

( )　25. 若六位數92a92b可被9整除，則a+b之值可能為多少？
　　　　(A)2　　　　　　　　　　　　(B)3
　　　　(C)4　　　　　　　　　　　　(D)5。

( )　26. ＿＿＿之於山雞舞鏡，好比驚弓之鳥之於＿＿＿
　　　　(A)孤芳自賞…心有餘悸　　　　(B)皮裡陽秋…宦囊飽滿
　　　　(C)狗盜雞鳴…臨渴掘井　　　　(D)岌岌可危…初生之犢。

( )　27. ＿＿＿之於八面玲瓏，好比沉魚落雁之於＿＿＿
　　　　(A)破鏡難圓…家徒四壁　　　　(B)四處碰壁…貌似無鹽
　　　　(C)雞鳴狗盜…才大榮榮　　　　(D)滿腹經綸…咬文嚼字。

( )　28. ＿＿＿之於倒屣相迎，好比燃眉之急之於＿＿＿
　　　　(A)墨守成規…窘態百出　　　　(B)閉門不納…不急之務
　　　　(C)鞭不及腹…下筆淋漓　　　　(D)四壁蕭然…安如磐石。

( )　29. ＿＿＿之於率爾操觚，好比為虎作倀之於＿＿＿
　　　　(A)無價之寶…悍婦發威　　　　(B)浮雲翳日…緣木求魚
　　　　(C)惜墨如金…為民除害　　　　(D)守株待兔…辟君三舍。

( )　30. ＿＿＿之於投桃報李，好比氣宇軒昂之於＿＿＿
　　　　(A)水米無交…獐頭鼠目　　　　(B)相濡以沫…偃旗息鼓
　　　　(C)東施效顰…人面獸心　　　　(D)禮尚往來…河東獅吼。

( )　31. ＿＿＿之於五黃六月，好比方興未艾之於＿＿＿
　　　　(A)膾炙人口…罄竹難書　　　　(B)另結新歡…如火如荼
　　　　(C)秋高氣爽…判若雲泥　　　　(D)暑氣逼人…風起雲湧。

( )　32. ＿＿＿之於嘔啞嘲哳，好比傳神之筆之於＿＿＿
　　　　(A)含糊其詞…萬籤插架　　　　(B)徇私舞弊…見風使舵
　　　　(C)振衣彈冠…交相稱譽　　　　(D)餘音裊裊…畫蛇添足。

( )　33. ＿＿＿之於布鼓雷門，好比日趨式微之於＿＿＿
　　　　(A)膠柱鼓瑟…殫精竭慮　　　　(B)量力而行…勢如燎原
　　　　(C)班門弄斧…如火如荼　　　　(D)略見一斑…急如星火。

( )　34. 如湯沃雪之於＿＿＿，好比＿＿＿之於甘之如飴
　　　　(A)大海撈針…虎頭蛇尾　　　　　(B)瞻前顧後…囫圇吞棗
　　　　(C)駢羅散布…刻舟求劍　　　　　(D)唾手可得…死而無怨。

( )　35. 梧鼠技窮之於＿＿＿，好比＿＿＿之於殃及池魚
　　　　(A)名不虛傳…無妄之災　　　　　(B)三頭六臂…咎由自取
　　　　(C)牛鼎烹雞…獨占鰲頭　　　　　(D)分執牛耳…搜索枯腸。

( )　36. 不愧屋漏之於＿＿＿，好比＿＿＿之於敗絮其中
　　　　(A)首鼠兩端…日中則昃　　　　　(B)暗室可欺…樸實無華
　　　　(C)戶限爲穿…披星戴月　　　　　(D)櫛風沐雨…守經達權。

( )　37. 奔車朽索之於＿＿＿，好比＿＿＿之於絮絮聒聒
　　　　(A)魚游沸鼎…泥塗軒冕　　　　　(B)車水馬龍…匏瓜徒食
　　　　(C)穩如泰山…鴉雀無聲　　　　　(D)繩之以法…囊括四海。

( )　38. 佩紫懷黃之於＿＿＿，好比＿＿＿之於蓬戶甕牖
　　　　(A)夜郎自大…百子圖開　　　　　(B)箕山之志…朱輪華轂
　　　　(C)紱冕之士…崖岸自高　　　　　(D)豺狐之心…屈法申恩。

( )　39. 吳下阿蒙之於＿＿＿，好比＿＿＿之於解衣推食
　　　　(A)腹笥便便…虛與委蛇　　　　　(B)蚍蜉撼樹…玩歲愒日
　　　　(C)武備廢馳…椿萱並茂　　　　　(D)枵腹從公…弧帨增華。

( )　40. 韜光養晦之於＿＿＿，好比＿＿＿之於臨渴掘井
　　　　(A)啞口無言…瞠目結舌　　　　　(B)學富五車…龍蛇雜處
　　　　(C)駑馬十駕…膾炙人口　　　　　(D)鋒芒外露…未雨綢繆。

( )　41. 芒鞋竹杖之於＿＿＿，好比＿＿＿之於席不暇暖
　　　　(A)跋前躓後…燃眉之急　　　　　(B)探囊取物…玩日愒歲
　　　　(C)閒雲野鶴…韶光虛擲　　　　　(D)籠鳥檻猿…尸位素餐。

( )　42. 10　21　52　65　94　98　(A)105　(B)363　(C)878　(D)961。

( )　43. 1　□　4　7　11　18　29　(A)3　(B)4　(C)5　(D)6。

( )　44. 1　1　2　□　4　9　8　27　(A)1　(B)2　(C)3　(D)4。

( ) 45. 17 23 7 □ 37 19 47 (A)11 (B)14 (C)18 (D)21。

( ) 46. 225 166 115 377 445 211 (A)773 (B)512 (C)344 (D)101。

( ) 47. 3 1 3 12 3 4 2 1 (A)1 (B)2 (C)3 (D)4。

( ) 48. 0 □ 5 10 15 25 40 (A)5 (B)10 (C)15 (D)25。

( ) 49. 2 4 2 3 2 5/2 (A)1 (B)2 (C)3 (D)4。

( ) 50. 1 2 □ 6 24 264 7920 (A)1 (B)2 (C)3 (D)4。

( ) 51. 3 4 □ 11 18 29 (A)5 (B)7 (C)11 (D)28。

( ) 52. 16 20 25 30 36 42 49 (A)56 (B)64 (C)72 (D)81。

( ) 53. 5 6 11 2 13 6 19 4 (A)23 (B)29 (C)31 (D)37。

( ) 54. 3 8 13 22 31 37 43 33 (A)17 (B)21 (C)23 (D)29。

( ) 55. 4 10 16 5 15 25 7 □ 49 (A)18 (B)28 (C)36 (D)56。

( ) 56. 125 20 64 □ 343 21 27 (A)6 (B)8 (C)16 (D)28。

( ) 57. 123 6 412 7 221 5 521 (A)3 (B)6 (C)8 (D)10。

( ) 58. 115 3 233 -2 416 1 525 (A)-2 (B)-1 (C)1 (D)2。

( ) 59. 12 10 15 12 19 15 24 (A)17 (B)19 (C)23 (D)29。

( ) 60.

俯視圖　右視圖

(A) (B) (C) (D)

( ) 61.

俯視圖　右視圖

(A) (B) (C) (D)

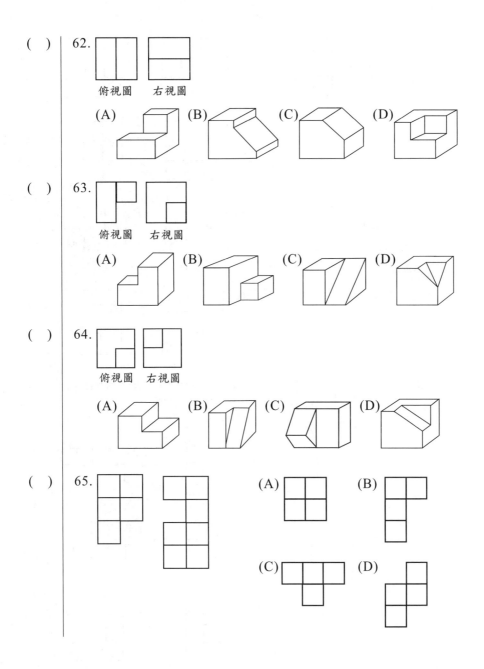

( )   62.
俯視圖   右視圖

(A)   (B)   (C)   (D)

( )   63.
俯視圖   右視圖

(A)   (B)   (C)   (D)

( )   64.
俯視圖   右視圖

(A)   (B)   (C)   (D)

( )   65.
(A)   (B)

(C)   (D)

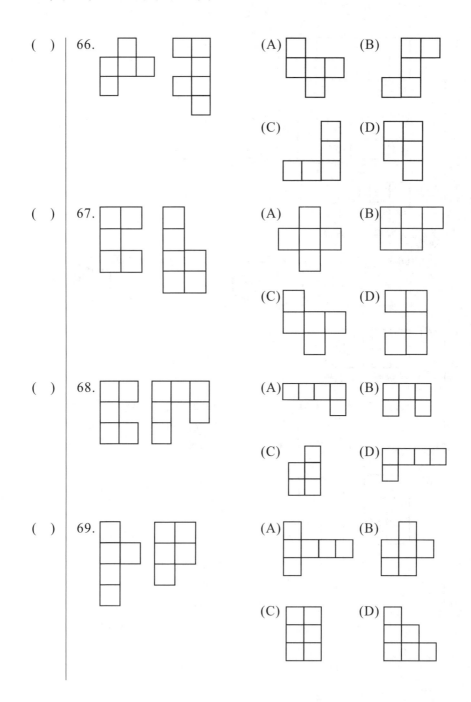

◉ 第70~71題

　　某家鞋店為了進行促銷，推出「買一送一，第二雙不用錢」的年終促銷活動。若已知該鞋店共有下列八款鞋可供選擇，其價格分別如下表所示：

款式	甲	乙	丙	丁	戊	己	庚	辛
價格	499	999	999	1299	499	999	1299	1299

( )　70. 若規定所送的鞋之價格必須低於所買的價格，有一位客人要參加此促銷活動，則該客人所買的兩雙鞋，其搭配方法一共有幾種？
　　　　(A)15種　　　　　　　　　(B)17種
　　　　(C)19種　　　　　　　　　(D)21種。

( )　71. 若此客人為熟客人，老闆給此熟客人優惠，改規定為第二雙亦可選同價商品的話，則此熟客人一共有多少選擇方式？
　　　　(A)28種　　　　　　　　　(B)36種
　　　　(C)43種　　　　　　　　　(D)52種。

◉ 第72~74題

　　已知從A地到B地，有3條陸路，2條水路，而B地到C地則有3條水路，4條陸路可走。請問：

( )　72. 由A地經B地再到C地，共有幾種不同的走法？
　　　　(A)20　　　　　　　　　　(B)25
　　　　(C)30　　　　　　　　　　(D)35　種。

( )　73. 若規定A地經B地要走水路，再到C地則不限制，則有多少種不同的走法？
　　　　(A)12　　　　　　　　　　(B)14
　　　　(C)16　　　　　　　　　　(D)18　種。

( )　74. 若A地經過B地再到C地後，折返經B地回A地，規定去時要走陸路，回程時要走水路，則一共有幾種不同的走法？
　　　　(A)48　　　　　　　　　　(B)56
　　　　(C)64　　　　　　　　　　(D)72　種。

第75~77題

　　若A、B、C三人從事不同的職業。某天，三人坐在吧台前成一排，分別各點了三種不同的飲料，已知三人有下列的關係：

(1) 推銷員坐在A的旁邊。

(2) 坐在B旁邊的人喝啤酒。

(3) 坐在畫家旁邊的人喝馬丁尼。

(4) B沒有喝馬丁尼。

(5) 公司職員沒有喝威士忌。

( )　75. 請問A、B、C三人分別是什麼職業？

　　　　(A)畫家、推銷員、公司職員　　(B)推銷員、公司職員、畫家

　　　　(C)公司職員、畫家、推銷員　　(D)畫家、公司職員、推銷員。

( )　76. 請問A、B、C三人分別是喝什麼飲料？

　　　　(A)威士忌、啤酒、馬丁尼　　(B)馬丁尼、威士忌、啤酒

　　　　(C)啤酒、威士忌、馬丁尼　　(D)啤酒、馬丁尼、威士忌。

( )　77. 請問A、B、C三人誰坐在中間？

　　　　(A)A　　　　　　　　　　　　(B)B

　　　　(C)C　　　　　　　　　　　　(D)以上皆非。

第78~79題

　　美枝的撲滿裡存了10個1元、10個5元、以及10個10元，共三十個硬幣。今天美枝要從撲滿裡取出三個硬幣，美枝說：

(1) 第一個取出的不是1元硬幣。

(2) 第一個和第二個取出的是不同金額的硬幣。

(3) 至少有兩個是相同金額的硬幣。

(4) 至少有一個是1元硬幣。

(5) 如果第三個不是5元硬幣，那麼第二個就不是1元硬幣。

( ) 78. 則下列何者一定正確？
(A)第二個取出的是5元硬幣
(B)第二個取出的是10元硬幣
(C)第三個取出的是5元硬幣
(D)第三個取出的是10元硬幣。

( ) 79. 根據美枝的說法，三次取出硬幣的幣值順序分別是？
(A)10元，1元，10元　　(B)5元，1元，5元
(C)10元，5元，1元　　(D)5元，5元，5元。

( ) 80. 在廣場上有插了一支紅旗與一支白旗，阿邦站在兩支旗子之間。利用手邊的儀器，阿邦測出他與正東方紅旗間的距離為他與正西方白旗間距離的6倍；阿邦往正北方走了10公尺之後再測量一次，發現他與紅旗的距離變成他與白旗距離的4倍。試問紅白兩旗之間的距離最接近下列哪個選項？
(A)40公尺　　(B)50公尺
(C)60公尺　　(D)70公尺。

( ) 81. 已知某地區共有9個電視頻道可開放，共有3個新聞台、4個綜藝台及2個體育台共三種類型要申請，若同類型電視台的頻道必須要相鄰，而且前兩個頻道保留給體育台，則頻道的分配方式共有多少種？
(A)147種　　(B)258種
(C)369種　　(D)576種。

( ) 82. 已知哈雷彗星每76年接近地球一次。阿美的爸爸說：「阿美是在我27歲那年出生的，我看到哈雷彗星時，阿美才兩歲。」阿美的爺爺說：「我出生時我爸爸25歲。我爸爸在8歲時也看到哈雷彗星。」請問阿美的爸爸是在她爺爺幾歲時出生的？
(A)30　　(B)31
(C)32　　(D)33　歲。

（　）83. 有一個圓形跑道分內、外兩圈，半徑分別為30、50公尺。今大華在內圈以等速行走，小芳在外圈以等速跑步，且知大華每走一圈，小芳恰跑了兩圈。若大華走了45公尺，則同時段小芳跑了多少公尺？
(A)120公尺
(B)130公尺
(C)140公尺
(D)150公尺。

（　）84. 有一個簡單沒有重量刻度的天平，若現有180公斤的鹽包和一個7公斤的砝碼，另有一袋2公斤的米，問最少使用天平幾次，就可將這些鹽分成151公斤和29公斤兩部分？
(A)2
(B)3
(C)4
(D)5　次。

（　）85. 愛咪今年和凱特年紀之和為63歲，且愛咪年紀為凱特的0.75倍，則請問兩人的年紀相差幾歲？
(A)7
(B)8
(C)9
(D)10　歲。

（　）86. 小明和小華各有65和175元，媽媽則有280元，若媽媽打算將280元分給兩人，使得兩人的錢相等，則請問小華分到多少錢？
(A)85
(B)100
(C)115
(D)235　元。

（　）87. 甲、乙、丙三人相約去打桌球，預計打4個小時，每次2人上場，一人休息，則請問每人平均休息時間為多久？
(A)60
(B)80
(C)100
(D)120　分鐘。

（　）88. 某麵包店裡賣吐司原價一條60元，當日晚上九點過後則打5折出售，每週五定價一律改為9折，則請問在週五晚上九點以後，吐司實際售價為多少元？
(A)19
(B)27
(C)41
(D)50　元。

( ) 89. 甲每3天進城一次，乙每6天進城一次，丙每9天進城一次。某
個星期天早上三人在城中相遇，那麼請問下次三人在城中相
遇為星期幾？
(A)星期天 　　　　　　(B)星期二
(C)星期四 　　　　　　(D)星期六。

( ) 90. $3^0 + 3^1 + 3^2 + 3^3 = ?$
(A)39 　　　　　　(B)40
(C)41 　　　　　　(D)42。

( ) 91. 有一工作，小芳獨作要12日，小婷獨作要24日，小雯獨作要
18日。若小雯先獨作一半，則小芳、小婷二人尚需合作幾日
才可完成？
(A)4日 　　　　　　(B)6日
(C)8日 　　　　　　(D)10日。

( ) 92. 某項才藝競賽中，主辦單位為了避免評審個人主觀影響參賽
者成績太大，於是規定：先將10位評審給同一位參賽者的成
績求得算術平均數，再將與平均數相差超過10分的評審成績
剔除後，重新計算平均值做為此參賽者的比賽成績。若現在
有一位參賽者所獲10位評審的平均成績為68分，其中有三位
評審給的成績82、50、44應剔除，則這位參賽者的比賽成績
為幾分？
(A)56分 　　　　　　(B)61分
(C)72分 　　　　　　(D)83分。

( ) 93.

( )　94.

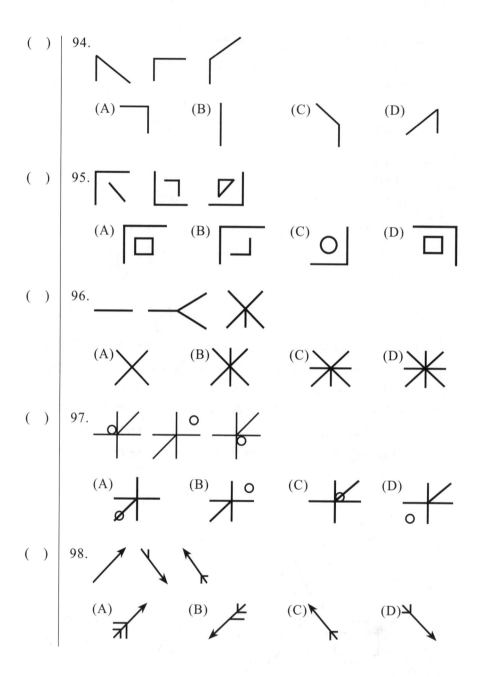

( )　95.

( )　96.

( )　97.

( )　98.

( ) 99.

( ) 100.

( ) 101.

( ) 102.

( ) 103. (A)就算山路崎嶇難行／(B)或是巫山雲雨／(C)救難隊還是／
(D)勇敢出發去救人。

( ) 104. (A)沙田內瓜田李下的／(B)西瓜所展現的／(C)便應是疏淡自
如／(D)點的趣味了。

( ) 105. (A)舞台上的歌者／(B)歌聲清脆嘹亮／(C)努力旁徵博引／(D)
觀眾聽的如癡如醉。

( ) 106. (A)縱使是滄海一粟／(B)他還是一步一腳印／(C)默默耕耘／
(D)努力打拼。

( )　107. (A)在慶功宴會上／(B)真是草木皆兵／(C)每個人都歡欣鼓舞／
　　　　(D)開心舉杯慶祝。

( )　108. (A)幽默風趣的阿凱／(B)凡有他在的場合／(C)總是歡笑不斷／
　　　　(D)讓人千夫所指。

( )　109. (A)雨後的天空／(B)如星羅棋布般／(C)出現一道絢麗的彩虹／
　　　　(D)真是美麗極了。

( )　110. (A)午後的傾盆大雨／(B)路上行人紛紛／(C)苟延殘喘的／(D)
　　　　全身都濕透了。

( )　111. (A)每到過年假期／(B)車站前總擠滿了／(C)狗吠火車般的／
　　　　(D)返鄉遊子。

( )　112. (A)仰望天上星空／(B)大江南北的銀河／(C)涼風徐徐吹來／
　　　　(D)好一個秋夜呀。

( )　113. (A)總算是亡羊補牢／(B)他埋首苦讀三年／(C)除了金榜題名
　　　　外／(D)還考了榜首。

( )　114. (A)在斜風細雨中／(B)勇敢的戰士們／(C)仍左擁右抱的／(D)
　　　　昂首闊步向前行。

( )　115. (A)高老師教學認真／(B)從事教育數十年／(C)每逢開學選課／
　　　　(D)總是罄竹難書。

( )　116. (A)這件木雕作品／(B)真是汗牛充棟／(C)栩栩如生／(D)不愧
　　　　為大師級的作品。

( )　117. (A)滿桌山珍海味／(B)才一時三刻／(C)就剩下杯盤狼藉／(D)
　　　　真是令人游刃有餘。

( )　118. (A)在西廂記裡／(B)唐三藏師徒四人／(C)西天取經的故事／
　　　　(D)相當精采好看。

( )　119. (A)他總是孤芳自賞／(B)樂善好施／(C)自認曲高和寡／(D)不
　　　　願與人溝通。

( )　120. (A)這對新婚夫妻／(B)真是郎才女貌／(C)簡直是一丘之貉／
　　　　(D)羨煞多少賓客。

解答 解析

1.(B)。 原句為：笑舞狂歌五十年。

2.(A)。 原句為：綠楊堤紅蓼灘頭。

3.(B)。 原句為：靈虛一點是吾師。

4.(D)。 原句為：一朝勢落成春夢。

5.(B)。 原句為：半緣修道半緣君。

6.(B)。 原句為：共山僧野叟閑吟和。

7.(B)。 原句為：南來飛燕北歸鴻。

8.(C)。 原句為：力拔山兮氣蓋世。

9.(A)。 原句為：車如流水馬如龍。

10.(C)。 原句為：花自飄零水自流。

11.(B)。 原句為：莊生曉夢迷蝴蝶。

12.(D)。 原句為：衣帶漸寬終不悔。

13.(C)。 令成長率為 r，

則 $6 \times (1+r)^3 = 48 \Rightarrow (1+r)^3 = 8 \Rightarrow 1+r = 2 \Rightarrow r = 1$，故選(C)。

14.(B)。 由右圖可知 $\dfrac{36.4}{x} = \dfrac{x}{18.2}$

$\Rightarrow x^2 = 662.48 \Rightarrow x = 25.7$，

故選(B)。

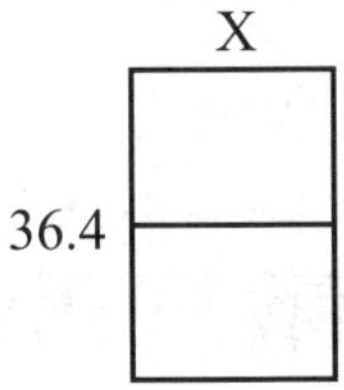

15.(A)。 利用貝氏定理可得所求為

$$\frac{0.05 \times 0.16}{0.95 \times 0.8 + 0.05 \times 0.16} = \frac{80}{7600 + 80} \approx 0.0104$$，故選(A)。

16.(C)。 利用反面思考，將9人平分成三隊全部分法有 $\dfrac{C_3^9 C_3^6 C_3^3}{3!}$，

而甲、乙在同一隊的分法有 $\dfrac{C_3^7 C_3^4 C_1^1}{2!}$，故所求為

$$\frac{C_3^9 C_3^6 C_3^3}{3!} - \frac{C_3^7 C_3^4 C_1^1}{2!} = 280 - 70 = 210 \text{，故選(C)。}$$

17.(D)。　所求為 $10000 \times (1 + 0.02)^2 = 10000 \times 1.0404 = 10404$，故選(D)。

18.(B)。　1×1 的正方形有 $4 \times 6 = 24$ 個、2×2 的正方形有 $3 \times 5 = 15$ 個、3×3 的正方形有 $2 \times 4 = 8$ 個、4×4 的正方形有 $1 \times 3 = 3$ 個，因此共 $24 + 15 + 8 + 3 = 50$，故選(B)。

19.(C)。　球體積為 $\frac{4}{3}\pi r^3$，故所求為 $\dfrac{\frac{4}{3}\pi \times 12^3 - \frac{4}{3}\pi \times 5^3}{\frac{4}{3}\pi \times 2^3} = \dfrac{1728 - 125}{8}$

$= 200\frac{3}{8}$，故選(C)。

20.(A)。　令比賽中踢進x球，罰踢進y球，

因此得分為16x＋6y。

$16x + 6y = 26 \Rightarrow 8x + 3y = 13$ 沒有非負整數解、

$16x + 6y = 28 \Rightarrow x = 1，y = 2$、

$16x + 6y = 82 \Rightarrow x = 4，y = 3$、

$16x + 6y = 284 \Rightarrow x = 2，y = 42$，故選(A)。

21.(C)。　$(1008, 924) = 84$，因此可得

班級數	男生	女生	每班總人數
1	1008	924	1932
2	504	462	966
3	336	308	644
4	252	231	483
6	168	154	322
7	144	132	276
12	84	77	161
14	72	66	138

21	48	44	92
28	36	33	69
42	24	22	46
84	12	11	23

因此分成42班，每班46人，故選(C)。

22.(C)。

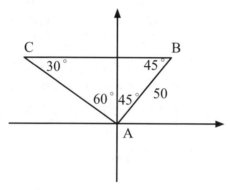

根據題意畫出上圖所示，利用正弦定理可知

$$\frac{\overline{AC}}{\sin 45^{\circ}} = \frac{50}{\sin 30^{\circ}} \Rightarrow \overline{AC} = \frac{50}{\frac{1}{2}} \times \frac{\sqrt{2}}{2} = 50\sqrt{2} \approx 70.7 \ , \ 故選(C)。$$

23.(B)。　所求為 $\dfrac{38 \times 72 + 34 \times 65 + 36 \times 77}{38 + 34 + 36} = \dfrac{7718}{108} \approx 71.46$，故選(B)。

24.(C)。　所求為 $\dfrac{72 + 78 + 90}{3} \times 30\% + 85 \times 20\% + 80 \times 20\% + 80 \times 30\%$

　　　　$= 24 + 17 + 16 + 24 = 81$，故選(C)。

25.(D)。　因為可被9整除，所以 $9 + 2 + a + 9 + 2 + b = 22 + a + b$ 也可被9
　　　　整除，因此 $a + b$ 可能為5、14，故選(D)。

26.(A)。　近義詞。孤芳自賞比喻自命清高，自我欣賞；山雞舞鏡
　　　　用以比喻顧影自憐、自我陶醉。
　　　　驚弓之鳥比喻曾受打擊或驚嚇；心有餘悸，稍有動靜就害怕
　　　　不已。

27.(B)。 反義詞。四處碰壁與八面玲瓏相反；沉魚落雁與貌似無鹽
　　　　相反。

28.(B)。 反義詞。倒屣相迎與閉門不納相反；燃眉之急與不急之務
　　　　相反。

29.(C)。 反義詞。惜墨如金與率爾操觚相反；為虎作倀與為民除害
　　　　相反。

30.(A)。 反義詞。水米無交與投桃報李相反；氣宇軒昂與獐頭鼠
　　　　目相反。「水米無交」用於比喻彼此間無任何關係；
　　　　「投桃報李」用以比喻彼此間的贈答。

31.(D)。 近義詞。五黃六月與暑氣逼人相似；方興未艾與風起雲湧
　　　　相似。「五黃六月」指農曆五、六月間天氣炎熱的時候。

32.(D)。 反義詞。餘音裊裊與嘔啞嘲哳相反；傳神之筆與畫蛇添足
　　　　相反。

33.(B)。 反義詞。布鼓雷門與量力而行相反；日趨式微與勢如燎原
　　　　相反。

34.(D)。 近義詞。如湯沃雪與唾手可得相似；死而無怨與甘之如
　　　　飴相似。「如湯沃雪」指如同用熱水潑在雪上一樣，用
　　　　來比喻事情非常容易解決。

35.(B)。 反義詞。梧鼠技窮與三頭六臂相反；咎由自取與殃及池魚
　　　　相反。

36.(B)。 反義詞。不愧屋漏與暗室可欺相反；樸實無華與敗絮其中
　　　　相反。

37.(C)。 反義詞。奔車朽索與穩如泰山相反；鴉雀無聲與絮絮聒聒
　　　　相反。

38.(B)。 反義詞。佩紫懷黃與箕山之志相反；篷戶甕牖與朱輪華轂
　　　　相反。佩紫懷黃指佩戴紫色的印綬與黃色的金印，用以形
　　　　容位高權重；箕山之志指隱居避世，不慕虛榮的志節。

39.(A)。 反義詞。腹笥便便與吳下阿蒙相反；虛與委蛇與解衣推食
　　　　相反。

40.(D)。 反義詞。韜光養晦與鋒芒外露相反；臨渴掘井與未雨綢繆相反。

41.(D)。 反義詞。芒鞋竹杖與籠鳥檻猿相反；席不暇暖與尸位素餐相反。「籠鳥檻猿」指籠中的飛鳥，柵欄中的猿猴，用以比喻人不自由；「芒鞋竹杖」指用芒草編織的鞋子及以竹子削製而成的拐杖，引申為農人或隱士。

42.(C)。 除了第一項，其餘各項的數字和皆為質數，故選(C)。

43.(A)。
$$\overset{\displaystyle 4 \quad\ 7 \quad\ 11 \quad 18 \quad 29}{1 \quad 3 \quad\ 4 \quad\ 7 \quad\ 11 \quad 18 \quad 29}$$
　　　　也可令 $a_{n+1} - a_n = b_n$，則 $b_{n+2} = b_{n+1} + b_n$，故選(A)。

44.(C)。 奇次項為 3^0、3^1、3^2、3^3……，故選(C)。

45.(A)。 全部皆為質數，故選(A)。

46.(A)。 奇數項的百位、十位必相同，偶數項的十位、個位必相同，故選(A)。

47.(B)。 $3 \div 1 = 3$、$12 \div 3 = 4$、$2 \div 1 = 2$，故選(B)。

48.(A)。 $a_{n+2} = a_{n+1} + a_n$，故選(A)。

49.(B)。 奇數項都為2，故選(B)。

50.(B)。 $7920 = 264 \times (24 + 6)$、$264 = 24 \times (6 + 2 + 2 + 1)$、

　　　　$24 = 6 \times (2 + 2)$、$6 = 2 \times (2 + 1)$。

　　　　若n為偶數，則 $a_n = a_{n-1} \times \sum_{i=1}^{n-2} a_i$、若n為奇數，

　　　　則 $a_n = a_{n-1} \times (a_{n-2} + a_{n-3})$，故選(B)。

51.(B)。 $a_{n+2} = a_{n+1} + a_n$，故選(B)。

52.(A)。 4^2、4×5、5^2、5×6、6^2、6×7、7^2、7×8，故選(A)。

53.(A)。 $5 + 6 = 11$、$11 + 2 = 13$、$13 + 6 = 19$、$19 + 4 = 23$，故選(A)。

54.(C)。 看每一項的差分別為 $+5, +5, +9, +9, +6, +6, -10$ ，因此下一個差為 -10 ，故選(C)。

55.(B)。 $4+16=10\times2$ 、 $5+25=15\times2$ 、 $7+49=28\times2$ ，故選(B)。

56.(D)。 5^3 、 5×4 、 4^3 、 4×7 、 7^3 、 7×3 、 3^3 ，故選(D)。

57.(C)。 $1+2+3=6$ 、 $4+1+2=7$ 、 $2+2+1=5$ 、 $5+2+1=8$ ，故選(C)。

58.(A)。 $5-1-1=3$ 、 $3-3-2=-2$ 、 $6-1-4=1$ 、 $5-2-5=-2$ 。

59.(B)。 看每一項的差分別為 -2 、 $+5$ 、 -3 、 $+7$ 、 -4 、 $+9$ ，因此下一個差為 -5 ，所求為 $24-5=19$ ，故選(B)。

60.(B)。 (A)俯視圖 ⊿ 、(C)右視圖 ⊞ 、(D)右視圖 □ ，故選(B)。

61.(D)。 (A)俯視圖 ⊟ 、(B)俯視圖 ⊞ 、(C)俯視圖 ⊞ ，故選(D)。

62.(C)。 (A)右視圖 ⌐| 、(B)右視圖 ⊟ 、(D)俯視圖 ⊡ ，故選(C)。

63.(B)。 (A)右視圖 □ 、(C)右視圖 ⊿ 、(D)俯視圖 ◺ ，故選(B)。

64.(D)。 (A)俯視圖 ⊞ 、(B)右視圖 ⊿ 、(C)俯視圖 ⌐| ，故選(D)。

65.(A)。

A	A	B	B
A	A	A	B
▨	▨	B	B
▨	▨	B	B

66.(C)。

A	A	B	B
▨	A	A	B
▨	A	B	B
▨	▨	▨	B

67.(B)。

B	B	B	B
B	B	A	A
▨	▨	▨	A
▨	▨	A	A

68.(A)。

B	B	B	▨
A	A	B	
A	B	B	
A	A	▨	

69.(D)。

A	A	A	A
B	B	A	▨
B	B	▨	▨
B	▨	▨	▨

70.(D)。買甲、戊沒得送，買乙、丙、己可以送甲、戊，買丁、庚、辛可以送甲、乙、丙、戊、己。因此所求為 $3 \times 2 + 3 \times 5 = 21$，故選(D)。

71.(C)。買甲、戊可以送甲、戊，買乙、丙、己可以送甲、乙、丙、戊、己，買丁、庚、辛可以任選一種，因此所求為 $2 \times 2 + 3 \times 5 + 3 \times 8 = 43$。

72.(D)。A到B有五種方法，B到C有七種方法，因此所求有 $5 \times 7 = 35$ 種方法，故選(D)。

73.(B)。A到B有兩種方法，B到C有七種方法，因此所求有 $2 \times 7 = 14$ 種方法，故選(B)。

74.(D)。直接利用乘法原理可知 $(3 \times 4) \times (3 \times 2) = 72$。

A→B→C　C→B→A

75.(A)。

A	B	C
啤	啤	啤
馬	馬	馬
威	威	威
推	推	推
職	職	職
畫	畫	畫

B沒有喝馬，B沒有啤酒
A不是推，B不是職
→

A	B	C
啤		啤
馬		馬
	威	
	推	推
職		職
畫	畫	畫

，因此職可能是A或C。

若職是C，則

A	B	C
啤		啤
馬		馬
	威	
	推	推
職	職	
畫	畫	畫

→

A	B	C
啤		
		馬
	威	
	推	
職		職
畫		

因此職是A必不成立，因此(A, B, C)＝(畫, 推, 職)，故選(A)。

76.(C)。 呈上題討論，因此(A, B, C)＝(啤, 威, 馬)，故選(C)。

77.(A)。 因為推銷員坐在A的旁邊，所以B坐在A的旁邊。因為畫家旁邊的人喝馬丁尼，所以A旁邊是C，因此中間的是A，故選(A)。

78.(C)。

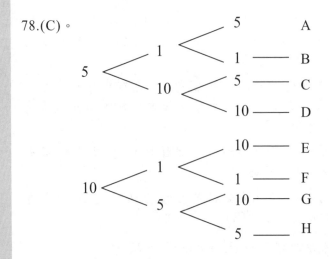

先依據前三個條件列出數狀圖。根據「至少有一個一圓硬幣」可扣除C、D、G、H。又「若第三個不是五元，則第二個不是一元」等同於「若第二個是一元，則第三個是五元」，又可扣除B、E、F，因此唯一的情形為A，三個硬幣依序為五元、一元、五元。故選(C)。

79.(B)。承上題討論，故選(B)。

80.(C)。

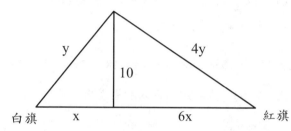

根據題意畫出上圖，因此可得 $y^2 - x^2 = (4y)^2 - (6x)^2 = 10^2$。

因為 $y^2 - x^2 = (4y)^2 - (6x)^2 = 16y^2 - 36x^2$

$\Rightarrow 35x^2 = 15y^2 \Rightarrow y^2 = \frac{7}{3}x^2$，

因此 $y^2 - x^2 = \frac{7}{3}x^2 - x^2 = \frac{4}{3}x^2 = 100 \Rightarrow x^2 = 75 \Rightarrow x = 5\sqrt{3}$，

因此所求為 $7x = 35\sqrt{3} \approx 60$，故選(C)。

81.(D)。若依序為體育、新聞、綜藝，則排法有 $2!\times3!\times4! = 288$。若依序為體育、綜藝、新聞，則排法有 $2!\times4!\times3! = 288$。因此所求為 $288 + 288 = 576$，故選(D)。

82.(A)。

根據題意可得上圖，可知爺爺出生後59年爸爸已經29歲，因此爺爺是在30歲生下爸爸，故選(A)。

83.(D)。　因為內外圈的周長比為3：5，在相同的時間下，大華走了
　　　　　一圈內圈，而小芳兩圈外圈，所以大華和小芳的速度比為
　　　　　$3：10$。因此$3：10=45：x \Rightarrow x=150$，故選(D)。

84.(B)。　先用法碼、米秤出9公斤的鹽A，再用法碼、米、鹽A秤
　　　　　出18公斤的鹽B，再用鹽A、鹽B、米秤出29公斤的鹽C，
　　　　　其餘的部份就剩下$180-29=151$，故選(B)。

85.(C)。　設愛咪x歲、凱特$63-x$歲，

　　　　　因此可得 $x=(63-x)\times\dfrac{3}{4} \Rightarrow 4x=189-3x \Rightarrow 7x=189 \Rightarrow x=27$

　　　　　，因此凱特$63-27=36$，兩人相差九歲，故選(C)。

86.(A)。　設小華分到x元、小明分到$280-x$元，

　　　　　因此可得$175+x=65+280-x \Rightarrow 2x=170 \Rightarrow x=85$，故選(A)。

87.(B)。　總共的打球時間為$4\times60\times2$，讓三個人均分，因此每一個

　　　　　人可以上場的時間為$\dfrac{4\times60\times2}{3}=160$，所以休息時間為240

　　　　　$-160=80$，故選(B)。

88.(B)。　九點過後的售價為$60\times90\%\times50\%=27$。

89.(C)。　因為$[3,6,9]=18$，所以下次相遇為18天後，為星期四，
　　　　　故選(C)。

90.(B)。　$3^0+3^1+3^2+3^3=1+3+9+27=40$，故選(B)。

91.(A)。　小芳一天可完成$\dfrac{1}{12}$、小婷可完成$\dfrac{1}{24}$，因為小雯已經完成

　　　　　一半，所以剩下的一半讓小芳、小婷去完成所需的天數

　　　　　為$\dfrac{1}{2}\div(\dfrac{1}{12}+\dfrac{1}{24})=\dfrac{1}{2}\div\dfrac{1}{8}=4$，故選(A)。

92.(C)。　$\dfrac{68\times10-82-50-44}{7}=72$，故選(C)。

93.(D)。　一個邊→二個邊→三個邊→四個邊，故選(D)。

94.(B)。

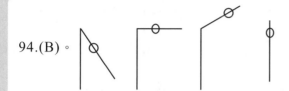

　　由圖可以發現，右邊的線段依序逆時針旋轉，故選(B)。

95.(D)。

　　觀察外圍的框，發現依序逆時針旋轉90°，故選(D)。

96.(C)。　觀察線段數目，依序為一個線段→三個線段→五個線段
　　　　　→七個線段，故選(C)。

97.(A)。　觀察圓圈所在的象限，依序為順時針旋轉，所以為第三象
　　　　　限。再觀察斜直線的方向可知同樣在第三象限，故選(A)。

98.(B)。　觀察箭頭尾端的箭梢部份，零個箭梢→一個箭梢→二個
　　　　　箭梢→三個箭梢，故選(B)。

99.(B)。

左下到右上　　水平放置　　左下到右上　　水平放置

　　由圖形的放置方向及圖形不重覆出現可知，故選(B)。

100.(C)。

　　觀察圖中部份，依序順時針旋轉90°，故選(C)。

101.(C)。　箭頭不動，其餘圖形旋轉180°，故選(C)。

102.(C)。

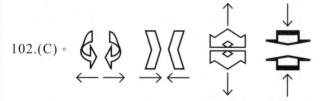

　　由擴張方向可知，故選(C)。

103.(B)。巫山雲雨常用以比喻男女歡合之事，亦用於形容自然界的氣候，故與本句文意不符。

104.(A)。瓜田李下常用以比喻容易引起懷疑的場合，故與本句文意不符。

105.(C)。「旁徵博引」是比喻多方引證，以資徵信的意思，故與本句文意不符。

106.(A)。「滄海一粟」是指大海中的一粒米粟。比喻渺小、微不足道的意思，故與本句文意不符。

107.(B)。「草木皆兵」是指一見到風吹草動，都會以為是敵兵，常被比喻為緊張、疑神疑鬼，故與本句文意不符。

108.(D)。「千夫所指」是指被眾人所指責，可形容為觸犯眾怒的意思。

109.(B)。「星羅棋布」是形容像星星、棋子般的廣闊分布，故與本句文意不符。

110.(C)。「苟延殘喘」是形容勉強存續生命的意思，故與本句文意不相干。

111.(C)。「狗吠火車」是一句台灣的歇後語，其全句為，「狗吠火車－無啥路用」，故與本句文意不相干。

112.(B)。「大江南北」是泛指天下各地，故與本句文意不適合。

113.(A)。「亡羊補牢」是比喻犯錯後及時更正，尚能補救，故與本句文意不相干。

114.(C)。「左擁右抱」是用以比喻妻妾成群的意思，故與本句文意不相干。

115.(D)。「罄竹難書」是用以比喻罪狀之多，難以盡寫於書上，故與本句文意不符。

116.(B)。「汗牛充棟」是形容書籍極多的意思，故與本句文意不符。

117.(D)。「游刃有餘」是比喻對於事情能輕鬆勝任，從容不迫，故與本句文意不適合。

118.(A)。「西廂記」是在中國流傳很廣，家喻戶曉的愛情故事，而唐三藏、西天取經等，皆是西遊記之內容，故「西廂記」與本句文意不相干。

119.(B)。「樂善好施」是指樂於行善、救濟他人，故與本句文意不適合。

120.(C)。「一丘之貉」比喻彼此相同低劣，並無差別，故與本句文意不符。

最新試題及解析

108年桃園捷運新進人員甄試（維修類）

※僅收錄邏輯分析相關試題

( )　1. 請依規則找出接下來的數字 1 6 9 13 17 ___ 25 27
　　　(A)19　(B)20　(C)22　(D)23。

( )　2. 圖形推理判斷，由俯視及右視角度判斷為下列那個圖形？

俯視角 　右視角

(A)　　(B)　　(C)　　(D)　。

( )　3. 圖形推理判斷，下列三個圖形接下來應為那一個圖形？

(A)　(B)　(C)　(D)　。

( )　4. 圖形推理判斷，下列三個圖形接下來應為那一個圖形？

(A)　(B)　(C)　(D)　。

( )　5. 有四個連續數相乘後加以的總和為361，請問四個連續數中的最大數字為多少？　(A)4　(B)6　(C)8　(D)10。

( )　6. 下列方格內的三組數字有數字邏輯關係，細心觀察，應填的數字為何？

2	3	4
7	8	9
12	?	14

(A)7　(B)11　(C)13　(D)21。

( )　7. 甲錶每天快90秒，乙錶每天慢150秒，若將兩錶調至同一時間，三天後兩隻錶相差多少時間？　(A)260秒　(B)720秒　(C)15分鐘　(D)18分鐘。

( )　8. 周伯通的作案時間比呂布快10%的時間，王維比呂布的作案時間慢5%，試問下列那一個句子是對的？　(A)周伯通的作案時間是最短　(B)呂布的作案時間是最短　(C)周伯通的作案時間是最長　(D)王維的作案時間是最短。

( )　9. 1頭牛可以換3隻豬，6隻豬可以換8隻羊，現在羊有40隻，請問可以換牛幾頭？　(A)5頭　(B)10頭　(C)15頭　(D)20頭。

( )　10. 一個大木箱內有4個中木箱，每個中木箱內有4個小木箱，試問共有多少木箱？　(A)9個　(B)17個　(C)20個　(D)21個。

( )　11. 監獄裡有六名罪犯在比比看誰比較狡猾，已知：(1)小魏比阿信狡猾，比小玲正直；(2)阿家比小魏狡猾，比小孫正直；(3)阿信比阿家正直；(4)小玲比阿信狡猾，比阿家正直；(5)小孫比小魏狡猾，比阿明正直；(6)阿明比阿家狡猾，請問誰最狡猾？　(A)小魏　(B)阿家　(C)小孫　(D)阿明。

( )　12. 望梅之於＿＿，好像＿＿之於充飢？　(A)止渴…畫餅　(B)止渴…觀賞　(C)觀賞…畫餅　(D)觀賞…拿雞。

( )　13. 文字排列組合找出多餘的句子？　(A)隔壁的阿通伯　(B)驚見超級跑車　(C)羨慕不已　(D)真是令人敬佩。

( )　14. 請仔細閱讀「不做明人作暗事」，句中字未依順序排列，並有多餘的字，請把多餘的字找出來？　(A)作　(B)做　(C)人　(D)暗。

( )　15. 其中一個和其餘三個並不同類，試選出不同類的項目？　(A)香蕉　(B)蘋果　(C)冬瓜　(D)西瓜。

解答　解析

1.**(B)**。　以兩數為一組，$(1,6)$差5，$(9,13)$差4，$(25,27)$差2，
$(17,\underline{\quad})$應差3，故＿＿應填入20。

2.**(C)**。　由俯視圖 ，判斷只有(C)符合它的形狀。

3.**(A)**。　依照圖形推理，每隔一圖箭頭順時針旋轉45°，

故下一圖應為 。

4.**(A)**。　依照圖形推理，每隔一圖多邊形邊數少一，且有右側有邊
數分之一面積塗黑色，故選(A)。

5.**(#)**。　依官方公告，本題一律送分。
此題題目有錯字，
「有四個連續數相乘後加以的總和為361」應改為
「有四個連續數相乘後加一的總和為361」，
用嘗試法代入$6×5×4×3+1=361$。

6.**(C)**。　以橫式看數字為連續整數，
故「？」所代表的數字為13。

7.**(B)**。　$3[90-(-150)]=720$（秒）$=12$（分）。

8.**(A)**。　作案時間快到慢為：周伯通、呂布、王維。

9.**(B)**。　40隻羊可換30隻豬，30隻豬可再換10頭牛。

10.**(D)**。　木箱個數為：1個大木箱+4個中木箱+16個小木箱=21個木箱。

11.**(D)**。　將六人以橫式排列，左邊代表最正直，可得
(1) 阿信　小魏　小玲
(2) 小魏　阿家　小孫
(3) 阿信　小魏　阿家　小孫
(4) 阿信　小魏　小玲　阿家　小孫
(5) 阿信　小魏　小玲　阿家　小孫　阿明
(6) 阿信　小魏　小玲　阿家　小孫　阿明
由(5)得知，阿明最狡猾。

12.**(A)**。　「望梅止渴」意思相當於「畫餅充飢」。

13.**(D)**。　原句為「隔壁的阿通伯，驚見超級跑車羨慕不已」
　　　　　故「真是令人敬佩」為多餘的句子。

14.**(#)**。　原句為「明人不做暗事」，意思為心地光明的人不做鬼鬼
　　　　　祟祟的事。比喻有意見當面提出，不在背後搞鬼，但也有
　　　　　古文為「明人不作暗事」。
　　　　　清‧石玉昆《小五義》第45回：「我明人不作暗事，我是用
　　　　　薰香把你薰過去了。」
　　　　　故選(A)或(B)均送分。

15.**(C)**。　答案為「冬瓜」，因其不為水果。

NOTE

108年臺北捷運新進隨車站務員甄試

※僅收錄邏輯分析相關試題

（　）　1. 捷運中興-大業線與復興-立城線在中央站轉乘。中央站的月台設置是地下一樓A側往大業、B側往復興，地下二樓A側往中興、B側往立城。王先生搭捷運從中興到立城，當他到達中央站時，何種方式可以順利轉乘？
（A)下樓到A側月台搭車　　　　　(B)下樓到B側月台搭車
(C)下車到同一樓另一側月台搭車　(D)同班車繼續搭乘。

（　）　2. 環湖步道設有觀景台。從西觀景台出發到東觀景台，沿順時針方向走要走到第6座觀景台，逆時針方向走則是到第12座觀景台，環湖步道上共有幾座觀景台？　(A)12　(B)17　(C)18　(D)19。

（　）　3. 上班時間行車平均時速是35公里，從平安大樓到幸福公園行車時間40分鐘。中午行車平均時速約50公里時，約需時幾分鐘？
(A)28　(B)38　(C)48　(D)58。

（　）　4. 依據「勇士組負責打獵，而後勤組負責炊事」，何者正確？
(A)勇士組負責打獵或炊事　　　(B)後勤組負責打獵和炊事
(C)勇士組不負責炊事　　　　　(D)後勤組不負責打獵。

（　）　5. 營業績效公布了。一科說：「我們第二」、二科說：「我們不是第二」、三科說：「我們不是第一」。事實上他們都沒說實話，誰是最後一名？　(A)一科　(B)二科　(C)三科　(D)無法確定。

（　）　6. 一個平衡的天平，左邊有2顆橘子，右邊有4條香蕉。平均一條香蕉的重量是幾顆橘子？　(A)半顆　(B)1顆　(C)2顆　(D)4顆。

（　）　7. 一排汽車等著進入停車場。王先生的車從前面數過去和從後面數過來都是第8輛。總共有幾輛車在排隊？　(A)8　(B)15　(C)16　(D)17。

(　) 8. 某家公司的支出中三成是交通費、七成是人事費。如果交通費增加12%、人事費上漲2%，支出會增加多少？　(A)2%　(B)5%　(C)7%　(D)12%。

(　) 9. <2, 1>、<8, 4>、<14, 7>、<○, 13>。○是多少？　(A)20　(B)22　(C)24　(D)26。

(　) 10. 森林裡的實樹永遠說真話而虛樹永遠講假話，岔路口有大、小兩棵樹，大樹說：「我們兩棵之中恰有一棵虛樹」。請問下列何者一定正確？　(A)大樹是實樹　(B)大樹是虛樹　(C)小樹是實樹　(D)小樹是虛樹。

(　) 11. 以下何者可以反駁「學生的英文都很好」的說法？　(A)學生的英文都不好　(B)高中生大祥英文不好　(C)英文好對學生來說是有優勢的　(D)英文好讓高中生大祥佔有優勢。

(　) 12. 根據「殺手都是堅定的」、「堅定的人沒有畏懼」、「沒有畏懼的人很強大」、「政客也都沒有畏懼」，以下何者錯誤？
(A)殺手很強大　　　　　　　(B)政客很強大
(C)政客是堅定的　　　　　　(D)小明有畏懼，所以他不是殺手。

(　) 13. 否定「大人有錢，而小孩有閒」的意思是？　(A)如果大人不有錢，那麼小孩就沒有閒　(B)如果小孩沒有閒，那麼大人就不有錢　(C)大人不有錢，而且小孩沒有閒　(D)不是大人不有錢，就是小孩沒有閒。

(　) 14. 鳥之於天空，就如汽車之於什麼？　(A)天空　(B)海洋　(C)陸地　(D)道路。

(　) 15. 海豚、鯨魚、海豹、鱷魚。何者與其他三者最不相同？　(A)海豚　(B)鯨魚　(C)海豹　(D)鱷魚。

(　) 16. 經理想買11個三明治請加班的同事吃，甲店全面8折，乙店買三送一。怎麼買最便宜？　(A)都在甲店買　(B)都在乙店買　(C)甲店買3個，剩下去乙店買　(D)乙店買3個，剩下去甲店買。

( )　17. 大樓的電梯每上、下一層樓就會升、降4公尺，王先生從七樓的辦公室搭電梯到一樓，請問電梯升降了多少公尺？　(A)升24　(B)升28　(C)降24　(D)降28。

( )　18. 黑婆婆永遠說真話而白婆婆永遠講假話。公主在岔路口遇到兩位婆婆，只知道其中一位是黑婆婆一位是白婆婆，但無法分辨誰是誰。該如何問才能知道哪一條路是出口？　(A)請你們兩人都告訴我哪一條路是出口？　(B)請你們之中的白婆婆告訴我哪一條路是出口？　(C)如果你去問對方哪一條路是出口，他會說是哪一條呢？　(D)問什麼都不可能知道哪一條路是出口。

( )　19. 依據「如果甲沒有取得經營權，那麼乙就不會脫離合作聯盟」，何者正確？　(A)甲取得經營權，而乙脫離合作聯盟　(B)甲沒有取得經營權，而乙還是脫離合作聯盟　(C)不是甲沒有取得經營權，就是乙不脫離合作聯盟　(D)不是甲取得經營權，就是乙不脫離合作聯盟。

( )　20. 依據「如果破雲刀沒有戰勝八爪精，那麼軒轅劍就不會離開天山仙子」，何者正確？　(A)不是破雲刀沒有戰勝八爪精，就是軒轅劍不離開天山仙子　(B)破雲刀戰勝八爪精，而軒轅劍離開天山仙子　(C)不是破雲刀戰勝八爪精，就是軒轅劍不離開天山仙子　(D)破雲刀沒有戰勝八爪精，而軒轅劍還是離開天山仙子。

解答 解析

1.**(B)**。　下樓到B側月台搭車。

2.**(C)**。　依題目語意出發那座應不算，目的那座重複計算，故總共6+12+1-1=18（座）。

3.**(A)**。　$\dfrac{35 \times 40}{50}$=28（分）。

4.**(A)**。　勇士組負責打獵或炊事。

5.(**A**)。 依題意三人均說謊，
二科說：「我們不是第二」→「二科為第二」
三科說：「我們不是第一」→「三科為第一」
故知一科為第三。

6.(**A**)。 一條香蕉的重量是 $\frac{1}{2}$ 顆橘子。

7.(**B**)。 8+8-1=15（輛）。

8.(**B**)。 0.3×1.12+0.7×1.02-1=0.336+0.714-1=0.05=5%
故知總支出會增加5%。

9.(**D**)。 <，>中前數為後數的2倍，故知○應填入26。

10.(**D**)。 若大樹為實樹，因實樹說真話，故小樹為虛樹
若大樹為虛樹，因虛樹說假話，故小樹為虛樹
故知小樹為虛樹。

11.(**B**)。 高中生大祥英文不好為「學生的英文都很好」的反例。

12.(**C**)。 「堅定的人沒有畏懼」→「沒有畏懼未必為堅定的人」
政客未必是堅定的。

13.(**D**)。 否定「大人有錢，而小孩有閒」為
不是大人不有錢，就是小孩沒有閒。

14.(**D**)。 鳥飛行於天空，就如汽車行走於道路。

15.(**D**)。 海豚、鯨魚、海豹為胎生，鱷魚為卵生。

16.(**C**)。 3的倍數杯在乙店買，零買在甲店買最便宜，
故甲店買3個，乙店買6個。

17.(**C**)。 4(7-1)=24
故知電梯降了24公尺。

18.(**#**)。 此題無標準答案。

19.(**D**)。 不是甲取得經營權，就是乙不脫離合作聯盟。

20.(**C**)。 不是破雲刀戰勝八爪精，就是軒轅劍不離開天山仙子。

108年臺北捷運新進司機員甄試

※僅收錄邏輯分析相關試題

( )　1. 捷運花開-富貴線與錦繡-家園線可在圓滿站轉乘。圓滿站的候車月台設置是地下一樓東側往富貴、西側往錦繡，地下二樓東側往花開、西側往家園。王先生要從花開到家園，當他搭乘捷運到達圓滿站時，下列何種方式可以順利到達？　(A)同班車繼續搭乘　(B)下車到同一樓另一側月台搭車　(C)下樓到東側月台搭車　(D)下樓到西側月台搭車。

( )　2. 捷運環狀線分成左和右兩個相反方向繞行。從A站到B站，如果搭左線，上車後要在第6站下車，如果搭右線，上車後要在第12站下車，全線共有幾站？　(A)12　(B)17　(C)18　(D)19。

( )　3. 以時速35公里開車從家裡到公司要花40分鐘，如果騎機車時速是50公里，需時幾分鐘？　(A)約28　(B)約38　(C)約48　(D)約58。

( )　4. 依據「行政組負責經費管控，而接待組負責公關文宣」，何者正確？　(A)行政組負責經費管控或公關文宣　(B)接待組負責經費管控和公關文宣　(C)行政組不負責公關文宣　(D)接待組不負責經費管控。

( )　5. 甲、乙、丙三兄弟。甲說：「我排行第二」、乙說：「我不是老二」、丙說：「我不是老大」。事實上他們都沒說實話，誰是老么？　(A)甲　(B)乙　(C)丙　(D)無法確定。

( )　6. 一個平衡的天平，左邊有兩個相同的木塊，右邊有4個相同的砝碼。一個木塊的重量是幾個砝碼？　(A)半個　(B)1個　(C)2個　(D)4個。

( )　7. 一排新建的樓房。紅色大門那一棟從前面數過去和從後面數過去都是第8棟。這一排樓房共有幾棟？　(A)8　(B)15　(C)16　(D)17。

( )　8. 家裡每個月的支出中三成是交通、七成是飲食。因物價上漲，如果交通支出增加12%、飲食支出增加2%，總支出會增加多少？
(A)2%　(B)5%　(C)7%　(D)12%。

( )　9. <2, 6>、<5, 15>、<7, 21>、<○, 27>。○是多少？
(A)5　(B)6　(C)8　(D)9。

( )　10. 森林裡的精靈永遠說真話而女巫永遠講假話，白雪公主遇到甲、乙兩人，甲說：「我們兩人之中恰有一個女巫」。請問下列何者一定正確？　(A)甲是精靈　(B)甲是女巫　(C)乙是精靈　(D)乙是女巫。

( )　11. 以下何者可以反駁「減肥的人都喜歡吃蔬菜水果」的說法？
(A)減肥的人都不喜歡吃蔬菜水果
(B)減肥中的大祥就不喜歡吃蔬菜水果
(C)吃蔬菜水果對減肥的人有好處
(D)吃蔬菜水果對正在減肥的大祥有好處。

( )　12. 根據「兒童都是天真的」、「天真的人沒有畏懼」、「沒有畏懼的人很強大」、「青少年也都沒有畏懼」，以下何者錯誤？
(A)兒童很強大　(B)青少年很強大　(C)青少年是天真的　(D)小明有畏懼，所以他不是兒童。

( )　13. 否定「小櫻會魔法，而李小狼會道術」的意思是？
(A)如果小櫻不會魔法，那麼李小狼就不會道術
(B)如果李小狼不會道術，那麼小櫻就不會魔法
(C)小櫻不會魔法，而且李小狼不會道術
(D)不是小櫻不會魔法，就是李小狼不會道術。

( )　14. 鳥之於飛機，就如魚之於什麼？　(A)天空　(B)水　(C)船　(D)潛水艇。

( )　15. 根、花、果實、種子。何者與其他三者最不相同？　(A)根　(B)花　(C)果實　(D)種子。

(　)　16. 魯夫和他的小夥伴們想買10杯奶茶在旅行中飲用，鄂霍的店全面8折，萊姆的店買三送一，怎麼買最便宜？　(A)都在鄂霍的店買　(B)都在萊姆的店買　(C)鄂霍的店買2杯，萊姆的店買6杯　(D)鄂霍的店買6杯，萊姆的店買3杯。

(　)　17. 一條長480公尺的地下道，原本只在出入口各裝設一盞緊急照明燈，現在要每隔40公尺裝設一盞，總共要加裝幾盞？　(A)10　(B)11　(C)12　(D)13。

(　)　18. 有一個數加8再除以3是22，這個數是多少？　(A)10　(B)42　(C)58　(D)74。

(　)　19. 森林裡的實猴永遠說真話而虛猴永遠講假話。迷路的王子在岔路口遇到兩隻猴子，只知道其中一隻是實猴一隻是虛猴，但無法分辨誰是誰。他該如何問才能知道哪一條路是安全的？　(A)問什麼都不可能知道哪一條路是安全的。　(B)請你們之中的實猴告訴我哪一條路是安全的？　(C)請你們兩人都告訴我哪一條路是安全的？　(D)如果你去問對方哪一條路是安全的，他會說是哪一條呢？

(　)　20. 依據「卡通人物都可以飛簷走壁，而他們的作者則不行」，以及「喜德是奧斯雷創造的卡通人物」，何者正確？　(A)喜德可以飛簷走壁，而奧斯雷也可以　(B)喜德可以飛簷走壁，但奧斯雷不行　(C)喜德無法飛簷走壁，而奧斯雷也不行　(D)喜德無法飛簷走壁，但奧斯雷可以。

解答　解析

1.(**D**)。　下樓到西側月台搭車。

2.(**C**)。　依題目語意搭乘那站應不算，目的站重複計算，故總共6+12+1-1=18（站）。

3.(**A**)。　$\frac{35\times40}{50}$=28（分）。

4.(**A**)。 行政組負責經費管控或公關文宣。

5.(**A**)。 依題意三人均說謊，
乙說：「我不是老二」→「乙為老二」
丙說：「我不是老大」→「丙為老大」
故知甲為老么。

6.(**C**)。 一個木塊的重量恰為2個砝碼。

7.(**B**)。 8+8-1=15（棟）。

8.(**B**)。 $0.3 \times 1.12 + 0.7 \times 1.02 - 1 = 0.336 + 0.714 - 1 = 0.05 = 5\%$
故知總支出會增加5%。

9.(**D**)。 $<,>$中前數為後數的$\frac{1}{3}$，故知○應填入9。

10.(**D**)。 若甲為精靈，因精靈說真話，故乙為女巫
若甲為女巫，因女巫說假話，故乙為女巫
故知乙為女巫。

11.(**B**)。 減肥中的大祥就不喜歡吃蔬菜水果為
「減肥的人都喜歡吃蔬菜水果」的反例。

12.(**C**)。 「天真的人沒有畏懼」→「沒有畏懼未必為天真的人」
青少年未必是天真的。

13.(**D**)。 不是小櫻不會魔法，就是李小狼不會道術。

14.(**D**)。 潛水艇在水中行走，故選(D)。

15.(**A**)。 花、果實、種子均為植物生殖器官。故知根與其他三者最不相同。

16.(**C**)。 3的倍數杯在萊姆的店買，零買在鄂霍的店買最便宜，故鄂霍的店買2杯，萊姆的店買6杯。

17.(**B**)。 $\frac{480}{40} - 1 = 11$（盞）。

18.(**C**)。 $\frac{x+8}{3} = 22 \Rightarrow x = 58$。

19.(**D**)。 如果你去問對方哪一條路是安全的，他會說是哪一條呢？

20.(**B**)。 喜德（卡通人物）可以飛簷走壁，但奧斯雷（作者）不行。

108年中華郵政職階人員甄試（專業職(一)）

一、請回答下列推理問題：（每一小題均需有完整的推理過程才給分）

(一)有一位農夫，他一向只種植下列五種蔬果：絲瓜、玉米、高麗菜、茄子及番薯。每年由上述五種蔬果依下列規則選出剛好三種來進行種植。

　1. 該年種植玉米，則該年也會種植絲瓜。

　2. 年種植的蔬果中，最多只有一種於下一年繼續種植。

　3. 該年種植高麗菜，則下一年不會再種植高麗菜。

　　若農夫今年種植絲瓜、玉米、高麗菜，則後年他種植的是哪種組合的蔬果。

(二)某協會的會長選舉進入最後決選階段，只剩老李、老王及老張三位候選人脫穎而出，由350位會員進行最後投票，每位會員均必須對老李、老王及老張三位候選人分別投下支持或不支持票，已知支持老李的有116人，支持老王的有152人，支持老張的有156人，而同時支持老李及老王的有28人，同時支持老王及老張的有40人，同時支持老李及老張的有52人，而同時支持老李、老王及老張三人的有10人，請算出對三位候選人都不支持的共有幾位會員？

答 (一) 只有一種於下一年繼續種植推測為絲瓜

　　　若為玉米則也會種植絲瓜則不符合只有一種下一年繼續種植

　　　故推得下一年種植的為絲瓜、茄子及番薯

　　(二) 至少支持一人的有

　　　$116＋152＋156－28－40－52＋10＝314$（人）

　　　三人都不支持為

　　　$350－314＝36$（人）

二、請回答下列推理問題：（每一小題均需有完整的推理過程才給分）

（一）若有一些雞和兔子關在同一個籠子裡，從上面看共有41個頭，而從下面看則共有114隻腳。請問籠子裡分別有幾隻雞及幾隻兔子？

（二）老李的薪水比老王的薪水多6,000元，而老王的薪水是老張薪水的1.2倍，三人合計的薪水是14.2萬元，請推導出老李的薪水是多少元？

（三）媽媽要將120顆葡萄分給小明及小美兄妹兩人，她的分法如下：第一堆的5/8與第二堆的3/8分給了哥哥小明，而兩堆葡萄剩下的共有59顆分給了妹妹小美。請問這兩堆分別有多少顆葡萄？

答 （一）設有x隻雞及y隻兔子，可列出聯立方程式

$$\begin{cases} x + y = 41 \\ 2x + 4y = 114 \Rightarrow x + 2y = 57 \end{cases}$$

$\Rightarrow y=16, x=25$

故得25隻雞及16隻兔子。

（二）設老王的薪水為x元，可列出方程式

$(x+6000)+x+\dfrac{x}{1.2}=142000 \Rightarrow 1.2x+7200+1.2x+x=170400$

$3.4x=163200 \Rightarrow x=48000$（元）

可得老李薪水為54000元。

（三）設兩堆分別有x、y顆葡萄，可列出聯立方程式

$$\begin{cases} x + y = 120 \Rightarrow 3x + 3y = 360 \\ \dfrac{3}{8}x + \dfrac{5}{8}y = 59 \Rightarrow 3x + 5y = 472 \end{cases} \Rightarrow y = 56, x = 64$$

可得兩堆分別有64、56顆葡萄。

三、 在一個益智節目中，主持人會將裝有獎金的4個信封隨機排成一列，
主持人及來賓都不知道獎金多寡，遊戲規則是：來賓依序開信，打開
看到獎金數額後必須馬上決定是否要選擇這個信封的獎金並結束遊
戲，或者是放棄該信封並開啟下一封信，放棄過的信封都不能回頭再
選擇。金先生下周有機會參加這個節目當來賓，他的3位朋友A,B,C分
別建議他選取策略如下：

A：不管前面3封信的內容為何，都選取最後一封信。

B：依序開啟前面3封信，若這三封信的金額中金額最高者為第三
封，就選第三封，不然就放棄第三封並選第四封。

C：開啟第一封信記住金額後，接著開第二封並跟第一封的金額比
較，若第二封比較高，就選取第二封，否則就開第三封，若第三
封獎金比第一封高，就選第三封，若第三封的獎金也沒有比第一
封高，那就選最後一封信。

請問在四封信的獎金皆不相等而且信封的排序是隨機的情況下：

(一)採用A策略能拿到最高獎金的機率為多少？

(二)採用B策略能拿到最高獎金的機率為多少？

(三)採用C策略能拿到最高獎金的機率為多少？

答 (一) $P(A)=\dfrac{1}{4}$

(二) $P(B)=\dfrac{3!+3!}{4!}=\dfrac{12}{24}=0.5$

(三) $P(C)=\dfrac{2+\dfrac{3!}{2!}+2!}{4!}=\dfrac{7}{24}$

四、已知軟糖、泡芙及巧克力棒單價分別為12元、20元及16元，一對兄妹
　　各買了上述三種點心若干個，已知兩人的總共花費在1,420元到1,480
　　元之間，妹妹在每一種點心花費的錢是一樣的，而且兄妹兩人所花的
　　錢差距不到10元，另外也知道妹妹軟糖比哥哥多3個，而巧克力棒則
　　比哥哥少4個。請問：

　　(一)哥哥買的泡芙比妹妹多還是少？差距是幾個？

　　(二)妹妹買了幾個泡芙？

　　(三)兄妹倆的實際總花費為多少錢？

答
$$\begin{cases} 12a = 20b = 16c = x \Rightarrow 3a = 5b = 4c \\ 1420 < 12a + 20b + 16c + 12(a-3) + 20d + 16(c+4) < 1480 \\ -10 < 64 - 36 + 20d - 20b < 10 \end{cases}$$

$$\begin{cases} 12a = 20b = 16c = x \Rightarrow 3a = 5b = 4c \\ 1420 < 5x + 28 + 20d < 1480 \Rightarrow 1392 < 5x + 20d < 1452 \Rightarrow 278.4 < x + 4d < 290.4 \\ -10 < 28 + 20d - x < 10 \Rightarrow -38 < 20d - x < -18 \end{cases}$$

$1430 < 6x < 1470 \Rightarrow 238.3 < x < 245 \Rightarrow x = 240$

$38.4 < 4d < 50.4 \Rightarrow 9.6 < d < 12.6$

$202 < 20d < 222 \Rightarrow 10.1 < d < 11.1 \Rightarrow d = 11$（個）

(一) 哥哥買的泡芙比妹妹少，差距是1個

(二) 妹妹買了12個泡芙

(三) $5 \times 240 + 28 + 220 = 1448$（元）

兄妹倆的實際總花費為1448元。

108年第一銀行甄試（客服人員）

※僅收錄邏輯分析相關試題

一、某甲有年終獎金12萬元，他想全部用來投資募資中的A、B、C與D四檔基金；假設這四檔基金的投資單位為張，且每張的面額為1萬元。請列出算式回答下列問題：

(一)對於這四檔基金的投資配置，會有多少種投資組合？（註：可以不買某種基金）

(二)若某甲想要A基金至少買一張、B基金至少買兩張，請問這四檔基金的投資配置，又會有多少種投資組合？

答 (一) $H_{12}^4 = C_{12}^{15} = C_3^{15} = 455$（種）

(二) $H_9^4 = C_9^{12} = C_3^{12} = 220$（種）

二、若某國的國民中有65%的人會說英語，48%的人會說法語，若該國的民眾至少會說英語或法語中，只會說法語的百分比為何？（需有完整的推理過程才給分）

答 此題目缺少條件，在此先假設同時會說英語及法語有40%

$$P = \frac{8}{65 + 48 - 40} = \frac{8}{73}$$

108年臺灣中小企業銀行甄試（一般行員）

※僅收錄邏輯分析相關試題

( )　1. 一位老師在登記分數時，不小心把63分輸入成83分，如此使全班的平均分數提高了0.5分，請問全班有幾人？　(A)30人　(B)35人　(C)40人　(D)50人。

( )　2. 一數列以3、7、11、15、19…增加，請問第48個數為下列何者？　(A)188　(B)191　(C)192　(D)195。

( )　3. 「多吃蔬菜水果，可以增強免疫力」，下列何者是由此陳述的邏輯推斷而來的？　(A)我吃很多蔬菜水果，所以我的免疫力高　(B)我吃很少蔬菜水果，所以我的免疫力低　(C)我的免疫力高，代表我吃很多蔬菜水果　(D)我的免疫力低，代表我吃很少蔬菜水果。

( )　4. 下列何者轉換為小數，其小數特徵與其它選項不同？

(A)$\frac{1}{3}$　(B)$\frac{1}{4}$　(C)$\frac{1}{5}$　(D)$\frac{1}{8}$。

( )　5. 在甲、乙、丙、丁四人當中，甲比乙高，丁比丙高，請問下列何者無法判定誰是四人當中最高的？　(A)丙高於甲　(B)乙高於丁　(C)丁高於甲　(D)丁高於乙。

( )　6. 全班在週末去郊遊，42人共租了18輛協力車，男生每2人共騎一輛，女生每3人共騎一輛，請問女生有多少人？　(A)18人　(B)20人　(C)22人　(D)24人。

( )　7. 甲、乙、丙三人都有一個妹妹，且都比自己的妹妹大9歲。三個妹妹名叫小芳、小雯、小惠，已知甲比小芳大7歲，且甲與小雯年齡的和是50歲，乙和小雯年齡的和是52歲，請問下列何者正確？　(A)甲和小雯是兄妹　(B)甲和小惠是兄妹　(C)乙和小雯是兄妹　(D)丙和小芳是兄妹。

( )　8. 在一封密文裏，TREAD寫成「7%#94」而PREY寫成「$%#8」，那麼「ARTERY」的密文是下列何者？　(A)9#7%#4　(B)9#%7#8　(C)9%7#%8　(D)9%#7%8。

( )　9. 這次月考小明和小華在班上的41個學生當中，分別排在第7和第11名，若由最後往前算，請問他們分別是倒數第幾名？　(A)30和34名　(B)32和36名　(C)34和30名　(D)35和31名。

( )　10. 某客運站每30分鐘發車一次，一位旅客問站務員下一班車什麼時候發車，站務員回答：「前一班車10分鐘前剛開出，下一班要等到9：35了。」請問這位旅客詢問站務員的時候是幾點幾分？　(A)9：05　(B)9：10　(C)9：15　(D)9：25。

( )　11. 「所有的杯子都是花瓶；有些杯子是陶瓷的。」請問根據以上陳述，是否可導出以下結論？　(1)有些花瓶是陶瓷的　(2)有些陶瓷的東西是花瓶
(A)只能導出(1)　　　　　　(B)只能導出(2)
(C)同時可導出(1)和(2)　　　(D)既不能導出(1)也不能導出(2)。

( )　12. 有一數列154, 180, 208, 238, 280, 304…請問哪一個數字不符合此數列的規則？　(A)180　(B)208　(C)238　(D)280。

( )　13. 小明今年12歲，他的年齡是弟弟的三倍，當小明幾歲時，年齡會是弟弟的二倍？　(A)14歲　(B)16歲　(C)18歲　(D)20歲。

( )　14. 「在一個公司裏，大多數四十歲以上的人都保了癌症險，所有企劃部門的人都保了意外險，所有保了癌症險的人都沒有保意外險。」根據以上陳述，下列何者正確？　(A)有些企劃部門的人有保癌症險　(B)企劃部門的人都沒有保癌症險　(C)此公司40歲以上的人都沒有保意外險　(D)此公司大多數40歲以下的人都沒保癌症險。

( )　15. 有ABCD四個正整數，B是A的3倍，A是C的一半，C是D的4倍，請問ABCD由大排到小為下列何者？　(A)BCAD　(B)BDAC　(C)CBDA　(D)DCBA。

( )　16. 老師舉辦象棋比賽，準備了一份獎品給冠軍，比賽採單淘汰制，即讓學生兩兩比賽，沒有平局，輸者即淘汰，直到產生冠軍為止。一共舉行了32場比賽才產生冠軍，請問班上學生有幾人？(A)31人　(B)32人　(C)33人　(D)64人。

( )　17. 42個蘋果分給若干男孩和女孩，如果每個男孩分得3個，每個女孩分得6個，蘋果可以剛好分完，但若反過來，每個男孩分得6個，每個女孩分得3個則不夠6個蘋果。請問女孩有幾人呢？(A)4人　(B)5人　(C)6人　(D)7人。

( )　18. 在一個社區裏，20%的住戶擁有2部車，剩下的住戶中的40%擁有3部車，其餘的住戶，擁有1部車。請問根據上述，下列何者正確？　(A)40%的住戶擁有1部車　(B)40%的住戶擁有3部車(C)48%的住戶擁有1部車　(D)60%的住戶至少擁有2部車。

( )　19. 甲比乙早5年出生，乙比丙大4歲，丙比丁小3歲。請問若甲現年17歲，請問丁幾歲？　(A)5歲　(B)11歲　(C)15歲　(D)19歲。

( )　20. 甲、乙、丙、丁四人從左到右坐成一排，已知乙和丁不相鄰，丙不是坐在第三個位置，請問下列何者必定錯誤？　(A)甲在第一個位置　(B)甲在第二個位置　(C)甲在第三個位置　(D)甲在第四個位置。

( )　21. 請問下圖問號處應填入下列何數字？

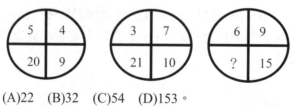

(A)22　(B)32　(C)54　(D)153。

( ) 22. 現有A、B兩箱蘋果，A箱中的蘋果和B箱中的蘋果個數比是 3：2。A箱中的蘋果綠色和紅色比例是 4：5，B箱中的蘋果全是綠色的，B箱中綠色的蘋果比A箱中綠色的蘋果多20個，請問紅色的蘋果有幾個？ (A)30個 (B)40個 (C)50個 (D)60個。

( ) 23. 「所有喜歡英文的學生也喜歡數學。有些學生喜歡國文。所有喜歡國文的學生不喜歡數學。」根據以上敘述，請問下列何者正確？ (A)喜歡國文的學生也喜歡英文 (B)喜歡數學的學生也喜歡國文 (C)喜歡數學的學生也喜歡英文 (D)喜歡數學的學生不喜歡國文。

( ) 24. 爸爸過生日，切了蛋糕的 $\frac{1}{4}$ 給爸爸，爸爸拿到的蛋糕是其它每一位家人的3倍大，請問家裏一共有幾個人？ (A)9人 (B)10人 (C)11人 (D)12人。

( ) 25. 某班舉行學科競賽，學生必須從國文、英文和數學中選2項進行考試。選國文的有20人，選英文的有28人，選數學的有12人。請問同時選國文和英文的有幾人？ (A)2人 (B)10人 (C)18人 (D)20人。

( ) 26. 有一服裝店這季進貨200件服飾，每件成本60元，售價99元；結果只賣出131件，其餘在換季拍賣時，以三件100元賣出，請問這些服裝全部賣完後，共賺或賠多少元？ (A)賺3,269元 (B)賺5,269元 (C)賺6,600元 (D)賠2,969元。

( ) 27. 在一個班級中，男生佔班上學生的 $\frac{2}{3}$，其中有18個男生身高超過160公分，佔了班上男生的 $\frac{3}{4}$。請問班上有幾位女生？ (A)12人 (B)18人 (C)24人 (D)36人。

( )　28. 有五個鈴，分別於5、6、7、10、12秒響一次，若不算一開始同時響的那一次，在一小時裏，它們會有幾次同時響？　(A)5次　(B)6次　(C)7次　(D)8次。

( )　29. 甲、乙兩人分別以等速度走同一段路，甲花了3分鐘，乙花了5分鐘。若以此速度比賽600公尺，則甲到達終點時，乙離終點幾公尺？　(A)180公尺　(B)200公尺　(C)240公尺　(D)360公尺。

( )　30. 某一家商店正舉辦8折特賣，某一件商品特價售出後，老闆獲利50元，若此商品原來的定價為成本加30%，請問此商品的成本為多少？　(A)500元　(B)750元　(C)1,000元　(D)1,250元。

( )　31. 蛋糕工廠用一台機器分切蛋糕，機器把每一條蛋糕分切成10片。這台機器一分鐘能切45下，請問26分鐘能切好幾條蛋糕？　(A)65條　(B)116條　(C)117條　(D)130條。

( )　32. 甲和乙的月薪比為6：5，明年起調薪，調薪幅度為每人增加5%，若調薪前甲比乙月薪多X元，調薪後甲比乙月薪多Y元，則下列何者正確？　(A)X>Y　(B)X=Y　(C)調薪後兩人月薪比仍為6：5　(D)調薪後兩人月薪比為6.05：5.05。

( )　33. 有一養豬戶欲以豬跟人家換雞，他原本希望以一頭豬換20隻雞，但養雞戶覺得太高了，不願意換，養豬戶只好調降，但仍堅持一頭豬要換10隻以上的雞。最後養豬戶換到299隻雞，請問他換出去多少頭豬？　(A)13頭　(B)17頭　(C)19頭　(D)23頭。

解答 解析

1.**(C)**。　$\dfrac{83-63}{x}=0.5 \Rightarrow x=40$（人）。

2.**(B)**。　此為等差數列，公差為4
$a_{48}=3+4(48-1)=191$。

3.**(A)**。　我吃很多蔬菜水果，所以我的免疫力高。

4.**(A)**。　$\frac{1}{3}$換成小數為無限循環小數。

5.**(D)**。　多了丁高於乙的條件無法判斷甲丁何者較高。

6.**(A)**。　設女生有x人
$$\frac{42\text{-}x}{2}+\frac{x}{3}=18\Rightarrow x=18（人）。$$

7.**(B)**。　丙與小雯為兄妹
乙與小芳為兄妹
推論→甲與小惠為兄妹。

8.**(C)**。　分別將其英文字母改為符號可得9%7#%8。

9.**(D)**。　41-7+1=35（名）
41-11+1=31（名）。

10.**(C)**。　9：35-20(分)=9：15。

11.**(C)**。　同時可導出(1)和(2)。

12.**(D)**。　238+32=270
故知題目中280應改為270才正確。

13.**(B)**。　設經過x年
$$\frac{12+x}{4+x}=2\Rightarrow x=4，小明為16歲。$$

14.**(B)**。　企劃部門的人都沒有保癌症險。

15.**(A)**。　B=3A，C=2A，C=4D
可推得B>C>A>D。

16.**(C)**。　所需場次為總人數減1，故33人需32場比賽。

17.**(A)**。　設男孩x人、女孩y人，可列出聯立方程式：
$$\begin{cases}3x+6y=42\\6x+3y=48\end{cases}\Rightarrow x=6，y=4。$$

18.(**C**)。 80%×40%=32%擁有3部車
1-32%-20%=48%擁有1部車。

19.(**B**)。 依題意乙12歲、丙8歲、丁11歲。

20.(**A**)。 若甲坐在第一位置，則丙坐在第三位置。

21.(**C**)。 6×9=54。

22.(**C**)。 設B箱中有x顆綠色蘋果，A箱中有x-20顆綠色蘋果，
A箱中有$\frac{5}{4}$(x-20)顆紅色蘋果，
由A箱中的蘋果和B箱中的蘋果個數比是3：2可列出方程式
$\frac{9}{4}$(x-20)：x=3：2⇒3X=$\frac{9}{2}$(x-20)⇒x=60
故知A箱中有$\frac{5}{4}$(60-20)=50顆紅色蘋果。

23.(**D**)。 喜歡數學的學生不喜歡國文。

24.(**B**)。 設家裡一共有x人
$\frac{1}{4}$=3×$\frac{\frac{3}{4}}{(x-1)}$⇒x-1=9⇒x=10（人）。

25.(**C**)。 $\frac{1}{2}$(20+28+12)=30
20+28-30=18（人）
注意此題三科都選的為0人。

26.(**A**)。 131×99+$\frac{100}{3}$×69-200×60=3269（元）。

27.(**A**)。 男生共有18×$\frac{4}{3}$=24（人）
女生共有24×$\frac{1}{2}$=12（人）。

28.(**D**)。 [5,6,7,10,12]=420（秒）=7（分）
一小時內同時響8次。

29.(**C**)。　設甲速率為v、乙速率為$\frac{3}{5}$v

$600-\frac{600}{v}\times\frac{3}{5}$v=240（m）。

30.(**D**)。　設此商品成本為x元

1.3x×0.8-x=50⇒x=1250（元）。

31.(**D**)。　此機器一分鐘能切5條蛋糕，
26分鐘能切130條蛋糕。

32.(**C**)。　調薪後兩人月薪比仍為6：5。

33.(**D**)。　將299因數分解：299=23×13
可知一頭豬換13隻雞，共換了23頭豬。

NOTE

108年臺北捷運新進技術員甄試

※僅收錄邏輯分析相關試題

( )　1. 夜市烤魷魚的小攤每次可以烤4隻，兩面都要烤，每一面要連續烤2分鐘。買6隻烤魷魚至少要等多久？　(A)6分鐘　(B)8分鐘　(C)12分鐘　(D)24分鐘。

( )　2. 秘書結算時不小心把加1.73萬算成加1.93萬，得到結果是13.15萬，正確結果應該是多少？　(A)13.15萬　(B)12.95萬　(C)13.35萬　(D)15.15萬。

( )　3. 一台電腦特價85折賣出是21765元。原價是多少？　(A)18500元　(B)25500元　(C)25605元　(D)26500元。

( )　4. 雞排店每天賣出300份，扣除成本後獲利6000元。老闆將售價漲價五元後，賣出份數減少兩成，比較漲價前後的獲利，何者正確？　(A)漲價後獲利增加　(B)漲價前後獲利相同　(C)漲價後獲利減少　(D)條件不足無法確定。

( )　5. 甲比乙高，乙比丙高，丁比丙高，戊比甲高。哪一個說法是錯的？　(A)甲比丙高　(B)戊比丙高　(C)戊最高　(D)丙最矮。

( )　6. 甲、乙、丙、丁四人住在一棟六層樓房中，一人住一層還有兩層空屋。甲和丙的上方只有一間空屋，乙的下方有兩個空屋，丁住在甲的下面一層，以下何者一定錯？　(A)甲住三樓　(B)丙住在乙的下一層　(C)乙住六樓　(D)丁與乙差四層樓。

( )　7. 否定「夜市的滷味不是很鹹，就是很油」的意思是　(A)夜市的滷味很鹹也很油　(B)夜市的滷味不鹹或是不油　(C)夜市的滷味既不鹹也不油　(D)夜市的滷味很鹹但是不油。

( )　8. 公司運動會上大家排成長方形，每排人數都一樣多，小王的位置是從右邊數過去的第5排，從左邊數過去的第4排，從前面往後面數是第6個，從後面往前面數是第5個。全部一共有多少人？
(A)80　(B)88　(C)90　(D)99。

( )　9. 一本書重200公克，一個水壺重0.8公斤。一個公事包比一個水壺重，但比一個水壺再加上三本書輕，一個公事包可能有多重？
(A)0.7公斤　(B)0.8公斤　(C)0.9公斤　(D)1.5公斤。

( )　10. 甲、乙和丙坐成一排。甲說：「我坐在最邊邊」，乙說：「我的右邊是丙」，丙說：「我坐在中間」，那麼坐最左邊的是誰？
(A)甲　(B)乙　(C)丙　(D)無法確定。

( )　11. 有甲、乙、丙、丁四個容器。已知丁和半個甲一樣大，也和2個乙一樣大，也和4個丙一樣大。哪一個容器的容量最大？　(A)甲　(B)乙　(C)丙　(D)丁。

( )　12. 甲和乙同時從大門口到辦公室，甲跑了一半的路程而另一半用走的，乙花一半的時間跑而另一半的時間走。如果兩人跑步速度相同，走路速度亦相同，誰會先到辦公室？　(A)甲　(B)乙　(C)兩人同時到達　(D)不一定。

( )　13. 某個天平組配有一個5克法碼和兩個2克法碼。請問以下那個質量是這個天平無法一次量出來的？　(A)1克　(B)3克　(C)7克　(D)8克。

( )　14. 庶務組18人選伴手禮，選鳳梨酥的有11人，選太陽餅的有15人，兩者都選的有8人。請問兩者都不選的有幾人？　(A)0　(B)1　(C)2　(D)3。

( )　15. 依據若A＝1則B＝2、若A＝3則B＝4、若B＝2則C＝5、若A≠1則D＝3等四句話，如果已知C≠5，則下列何者一定正確？　(A)A＝1　(B)B＝2　(C)C＝5　(D)D＝3。

( ) 16. 一個有規律圖形排列如下，請問「？」是哪一個圖形？
△→△→○→☆→△→△→○→☆→△→△→○→？
(A)○　(B)□　(C)☆　(D)△。

( ) 17. 辦公室的鐘快了，每59分鐘就會整點鐘響。從第1次到第13次鐘響之間經過了多少時間？　(A)11時47分　(B)11時48分　(C)12時47分　(D)12時48分。

( ) 18. 有一疊編號1～100共100張的卡片，甲在編號是3的倍數的卡片右上角打一個洞，乙在編號是5的倍數的卡片左上角打一個洞，丙在編號是2的倍數的卡片右下角打一個洞，有幾張卡片會被打上3個洞？　(A)0　(B)1　(C)3　(D)5。

( ) 19. 甲帶500元去商店先買了一些日用品花掉300元，再買2杯咖啡後剩下100元。咖啡的價目表如下，甲買了什麼咖啡？

品項	熱		冰
	大杯	小杯	
拿鐵	55	45	50
美式	50	40	40

(A)冰美式和小杯熱拿鐵　　　　(B)小杯熱拿鐵和冰拿鐵
(C)大杯熱美式和冰拿鐵　　　　(D)冰美式和大杯熱美式。

( ) 20. 甲、乙、丙三人比賽跑。甲說：「我是第一名」、乙說：「我是第二名」、丙說：「我不是第二名」。事實上他們三人都說謊，請問誰是第一名？　(A)甲　(B)乙　(C)丙　(D)無法確定。

解答 解析

1.**(A)**。　第一輪可烤六隻，其中四隻烤一面，
第二輪四隻各烤一面，
共需六分鐘。

2.**(B)**。　多算了0.2萬，正確結果為13.15-0.2=12.95（萬）。

3.(**C**)。　$\dfrac{21765}{0.85}$=25605（元）。

4.(**B**)。　設成本x元，依題意售價x+20元
　　　　　(x=25)×300×0.8=240x+6000
　　　　　可知獲利同樣為6000元。

5.(**C**)。　由題意可知身高：戊＞甲＞乙＞丙
　　　　　可知丙最矮；戊不確定為最高。

6.(**B**)。

乙
空屋
丙(甲)
甲(丁)
丁(丙)
空屋

　　　　　故知丙住在乙的下一層一定錯。

7.(**C**)。　題目的否定句為夜市的滷味既不鹹也不油。

8.(**A**)。　全部人數為8×10=80（人）。

9.(**C**)。　0.8kg＜公事包＜0.8+0.2×3=1.4kg
　　　　　故選(C)。

10.(**B**)。　乙丙甲，故知坐在最左邊的為乙。

11.(**A**)。　丁＝甲/2=2乙=4丙
　　　　　故知甲容量最大。

12.(**B**)。　設跑的速度為u；走的速度為v
　　　　　甲花的時間：$\dfrac{x}{u}+\dfrac{x}{v}$

　　　　　乙花的時間：tu+tv=2x⇒2t=$\dfrac{4x}{u+v}$

假設x=2，u=2，v=1

甲花的時間：$\dfrac{2}{2}+\dfrac{2}{1}=3$（秒）

乙花的時間：$2t=\dfrac{4x}{u+v}=\dfrac{8}{2+1}\approx 2.67$（秒）

故知乙先到辦公室。

13.(**D**)。　(A)1=5-2-2
　　　　　(B)3=5-2
　　　　　(C)7=5-2
　　　　　故選(D)。

14.(**A**)。　至少選1樣的有：11+15-8=18（人）
　　　　　兩者都不選的有：18-18=0（人）。

15.(**D**)。　C≠5,B≠2,A≠1,A=3,B=4,D=3
　　　　　故選(D)。

16.(**C**)。　此題？處應為☆號。

17.(**B**)。　59分×12=11時48分。

18.(**C**)。　(2,3,5)=30
　　　　　由題意知編號1~100共三張卡片被打三個洞。

19.(**C**)。　兩杯咖啡共計100元，故知可能為大杯熱美式和冰拿鐵。

20.(**B**)。　丙為第二名；甲為第三名；乙為第一名故選(B)。

108年臺灣銀行新進人員甄試（流程設計人員）

※僅收錄邏輯分析相關試題

一、請將13、31、37、43、61、67、73這七個數字填入
下列九宮格內，使得每行、每列及每個對角的數字
和都一樣（請寫出過程）。

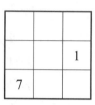

答 (一) 將數字由小到大，按以下方式排列：

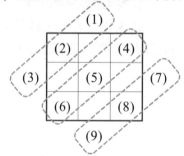

(二) 對應題目，最小的數字是1，最大的數字是73：

	1	
7		31
	37	
43		67

13（左）　61（右）　73（下）

(三) 將九宮格外的數字填入反向的對應位置：

	1	
7	73	31
61	37	13
43	1	67

13（左）　61（右）　73（下）

(四) 對照題目，可得正解：

31	13	67
73	37	1
7	61	43

二、(一) 一群人入住一間旅館，如果每4人住一間房間，會有10人沒有地
　　　　方住；如果每6人住一間房間，會有3間房間沒人住，請問這群人
　　　　有多少人？以及這間旅館原本剩下幾間房間（請寫出過程）？

　　(二) 另外一群人入住另外一間旅館，如果4人住一間，會有8人沒有
　　　　地方住；如果每6人住一間，會有2人沒地方住，請問這群人有
　　　　多少人？以及這間旅館原本剩下幾間房間（請寫出過程）？

答 (一) 設旅館剩下x間房間

$$4x + 10 = 6(x - 3) \Rightarrow x = 14$$

故知旅館剩下14間房間

總共有66人。

　(二) 設旅館剩下x間房間

$$4x + 8 = 6x + 2 \Rightarrow x = 3$$

故知旅館剩下3間房間

總共有20人。

108年臺灣銀行新進人員甄試（程式設計人員）

※僅收錄邏輯分析相關試題

兩個人玩猜數字遊戲，雙方都可從0到9的數字中挑出4個不同的數字，組合成4位數底牌，並輪流猜對方的底牌，被猜的人須據實回答，數字與位置完全正確的個數（計為A），及數字正確但位置不對的個數（計為B），遊戲的目標是要猜到對方的底牌。假設你猜對方底牌為1520，對方回應是1A2B。

(一) 請問符合1A2B的底牌有幾種？

(二) 承第(一)小題，假設第2輪你猜對方底牌為1257而對方回應4B，請問還剩下幾種可能的底牌？請列出所有可能底牌。

(三) 承第(二)小題，下一輪猜中的機率有多少？下兩輪才猜中的機率又有多少？

答 (一) $C_1^{10}C_2^9 \times 7 \times \dfrac{3!}{2!} = 7560$（種）。

(二) 假設5在正確的位置：2571、7512、2517
假設2在正確的位置：5721、7125、5127
共計6種可能。

(三) 下一輪猜中機率為 $\dfrac{1}{6}$，

下兩輪猜中機率為 $\dfrac{1}{5}$。

109年桃園捷運新進人員甄試（第一次）

※僅收錄邏輯分析相關試題

( )　1. 阿信、阿光、小謙不聽師長勸告，仍在學校玩著棒球遊戲，結果將窗戶弄破了，三位目擊證人證詞如下：甲：阿信弄破的或小謙弄破的；乙：不是阿信弄破的且不是阿光弄破的；丙：不是一個人單獨弄破的。在老師的調查之下發現甲所言屬實，乙、丙兩人說謊。試問窗戶究竟是誰打破的？　(A)阿信　(B)阿光　(C)小謙　(D)此三人以外的人弄破的。

( )　2. 甲、乙、丙三人獨立工作，一段時間過後，甲說：「我做完了」，乙說：「甲沒做完」，丙說：「我做完了」，廠長聽到他們的話並看完他們的工作後說：「你們三個中有一個人做完了，有一個人說謊」，請問以下推論何者正確？　(A)甲做完了　(B)乙做完了　(C)丙做完了　(D)乙說謊。

( )　3. 白醋用於消毒的語句邏輯關係與下列何者最接近？　(A)熱水器用於加熱　(B)汽油用於去漬　(C)白糖用於調味　(D)靈芝用於滋補。

( )　4. 某間男女比例相當的公司，有研發部、行銷部、財務部三個部門，行銷部人數多於研發部，而在財務部中，女性多於男性，請問以下推論何者正確？　(A)行銷部男性多於研發部女性　(B)研發部男性少於行銷部女性　(C)研發部女性少於行銷部女性　(D)行銷部男性少於研發部男性。

( )　5. 某位流行病學專家分析2019新型冠狀病毒傳染模型，此模型假設開始傳染第x天，感染人數為y人，x與y的關係式為 $y = 1000 + 3600x - 20x^2$，則這一次的冠狀病毒疫情將在第幾天感染的人數達到最高峰？　(A)40天　(B)65天　(C)90天　(D)120天。

( ) 6. 有一個長方形的花圃，長寬比例為3：2，且花圃的周長為30公尺，請問花圃的短邊長度為多少公尺？ (A)4公尺 (B)5公尺 (C)6公尺 (D)7公尺。

( ) 7. 某捷運列車共有5節車廂，現今打算挑選2個車廂作為友善車廂，請問有幾種挑選結果？ (A)6種 (B)8種 (C)10種 (D)12種。

( ) 8. 哥哥與弟弟的手裡各有一筆錢，如果哥哥給弟弟50元，兩人手裡的金額便相同，但反過來，如果弟弟給哥哥50元，那麼哥哥手裡的金額會是弟弟的兩倍，請問哥哥原本有多少錢？ (A)350元 (B)400元 (C)450元 (D)500元。

( ) 9. 阿桃閱讀一本小說，第一天讀了全部的1/7，第二天讀剩下的2/5，第三天將剩下的讀完。已知第二天讀了168頁，則這本小說共有幾頁？ (A)325頁 (B)380頁 (C)420頁 (D)490頁。

( ) 10. 「蘋果比水蜜桃便宜」、「我的錢不夠買兩斤蘋果」，請問以下推論何者正確？ (A)我的錢夠買一斤蘋果 (B)我的錢夠買一斤水蜜桃 (C)我的錢不夠買一斤水蜜桃 (D)我的錢可能夠也可能不夠買一斤水蜜桃。

( ) 11. 在感冒流行期間，感冒的人有7成5會戴口罩，沒感冒的人有1成5會戴口罩。假設在捷運車廂中40人有18人戴著口罩，則有多少人有感冒卻沒戴口罩？ (A)4人 (B)5人 (C)12人 (D)13人。

( ) 12. 「如果甲出席，那麼乙也出席」，請問以下推論何者正確？ (A)如果乙不出席，那麼甲也不出席 (B)如果乙出席，那麼甲也出席 (C)如果甲不出席，那麼乙也不出席 (D)只有甲出席，乙才出席。

( ) 13. 日前桃捷公司舉辦路跑大賽，阿桃在距離終點前追過第四名，請問他是第幾名？ (A)第二名 (B)第三名 (C)第四名 (D)第五名。

( ) 14. 某部門「服務態度好」的員工有10人,「工作效率佳」的員工有5人,具備上述條件之一者將接受表揚,請問該部門所表揚的員工人數為幾人? (A)恰5人 (B)5至10人 (C)10至15人 (D)恰15人。

( ) 15. 阿捷家到公司的距離為12.9公里,他每天開車上下班。已知他的汽車每公升汽油可以跑8.6公里,而現在汽油1公升價格為24.5元,請問阿捷一天花費的油錢為多少元? (A)73.5元 (B)75元 (C)77.5元 (D)80元。

解答 解析

1.(**A**)。 敘述修改如下:
甲:阿信弄破的或小謙弄破的
乙:阿信弄破的或阿光弄破的
丙:一個人單獨弄破的
故選(A)。

2.(**C**)。 由對話可推知甲沒做完、丙做完了,故選(C)。

3.(**B**)。 去漬與消毒語意較為接近。

4.(**A**)。若行銷部人數最多→行銷部男性較多,研發部女性較多;
若財務部人數最多→行銷部男性較多,研發部男性較多,
故選(A)。

5.(**C**)。 $y' = 3600 - 40x = 0 \Rightarrow x = 90$(天)

6.(**C**)。 短邊 $= 15 \times \dfrac{2}{5} = 6(m)$

7.(**C**)。 $C_2^5 = 10$(種)

8.(**A**)。 設哥哥原有x元、弟弟原有y元
$$\begin{cases} x - 50 = y + 50 \\ x + 50 = 2(y - 50) \end{cases} \Rightarrow \begin{array}{l} x - y = 100 \\ x - 2y = -150 \end{array} \Rightarrow y = 250, x = 350$$

9.(**D**)。　第二天讀 $\dfrac{6}{7} \times \dfrac{2}{5} = \dfrac{12}{35}$ ，共計168頁，

　　　　　故知全書有 $\dfrac{168}{\frac{12}{35}} = 490$ （頁）

10.(**D**)。　正確推論為我的錢不夠買兩斤水蜜桃，
　　　　　我的錢可能夠也可能不夠買一斤水蜜桃。

11.(**B**)。　設感冒x人、沒感冒y人
　　　　　$\begin{cases} x + y = 40 \\ 0.75x + 0.15y = 18 \end{cases}$
　　　　　$\Rightarrow 0.75x + 0.15(40 - x) = 18 \Rightarrow 4x = 80 \Rightarrow x = 20, y = 20$
　　　　　$20 \times 0.25 = 5$ （人）

12.(**A**)。　若A即B，則非B即非A。

13.(**C**)。　追過第四名則她當第四名。

14.(**C**)。　如下圖所示，A∪B介於10~15之間
　　　　　【A集合】、【B集合】分別為獨立的【集合】

　　　　　【A集合】包含【B集合】

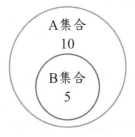

15.(**A**)。　$\dfrac{12.9 \times 2}{8.6} \times 24.5 = 73.5$ （元）

109年桃園捷運新進人員甄試（第二次）

※僅收錄邏輯分析相關試題

( ) 1. ＿＿＿＿之於冬天，好像楓葉之於＿＿＿＿？
(A)櫻花…夏天　　　　　　　　(B)秋天…太陽花
(C)夏天…秋天　　　　　　　　(D)梅花…秋天。

( ) 2. 某一家商店為出清存貨不惜賠本，售價為成本的75折，每賣一件賠本90元。請問商家當初進貨成本為多少元？　(A)320　(B)340　(C)360　(D)380。

( ) 3. 「天藍叢蛙是有毒的」、「有毒的青蛙都很鮮豔」，請問以下推論何者正確？
(A)鮮豔的青蛙都有毒　　　　　(B)只有有毒的青蛙是鮮豔的
(C)只有天藍叢蛙是有毒的　　　(D)天藍叢蛙很鮮豔。

( ) 4. 3個盤子上一共有36顆櫻桃，如果第一盤上拿6顆到第二盤，再從第二盤拿4顆到第三盤，此時3盤上的櫻桃數量就相等了。求原來第一盤裡有幾顆櫻桃？　(A)14　(B)16　(C)18　(D)20。

( ) 5. 如圖，由A出發沿著路徑走到B，但各點至多只能經過一次，求共有幾種走法？（例如：A→D→B，是其中一種走法）
(A)3　　　　　　　(B)4
(C)5　　　　　　　(D)6。

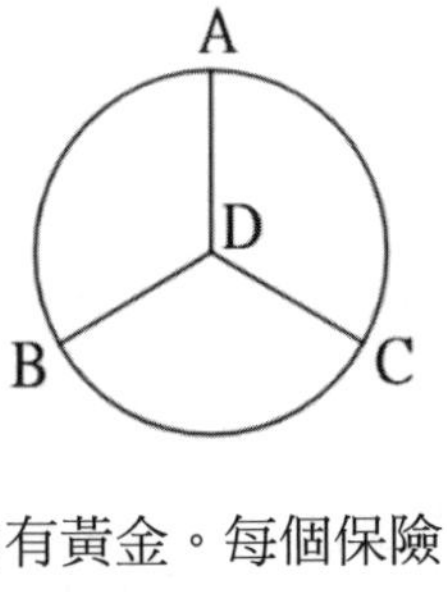

( ) 6. 有甲、乙、丙三個保險箱，其中一個保險箱內有黃金。每個保險箱上寫有一句，甲保險箱：「黃金在這」，乙保險箱：「黃金不在這」，丙保險箱：「黃金不在甲保險箱」，已知以上三句中，只有一句是真。問黃金放在那個保險箱中？　(A)甲　(B)乙　(C)丙　(D)皆不可能。

( ) 7. 「甲、乙兩人至少有一人獲獎」為偽，則下列哪個選項必然
為真？
(A)甲、乙兩人至少有一人獲獎　　　(B)甲、乙兩人都獲獎
(C)甲、乙兩人都沒獲獎　　　　　　(D)甲沒獲獎或者乙沒獲獎。

( ) 8. 全班15位學生的身高平均為150分，若排除甲生不列入計算的
話，班上同學的身高平均為151。請問甲生的身高為多少？
(A)136　　　　　　　　　　　　　(B)138
(C)140　　　　　　　　　　　　　(D)142。

( ) 9. 鉛筆之於_____，好比_____之於板擦？
(A)蠟筆/老師　　　　　　　　　　(B)橡皮擦/粉筆
(C)釘書機/板擦機　　　　　　　　(D)筆芯/粉筆。

( ) 10. 下列4選項恰連成一句話，哪一選項不適合？
(A)春節假期間　　　　　　　　　　(B)離鄉在外的遊子們
(C)都兵荒馬亂　　　　　　　　　　(D)回家團聚。

( ) 11. 長400公尺的跑道，從起點開始，每隔8公尺插一枝旗子，每隔
30公尺站一位衛兵。如果起點有旗子和衛兵，下一個同時有旗
子和衛兵的地點距離起點多少公尺？　(A)40公尺　(B)60公尺
(C)100公尺　(D)120公尺。

( ) 12. 已知$9999 = 9 \times 11 \times 101$，若將$\dfrac{7}{101}$化為循環小數，則小數點以下
第2010位數字為何？　(A)0　(B)3　(C)6　(D)9。

( ) 13. 桃園捷運公司舉行尾牙晚會，參加的女生占全部人數的62%，只
知參加的男生比女生少456人，請問參加男生有幾人？　(A)696
(B)722　(C)831　(D)875人。

( ) 14. 請仔細閱讀「大江東去千古風流人物來浪淘盡」，句中字未依順
序排列，並有多餘的字，請把多餘的字找出來？　(A)去　(B)盡
(C)來　(D)東。

( ) 15. 已知麵包店的麵包一個15元，小明去此店買麵包，結帳時店員告訴小明：「如果你再多買2個麵包就可以打八折，價錢會比現在便宜12元」，小明說：「我買這些就好了，謝謝。」根據兩人的對話，判斷結帳時小明買了多少個麵包？

(A)12　　　　　　　　　　　　(B)15

(C)18　　　　　　　　　　　　(D)21。

解答 解析

1.**(D)**。 梅花在冬天開花；楓葉在秋天變紅。

2.**(C)**。 設成本為x元，$0.25x＝90 \Rightarrow x＝360$（元）

3.**(D)**。 (A)鮮豔的青蛙不一定有毒。
　　　　(B)沒有毒的青蛙也可能是鮮豔的。
　　　　(C)不是只有天藍叢蛙有毒。

4.**(C)**。 設第一盤a顆，第二盤b顆，第三盤c顆，可列出聯立方程式：

$$\begin{cases} a+b+c=36 \\ a-6=b+2=c+4 \end{cases} \Rightarrow a+(a-8)+(a-10)=36$$

$$\Rightarrow 3a=54 \Rightarrow a=18$$

5.**(C)**。 A→B
　　　　A→D→B
　　　　A→C→B
　　　　A→D→C→B
　　　　A→C→D→B

6.**(B)**。 甲保險箱修改為：「黃金不在這」，乙保險箱修改為：「黃金在這」，丙保險箱：「黃金不在甲保險箱」，故知丙為真；黃金在乙保險箱。

7.**(C)**。 「甲、乙兩人都沒獲獎」為「甲、乙兩人至少有一人獲獎」之反例。

8.**(A)**。 $150 \times 15＝151 \times 14＋ 甲 \Rightarrow 甲＝136(cm)$

9.**(B)**。　鉛筆之於橡皮擦，好比粉筆之於板擦。
　　　橡皮擦及板擦均為清除之工具。

10.**(C)**。　兵荒馬亂為慌張的樣子，故不適合出現在句中。

11.**(D)**。　[8,30]＝120，取最小公倍數，故選(D)。

12.**(C)**。　$\dfrac{7}{101}=0.\overline{0693}$，四個一組循環，故知小數點以下第2010位數
　　　字為6。

13.**(B)**。　女生62%、男生38%，相差24%。
　　　$\dfrac{24}{100}x=456 \Rightarrow x=1900$（人）$\Rightarrow \dfrac{38}{100}x=722$（人）

14.**(C)**。　正確排列為：大江東去浪淘盡千古風流人物。
　　　來為多餘的字。

15.**(A)**。　設小明買了x個麵包
　　　$15x-12=15(x+2)\times0.8=12x+24 \Rightarrow 3x=36 \Rightarrow x=12$（個）

NOTE

109年臺北捷運新進隨車站務員甄試

※僅收錄邏輯分析相關試題

( )　1. 遊樂園每週一休園。四月份推出兒童優惠專案，凡12歲以下兒童，身分證字號末碼為奇數者，週三、五、日入園免費，身分證字號末碼為偶數者，週二、四、六入園免費。小明的身分證字號末碼為0，他在下列哪一天入園可以免費？　(A)週日　(B)週一　(C)週二　(D)每一天。

( )　2. 將「北捷台運」中的「北」和「台」對調後成「台捷北運」，再將「北」和「捷」對調就還原回「台北捷運」，共對調2次。將「運北捷台」還原成「台北捷運」至少要對調幾次？　(A)1　(B)2　(C)3　(D)6。

( )　3. 秘書結算時不小心把減1.73萬算成減1.93萬，得到結果是13.15萬，正確結果應該是多少？　(A)13.15萬　(B)12.95萬　(C)13.35萬　(D)13.55萬。

( )　4. 如使用悠遊卡搭乘捷運享有八折優惠。從小英站到小豪站票價是45元，使用悠遊卡會扣款幾元？　(A)35　(B)36　(C)40　(D)42。

( )　5. 小英、小豪、小惠三人相約一起吃午餐。小英買了240元的炒飯三人均分，小豪買了50元的水果與小惠均分，小惠買了70元的飲料與小英均分。小英可以拿回多少錢？　(A)55元　(B)70元　(C)125元　(D)160元。

( )　6. 園遊會時只有一個鍋子煮甜飲，每次煮一種。煮一鍋桂圓紅棗茶要35分鐘，煮一鍋木耳蓮子湯要55分鐘。總共煮了5鍋甜品，花了將近4小時。其中有幾鍋木耳蓮子湯？　(A)1　(B)2　(C)3　(D)4。

( )　7. 校慶時大家排成長方形做大會操，每排人數都一樣多，小王的位置是從右邊數過去的第5排，從左邊數過去的第4排，從前面往後面數是第6個，從後面往前面數是第5個。全部一共有多少人？ (A)80　(B)88　(C)90　(D)99。

( )　8. 一本書重200公克，一個水壺重0.9公斤。一個公事包比一個水壺重，但比一個水壺再加上三本書輕，一個公事包可能有多重？ (A)0.7公斤　(B)0.8公斤　(C)0.9公斤　(D)1.2公斤。

( )　9. 有A、B、C、D四個容器。已知D和半個A一樣大，也和2個B一樣大，也和4個C一樣大。哪一個容器的容量最小？　(A)A　(B)B　(C)C　(D)D。

( )　10. 某個天平組配有一個5克法碼和兩個2克法碼。請問以下那個質量是這個天平無法一次量出來的？　(A)1克　(B)3克　(C)6克　(D)7克。

( )　11. 庶務組18人選伴手禮，選鳳梨酥的有11人，選太陽餅的有15人，兩者都選的有9人。請問兩者都不選的有幾人？　(A)0　(B)1　(C)2　(D)3。

( )　12. 辦公室的鐘慢了，每61分鐘才會整點鐘響。從第1次到第8次鐘響之間經過了多少時間？　(A)7時7分　(B)7時8分　(C)8時7分　(D)8時8分。

( )　13. 小英帶500元去商店先買了一些日用品花掉300元，再買2杯咖啡後剩下100元。咖啡的價目表如下，小英買了什麼咖啡？

	熱		冰
	大杯	小杯	
拿鐵	55	45	50
美式	50	40	40

(A)冰美式和小杯熱拿鐵　　　　(B)小杯熱拿鐵和冰拿鐵
(C)大杯熱拿鐵和小杯熱拿鐵　　(D)冰美式和大杯熱美式。

( ) 14. 否定「夜市的的滷味不是很鹹，就是很油」的意思是　(A)夜市的的滷味既不鹹也不油　(B)夜市的的滷味很鹹也很油　(C)夜市的的滷味不鹹或是不油　(D)夜市的的滷味很鹹但是不油。

( ) 15. 小英、小豪、小惠、小容四個人相約看電影。小英：「我比小容早到」，小豪：「我到的時候，還有一個人沒到」，小惠：「我到的時候，小英已經先到了」，小容：「我不是最後一個到的」。何者為他們四人到達的時間由先到後的排列。　(A)小英小容小豪小惠　(B)小英小容小惠小豪　(C)小容小英小豪小惠　(D)小容小豪小英小惠。

( ) 16. 26個人圍成一圈報數，從小英開始依順時針數，小豪是第8個，從小惠開始依逆時針數，小豪也是第8個，那麼從小英開始依逆時針數到小惠是第幾個？　(A)10　(B)11　(C)12　(D)13。

( ) 17. 小英和小豪同時從大門口到辦公室，小英跑了一半的路程而另一半用走的，小豪花一半的時間跑而另一半的時間走。如果兩人跑步和走的速度都相同，誰會先到休息室？　(A)小英　(B)小豪　(C)兩人同時到達　(D)不一定。

( ) 18. 小英比小豪高，小豪比小惠高，小容比小惠高，小真比小英高。哪一個說法是錯的？　(A)小英比小惠高　(B)小真比小惠高　(C)小真最高　(D)小惠最矮。

( ) 19. 小英、小豪、小惠三人比賽跑。小英說：「我是第一名」、小豪說：「我是第二名」、小惠說：「我不是第二名」。事實上他們三人都說謊，請問誰是第三名？　(A)小英　(B)小豪　(C)小惠　(D)無法確定。

( ) 20. 小英、小豪、小惠、小容四人住在一棟六層樓房中，一人住一層還有兩層空屋。小英和小惠的上方只有一間空屋，小豪的下方有兩個空屋，小容住在小英的下面一層，以下何者一定錯？　(A)小英住三樓　(B)小惠住在小豪的下一層　(C)小豪住六樓　(D)小容與小豪差四層樓。

解答 解析

1.(**C**)。 小明身分證字號末碼為偶數，週二可免費入館。

2.(**A**)。 將台和運對調即可，故只需對調一次。

3.(**C**)。 結果應多0.2萬為13.35萬。

4.(**B**)。 $45 \times 0.8 = 36$（元）

5.(**C**)。 請注意此題目語意有問題。

6.(**C**)。 平均一鍋煮了 $\dfrac{4 \times 60}{5} = 48$分，故推得3鍋木耳蓮子湯2鍋桂

圓紅棗茶平均起來為 $\dfrac{55 \times 3 + 35 \times 2}{5} = \dfrac{165 + 70}{5} = 47$（分）

7.(**A**)。 由題意知隊伍有8行10列，故知全部有80人。

8.(**D**)。 由題意知0.9(kg)<公事包<1.5(kg)，故公事包可能為1.2kg。

9.(**C**)。 由題意知 $D = \dfrac{A}{2} = 2B = 4C$

故知C容器的容量最小。

10.(**C**)。 5g及2g無法湊出6g。

11.(**B**)。 至少選一種有$11 + 15 - 9 = 17$（人）
兩者都不選為$18 - 17 = 1$（人）

12.(**A**)。 第1次到第8次間隔數為7，$61(\min) \times 7 = 427(\min) = 7(hr)7(\min)$

13.(**C**)。 大杯熱拿鐵和小杯熱拿鐵加起來為100元。

14.(**A**)

15.(**A**)。 小豪：「我到的時候，還有一個人沒到」→故知小豪為第3。
正確順序為小英小容小豪小惠。

16.(**D**)。 從小英開始依順時針數小惠為第15個。
從小英開始依逆時針數小惠為第$26 + 2 - 15 = 13$個。

17.(**B**)。 設跑的速度為u；走的速度為v

小英花的時間：$\dfrac{x}{u}+\dfrac{x}{v}$

小豪花的時間：$tu+tv=2x\Rightarrow 2t=\dfrac{4x}{u+v}$

假設x＝2，u＝2，v＝1

小英花的時間：$\dfrac{2}{2}+\dfrac{2}{1}=3$（秒）

小豪花的時間：$2t=\dfrac{4x}{u+v}=\dfrac{8}{2+1}\approx 2.67$（秒）

故知小豪先到辦公室。

18.(**C**)。 (C)依題意無法確認誰最高。

19.(**A**)。 三人名次順序為小豪、小惠、小英。

20.(**B**)。 繪出示意圖如下：
小豪小豪
■■
小英小惠
小容小英
小惠小容
■■
故知選項(B)錯誤。

109年臺北捷運新進司機員甄試

※僅收錄邏輯分析相關試題

( )　1. 依據「如果蝙蝠俠能打敗貓女，那麼羅賓就能打敗小丑」，何者正確？　(A)如果蝙蝠俠不能打敗貓女，那麼羅賓就不能打敗小丑　(B)貓女和小丑都被打敗了　(C)如果羅賓不能打敗小丑，那麼蝙蝠俠就不能打敗貓女　(D)如果蝙蝠俠不能打敗貓女，那麼羅賓就會被小丑打敗。

( )　2. 小台、小北、小捷、小運四個人賽跑。小台：「我比小運早到終點」，小北：「我到終點的時候，還有一個人沒到」，小捷：「我到終點的時候，小台已經先到了」，小運：「我不是最後一個到終點的」。下列何者為他們四人到達的時間由先到後的排列。(A)小台－小北－小捷－小運　(B)小台－小運－小捷－小北　(C)小運－小捷－小北－小台　(D)小台－小運－小北－小捷。

( )　3. 「我喜歡紅燒或我不喜歡油炸」與下面那一句話相矛盾？　(A)我不喜歡紅燒但我喜歡油炸　(B)我不喜歡紅燒或我喜歡油炸　(C)如果我不喜歡紅燒，我就喜歡油炸　(D)以上三句都不矛盾。

( )　4. 甲、乙、丙三人比賽跑。甲說：「我是第一名」、乙說：「我是第二名」、丙說：「我不是第二名」。事實上他們三人都說謊，請問誰是第一名？　(A)甲　(B)乙　(C)丙　(D)無法確定。

( )　5. 將卡片 逆時針旋轉90度後，會是下面哪一個圖形？

( )　6. 26個人圍成一圈報數，從甲開始依順時針數，乙是第8個，從丙開始依逆時針數，乙也是第8個，那麼從甲開始依逆時針數到丙是第幾個？　(A)10　(B)11　(C)12　(D)13。

( )　7. 將2314中的2和1「對調」後成1324，再將2和3對調就「還原」回1234，共對調2次。將4231還原成1234至少要對調幾次？　(A)1　(B)2　(C)3　(D)6。

( )　8. 將1～200的數字中，2的倍數畫○，10的倍數打×，6的倍數畫△，下面哪一個數字上同時有3種記號？　(A)40　(B)80　(C)150　(D)160。

( )　9. 輝恩參加投籃比賽，在已經投出的8球中，投進了3球。下面哪一個情況，可以讓輝恩的進球率超過50％？
　　(A)繼續投到再投進1球　　　　　　(B)繼續投到再投進2球
　　(C)再投4球，其中3球投進　　　　(D)再投5球，其中4球投進。

( )　10. 果園收成了一些蕃茄，第一天將全部的3/8賣到果菜市場，第二天又將剩下的2/5賣到傳統市場，最後剩下3480公斤，這些蕃茄原來有幾公噸幾公斤？　(A)23200　(B)17980　(C)13920　(D)9280。

( )　11. 科學博物館每日重複播放「星空奇觀」影片共8場次，片長1.25小時，每場次之間休息15分鐘，上午10時開始播放，第6場次播完後是什麼時候？　(A)下午6時45分　(B)下午7時　(C)下午8時45分　(D)下午9時45分。

( )　12. ●＋31＝□，□－▲＝48。已知□大約是90，「●＋▲」大約是多少？　(A)10　(B)20　(C)100　(D)110。

( )　13. ★÷6＝●…■。下面哪一個敘述錯誤？
　　(A)如果★是20，那麼●就是3
　　(B)不管★是多少，●都一定比6小
　　(C)如果●是5，■是4，那麼★就是34
　　(D)★、●和■可能都是0。

( )　14. 小王每天早上起床後，要花16分鐘盥洗、10分鐘換服裝、24分鐘吃早餐，出門前還要花8分鐘檢查公事包，最後要花30分鐘從家裡到公司。最晚到公司的時間是上午8時50分，他最晚幾點要起床？

(A)7時12分　　　　　　　　(B)7時18分

(C)7時22分　　　　　　　　(D)7時30分。

( )　15. 小珈和4位同伴一起去爬山，約好上午9時在登山口集合。小珈上午7時25分出門，花了1小時27分鐘到達登山口。以下有幾個同伴的說法是錯誤的？毅軒：我在上午9時到達登山口，我到的時候，小珈已經到了。玉澄：我在集合時間前10分鐘到達登山口，小珈比我還早到。明立：我遲到了5分鐘，我到的時候，小珈還沒到。　(A)0　(B)1　(C)2　(D)3。

( )　16. 小蓮身上有320元，她本來想買5顆蘋果和40元的水蜜桃，結帳時發現錢不夠20元，一顆蘋果是多少元？　(A)52　(B)56　(C)60　(D)68。

( )　17. 孫組長新家有3間相同大小的臥室和1間客廳要重新粉刷，每間臥室會用掉5/9桶油漆，客廳會用掉8/9桶油漆，粉刷這間房子最少要買幾桶油漆？　(A)2　(B)3　(C)4　(D)5。

( )　18. 美術館每週一休館。二月份推出新春優惠專案，凡身分證字號末碼為奇數者，週三、五、日免費入館，身分證字號末碼為偶數者，週二、四、六免費入館。小趙的身分證字號末碼為0，他在下列哪一天可以免費入館？

(A)週日　　　　　　　　　(B)週一

(C)週二　　　　　　　　　(D)每一天。

( )　19. 渡假飯店有2輛高鐵接駁專車，已知每日上午10時開出第一班，晚上7時開出最後一班。如果每輛車在每日皆發車5次，每次只發出一班車，每班車次平均間隔多少分鐘？　(A)18　(B)20　(C)54　(D)60。

(　)　20. 熱咖啡每桶10公升750元、熱紅茶每桶20公升840元、冰紅茶每桶12公升540元，小錢買了1桶熱咖啡、2桶熱紅茶和1桶冰紅茶在運動會時販售。他的賣法是不限種類每杯皆賣30元，每杯的容量是300cc，全部賣完可以賺多少元？　(A)2840　(B)3210　(C)5640　(D)6180。

解答　解析

1.**(C)**

2.**(D)**。　依敘述先後順序為：
　　　　(1)小台先於小運
　　　　(2)小北第三
　　　　(3)小台先於小捷
　　　　(4)小運非第四
　　　　可得先後順序為小台、小運、小北、小捷。

3.**(A)**。　矛盾為否定的意思。

4.**(B)**。　(1)甲不是第一名
　　　　(2)乙不是第二名
　　　　(3)丙為第二名
　　　　故知名次順序為乙、丙、甲。

5.**(A)**。　逆時針旋轉90度後，會是

6.**(D)**。　【補充觀念】
　　　　先假設有五人，從甲順時針數第3個為乙，則從甲逆時針數第4個為乙。
　　　　依題目所言，從甲順時針數第15個為丙，從甲逆時針數第13個為丙。

7.**(A)**。　將1、4對調故至少需對調一次。

8.**(C)**。　$[2,6,10]=30$，150為30之倍數故同時有三種記號。

9.(**D**)。　命中率為 $\dfrac{3+4}{8+5}=\dfrac{7}{13}>\dfrac{50}{100}$

10.(**D**)。　設原有x公斤

$\dfrac{3}{8}x+\dfrac{5}{8}\times\dfrac{2}{5}x+3480=x\Rightarrow\dfrac{3}{8}x=3480\Rightarrow x=9280(\text{kg})$

本題題目應將「幾公噸」字樣刪除，修正為「這些蕃茄原來有幾公斤？」

11.(**A**)。　$1.25(\text{hr})\times6+15(\text{min})\times5=7.5(\text{hr})+1(\text{hr})15(\text{min})=8(\text{hr})45(\text{min})$

故知播完時間為下午6時45分。

12.(**C**)。　●＝59；▲＝42，故●＋▲≒100

13.(**B**)。　●為商，故有可能大於6。

14.(**C**)。　$16(\text{min})+10(\text{min})+24(\text{min})+8(\text{min})+30(\text{min})$
$=1(\text{hr})28(\text{min})$
$8(\text{hr})50(\text{min})-1(\text{hr})28(\text{min})=7(\text{hr})22(\text{min})$

15.(**C**)。　小珊8時52分到達登山口
玉澄：我在集合時間前10分鐘（8時50分）到達登山口，小珊比我還晚到。
明立：我遲到了5分鐘，我到的時候，小珊已到了。
故知玉澄及明立說法錯誤。

16.(**C**)。　設蘋果x元
$5x+40=320+20\Rightarrow x=60$（元）

17.(**B**)。　$\dfrac{5}{9}\times3+\dfrac{8}{9}=\dfrac{23}{9}\approx3$（桶）

18.(**C**)。　小趙身分證字號末碼為偶數，週二可免費入館。

19.(**D**)。　可知一天有10個班次，間隔數有9個。故選(D)。

20.(**B**)。　$33\times30-750+2\times66\times30-2\times840+40\times30-540$
$=240+2280+660=3180$（元）

109年合作金庫銀行甄試

※僅收錄邏輯分析相關試題

在數列：$\frac{1}{1}$、$(\frac{2}{1}, \frac{1}{2})$、$(\frac{3}{1}, \frac{2}{2}, \frac{1}{3})$、$(\frac{4}{1}, \frac{3}{2}, \frac{2}{3}, \frac{1}{4})$、…

中，若 $\frac{1}{1}$ 為第1群組，$(\frac{2}{1}, \frac{1}{2})$ 為第2群組，以此類推，請回答下列問題：（需寫出推理過程，否則不予計分）

(一) 若 $\frac{2}{2}$ 為 $(\frac{3}{1}, \frac{2}{2}, \frac{1}{3})$ 群組中的第2項，$\frac{17}{25}$ 是在它所屬的群組當中的第幾項？

(二) $\frac{17}{25}$ 會出現在第幾個群組？

答 (一) $\frac{41}{1}, \frac{40}{2}, \frac{39}{3}, \frac{38}{4}, \frac{37}{5}, \frac{36}{6}, \frac{35}{7}, \frac{34}{8}, \frac{33}{9}, \frac{32}{10}, \frac{31}{11}$……,$\frac{17}{25}$ 為第25項。

(二) 由觀察知，分子分母和為2為第1群組，分子分母和為3為第2群組，$\frac{17}{25}$ 分子分母和為42為第41群組。

109年第一銀行甄試

※僅收錄邏輯分析相關試題

( )　1. 若x介於－1與0之間，則下列何者最大？　(A)x^2　(B)$-x$　(C)$2x$ (D)$-2x$。

( )　2. 同時是5的倍數，也是7的倍數之三位數正整數，共有幾個？ (A)26個　(B)25個　(C)24個　(D)23個。

( )　3. 已知2隻鵝可換3隻鴨，5隻鴨可換8隻雞。現有雞72隻可換鵝幾 隻？　(A)30隻　(B)20隻　(C)18隻　(D)15隻。

( )　4. 有一個整數為5a49b，若這整數為9及11的倍數，則下列何者錯 誤？　(A)a＋b是3的倍數　(B)(a,b)有兩組解　(C)a,b不一定相等 (D)a＋b是偶數。

( )　5. 下列哪一個邏輯命題跟其他邏輯命題不等價？　(A)若p則q　(B) 若非q則非p　(C)p且非q　(D)q或非p。

( )　6. 丟擲兩顆公正骰子，朝上面出現的點數，為相鄰的兩整數的機 率是p，則p與1的關係為何？　(A)$2p<1$　(B)$2p=1$　(C)$2p>1$ (D)沒辦法確定2p與1的大小關係。

( )　7. 五個相異的正整數a,b,c,d,e，為等差數列且公差不為負，其和等 於30。請問滿足這些條件的等差數列會有幾種？　(A)1　(B)2 (C)3　(D)4。

( )　8. 有一數列前六項如$\frac{1}{2}$, $\frac{2}{6}$, $\frac{3}{12}$, $\frac{4}{20}$, $\frac{5}{30}$, $\frac{6}{42}$, …它是按某種規則排列 而成，依此規則往下排列，數列第九項的值若為，則a＋b等於多 少？　(A)98　(B)99　(C)100　(D)101。

( )　9. 有一個人手上有一疊百元紙鈔，如果3張一數，會多2張；如果5張一數，會多4張；如果7張一數，會多6張；如果9張一數，會多8張；如果11張一數則剛好。請問這人手上的百元紙鈔最少有幾張？　(A)209張　(B)1364張　(C)2519張　(D)3674張。

( )　10. 有三張卡片蓋在桌面，每張卡片的覆蓋面寫有一個自然數。有4個推理能力很強的人，他們要依序針對遊戲進行過程中所有已知的事物，說出一個推理結果，以他們的推理能力，可以確認這些結果必然是對的。當某甲看完這三張卡片的覆蓋面後說「這三個自然數字其中一個數是另外兩數之和」。某乙看了1、2兩張牌後說「不能推論另一張牌的數字是什麼」。某丙看了2、3兩張牌後，也說了與某乙相同的推理。接著某丁看了1、3兩張牌，發現數字分別是40與20。請問關於第2張牌的自然數，丁能推理得到什麼？　(A)丁不知道第2張牌的自然數　(B)丁只能推論得到第2張牌的自然數可能為20或60　(C)丁能推論得到第2張牌的自然數為20　(D)丁能推論得到第2張牌的自然數為60。

解答　解析

1.**(D)**。 假設$x = -0.5$，則(A)$x^2 = 0.25$、(B)$-x = 0.5$、(C)$2x = -1$、(D)$-2x = 1$，故知(D)最大。

2.**(A)**。 亦即為35之倍數之三位數有$\dfrac{980 - 105}{35} + 1 = 26$（個）

3.**(A)**。 雞72隻可換45隻鴨，45隻鴨可換30隻鵝。

4.**(C)**。 題目的兩個條件為：
$$\begin{cases} 5+4+9+a+b = 9x \\ 5+4+b-9-a = 11y \end{cases}$$
由觀察知$y = 0$，$a = b$
$a+b = 0$ or $a+b = 18$
$a = b = 0$ or $a = b = 9$

(A)a＋b是3的倍數，正確。
(B)(a,b)有兩組解，正確。
(C)a,b不一定相等，錯誤。
(D)a＋b是偶數，正確。

5.(**C**)。　選項(C)與其他三者語意不同。

6.(**A**)。　相鄰兩整數可能的情況有(1,2)(2,3)(3,4)(4,5)(5,6)(6,5)(5,4)
(4,3)(3,2)(2,1)
故知 $p=\dfrac{10}{36}$，2P<1，故選(A)。

7.(**C**)。　由題意知5c＝30⇒c＝6
可能的等差數列有：
6,6,6,6,6
4,5,6,7,8
2,4,6,8,10
故知滿足這些條件的等差數列會有3種。

8.(**B**)。　由題意知a＝9，
b＝2＋4＋6＋8＋10＋12＋14＋16＋18＝90，
a＋b＝99，故選(B)。

9.(**C**)。　[3,5,7,9]－1＝315－1＝314，非11的倍數
[3,5,7,9]×2－1＝630－1＝629，非11的倍數
[3,5,7,9]×3－1＝945－1＝944，非11的倍數
[3,5,7,9]×4－1＝1260－1＝1259，非11的倍數
[3,5,7,9]×5－1＝1575－1＝1574，非11的倍數
[3,5,7,9]×6－1＝1890－1＝1889，非11的倍數
[3,5,7,9]×7－1＝2205－1＝2204，非11的倍數
[3,5,7,9]×8－1＝2520－1＝2519，為11的倍數，故選(C)。

10.(**D**)。　第二張牌有可能為20或60，但丙看了2、3張牌不能推論第
一張牌為40，故知第二張牌為60。

109年臺灣中小企業銀行甄試

※僅收錄邏輯分析相關試題

( )　1. ab為不為0的實數，若a＞b，且|a|＜|b|，則下列何者「必定」正確？　(A)a為正數　(B)a為負數　(C)b為正數　(D)b為負數。

( )　2. 若某個月份的7號是星期六，則這個月份某天的日期除以7會餘4的會是星期幾？　(A)星期一　(B)星期二　(C)星期三　(D)星期四。

( )　3. 某公司有員工10,000人，尾牙舉行摸彩，每位員工發給一張摸彩券，彩卷從1號編至10,000號。抽獎結果，彩卷尾數為25及78的中獎。則得獎人數有幾人？　(A)100人　(B)200人　(C)300人　(D)400人。

( )　4. 「當台北天氣不好時，高雄就會出大太陽。但若台北天氣好時，高雄就會下雨。當高雄下雨時，台北就會舉辦活動。」根據以上的邏輯，下列何者正確？　(A)當台北天氣好時，就會舉辦活動　(B)當高雄天氣好時，就會舉辦活動　(C)當台北天氣不好時，高雄會舉辦活動　(D)當高雄天氣好時，就不會舉辦活動。

( )　5. 一位媽媽對女兒說：「我在你這個年紀時就生下妳了」。若媽媽現年46歲，女兒現在的歲數會在下列哪個區間？　(A)16－19歲　(B)21－24歲　(C)25－28歲　(D)29－31歲。

( )　6. 地球全表面積的四分之一是陸地，陸地的四分之三在北半球，若南北半球的面積相等，請問南半球的「海洋面積」佔全地球面積的幾分之幾？　(A)$\frac{5}{16}$　(B)$\frac{7}{16}$　(C)$\frac{9}{16}$　(D)$\frac{13}{16}$。

( )　7. 兩正整數a和b，若a和b的最大公因數是21，a＋b＝126，又a小於b，則b的值為何？　(A)42　(B)63　(C)84　(D)105。

(　)　8. 以一群士兵排成一個5層的正方形方陣，若最內層每邊10位士兵，則最外層的人數最少需有多少人才能形成此方陣？　(A)56人　(B)60人　(C)68人　(D)72人。

(　)　9. 阿明、阿華和阿強參加100公尺賽跑，每人個別都是以等速的方式跑完全程。阿明率先抵達終點時，阿華離終點還有10公尺，而阿華抵達終點時，阿強離終點還差10公尺。請問阿明抵達終點時，阿強離終點還有幾公尺？　(A)17公尺　(B)18公尺　(C)19公尺　(D)20公尺。

(　)　10. 甲、乙、丙、丁四位同學的分數皆不同，已知甲比乙高，丙和丁的分數加起來等於甲和乙的分數加起來。甲和丙的分數加起來比乙和丁的分數加起來低。請問四人的分數高低為下列何者？(A)甲＞乙＞丙＞丁　(B)丙＞甲＞乙＞丁　(C)丁＞甲＞乙＞丙　(D)丁＞丙＞甲＞乙。

(　)　11. 若原來的東南方變成北方，而東北方變成西方，請問依照此邏輯，原來的西方會變成哪一方？　(A)東北方　(B)西北方　(C)東南方　(D)西南方。

(　)　12. 一座古老的掛鐘，每小時慢5分鐘，若上午8點時將掛鐘調成正確時間，現在掛鐘顯示晚上9點，請問真實時間是晚上幾點？(A)7點55分　(B)8點00分　(C)9點55分　(D)10點05分。

(　)　13. 甲、乙兩人投籃，互不影響，兩人投籃命中率分別為 $\frac{1}{3}$ 與 $\frac{1}{4}$，若甲、乙兩人各投一球，則至少有一人投進的機率為何？

(A)$\frac{1}{2}$　(B)$\frac{1}{3}$　(C)$\frac{1}{4}$　(D)$\frac{5}{12}$。

(　)　14. 兩容器各裝有400克的糖水，甲瓶濃度為18%，乙瓶濃度為3%，若先將甲瓶的一半倒入乙瓶中，再將乙瓶糖水的一半倒回甲瓶中，請問操作後，甲瓶的濃度為多少？　(A)8%　(B)10%　(C)12%　(D)15%。

( )｜15. 甲、乙兩人比賽圍棋，去年甲和乙的勝場次數比為3：2，去年和
今年甲和乙的總勝場次比為23：12，去年和今年所比賽的場次比
為3：4，今年乙勝了12場，若比賽沒有合局，請問今年甲勝幾
場？　(A)18場　(B)23場　(C)28場　(D)46場。

解答 解析

1.**(D)**。　a、b可能之位置如下，故知b必為負數。

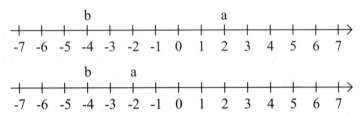

2.**(C)**。　可假想日期為11號，11號為星期三。

3.**(B)**。　尾數為25有100人；尾數為78有100人，共計200人中獎。

4.**(A)**。　當高雄下雨時，台北天氣好，台北就會舉辦活動。

5.**(B)**。　$\frac{46}{2}=23$（歲），落在21－24歲區間，故選(B)。

6.**(B)**。　南半球陸地面積占 $\frac{1}{4}\times\frac{1}{4}=\frac{1}{16}$

南半球海洋面積占 $\frac{8}{16}-\frac{1}{16}=\frac{7}{16}$

7.**(D)**。　A＝21×1＝21,b＝21×5＝105，故選(D)。

8.**(C)**。　第二層方陣每邊12人。
第三層方陣每邊14人。
第四層方陣每邊16人。
第五層方陣每邊18人，周長為18×4－4＝68（人）

9.**(C)**。　設阿明速率x，阿華速率y，阿強速率z，由題意可知：
z＝0.9y＝0.81x；故知阿明抵達終點時，阿強走了81公尺，
離終點還有19公尺。

10.**(C)**。 此題可用假設數字的方法較快。
假設丙1丁4甲3乙2，故知丁＞甲＞乙＞丙，故選(C)。

11.**(C)**。 依題意將原座標軸順時鐘旋轉135º，將西方逆時鐘旋轉135º為東南方。

12.**(B)**。 9點05分掛鐘顯示9點
10點10分掛鐘顯示10點
11點15分掛鐘顯示11點
12點20分掛鐘顯示12點
13點25分掛鐘顯示13點
14點30分掛鐘顯示14點
15點35分掛鐘顯示15點
16點40分掛鐘顯示16點
17點45分掛鐘顯示17點
18點50分掛鐘顯示18點
19點55分掛鐘顯示19點
21點0分掛鐘顯示20點
22點05分掛鐘顯示21點
此題答案有誤，應選(D)才對。

13.**(A)**。 都投不進的機率為 $p = \dfrac{2}{3} \times \dfrac{3}{4} = 0.5$

至少一人投進的機率為p'＝1－0.5＝0.5

14.**(C)**。 第一次操作： 甲瓶200g糖36g。
乙瓶600g糖48g。
第二次操作： 甲瓶500g糖60g。
乙瓶300g糖24g。

操作後，甲瓶的濃度為 $\dfrac{60}{500} = 12\%$

15.**(C)**。 設去年甲和乙的勝場次數為3p、2p
去年和今年所比賽的場次為3r、4r
去年和今年甲和乙的總勝場次為23q、12q
3p＋2p＝3r＝15q⇒p＝3q
23q＋12q＝3r＋4r＝35q＝7r⇒5q＝r
12q－2p＝12⇒12q－6q＝12⇒q＝2
23q－3p＝23q－9q＝14q＝28（場）

█109年財團法人台灣票據交換所新進人員甄試█

※僅收錄邏輯分析相關試題

請考慮以下的圍棋比賽問題。在問題(一)至(三)時,此比賽為單淘汰賽,也就是選手間兩兩一組互相比賽,輸的人即遭淘汰,贏的人則晉級。然後晉級的人之間再次進行兩兩一組的淘汰賽,直到最終冠軍出現為止。請回答下列問題:

(一) 假設有8位選手參加此次的圍棋比賽,如果每次比賽皆能分出勝負,因此不考慮平手的問題的話,請問當冠軍出爐時,這次比賽共舉辦了多少場比賽?其中冠軍參加了幾場比賽?

(二) 問題同第(一)小題,但此時有n位選手,且n＝2^k,k＞0。請問比賽結束後,最終共舉辦了多少場的比賽?其中冠軍參加了多少場的比賽?

(三) 假設此次比賽共舉辦了511場。請問參賽者有幾名?其中冠軍比賽了幾場?

答 (一) $8-1=7$,共舉辦7場比賽。

$\log_2 8 = 3$,冠軍參加3場比賽。

(二) 共舉辦n-1場比賽。

$\log_2 2^k = k$,冠軍參加k場比賽。

(三) 參賽者有512名。

$\log_2 512 = 9$,冠軍參加9場比賽。

110年臺中捷運招考

※僅收錄邏輯分析相關試題

( )　1. 五位同學的身高分別為172公分、159公分、167公分、167公分、175公分，請問身高之平均為？　(A)175　(B)168　(C)167　(D)159。

( )　2. 若對數$\log_a 12 = b$，則$\log_a 144$的值為？　(A)2b　(B)4b　(C)6b　(D)12b。

( )　3. 速食店提供主餐6種，附餐2種，飲料3種，各選一種的話可以有幾種組合套餐？　(A)36　(B)24　(C)15　(D)11。

( )　4. 下列何者是可以用9元和12元的兩種郵票貼出的郵資？　(A)80　(B)85　(C)87　(D)95。

( )　5. 14枚硬幣中，其中13枚重量相同，另一枚比其他硬幣都輕。用天秤來找比較輕的那枚，最少要秤幾次保證可以找到較輕的那枚？　(A)2　(B)3　(C)4　(D)5。

( )　6. 若平面上兩向量$\vec{u} = (3a - 2b, 32)$ 是向量 $\vec{v} = (2, a + 2b)$ 的4倍，則a與b的值分別為何？　(A)a＝4，b＝2　(B)a＝2，b＝4　(C)a＝2，b＝2　(D)a＝4，b＝4。

( )　7. 在某城市使用火車或巴士通勤的人口中，有65%的人有搭乘火車，有75%有搭乘巴士，請問以下哪種人口比例最低？　(A)僅有搭乘火車者　(B)僅有搭乘巴士者　(C)同時有搭乘火車與巴士者　(D)條件不足無法判斷。

( )　8. 某社區辦抽獎活動，在抽獎箱中有100支籤，其中有30支籤是有獎的籤，由住戶輪流抽籤，抽出後不放回，現有甲、乙兩戶搶先依序參加抽籤而丙留到最後才抽籤，試問三人會中獎的機率？　(A)甲最大　(B)乙最大　(C)丙最大　(D)三人相等。

( ) 9. 平面上的兩個圓的圓周不可能交於幾個點？ (A)0 (B)1 (C)2 (D)3。

( ) 10. 利用長24公尺的繩子在地上圍出一個封閉區域，則圍出下列何種區域面積最大？ (A)正方形 (B)長寬不等的長方形 (C)圓形 (D)正三角形。

( ) 11. 如圖，若OABC－DEFG為正立方體，則下列哪一個向量在$\overline{OB}$上的正射影長最長？

(A)$\overline{OC}$　　　　　(B)$\overline{OD}$

(C)$\overline{OE}$　　　　　(D)$\overline{OF}$。

( ) 12. 下列圖形中的F點為該拋物線的焦點，則何者可能為方程式$(x+1)^2=4(y-1)$的圖形？

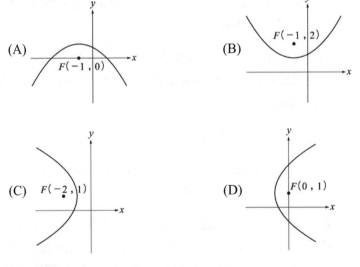

( ) 13. 坐標平面上有一個圓：$(x-2)^2+(y+3)^2=9$，請問下列哪個點落在圓的內部？ (A)(0,0) (B)(3,0) (C)(1,-4) (D)(2,1)。

( ) 14. 將5名實習護理師分配到3所醫院實習，每所醫院至少1人，最多2人，則有幾種不同的分配方法？ (A)45 (B)60 (C)90 (D)160。

(　) 15. 在一個培養細菌的容器中，細菌的數目每隔1分鐘就增為2倍，已知一開始放入一隻細菌，1小時後細菌充滿了容器，如果一開始就放入8隻細菌，請問要經過多少時間細菌就能充滿容器？
(A)57分鐘　(B)30分鐘　(C)15分鐘　(D)7.5分鐘。

(　) 16. 連續45天中，最多可能出現幾個星期天？　(A)5　(B)6　(C)7　(D)8。

(　) 17. 設在地圖上，甲、乙、丙三地形成一三角形，且兩兩距離不相等，欲在某個地點規劃新車站，且車站到此三地距離皆相同，試問下列何者做法正確？
(A)取三中線交點　　　　　　(B)取三中垂線交點
(C)取三角平分線交點　　　　(D)取三高交點。

(　) 18. 九宮格裡填上數字1到9，使每一行，每一列及兩對角線的數字和皆相等，請問此九宮格最中心的數字為？　(A)3　(B)5　(C)7　(D)9。

(　) 19. 有一數列的前五數是5，$\frac{1}{5}$，$\frac{4}{9}$，$\frac{7}{13}$，$\frac{10}{17}$，$\frac{13}{21}$，若依此規律請問第8個數字應為多少？　(A)$\frac{22}{30}$　(B)$\frac{22}{33}$　(C)$\frac{25}{30}$　(D)$\frac{25}{33}$。

(　) 20. 甲、乙兩車從不同的兩個車站同時發車，相向而行，已知甲車速度為40公里/小時，乙車速度為50公里/小時，兩個車站之間的距離為225公里，請問經過多少小時兩車會相遇？　(A)2　(B)2.5　(C)3　(D)3.5。

(　) 21. 小新在地面測量其正北方高樓樓頂的仰角為45度，接著小新往正東方沿直線移動x公尺後，重新測得該樓樓頂的仰角為30度。已知塔高為324公尺，試求x的值為？　(A)324　(B)$324\sqrt{2}$　(C)$324\sqrt{3}$　(D)648。

( )　22. 工廠生產一批產品，已知其中有30%有瑕疵，70%沒有瑕疵。若使用機器檢測，檢測正確的機率為 $\frac{4}{5}$ ，檢測錯誤的機率為 $\frac{1}{5}$ 。若某件產品經檢測後被判定為有瑕疵，試問此產品實際有瑕疵的機率為何？

(A) $\frac{12}{19}$ 　　　　　　　　　(B) $\frac{3}{10}$

(C) $\frac{12}{23}$ 　　　　　　　　　(D) $\frac{3}{7}$ 。

( )　23. 電視臺預計連續播放5個廣告，其中包含3個不同的商業廣告以及2個不同的公益廣告。假設首尾必須播放公益廣告，則共有多少種播放方式？　(A)12　(B)24　(C)36　(D)40。

( )　24. 把數字1~9不重複的填入下圖的圓圈中，使三邊的數字總和相等，下圖已填入某些數字，請問最上方的數字應填入多少？　(A)6　(B)4　(C)7　(D)9。

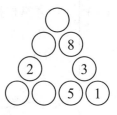

( )　25. 若坐標平面上有兩點P(−3,9)、Q(1,5)，則 $\overline{PQ}$ 的垂直平分線（中垂線）方程式為何？

(A)x＋y−6＝0　　　　　　(B)x−2y＋15＝0

(C)x−y＋8＝0　　　　　　(D)2x＋y−5＝0。

( )　26. 如圖，ABCDE是坐標平面上的一個正五邊形，其中心與原點O重合，且頂點E在y軸的負向。下列各直線中，斜率最大者為何？

(A)直線AB

(B)直線BC

(C)直線CD

(D)直線DE。

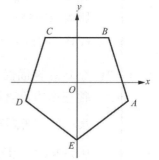

( )　27. 如圖，坐標平面上，依據方程
　　　　式$2x-2y-1=0$、$2x+y+2=$
　　　　0、$2x+10y-7=0$可畫出三條
　　　　直線。試選出方程式與直線間
　　　　正確的配對為何？

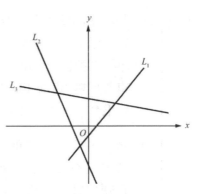

　　　　(A)L_1：$2x+10y-7=0$；
　　　　　　L_2：$2x+y+2=0$；
　　　　　　L_3：$2x-2y-1=0$
　　　　(B)L_1：$2x-2y-1=0$；L_2：$2x+10y-7=0$；L_3：$2x+y+2=0$
　　　　(C)L_1：$2x+y+2=0$；L_2：$2x+10y-7=0$；L_3：$2x-2y-1=0$
　　　　(D)L_1：$2x-2y-1=0$；L_2：$2x+y+2=0$；L_3：$2x+10y-7=0$。

( )　28. 若$\dfrac{3x+4}{x^2+x-6}=\dfrac{A}{x+3}+\dfrac{B}{x-2}$，則$4A+3B$之值為何？　(A)14
　　　　(B)12　(C)10　(D)8。

( )　29. 下列何者為絕對值不等式$|x+y|\leq2$的圖解？

(A)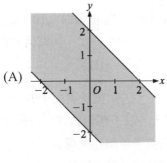

(B)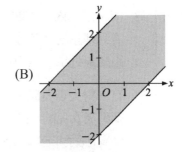

(C)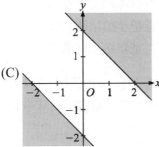

(D)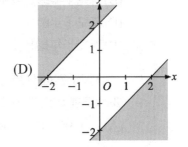

( ) 30. 某城市的鐵路共有18站,其中有5個是大站,其餘13個都是小站。已知大站與大站之間所用的車票為紅色,小站與小站之間的車票為藍色,其餘車票則為綠色。若往、返車票視為不同種類的車票且無起迄站相同的情形時,則綠色車票共有幾種不同的印製結果? (A)18 (B)65 (C)130 (D)260。

( ) 31. 圖(一)中有邊相接的圓圈被塗上不同顏色,若要將圖(二)也依照「有邊相接的圓圈塗上不同顏色」之規定,最少需要幾種顏色? (A)3 (B)4 (C)5 (D)6。

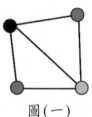 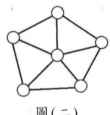

圖(一)　　　圖(二)

( ) 32. 一張紙可隨意沿一條直線對摺形成一條摺線會把紙分隔成兩個區域。請問四條摺線最多可以把平面分隔成幾個區域? (A)8 (B)9 (C)10 (D)11。

( ) 33. 甲、乙、丙、丁四人分別從不同方向看到台北101大樓,四個人看到樓頂的仰角分別是30º、40º、50º、60º。請問何者離大樓直線距離最近? (A)甲 (B)乙 (C)丙 (D)丁。

( ) 34. 有一對夫妻與兒子女兒共四人,已知爸爸與兒子的年齡合起來比媽媽與女兒的年齡合起來還大,以下哪個敘述恆正確?
(A)若兒子年齡比女兒大,則爸爸年齡比媽媽大
(B)若兒子年齡比女兒大,則爸爸年齡比媽媽小
(C)若兒子年齡比女兒小,則爸爸年齡比媽媽大
(D)若兒子年齡比女兒小,則爸爸年齡比媽媽小。

( ) 35. 一個袋子裡面有3顆白球,4顆紅球,6顆黃球,7顆綠球。每次只要拿一顆球出來,要拿幾次後才能保證取出的球中有兩顆同色? (A)5 (B)6 (C)7 (D)8。

( )　36. 以下三者，何者不是正四面體的展開圖？

甲 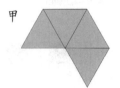　乙 　丙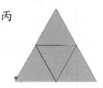

(A)甲

(B)乙

(C)丙

(D)三者都是正四面體的展開圖。

( )　37. 平坦的草原上甲乙兩人面對面相向而行，此時甲看到前方向左30º
處有一棵大樹，乙則是看到這棵樹在前方向右45º處。試問甲乙兩
人誰離此棵大樹比較近？

(A)甲比較近　　　　　　　　　(B)乙比較近

(C)一樣近　　　　　　　　　　(D)需要實際距離才可估算。

( )　38. 一般人跑步的速度比游泳的速度快很多。如下圖的情形，岸上的
救生員發現有人溺水時，沿著路線(1)(2)(3)所需的時間最少到最
多依序為？

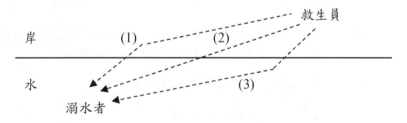

(A)(1)(2)(3)　　　　　　　　　(B)(2)(1)(3)

(C)(2)(3)(1)　　　　　　　　　(D)(3)(2)(1)。

( )　39. 已知A3的紙沿著長邊對折後裁成大小相同兩張紙時，大小恰為
A4。請問A3的紙長寬比為何：　(A)3：1　(B)2：1　(C)$\sqrt{3}$：1
(D)$\sqrt{2}$：1。

( )│40. 將厚紙板裁剪後摺出一立方體,不相鄰的兩面被塗上
同一顏色如下,則將厚紙板攤開後應為下列何者?

(A)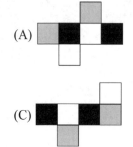

(B)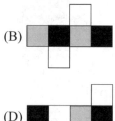

(C)

(D)

解答 解析

1.**(B)**。 $\dfrac{172+159+167+167+175}{5}=168$

2.**(A)**。 $\log_a 144 = \log_a 12^2 = 2\log_a 12 = 2b$

3.**(A)**。 $6 \times 2 \times 3 = 36$(種)

4.**(C)**。 $9a+12b=3(3a+4b)$
故知郵資必為3的倍數,答案中只有87為3的倍數,故選
(C)。

5.**(B)**。 第一次一邊秤7枚,第二次一邊秤3枚,第三次一邊秤1枚;
故知最少要秤3次保證可以找到較輕的那枚。

6.**(A)**。 $(3a-2b,32)=4(2,a+2b)=(8,4a+8b)$
$\begin{cases} 3a-2b=8 \\ a+2b=8 \end{cases} \Rightarrow a=4, b=2$

7.**(A)**。 同時有搭乘火車與巴士者:65%+75%−100%=40%
僅有搭乘火車者:65%−40%=25%
僅有搭乘巴士者:75%−40%=35%
故選(A)。

8.**(D)**。　$P(甲) = \dfrac{30}{100}$

$P(乙) = \dfrac{30}{100} \times \dfrac{29}{99} + \dfrac{70}{100} \times \dfrac{30}{99} = \dfrac{30(70+29)}{9900} = \dfrac{30}{100}$

因此可推得中獎機率與抽獎順序無關，故選(D)。

9.**(D)**。　兩圓關係

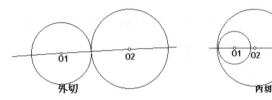

交於一點

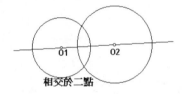

交於兩點

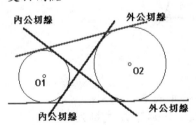

外離沒有交點，故選(D)。

10.**(C)**。　正方形面積：$6 \times 6 = 36(m^2)$

圓形面積：$\pi(\dfrac{24}{2\pi})^2 = \dfrac{144}{\pi} \approx 45.86(m^2)$

故知圍成圓形面積最大，故選(C)。

11.**(D)**。　$\overrightarrow{OF}$ 在 $\overrightarrow{OB}$ 之正射影恰為 $|\overrightarrow{OB}|$，故選(D)。

12.**(B)**。　此方程式拋物線為掛著且開口朝上，故選(B)。

13.**(C)**。　落在圓的內部須滿足$(x-2)^2+(y+3)^2<9$，
　　　　　　故符合的點為$(1,-4)$。

14.**(C)**。　由題意知三間醫院人數分配為1、2、2，再加以排列：

$$C_1^5 C_2^4 \times \frac{3!}{2} = 90 （種）$$

15.**(A)**。　$2^{60}=(2^3)\times 2^{57}$，故知57分鐘後細菌就能充滿整個容器。

16.**(C)**。　假設第一天就是星期天。

　　　　　　取整數$\frac{44}{7}+1=7$。

17.**(B)**。　取三中垂線交點「外心」至三頂點距離皆相等。

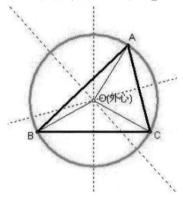

18.**(B)**。　由以下作法，可得最中心數字為5。
　　　　　　(1) 將數字由小到大，按以下方式排列：

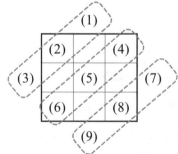

(2) 對應題目，最小的數字是1，最大的數字是9：

1

2		4
	5	
6		8

3　　　　　　　7

9

(3) 將九宮格外的數字填入反向的對應位置：

1

2	9	4
7	5	3
6	1	8

3　　　　　　　7

9

19.(**B**)。　$\dfrac{1+3\times7}{5+4\times7}=\dfrac{22}{33}$

20.(**B**)。　$\dfrac{225}{40+50}=\dfrac{25}{10}=2.5(hr)$

21.(**B**)。　依題意繪出圖如下所示，$(324\sqrt{3})^2=324^2+x^2$

$x^2=324^2\times2\Rightarrow x=324\sqrt{2}$

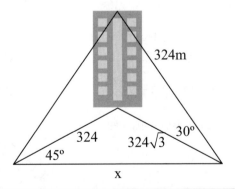

22.**(A)**。　此題為條件機率。
P(實際有瑕疵│有瑕疵)

$$= \frac{0.3 \times \frac{4}{5}}{0.3 \times \frac{4}{5} + 0.7 \times \frac{1}{5}} = \frac{0.24}{0.24 + 0.14} = \frac{0.24}{0.38} = 0.63$$

23.**(A)**。　$2 \times 3! = 12$（種）

24.**(C)**。　三邊的數字總和相等如右圖所示，
故知最上方的數字應填入7

25.**(C)**。　$\overline{PQ}$ 的斜率為 $\frac{9-5}{-3-1} = -1$，可知其中垂線斜率為1，又其過

定點$(-1, 7)$，可寫出其中垂線方式為$y - 7 = x + 1$
$\Rightarrow x - y + 8 = 0$

26.**(C)**。　直線CD為正斜率且最陡，故斜率最大。

27.**(D)**。　L_1斜率為正故為$2x - 2y - 1 = 0$。
剩下兩條斜率分別為-2及-0.2，可知：
$L_2：2x + y + 2 = 0$
$L_3：2x + 10y - 7 = 0$

28.**(C)**。　$\frac{A}{x+3} + \frac{B}{x-2} = \frac{A(x-2) + B(x+3)}{(x+3)(x-2)} = \frac{(A+B)x - 2A + 3B}{x^2 + x - 6}$

$$\begin{cases} A + B = 3 \\ -2A + 3B = 4 \end{cases} \Rightarrow B = 2, A = 1 \Rightarrow 4A + 3B = 10$$

29.**(A)**。　此題即問$-2 \leq x + y \leq 2$，$x + y = 2$、$x + y = -2$
斜率均為-1，故選(A)。

30.**(C)**。　$C_1^5 \times C_1^{13} \times 2 = 130$（種）

31.**(B)**。　如右圖所示，至少需準備4種顏色。

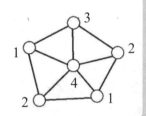

32.**(D)**。　如圖所示，四條線最多可把平面分割成11個區域。

33.**(D)**。　離大樓直線距離最近仰角最大，故選丁。

34.**(C)**。　爸爸＋兒子>媽媽＋女兒。
　　　　若兒子<女兒則爸爸>媽媽。

35.**(A)**。　若前四次白球、紅球、黃球、綠球各拿一顆，要拿5次後才
　　　　能保證取出的球中有兩顆同色。

36.**(A)**。　正四面體展開圖只有以下兩種：

 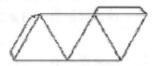

37.**(B)**。　示意圖如下所示，故知乙離大樹較近

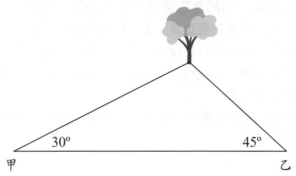

38.**(A)**。　一般人跑步的速度比游泳的速度快很多，故知陸上距離愈
　　　　長所需時間愈短。
　　　　故需時間短到長為(1)(2)(3)。

39.**(D)**。　A系列的紙張長寬比均為 $\sqrt{2}:1$。

40.**(B)**

110年中華郵政職階人員（營運職）

※僅收錄邏輯分析相關試題

甲、乙、丙、丁四人參加象棋比賽，擬由抽籤方式決定對手並進行單淘汰賽（亦即輸一場即被淘汰）。目前已知甲的實力最高，每場勝過其他對手的機率為4/5，乙能勝過其他對手的機率為1/5，丙丁兩人實力相當。假設沒有合局，每場比賽皆須分出勝負。而最終獲得冠軍者可獲得6000元獎金，亞軍則可獲得4000元獎金。請回答下列問題：

(一) 假設經抽籤決定的第一輪賽程為甲、乙對打進行淘汰賽。另一邊丙、丁對打進行淘汰賽。兩邊勝者再進行第二輪賽程，也就是進行決賽（冠亞軍賽）。請問由甲與丙對決冠亞軍賽的機率為何？

(二) 承第(一)小題，第一輪賽程不變，但第二輪甲或丙只有一人進入決賽的機率為何？

(三) 承第(一)小題，第一輪賽程不變，乙獲得獎金之期望值（亦即統計上預期可獲得之金額）為何？

(四) 假設甲、乙對打，結局為乙勝出。另一邊丙、丁對打，結局為丁勝出，然後由乙、丁進行冠亞軍決賽，最終丁勝出。此為比賽的一種可能情形的例子。另一個可能情形為甲、丁對打，乙、丙對打，然後甲得冠軍。四人比賽，賽程有非常多種可能情形，請問這場比賽總共會有幾種可能的情形？

(五) 承第(四)小題，如果參賽選手有八名，則請問這場比賽總共會有幾種可能情形？

答 (一) 題目所言即甲勝乙及丙勝丁之機率 $\dfrac{4}{5} \times \dfrac{1}{2} = \dfrac{2}{5}$

　　 (二) 題目所言即甲勝乙及丁勝丙或乙勝甲及丙勝丁之機率

$$\dfrac{4}{5} \times \dfrac{1}{2} + \dfrac{1}{5} \times \dfrac{1}{2} = \dfrac{1}{2}$$

(三) 乙獲得冠軍之機率為 $\dfrac{1}{5} \times \dfrac{1}{5} = \dfrac{1}{25}$

乙獲得亞軍之機率為 $\dfrac{1}{5} \times \dfrac{4}{5} = \dfrac{4}{25}$

乙獲得獎金之期望值為

$$A = 6000 \times \dfrac{1}{25} + 4000 \times \dfrac{4}{25} = 240 + 640 = 880 \text{（元）}$$

(四) $C_2^4 \times \dfrac{1}{2!} \times 2 \times 2 \times 2 = 24$（種）

(五) $C_2^8 C_2^6 C_2^4 \times \dfrac{1}{4!} \times 2^4 \times 2^2 \times 2 = 28 \times 15 \times 6 \times \dfrac{1}{24} \times 128 = 13440$（種）

110年中華郵政職階人員（專業職(一)）

※僅收錄邏輯分析相關試題

一、下列作答只需寫出最簡分數，不用小數表示，並請寫出計算過程：

(一) 請問一粒骰子，擲出6點的機率是多少？

(二) 請問兩粒骰子，擲出點數和為6點的機率是多少？

(三) 請問三粒骰子，擲出點數和為6點的機率是多少？

答 (一) $\dfrac{1}{6}$

(二) 兩粒骰子，擲出點數和為6情形有(1,5)、(2,4)、(3,3)、(4,2)、(5,1)

$$P = \frac{5}{6 \times 6} = \frac{5}{36}$$

(三) 三粒骰子，擲出點數和為6情形有(1,1,4)(1,2,3)(2,2,2)，
再加以排列得

$$P = \frac{\dfrac{3!}{2} + 3! + 1}{6 \times 6 \times 6} = \frac{3 + 6 + 1}{216} = \frac{10}{216} = \frac{5}{108}$$

二、有編號A到F號六張椅子，依照順序由左至右排列成一列，現在有甲、乙、丙、丁、戊、己六個人要入座，已知下列情況：

(一) 甲坐在最右邊

(二) 丙坐在D號位子

(三) 乙坐在最左邊

(四) 丙坐在己的右邊

(五) 丁坐在乙和己的中間

請問這六個人由左到右座位的順序為何？請說明推論過程。

答 推理過程如下：

■■■■■甲
■■■丙■甲
乙■■丙■甲
乙■己丙■甲
乙丁己丙■甲
乙丁己丙戊甲

三、請回答下列問題，並須寫出計算過程：

(一)一等差數列，第1項為18，公差為3，請問第100項為何？

(二)一等差數列，第1項為5，第10項為158，請問公差為何？

(三)一等差數列，第7項為55，第22項為160，請問第1項為何？

答 (一) $a_{100}＝19＋3×99＝18＋297＝315$

(二) $158＝5＋9d⇒d＝17$

(三) $d＝\dfrac{160－55}{22－7}＝\dfrac{105}{15}＝7$

　　$55＝a_1+6×7⇒a_1＝13$

四、如圖所示，從一個點開始一筆畫將所有的線條走過，且每條線只能走一次，一種可能的走法為ABDACD。請分別針對下列的圖，找出可一筆畫的路徑，如不存在如此的路徑，請寫無解。

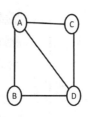

(一)	(二)	(三)	(四)

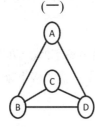 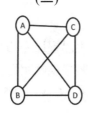 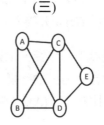 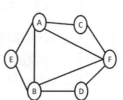

答 (一) 無解

(二) 無解

(三) BCEDCADBA

(四) FBDFCAEBAF

111年臺北捷運新進司機員甄試

※僅收錄邏輯分析相關試題

( ) 1. 公司規定請事假一日扣一日平均日薪,請病假一日扣半日平均日薪。王先生上個月請了2日病假和1日事假,但人事部門誤算成他請了3日病假。假如他的平均日薪是1500元,請問公司多給他多少元薪水? (A)750 (B)1500 (C)2250 (D)3000。

( ) 2. 蛋糕店推出生日當日蛋糕七五折優惠。王先生在生日當天買了一個蛋糕付了540元,這個蛋糕原價幾元? (A)405 (B)540 (C)640 (D)720。

( ) 3. 公司年慶時大禮堂的座椅排成每排座位一樣多的長方形。王先生坐在右邊數來第10排,左邊數來第2排,前面數來第4排,後面數來第12排的位置。全部座位有多少個? (A)140 (B)165 (C)176 (D)192。

( ) 4. 某款果汁輕便包一包220毫升,寶特瓶裝一瓶1.45公升。紙盒裝一盒比一瓶寶特瓶少,但比4包輕便包多,一瓶寶特瓶裝的容量可能是多少公升? (A)0.95 (B)9.5 (C)95 (D)950。

( ) 5. 接駁車每天發車9班,從第4班發車到第9班發車之間經過了2小時整,班次間發車的平均間隔是多久? (A)20分鐘 (B)24分鐘 (C)25分鐘 (D)30分鐘。

( ) 6. 公司舉辦員工羽球賽。王先生已經比完的3場中贏了2場。如果接下來的比賽中他只輸一場,勝率就能超過七成,請問接下來至少還有幾場比賽? (A)2 (B)3 (C)4 (D)5。

( ) 7. 經理說:公司從三月一日起實施線上諮詢系統已經一個多月了,中間休假和系統維修停止服務12天,這個系統到今天總共服務了40天。請問今天是幾月幾日? (A)3月21日 (B)4月20日 (C)4月21日 (D)4月22日。

( )　8. 王先生離開同學會後，先到安親班接小孩花40分鐘，再去接太太一起回到家約1小時。如果他希望下午6點半前回到家，最晚何時要離開同學會？　(A)4時　(B)4時30分　(C)4時50分　(D)5時10分。

( )　9. 王先生用儲值卡在超市買了單價45元的芭樂4顆和一袋199元的葡萄，結帳後儲值金還剩41元，他原本的儲值金額是多少元？　(A)320　(B)338　(C)379　(D)420。

( )　10. 王先生花了450元買了濃縮柳橙汁，再花160元買了純檸檬汁，加水調成40公升的香檸柳橙汁，在公司的新品展銷會上提供來賓飲料。如果預計的來賓有160人，以每人一杯計，每杯至多可以裝多少（cc）？　(A)150　(B)200　(C)250　(D)300。

( )　11. 王先生早上9：40打電話到診所掛號，掛到29號，如果這家診所從上午9點開始看診，平均每位病人的看診時間約5分鐘，王先生看診的時間大約是何時？　(A)10：20　(B)11：00　(C)11：20　(D)12：00。

( )　12. 簡單的數字鐘常常用7支LED棒，以3橫4直的方向排成「日」來顯示0~9的數字。如果正中央的橫棒壞掉了，有幾個數字無法正確顯示？　(A)5　(B)6　(C)7　(D)8。

( )　13. 將2314中相鄰的3和1交換後成2134，再將相鄰的2和1交換就「還原」成1234，共相鄰交換2次。將4231還原成1234至少要相鄰交換幾次？　(A)1　(B)2　(C)4　(D)5。

( )　14. 3D影像館前很多人在排隊等候進場，A排在B之前五個，也是C之後五個，那麼B和C之間隔了幾個人？　(A)8　(B)9　(C)10　(D)11。

( )　15. 有甲乙丙丁戊5個數，甲比乙大，乙比丙大，丁比丙大，戊比甲大。哪一個說法是錯的？　(A)戊最大　(B)戊比丙大　(C)丙最小　(D)甲比丙大。

( )　16. 某餐廳推出用餐送烤雞腿優惠。身分證末碼為單數者，週一、三、五用餐贈送烤雞腿一份，身分證末碼為雙數者，週二、四、六用餐贈送烤雞腿一份。王先生的身分證末碼為7，他在下列哪一天去用餐可以獲得贈送的烤雞腿？　(A)週日　(B)週一　(C)週二　(D)每一天。

( )　17. 繩子剪去8公尺後分成3段，每段3公尺，問全長有多少公尺？(A)15　(B)16　(C)17　(D)18。

( )　18. 父親帶兒子參加宴會，旁人問他們父子年齡時，兒子回答：「10年前，父親年齡是我的5倍，現在只有3倍了」，請問現在兒子的年齡幾歲？　(A)18　(B)19　(C)20　(D)21。

( )　19. 甲乙兩地相距100公里，甲時速40公里，乙時速30公里，同時自兩地相向而行，問幾小時後相遇？　(A)$1\frac{2}{7}$　(B)$1\frac{3}{7}$　(C)$1\frac{4}{7}$　(D)$1\frac{5}{7}$。

( )　20. 甲、乙兩長方形面積比為3：2，寬度比為4：3，則長度比為何？(A)9：8　(B)8：9　(C)8：7　(D)7：8。

解答　解析

1.**(A)**。　$-750 \times 3 - (-750 \times 2 - 1500) = 750$（元）

2.**(D)**。　設原價x元
$0.75x = 540 \Rightarrow x = 720$

3.**(B)**。　全部座位 $= (10 + 2 - 1)(4 + 12 - 1) = 11 \times 15 = 165$（個）

4.**(A)**。　題目應修正為：
某款果汁輕便包一包220毫升，寶特瓶裝一瓶1.45公升。紙盒裝一盒比一瓶寶特瓶少，但比4包輕便包多，一瓶「紙盒」裝的容量可能是多少公升？

設紙盒裝x公升

$4 \times 0.22 < x < 1.45 \Rightarrow 0.88 < x < 1.45$

故知x可能為0.95

5.(**B**)。　從第4班發車到第9班發車共計5個間隔

故知班次間發車的平均間隔是 $\dfrac{2 \times 60}{5} = 24(\text{min})$

6.(**C**)。　設接下來還有x場比賽

$\dfrac{2 + x - 1}{3 \quad x} > 0.7 \Rightarrow x + 1 > 2.1 + 0.7x \Rightarrow 0.3x > 1.1 \Rightarrow x > 3.67$

故知接下來至少還有4場比賽。

7.(**C**)。　$12 + 40 - 31 = 21$

故知今日為4月21日。

8.(**C**)。　6點30分－1小時－40分＝4點50分，故選(C)。

9.(**D**)。　$41 + 45 \times 4 + 199 = 41 + 180 + 199 = 420$（元）

10.(**C**)。　$\dfrac{40000}{160} = 250(\text{c.c.})$

11.(**C**)。　9點＋5分×(29－1)＝9點＋140分＝11點20分

12.(**C**)。　2、3、4、5、6、8、9共7個數字無法顯示。

 圖示為簡單的數字鐘。

13.(**D**)。　$4231 \to 2431 \to 2413 \to 2143 \to 1243 \to 1234$

至少需交換5次。

14.(**B**)。　C■■■■A■■■■B

示意圖如上圖所示，B和C之間隔了9個人。

15.(**A**)。　示意圖如下所示，丁有可能在最大的位置。

丙	丁	乙	丁	甲	丁	戊	丁
小							大

16.**(B)**。　身分證末碼為單數者，週一可以獲得贈送的烤雞腿。

17.**(C)**。　設繩子全長x公尺

$$\frac{x-8}{3}=3 \Rightarrow x=17$$

18.**(C)**。　設父親現年y歲、兒子現年x歲，可列出聯立方程式

$$\begin{cases} y-10=5(x-10) \\ \quad\quad y=3x \end{cases} \Rightarrow 3x-10=5x-50 \Rightarrow x=20, y=60$$

故選(C)。

19.**(B)**。　$\dfrac{100}{40+30}=\dfrac{10}{7}=1\dfrac{3}{7}(\text{hr})$

20.**(A)**。　設長度比為x：y，可得

$$4x:3y=3:2 \Rightarrow x:y=\frac{3}{4}:\frac{2}{3}=9:8 \text{，故選(A)。}$$

NOTE

111年臺中捷運招考

※僅收錄邏輯分析相關試題

( )　1. 試問下列四個多邊形面積大小比較？
(A)B＞C＞A＞D
(B)A＝B＝C＝D
(C)B＞A＝C＝D
(D)B＝A＞C＝D。

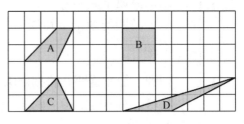

( )　2. 公司部門聚餐，將18張餐桌橫著排列，如下圖所示。假設座位全坐滿，共可坐多少人？

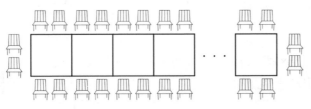

(A)76　(B)78　(C)80　(D)82。

( )　3. 下圖是火車車廂座位圖，小林買了一張座位號碼是47的車票，請問他的座位是在第幾列的哪個位置？

	單號		雙號	
	左窗	左道	右道	右窗
第 1 列	1	3	4	2
第 2 列	5	7	8	6
…	…	…	…	…

(A)第11列左道　　　　　　(B)第12列左道
(C)第13列左窗　　　　　　(D)第13列左道。

( )　4. 將等差數列1，4，7，10，……等數，由小到大寫在筆記本上。若每一頁寫7個數字（例如：第一頁的數字為1、4、7、10、13、16、19），則1192應該寫在第幾頁？　(A)56　(B)57　(C)58　(D)59。

( )　5. 已知捷運車廂兩兩一數，三三一數，五五一數皆可數完沒有剩餘，請問捷運最少可能有幾節車廂？　(A)60　(B)40　(C)30　(D)20。

( )　6. 如圖，從左邊開始將相鄰兩數的和填入右方圓圈中，例如3＋6＝9，試問E＝？
(A)18
(B)20
(C)24
(D)28。

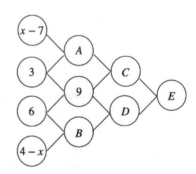

( )　7. 如圖為8個正方體的積木堆疊出的立體模型，試選出沿著箭頭的方向所見之前視圖？

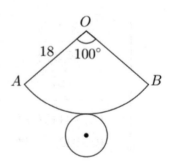
前

(A)
(B)
(C)
(D)

( )　8. 如圖為一圓錐的展開圖，若 $\overline{OA}=18$，$\angle ABO = \angle 100°$，則底圓半徑為？　(A)10　(B)8　(C)6　(D)5。

( )　9. 將一個圓柱體的黏土切下三刀，最多可以切成幾塊？　(A)5　(B)6　(C)7　(D)8。

( )　10. 疫情當前，防疫的熱銷商品推陳出新。若有一賣家以每個40元的成本買進防疫面罩，並以成本的六倍作為每個防疫面罩的售價後賣出。當疫情趨緩後，買氣降低，因此賣家欲以逐次減少利潤的一半調降售價，依此模式，則調降兩次後的防疫面罩售價為何？(A)50元　(B)60元　(C)90元　(D)140元。

( )　11. 全班50位學生中，女生有20位，若在邏輯推理科目中，全班平均為50分，女生平均為56分。若老師發現有個男學生小吳，在測驗時作弊，其成績原為60分，改以0分計算，則更正後，男生的平均分數為？　(A)40分　(B)42分　(C)44分　(D)46分。

( )　12. 中捷高中調查學生參加社團的情形，發現「在邏輯推理社社員中，只要是A班學生，則他一定是羽球校隊隊員」，請選出正確敘述。
(A)若小涂是A班學生且小涂是羽球校隊隊員，則小涂是邏輯推理社社員
(B)若信哥是A班學生且信哥不是羽球校隊隊員，則信哥不是邏輯推理社社員
(C)若阿薰是邏輯推理社社員且阿薰是羽球校隊隊員，則阿薰是A班學生
(D)若倍倍不是邏輯推理社社員且倍倍也不是羽球校隊隊員，則倍倍不是A班學生。

( )　13. 小張的大學同學來訪，發現家裡沒有飲料，他到柑仔店買2瓶沙士和3瓶可樂，拿了500元給老闆找了385元；此時小張接到太太來電說：增加2位同學，同學們都只喝沙士。因此他把1瓶可樂換成3瓶沙士，已知可樂比沙士貴5元，所以現在　(A)老闆需要再給小張15元　(B)小張需要再給老闆15元　(C)小張需要再給老闆25元　(D)小張需要再給老闆35元。

( )　14. 蝸牛星期一在葡萄藤架的支柱（100cm）底端往上爬，爬往藤架；晴天的白天，牠在支柱上可以往上爬25cm，晚上則會下滑

6cm；若遇到雨天時，白天他可以往上爬20cm，晚上則會下滑9cm，以下是一周天氣，試問：在星期日的早上，當蝸牛醒來的時候牠在哪裡？

星期	一	二	三	四	五	六	日
天氣	晴天	晴天	雨天	晴天	雨天	晴天	雨天

(A)藤架上　　　　　　　　　　　(B)支柱頂端

(C)再2cm就會到達支柱頂端　　　(D)無法預測。

( )　15. 若圖  刪去一些部分 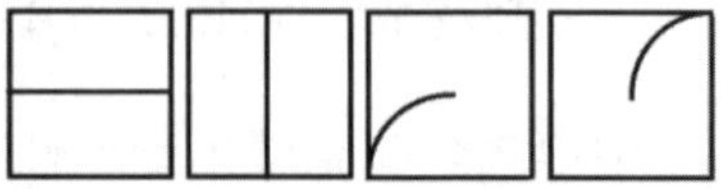 得到圖  ，下列何者為  變成  刪去的部分？

(A)

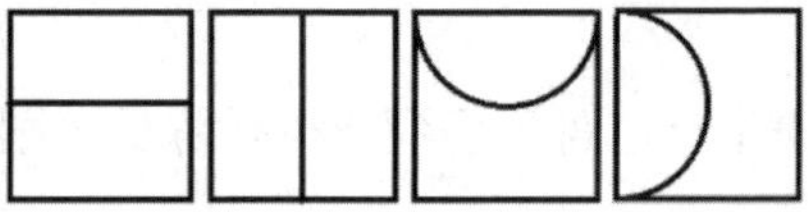

(B)

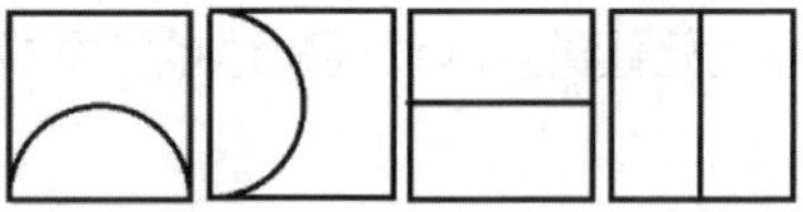

(C)

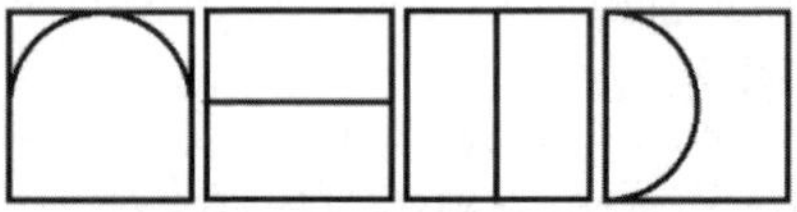

(D)

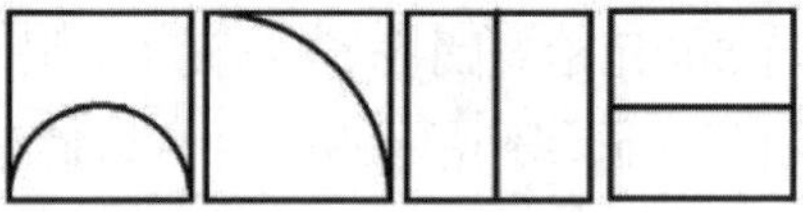

( )　16. 曉鈴去公司上班，車子停地下室B1停車場，碰巧遇到電梯故障只能走樓梯到辦公室3樓，下班時電梯已經修理好了，但她仍然決定走樓梯至停車場，若她今天整天都在3樓辦公室辦公沒有到其他樓層，請問曉鈴她今天走樓梯走了幾層樓？　(A)3層　(B)4層　(C)6層　(D)8層。

( )　17. 將100元兌換成50元、10元、5元硬幣，已知其中有一枚50元硬幣，
則有幾種兌換的方法？　(A)4種　(B)5種　(C)6種　(D)7種。

( )　18. 已知美X社超市內購物優惠活動，單筆總金額超過180元時，購物
總金額有打85折的優惠；小玲帶200元到美X社超市購買巧克力，
若巧克力每塊8元，請問小玲最多可買多少塊巧克力？　(A)29
(B)28　(C)27　(D)26。

( )　19. 若 〔圖〕 變化成 〔圖〕 ，那麼 〔圖〕 變化成

(A) 〔圖〕　　　　　　　　　　(B) 〔圖〕

(C) 〔圖〕　　　　　　　　　　(D) 〔圖〕

( )　20. 下列何者錯誤？

(A) ①　(B) ②　(C) ③　(D) ④

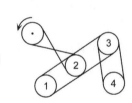

解答　解析

1.(**C**)。　$A = (1+2) \times \dfrac{2}{2} = 3$

$B = 2 \times 2 = 4$

$C = 3 \times \dfrac{2}{2} = 3$

$D = 3 \times \dfrac{2}{2} = 3$

故知B＞A＝C＝D

2.**(A)**。 $18 \times 4 + 4 = 72 + 4 = 76$（人）

3.**(B)**。 $47 \div 4 = 11 \cdots\cdots 3$
故知在第12列左道。

4.**(B)**。 等差數列第n項為$a_n = 1 + (n-1) \times 3$
$1192 = 1 + (n-1) \times 3 \Rightarrow n = 398$
$398 \div 7 = 56 \cdots\cdots 6$
故知1192應該寫在第57頁。

5.**(C)**。 $[2,3,5] = 30$

6.**(C)**。 $A = x - 4$
$B = 10 - x$
$C = x + 5$
$D = 19 - x$
$E = 24$

7.**(B)**

8.**(D)**。 $36\pi \times \dfrac{100}{360} = 2\pi r \Rightarrow r = 5$

9.**(D)**。 如圖所示最多可切成8塊

10.**(C)**。 $240 \rightarrow 140 \rightarrow 90$

11.**(C)**。 男生平均 $= \dfrac{2500 - 1120 - 60}{30} = 44$（分）

12.**(B)**

13.**(D)**。　設沙士x元、可樂x＋5元，可列出一元一次方程式
$2x＋3(x＋5)＝115\Rightarrow x＝20$
$100＋50－115＝35$（元）
故知小張需要再給老闆35元。

14.**(A)**

星期一	星期二	星期三	星期四	星期五	星期六	星期日
19	38	49	69	80	藤架上	藤架上

15.**(C)**。　刪去的部分為：

16.**(C)**。　需注意1F~3F為兩層。

17.**(D)**。　50元*1
10元*5
10元*4＋5元*2
10元*3＋5元*4
10元*2＋5元*6
10元*1＋5元*8
5元*10
共計七種方法。

18.**(A)**。　$8×29×0.85＝197.2$（元）

19.**(A)**。　圖形為順時針旋轉90度。

20.**(C)**。　1、2、3輪均為順時針方向。

112年臺中捷運招考

※僅收錄邏輯分析相關試題

( )　1. 有一木製長方體，長12公分、寬8公分、高10公分，木工想雕塑出一個圓柱體，求此圓柱的最大體積為多少立方公分？ (A)360π　(B)160π　(C)192π　(D)200π。

( )　2. 如圖，兩直線L_1、L_2分別為二元一次方程式x+ay=b及x+cy=d的圖形，試問下列選項何者正確？　(A)ab>0　(B)ad<0　(C)bc>0　(D)bd<0。

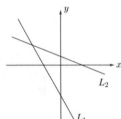

( )　3. 有60張書籤分別編號1～60，甲可以得到編號5的倍數的書籤，乙可以得到剩下編號為3的倍數的書籤，丙可以得到剩下編號為2的倍數的書籤，試問丙可以得到多少張書籤？　(A)14　(B)16　(C)18　(D)20。

( )　4. 如圖，由一個四分之一圓和一個平行四邊形所組成，其中A和B的面積相差多少平方單位？（圓周率π請用近似值3做計算）　(A)2850　(B)2800　(C)2700　(D)2500。

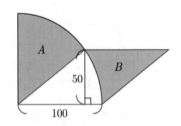

( )　5. 公園中一條長直路從起點到終點共擺放著41盆花，且每兩盆之間的距離為6公尺，現在要將其改成每4公尺放一盆，請問有幾盆花不必搬動？　(A)19　(B)20　(C)21　(D)22。

( )　6. 梯形ABCD中，$\overline{AD}//\overline{BC}$，∠B=50°，∠C=80°。若$\overline{AD}$=5，$\overline{CD}$=4，則$\overline{BC}$=？　(A)7　(B)8　(C)9　(D)10。

( )　7. 阿飛與阿翔兩人同時同地同方向出發，阿飛每天固定走10公里，阿翔第一天走8公里，之後每天增加0.5公里，試問在兩人出發的第幾天阿翔可以追上阿飛？　(A)4　(B)6　(C)7　(D)9。

(　　)　8. 老大、老二、老三玩猜拳遊戲,假設他們出剪刀、石頭、布的機率皆相等,試問玩一次遊戲能分出勝負的機率為? 　(A)1/3　(B)1/2　(C)2/3　(D)4/9。

(　　)　9. 設甲地到乙地間有8條路,其中有2條是甲到乙的單行道,3條是乙到甲的單行道,其餘3條皆為雙向道,小冰開車從甲地到乙地,再返回甲地,但不能同一條路往返,試問他有多少種走法? (A)27　(B)21　(C)30　(D)25。

(　　)　10. 若敘述「小中喜歡慢跑或阿捷喜歡打籃球」為假,請選出推論必定為正確的選項。 　(A)小中喜歡打籃球且阿捷喜歡慢跑　(B)阿捷不喜歡慢跑　(C)小中不喜歡慢跑　(D)阿捷喜歡慢跑且不喜歡打籃球。

(　　)　11. 某商品的定價會每日浮動,若第一天的價格為1000元,第二天的價格較第一天成長了8%,第三天的價格較第二天成長了10%。若阿呆第一天買了5個該商品,第二天買了10個該商品,第三天買了15個該商品,請問阿呆這三天共花了多少錢? 　(A)33500　(B)33620　(C)52700　(D)65000。

(　　)　12. 有256位參賽者參加電競PK賽,每一輪兩兩一組進行比賽,且每場比賽都分出勝負,沒有和局,且輸一場就淘汰。主辦單位提供獎金予參賽選手,若第一輪被淘汰的選手,每人有5000元的獎金;第二輪被淘汰的選手,每人有1萬元的獎金;第三輪被淘汰的選手,每人有2萬元的獎金,依此類推;即每一輪被淘汰的選手之獎金都是前一輪被淘汰選手獎金的兩倍,且冠軍獎金為亞軍獎金的兩倍,試問主辦單位共要準備多少錢的獎金? 　(A)256萬元　(B)512萬元　(C)576萬元　(D)640萬元。

(　　)　13. 某校有四位主任圍坐於一方桌的四邊,其姓氏分別為周、吳、鄭、王。已知四位主任的位置安排有下列情況:(1)輔導主任坐在周姓主任的正對面;(2)學務主任坐在輔導主任的右手邊;(3)王姓主任坐在學務主任的正對面;(4)教務主任正對面不是學務主任;

(5)鄭姓主任對面是總務主任。請選出正確姓氏與職位搭配之選項。 (A)總務主任姓氏為周 (B)輔導主任姓氏為吳 (C)教務主任姓氏為鄭 (D)學務主任姓氏為王。

( ) 14. 小新、風間、妮妮三個人站在一條直線上。對應在坐標平面上，設小新的位置為(5,12)，風間的位置為(−3,4)。若妮妮不站在小新與風間的中間，且「妮妮與小新的最近距離」是「妮妮與風間的最近距離」三倍，則妮妮在坐標平面上所對應的位置為哪一個選項？ (A)(3,10) (B)(−1,6) (C)(9,16) (D)(−7,0)。

( ) 15. 有一個不透明的盒子中，放有若干個軟糖，其中黃色的2顆、綠色的4顆、紅色的2顆，每顆軟糖除了顏色以外均相同。蕾蕾從盒子內，一次取出一顆軟糖，取後不放回，連取三次，則取出的三顆軟糖顏色均不同的機率為？ (A)$\frac{1}{21}$ (B)$\frac{1}{7}$ (C)$\frac{2}{7}$ (D)$\frac{1}{3}$。

( ) 16. 對於某一件商品，有三家商店祭出折扣方案：
甲店：「跳樓大拍賣，相同商品買三送一。」
乙店：「週年慶特賣，所有商品，一律八折出售！」
丙店：「若購買商品滿一千元者，超過一千元的部分一律五折計算！」
若小董買了四項等值商品，則下列哪個選項的商品單價金額，在丙店購買最為優惠？ (A)250 (B)350 (C)450 (D)550。

( ) 17. 圖是某年三月的月曆，其中黑線所圍的四天的日期和為76，問該年的五月二日是星期幾？ (A)星期一 (B)星期二 (C)星期四 (D)星期六。

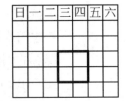

( ) 18. 阿嘎、二伯兩人玩「讀心術」遊戲。阿嘎對二伯說：「3087是一個魔術數字，你在心裡想一個三位數的正整數a，將a乘上3087後，會一個六位數或是七位數，乘完後拿掉一個數字，把剩下的數字亂數排列後告訴我…」

二伯經過計算後告訴阿嘎：「953210。」此時，阿嘎對二伯說：「你沒說出來的數字是★…對吧！」請問：「★」所代表的數字為何？　(A)4　(B)5　(C)6　(D)7。

( )　19. 某高中學生會有三項議題要給全校學生投票決議，每項議題均配有一張選票，每位學生對於每張選票都有「領取」與「不領取」兩種選擇。投票結束後，學生會清點選票，發現：「議題一」共有1261人領票、「議題二」共有980人領票，「議題三」共有1094人領票。若全校人數有1507人，且每位學生都至少領了兩張選票，則同時領取「議題二、議題三」的選票，但未領取「議題一」的選票之人數為？　(A)246　(B)321　(C)413　(D)527。

( )　20. 如圖為長方體ABCD－EFGH，已知長方體的長寬高分別為 $\overline{AD}$=6公分、$\overline{AB}$=4公分、$\overline{AE}$=2公分，且點P、點Q、點R分別為 $\overline{AB}$、$\overline{FG}$、$\overline{DH}$ 的中點。

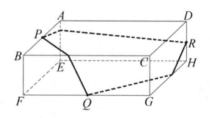

若有一隻螞蟻沿著表面爬行，從P點出發通過 $\overline{BC}$ 到達Q點，再通過 $\overline{GH}$ 到達R點，最後通過 $\overline{AE}$ 回到P點。試問：此隻螞蟻在這個爬行的過程中，最短路徑長為何？請選出最接近的選項。(A)12.4　(B)15.5　(C)18.6　(D)21.7。

解答 解析

1.**(D)**。　$5\times5\times8\times\pi=200\pi$

2.**(D)**。　a>0,c>0,b<0,d>0
　　故選(D)

3.**(B)**。　$30-6-10+2=16$
　　故選(B)

4.**(D)**。 $\frac{1}{4} \times 3 \times 100^2 - 100 \times 50 = 7500 - 5000 = 2500$

故選(D)

5.**(C)**。 道路長6×(41－1)＝240m
240÷12＝20
20＋1＝21
有21盆花不必搬動

6.**(C)**。 如下圖所示，▲OAD及▲OBC均為等腰三角形，故知
$\overline{BC} = 9$

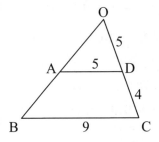

7.**(D)**。 如下圖所示，共需9天。

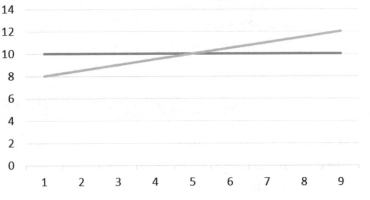

8.**(C)**。 能分出勝負的情況有：（剪刀、布、布）、（剪刀、剪刀、布）、（布、石頭、石頭）、（布、布、石頭）、（石頭、剪刀、剪刀）、（石頭、石頭、剪刀）

能分出勝負的機率為 $P = \dfrac{\dfrac{3!}{2!} \times 6}{3^3} = \dfrac{18}{27} = \dfrac{2}{3}$

9.**(A)**。　$2 \times 6 + 3 \times 5 = 12 + 15 = 27$
故選(A)

10.**(C)**

11.**(B)**。　$1000 \times 5 + 1000 \times 1.08 \times 10 + 1000 \times 1.08 \times 1.1 \times 15$
$= 5000 + 10800 + 17820 = 33620$元

12.**(D)**。　官方公告答案為(D)，此題答案應為(B)。
$128 \times 5000 + 64 \times 10000 + 32 \times 20000 + 16 \times 40000 + 8 \times 80000$
$+ 4 \times 160000 + 2 \times 320000 + 640000 = 640000 \times 8 = 512$萬元

13.**(B)**。

吳輔導主任

鄭學務主任　　　　　　　王總務主任

周教務主任

故選(B)

14.**(D)**。　利用座標分點公式

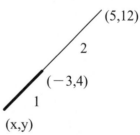

$-3 = \dfrac{5 + 2x}{3} \Rightarrow x = -7$

$4 = \dfrac{12 + 2y}{3} \Rightarrow y = 0$

故知妮妮的位置為(-7,0)

15.**(C)**。　$P（不同色）= \dfrac{C_1^2 C_1^4 C_1^2 \times 3!}{8 \times 7 \times 6} = \dfrac{16}{56} = \dfrac{2}{7}$

16.**(D)**。　甲比乙便宜
選項(A)不可能
(D)之丙方案為：$(550 \times 4 - 1000) \times 0.5 + 1000 = 1600$元
(D)之甲方案為：$550 \times 3 = 1650$元
故知(D)之丙方案較便宜。

17.(**B**)。 三月二號為星期四，五月二號為星期二。

18.(**D**)

19.(**A**)

20.(**C**)。 $5+5.6+8\approx18.6cm$

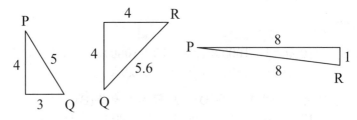

112年彰化銀行甄試（程式設計師）

※僅收錄邏輯分析相關試題

一、同時擲兩粒公正骰子，點數大於等於9點的機率為何？（須寫出計算過程）

答 點數大於等於9點的情況有

(6,6)(6,5)(5,6)(5,5)(4,5)(5,4)(6,3)(3,6)

故機率為 $P = \dfrac{8}{36} = \dfrac{2}{9}$

二、甲乙丙丁四位選手晉級最後比賽，不會有相同名次。賽前，ABC三位球評預測如下，賽後發現每位球評只猜中1人，請問這四名選手的名次為何？（須簡述推理過程）

A球評預測：「甲第二名、丙第一名」
B球評預測：「丁第四名、乙第一名」
C球評預測：「甲第三名、丙第二名」

答 只猜對一名
A球評預測：「甲第二名、丙第一名」
B球評預測：「丁第四名、乙第一名」
C球評預測：「甲第三名、丙第二名」
正確順序為丙乙甲丁

三、用5種不同的顏色，將以下4個區域著色，顏色可重複使用，但相鄰的（指有共同邊）不得同色，請問總共有幾種塗法？（須寫出計算過程）

答 設AD同色，共5×4×4＝80
設AD不同色，共5×4×3×3＝180
共計260種塗法

▰▰▰（112年彰化銀行甄試（電腦機房操作員）▰▰▰

※僅收錄邏輯分析相關試題

甲乙丙丁四人坐在一排相鄰的椅子上，座號編號由1至4號。已知：乙不坐在丙的旁邊，甲坐在乙丙中間，且乙坐2號椅子，請問這四人各坐在哪個椅子上？（須簡述推理過程）

答 乙不坐在丙的旁邊→丙坐4號位置

1	2	3	4
丁	乙	甲	丙

甲→3號

乙→2號

丙→4號

丁→1號

112年財團法人台灣票據交換所新進人員甄試（系統操作人員）

※僅收錄邏輯分析相關試題

( )　1. A圖為下列何者？

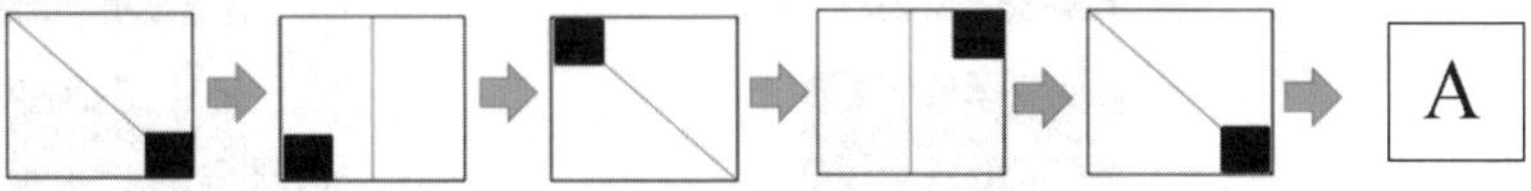

(A)

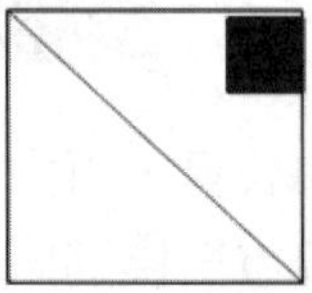

(B)

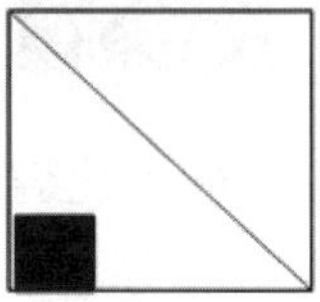

(C)

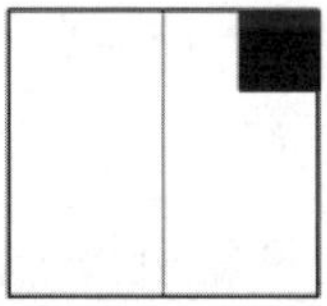

(D)

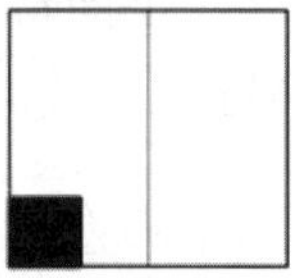

( )　2. 有一長方形，一邊長x，面積是y，其周長為何？
(A)2(x+y)　　　　　　　　　(B)2(y/x+x)
(C)2(x+x/y)　　　　　　　　(D)xy。

( )　3. 二進位數11011001，應等於16進位數多少？
(A)D9　　　　　　　　　　　(B)DD1
(C)881　　　　　　　　　　　(D)209。

( )　4. 三整數分別為4、9、13；其幾何平均數最接近下列何者？
(A)7　　　　　　　　　　　　(B)8
(C)9　　　　　　　　　　　　(D)10。

( )　5. 含鹽5%之海水8公斤，經蒸發出4公斤水後，含鹽百分之多少？
(A)5%　　　　　　　　　　　(B)10%
(C)12.5%　　　　　　　　　　(D)20%。

( )　6. 若要拼湊成一正方形尚需以下何圖？

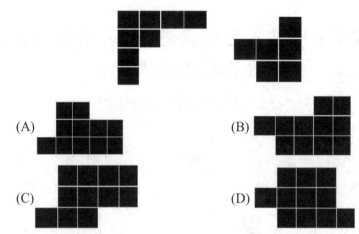

( )　7. 大華從台北騎車至桃園，平均時速60公里，再由桃園騎車回台北，平均時速40公里。大華從台北騎車至桃園，再從桃園騎回台北，平均時速為何（公里／小時）？　(A)46　(B)48　(C)50　(D)52。

( )　8. 甲乙兩國進行「U18棒球比賽」，比賽結束後，已知兩國的比數分差為5但甲乙兩國的各別分數都小於10分，則若甲的分數比乙的分數高的情況下，有幾種比分的可能？　(A)10種　(B)9種　(C)6種　(D)5種。

( )　9. 甲乙丙共3人要到碼頭坐船，碼頭旁有ABC三艘船，而每艘船最多只能容納2人，請問此3人的坐船方式有幾種？　(A)6種　(B)12種　(C)24種　(D)27種。

( )　10. 已知一正整數x分別除以3餘1、除以7不足6、除以11不足10，請問下列何者符合x值？　(A)22　(B)34　(C)232　(D)462。

( )　11. A、B兩人在甲公司工作，剛好今天拿到薪水，A對B說：「我的薪水比你的薪水多4000元。」；B對A說：「我的薪水的兩倍加上你的薪水剛好是10萬元。」。請問A的薪水加上B的薪水為多少？　(A)68,000元　(B)64,000元　(C)36,000元　(D)32,000元。

( ) 12. 甲在快速道路開車，其車速為每小時90公里，而當甲緊急煞車時會滑行40公尺距離；若甲看到前方車子已暫停在原地再緊急煞車約需0.5秒鐘的時間，請問甲應當和前方車子至少距離多少才不會發生意外？　(A)12.5公尺　(B)40公尺　(C)46.25公尺　(D)52.5公尺。

( ) 13. 已知某籤筒內有100支籤且有10支中獎籤，現在甲乙二人依序進行抽一支籤且取後放回，請問乙中獎的機率為何？　(A)1/9　(B)1/10　(C)1/110　(D)10/99。

( ) 14. AABBB以上5個字母排成一排，現在希望第1個位置不排A，請問共有幾種不同的排法？　(A)4種　(B)6種　(C)12種　(D)24種。

( ) 15. 甲乙丙3人現在私下進行游泳比賽，現今已知甲游泳速度：乙游泳速度=1：2、乙游泳速度：丙游泳速度=3：5，由於此比賽過程中丙需游400公尺、乙需游200公尺、甲需游100公尺；請問甲所花的時間：乙所花的時間：丙所花的時間為何？　(A)1：6：10　(B)3：6：10　(C)5：5：6　(D)5：6：10。

解答 解析

1.**(D)**。 圖片為順時針方向旋轉

2.**(B)**。 另一邊為 $\dfrac{y}{x}$，故知周長為 $2(x+\dfrac{y}{x})$

3.**(A)**。 此數為 $2^7+2^6+2^4+2^3+1=217$
表示成16進位為D9

4.**(B)**。 三數的幾何平均數為
$\sqrt[3]{4\times9\times13}\approx7.76$ 最接近8

5.**(B)**。 $\dfrac{8\times0.05}{4}=0.1=10\%$

6.**(A)**。 此為邊長5×5之正方形

7.**(B)**。 設台北桃園距離為x

可得平均速率 $\bar{v} = \dfrac{2x}{\dfrac{x}{60} + \dfrac{x}{40}} = \dfrac{2}{\dfrac{5}{120}} = \dfrac{240}{5} = 48(km / hr)$

8.**(D)**。 比分可能為(5,0)(6,1)(7,2)(8,3)(9,4)
共5種可能

9.**(C)**。 $3^3 - 3 = 24$種

10.**(C)**。 此數為[3,7,11]+1=232

11.**(A)**。 $\begin{cases} A = B + 4000 \\ 2B + A = 100000 \end{cases} \Rightarrow 3B = 96000 \Rightarrow B = 32000，A = 36000，$

A＋B＝68000

12.**(D)**。 單位轉換

$90\dfrac{km}{hr} = \dfrac{90000}{3600}\dfrac{m}{s} = 25\dfrac{m}{s}$

x＝25×0.5＋40＝52.5m

13.**(B)**。 甲乙中獎機率均為 $\dfrac{1}{10}$

14.**(B)**。 B■■■■

$\dfrac{4!}{2!2!} = 6$種

15.**(C)**。 甲乙丙速度比為3:6:10

所需時間比為 $\dfrac{1}{3} : \dfrac{2}{6} : \dfrac{4}{10} = 10:10:12 = 5:5:6$

故選(C)

112年臺灣中小企業銀行甄試

※僅收錄邏輯分析相關試題

( )　1. 你有14個蘋果，妹妹拿走你3個蘋果並給你2個橘子。然後你掉了7個蘋果，撿起來4個蘋果。弟弟拿了你4個蘋果，並給你5個蘋果。你再從妹妹那拿了一個蘋果給弟弟。哥哥回來，用一個梨子換了你一個蘋果，你再把這個梨子跟弟弟換了一個蘋果回來。請問你現在有幾個蘋果？　(A)8個　(B)9個　(C)10個　(D)11個。

( )　2. 有一輛卡車要去市場載貨，它在6：05時經過郵局，這時已走了五分之一的路程，在6：15時卡車經過大廟，此時它已經走了三分之一的路程。若卡車一路上的時速都是一樣，請問它在幾點的時候到達市場？　(A)6：50　(B)7：05　(C)7：15　(D)7：20。

( )　3. 有一四輪小貨車跑長程載貨，為避免輪胎長途磨損爆胎，司機把一個備胎加入，讓5個輪胎平均輪流使用，若貨車行駛了20000公里，請問每個輪胎平均跑幾公里？　(A)4000公里　(B)5000公里　(C)16000公里　(D)20000公里。

( )　4. 在某個遊戲中，若聽到指令1，要在籃子裏放入一根香蕉，聽到指令2，要在籃子裏放入一個橘子，聽到指令3，要在籃子裏放入一顆蘋果，聽到指令4，要從籃子裏拿出一根香蕉和一個橘子，請問在操作一連串指令：12342231124124213之後，籃子裏有幾根香蕉？　(A)1根　(B)2根　(C)3根　(D)4根。

( )　5. 某超商舉辦大促銷，全店商品第二件8折，咖啡第二杯半價。小美買了1杯咖啡、3個飯團及3個麵包。小英買了1杯咖啡、1個飯團及1個麵包。已知咖啡1杯50元，飯團1個30元，麵包1個25元。請問小美和小英合併結帳比分開結帳省多少錢？　(A)11元　(B)21元　(C)36元　(D)46元。

( ) 6. 若GOOGLE被編碼為4，GOGORO被編碼為3，ABSENTEE被編碼為6，請問LETTERS應該被編碼為多少？ (A)3 (B)4 (C)5 (D)6。

( ) 7. 紅隊和藍隊進行圍棋比賽，紅隊的隊員有A、B和C。藍隊的隊員有甲、乙、丙。大家預測A能打敗乙，而乙能打敗C，而C能打敗丙。然而上述的每一組都沒被配成對手。請問以下選項中哪一組的配對比賽是對的？ (A)A配甲 (B)B配丙 (C)C配甲 (D)C配乙。

( ) 8. 有一金庫每天更換密碼，以下為其運作方式的範例：
第一天：19，75，12，02，64，68
第二天：12，75，19，68，64，02
第三天：75，12，68，19，02，64
第四天：68，12，75，64，02，19
請問若第一天的密碼為：18，84，58，21，01，12，按此規則，第四天的密碼應為下列何者？ (A)12，58，84，01，21，18 (B)12，84，58，18，21，01 (C)58，84，18，12，01，21 (D)84，58，12，18，21，01。

( ) 9. 如果一老闆將某商品打75折出售，老闆還有賺二成五。請問若老闆將此商品打9折出售，老闆可得百分之幾的利潤？ (A)30% (B)40% (C)45% (D)50%。

( ) 10. 在一封密文中出現PINE+CONE=KISSN，若每個英文字代表0-9不重複的數字，而C=5、E=8、I=2，請問字母O代表什麼數字？ (A)0 (B)3 (C)6 (D)9。

( ) 11. 我有3個年紀不一樣大的小孩，其中一個小孩跟我的年齡的十位數字一樣大，另一個小孩跟我的年齡的個位數字一樣大，還有一個小孩的年齡是我的年齡的十位數字和個位數字加起來，我們4個人的年齡和為45，請問我最大的孩子幾歲？ (A)7歲 (B)8歲 (C)9歲 (D)10歲。

( )　12. 有甲、乙、丙、丁四人，已知丙的體重大於甲和丁，甲和乙的體重加起來大於丙和丁的體重總和且甲和丙的體重加起來等於乙和丁的體重總和。請問四人當中誰最輕？　(A)甲　(B)乙　(C)丙　(D)丁。

( )　13. 這次月考，小明的排名剛好在班上的正中間，也就排名在他前面和在他後面的人數一樣多。小華考得比小明差，排在第14名，小強考得更差，排在第23名。請問小明班上共有幾人？　(A)25人　(B)27人　(C)29人　(D)31人。

( )　14. 一公司舉辦派對，兩個員工共用一盤沙拉，三個員工共享一盤三明治，四個員工合吃一盤炸雞，派對上總共有78盤上述餐點，請問總共有多少員工參加此派對？　(A)56人　(B)60人　(C)72人　(D)108人。

( )　15. 小明平常跑馬拉松完賽需若干個小時。若時速比平常慢了20%的話，會多花1個小時才能完賽，請問小明平常都花多久完賽？　(A)2小時　(B)3小時　(C)4小時　(D)5小時。

( )　16. A、B、C、D四位不同職業的朋友圍著一個圓桌坐，已知A坐在廚師的對面，B坐在理髮師的右邊，工程師坐在裁縫師的左邊，C和D坐在正對面。請問A的職業是什麼？　(A)廚師　(B)理髮師　(C)工程師　(D)裁縫師。

( )　17. 下列選項何者的意義相似？　(A)獨占鰲頭／懷才不遇　(B)來龍去脈／無跡可尋　(C)挖東補西／有備無患　(D)嘆為觀止／拍案叫絕。

( )　18. 某一工程案，甲一人獨做6天可完成，乙一人獨做9天可完成，丙一人獨做12天可完成，請問甲、乙、丙三人一天工作量的比例為何？　(A)20：11：8　(B)15：10：6　(C)6：4：3　(D)6：5：3。

( ) 19. 已知6隻牛可以換9隻羊，12隻羊可以換18隻雞，則180隻雞可以換幾隻牛？　(A)72　(B)76　(C)80　(D)84。

( ) 20. 俊明每天看書x頁，則「300−5x」頁代表何意義？　(A)書本的總頁數　(B)看書5天的總頁數　(C)已經看了300頁後再看5天後剩下未看的頁數　(D)書本有300頁，看5天後所剩下未看的頁數。

( ) 21. 籃球社原有36人，若這學期的女同學增加20%，男同學減少25%，結果總人數維持不變，則原來的男同學比女同學少幾人？(A)4　(B)5　(C)6　(D)8。

( ) 22. 學長用25公克即溶咖啡加水75公克沖泡一杯咖啡，學弟想泡500公克相同濃度的咖啡一杯，則他需要多少公克的即溶咖啡？(A)75　(B)100　(C)125　(D)200。

( ) 23. 水梨1個20元，芭樂1個16元，若兩種水果共買了22個，總價不超過400元，水梨最多可買幾個？　(A)12　(B)13　(C)14　(D)15。

( ) 24. 超市販賣蘋果以進貨價加40%作為販售價，當經過一段時間後會以販售價減30%作為特價銷售。請問當蘋果以特價銷售時，超市會賺錢還是會賠錢？　(A)賠錢　(B)賺錢　(C)不賺也不賠　(D)無法判斷。

( ) 25. 天團演唱會入場券每張1000元，團體票100張以上可打9折，則當團體人數至少為多少人時，購買100張的團體票會比較便宜？(A)88　(B)90　(C)91　(D)93。

( ) 26. 不等式$2x+9<7x-6$的解中，x的最小正整數為？　(A)4　(B)5　(C)6　(D)7。

( ) 27. 下列敘述之中的兩變數，何者為反向關係？　(A)圓球的總體積與總面積　(B)距離固定下的車速與時間　(C)正方形的面積與邊長　(D)圓的半徑和周長。

( )　28. 已知甲、乙兩地在地圖上測量出直線段的長度為4公分，若此地圖的比例尺為1：250000，則甲、乙兩地的實際距離是多少公里？　(A)6　(B)8　(C)10　(D)12.5。

( )　29. 小明走路上學需20分鐘，騎自行車上學需6分鐘，則小明走路和騎自行車的速率比為？　(A)3：10　(B)2：10　(C)10：3　(D)20：3。

( )　30. 條件：「有幾隻貓是老貓。」「大部分的老貓都沒有牙齒。」根據條件，請問下列哪個敘述邏輯是正確的？　(A)老貓可能有或沒有牙齒　(B)所有的老貓都沒有牙齒　(C)所有的貓都沒有牙齒　(D)有牙齒的老貓不是貓。

( )　31. 條件：「芒果聞起來都很香。」「聞起來很香的水果都是大顆的。」根據條件，請問下列哪個敘述邏輯是正確的？　(A)水果都是大顆的　(B)芒果都是大顆的　(C)小顆的水果聞起來很香　(D)只有聞起來很香的水果是芒果。

( )　32. 有一不知長度的隧道，長90公尺的火車完全通過此隧道需要32秒，長130公尺的高鐵完全通過此隧道需要17秒。若高鐵的速度是火車的2倍，則此隧道長度為多少公尺？　(A)500　(B)520　(C)550　(D)570。

( )　33. 某國中三年一班40位學生的平均身高為162.18公分，學期初有兩位身高分別為144公分、178公分的同學轉出去，一週後有兩位身高分別為160公分、172公分的同學轉進來，則全班平均身高為多少公分？　(A)162.12　(B)162.18　(C)162.25　(D)162.43。

( )　34. 若$a > b$，則下列何者錯誤？　(A)$2-a > 2-b$　(B)$a-5 > b-5$　(C)$3a-3b > 0$　(D)$a-b > 0$。

( )　35. 小明到餐廳買水餃，他的錢剛好可以買15粒蝦仁水餃、或20粒韭菜水餃。若小明先買了6粒蝦仁水餃，則他身上剩下的錢可買多少粒韭菜水餃？　(A)9　(B)12　(C)14　(D)15。

( )　36. 父、子二人目前年齡比為7：2，三年前父、子年齡比為13：3，則三年後父親年齡為？　(A)41歲　(B)43歲　(C)45歲　(D)47歲。

( )　37. 建造一座泳池，如果5個同質的工人合作，8小時可以完工，若完工時數與參與工人數成反比，則增加3個同質工人一起做，可以提早多少小時完工？　(A)6　(B)5　(C)4　(D)3。

( )　38. 老師對學生說：「當我的歲數是你現在的歲數時，你才4歲。」學生對老師說：「當我的歲數是你現在的歲數時，你將為61歲。」請問學生現在幾歲？　(A)16　(B)18　(C)23　(D)25。

( )　39. 隨機抽取某班6位同學的數學成績，分別為80、95、72、57、33、17，後來又加入一位學生的成績資料後，新的平均數較原來的平均數多2分，則後來加入的學生成績為何？　(A)71　(B)73　(C)75　(D)77。

( )　40. 橘子園中種了25棵橘子樹，每棵平均可生產450個橘子，若橘子園中每加種1棵橘子樹，則每棵平均產量將減少10個。當橘子園中種多少棵橘子樹時，此橘子園可收成12250個橘子？　(A)35　(B)38　(C)40　(D)42。

解答　解析

1.(**B**)。　$14-3-7+4-4+5-1+1=9$

2.(**B**)。　卡車於10分鐘走了 $\dfrac{1}{3}-\dfrac{1}{5}=\dfrac{2}{15}$ 的路程

　　　　　走完全部路程需75分

　　　　　$6:05+75\times\dfrac{4}{5}=6:05+60=7:05$

3.(**C**)。　$20000\times\dfrac{4}{5}=16000(km)$

4.(**B**)。　$1-1+1+1-1+1-1+1=2$

5.(**C**)。　分開結帳
　　　　　$50+60+24+50+20+50+30+25=309$
　　　　　合併結帳
　　　　　$75+60+48+50+40=273$
　　　　　合併結帳省了36元

6.(**C**)

7.(**C**)

8.(**A**)。　第一天：18，84，58，21，01，12
　　　　　第二天：58，84，18，12，01，21
　　　　　第三天：84，58，12，18，21，01
　　　　　第四天：12，58，84，01，21，18
　　　　　故選(A)

9.(**D**)。　設原價x售價y
　　　　　$0.75y-x=0.25x \Rightarrow 3y=5x$
　　　　　$0.9y-x=1.5x-x=0.5x$
　　　　　故知利潤有五成。

10.(**A**)

11.(**C**)。　設我的年齡10x＋y
　　　　　$10x+y+x+y+x+y=45$
　　　　　$12x+3y=45 \Rightarrow 4x+y=15$
　　　　　$x=2$，$y=7$
　　　　　最大的小孩9歲

12.(**D**)。　甲＋丙＝乙＋丁
　　　　　乙＞甲
　　　　　甲＋乙＞丙＋丁
　　　　　乙＞丁

13.(**A**)。　由題意知小明為12名
　　　　　故知小明班上有25人

14.(**C**)。　設員工x人

$$\frac{x}{2}+\frac{x}{3}+\frac{x}{4}=78 \Rightarrow 6x+4x+3x=78\times12$$

$13x＝78\times12 \Rightarrow x＝72$人

15.(**C**)。　設路程y時速x可得

$$\frac{y}{x}+1=\frac{y}{0.8x} \Rightarrow y+x=1.25y$$

$$x=0.25y \Rightarrow \frac{y}{x}=4hr$$

16.(**D**)。

B 廚師

工程師　　　　　　　理髮師

A 裁縫師

故知A為裁縫師。

17.(**D**)。　嘆為觀止／拍案叫絕都是令人讚嘆的意思。

18.(**C**)。　$\dfrac{1}{6}:\dfrac{1}{9}:\dfrac{1}{12}=6:4:3$

19.(**C**)。　180隻雞可以換120隻羊
120隻羊可以換80隻牛

20.(**D**)。　書本有300頁，看5天後所剩下未看的頁數

21.(**A**)。　設男同學x人女同學y人

$$\begin{cases} x+y=36 \\ 0.75x+1.2y=36 \Rightarrow x+1.6y=48 \end{cases}$$

$0.6y＝12 \Rightarrow y＝20$，$x＝16$
原來的男同學比女同學少4人

22.(**C**)。　$\dfrac{25}{25+75}=\dfrac{x}{500} \Rightarrow x=125$公克

23.(**A**)。　設水梨x個
20x＋16(22－x)≤400
4x≤400－352＝48
x≤12
水梨最多可買12個。

24.(**A**)。　設進貨價x元
特價銷售1.4×0.7x＝0.98x
故會賠錢。

25.(**C**)。　設人數有x人、票價為1000x
1000x>1000×100×0.9⇒x>90
故取x＝91人

26.(**A**)。　15<5x⇒3<x
故知x之最小正整數為4

27.(**B**)。　距離固定下的車速與時間為反比關係。

28.(**C**)。　4×250000cm＝10km

29.(**A**)。　$\dfrac{1}{20}:\dfrac{1}{6}=3:10$

30.(**A**)。　大部分的老貓都沒有牙齒意即老貓可能有或沒有牙齒。

31.(**B**)。　芒果都是大顆的。

32.(**C**)。　設隧道長度為x公尺
$\dfrac{x+90}{32}\times 2=\dfrac{x+130}{17}$
34x＋3060＝32x＋4160
2x＝1100⇒x＝550m

33.(**D**)。　160＋172－144－178＝10
總和身高增加10cm
平均身高增加0.25cm為162.43cm

34.(**A**)。　選項(A)應修改為2－a<2－b

35.**(B)**。　設蝦仁水餃x元、韭菜水餃y元
　　　　　　$15x = 20y = 6x + ny = 8y + ny \Rightarrow n = 12$顆

36.**(C)**。　設父、子二人目前年齡為7x及2x
　　　　　　$(7x - 3):(2x - 3) = 13:3$
　　　　　　$26x - 39 = 21x - 9 \Rightarrow 5x = 30 \Rightarrow x = 6$
　　　　　　父親42歲，三年後父親年齡為45歲

37.**(D)**。　8個同質的工人合作，5小時可以完工
　　　　　　故知可提前3小時。

38.**(C)**。　設學生x歲、老師y歲
　　　　　　$\begin{cases} x - (y - x) = 4 \Rightarrow 2x - y = 4 \Rightarrow 4x - 2y = 8 \\ y + (y - x) = 61 \Rightarrow 2y - x = 61 \end{cases}$
　　　　　　$\Rightarrow 3x = 69 \Rightarrow x = 23$歲

39.**(B)**。　設後來加入的學生成績為x分
　　　　　　$\dfrac{80 + 95 + 72 + 57 + 33 + 17 + x}{7} = \dfrac{354}{6} + 2 \Rightarrow x = 73$分

40.**(A)**。　$(25 + x)(450 - 10x) = 12250 \Rightarrow x = 10$
　　　　　　故知橘子園中種35棵橘子樹。

NOTE

112年第一銀行新進人員甄試

※僅收錄邏輯分析相關試題

選擇題

( )　1. 甲今年在公司A每個月薪水為30,000元，伙食費占薪水的40%、房租占薪水30%、其餘開銷占薪水15%，而剩餘的部分則作為存款；公司A因業務減少，從明年起需對員工減薪10%。假設甲明年所有各項費用金額皆無變動的前提下，甲明年能存多少錢？　(A)1,000元　(B)1,500元　(C)2,000元　(D)2,500元。

( )　2. 下列推論何者正確？　(A)人的頭髮最多為15萬根頭髮，因此從台灣約2,300萬人中一定能找到兩個人的頭髮數量相等　(B)人的身高不會超過4公尺，因此台灣每個人都一定能找到相同身高的另一人　(C)人的體重不會超過1公噸，因此台灣每個人都一定能找到相同體重的另一人　(D)台灣約2,300萬人，台灣每個人都一定能找到相同身分證字號的另一人。

( )　3. 已知A地到B地有5種方法、B地到C地有6種方法、C地到D地有2種方法（除了以上方法，各地並無其他連接方式），A地到D地有幾種方法？　(A)13　(B)17　(C)32　(D)60。

( )　4. 某數列$<a_n>$的前5項為$a_1=1, a_2=1, a_3=3, a_4=7, a_5=17$，當$n \geq 3$時，此規律數列符合$a_n = x a_{n-1} + y a_{n-2}$，$x^2 + y$為何？　(A)1　(B)2　(C)5　(D)7。

( )　5. 清明連假期間A國交通局對於各區段的車速進行監控，發現甲地到乙地距離100公里且平均車速為每小時10公里、乙地到丙地距離200公里且平均車速為每小時40公里、丙地到丁地距離300公里且平均車速為每小時60公里，甲地到丁地的平均車速為每小時幾公里？　(A)20　(B)30　(C)110/3　(D)110。

( )　6. 若a<b，下列何者最大？

(A) $\dfrac{-a+3b}{2}$ (B) $\dfrac{-a+4b}{3}$

(C) $\dfrac{-a+113b}{112}$ (D) $\dfrac{-a+2024b}{2023}$ 。

( )　7. 假設a⊙b的值為「a和b的最大公因數」加「a和b的最小公倍數」，例：2⊙3=1+6=7，因為2和3的最大公因數為1、2和3的最小公倍數為6。請問4⊙6為何？　(A)8　(B)14　(C)23　(D)26。

( )　8. 已知2^a=3，2^b=18，2^c=96，a－b+c為何？　(A)1　(B)4　(C)5　(D)6。

( )　9. 甲乙丙三人正在一起考試，已知甲的解題速度：乙的解題速度=1：2、乙的解題速度：丙的解題速度=4：5，則當丙完成考試時，甲完成整份考試的比例為多少？　(A)1/5　(B)2/5　(C)3/5　(D)4/5。

( )　10. 將18顆紅球、20顆黑球隨機分成兩堆，每堆各19顆球，第一堆的紅球個數和第二堆黑球個數的個數之差為何？　(A)0　(B)1　(C)18　(D)19。

( )　11. 某數列$\{a_n\}$的遞迴關係式為$a_n=\begin{cases} a_{n-1}+(n-1)^2 & ，n為奇數，n>1 \\ a_{n-1}+n^2 & ，n為偶數，n>1 \end{cases}$，

且a_1=1，則a_4為何？　(A)15　(B)25　(C)27　(D)30。

( )　12. 甲、乙、丙、丁4人分配x顆糖果，若一開始分配時甲分到全部的40%、乙分到全部的20%、丙分到全部的20%、丁分到全部的19%，且最後剩下3顆糖；後來多了戊、己、庚3人想分配糖果，因此糖果又重新分配。若這次分配時希望每個人糖果個數都一樣，每個人的糖果個數最多多少顆？　(A)40　(B)41　(C)42　(D)43。

( )　13. 若 $f(x) = \dfrac{1}{1+\dfrac{1}{x}} + \dfrac{1}{1+x}$ ，$f(1)+f(2)+\cdots+f(112)$ 為何？

(A)224　(B)112　(C)56　(D)0。

( )　14. 甲、乙、丙、丁4人進行一對一的籃球比賽，隨機挑選兩人互相比賽，最後甲三勝、乙二勝一敗、丙一勝二敗；丁的比賽成績為何？　(A)三敗　(B)一勝二敗　(C)二勝一敗　(D)三勝。

( )　15. 已知 $a_1+2a_2+3a_3+\cdots+(n-1)a_{n-1}+na_n=2023n^2+2023$，$a_{2023}$ 為何？
(A)2022　(B)2023　(C)4045　(D)4046。

解答　解析

1.(**B**)。　$30000 \times 40\% = 12000$
$30000 \times 30\% = 9000$
$30000 \times 15\% = 4500$
存款 $27000-12000-9000-4500=1500$ 元

2.(**A**)。　$\because 2300$ 萬 > 15 萬
故知頭髮數目會重複。

3.(**D**)。　$5 \times 6 \times 2 = 60$ 種

4.(**C**)。　此規律數列符合 $a_n = 2a_{n-1} + a_{n-2}$
$x^2 + y = 2^2 + 1 = 5$

5.(**B**)。　$\bar{v} = \dfrac{100+200+300}{10+5+5} = \dfrac{600}{20} = 30(km/hr)$

6.(**A**)。　設 $a=1, b=2$
(A) $\dfrac{-1+6}{2} = 2.5$　　　　(B) $\dfrac{-1+8}{3} = 2.\overline{33}$

(C) $\dfrac{-1+226}{112} = 2$　　　(D) $\dfrac{-1+4048}{2023} = 2$

故知(A)最大。

7.(**B**)。 $4\odot6=2+12=14$

8.(**B**)。 $a=\log_2 3$
$b=\log_2 18$
$c=\log_2 96$
$a-b+c=\log_2\dfrac{3\times96}{18}=4$

9.(**B**)。 甲：乙：丙$=2：4：5$
$1\times\dfrac{2}{5}=\dfrac{2}{5}$

10.(**B**)。 假設第一堆的紅球15顆，第一堆的黑球4顆
第二堆的紅球3顆，第二堆的黑球16顆
$16-15=1$顆

11.(**B**)。 $a_2+1+2^2=5$
$a_3=5+(3-1)^2=9$
$a_4=9+4^4=25$

12.(**C**)。 糖果有300顆
$\dfrac{300}{7}=42.86$
每個人的糖果個數最多42顆。

13.(**B**)。 $f(x)=\dfrac{x}{x+1}+\dfrac{1}{1+x}=1$
$f(1)+f(2)+\cdots+f(112)=112$

14.(**A**)。 $C^4_2=6$
甲乙丙丁加起來要6勝6敗
故丁為3敗。

15.(**C**)。 $na_n=2023n^2+2023-2023(n-1)^2-2023$
$na_n=4046n-2023$
$2023a_{2023}=4046\times2023-2023\Rightarrow2023a_{2023}=(4046-1)\times2023$
$a_{2023}=4046-1=4045$

非選題

請參考範例的規則，從左上角箭頭「入口開始」，畫出一條可以沿水平方向或垂直方向行走至右下角箭頭「出口結束」的路徑，其中「各行各列起始處的數字」代表「該行或該列必須經過的格子數」。開始及結束處的箭頭僅代表「入口」及「出口」，不代表路徑的方向。每格只能經過一次，請推導畫出下列問題：

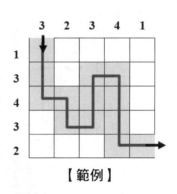

【範例】

(一) 請畫出【圖一之一】符合參考範例規則的一條路徑：

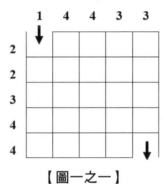

【圖一之一】

(二) 請畫出【圖一之二】符合參考範例規則的一條路徑：

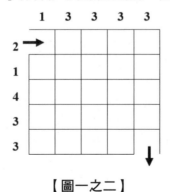

【圖一之二】

答 (一) 路徑不存在

(二)

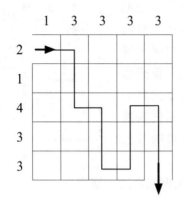

112年臺灣土地銀行新進專業人員甄試

※僅收錄邏輯分析相關試題

( )　1. 王老師為班上的同樂會買了9盒巧克力棒，9盒中包含三種口味，共88條巧克力棒。杏仁巧克力棒為一盒8條裝，牛奶巧克力棒為一盒10條裝，花生巧克力棒為一盒12條裝。已知杏仁口味的最多盒，而花生口味的有最多條，請問王老師買了幾盒牛奶巧克力棒？　(A)1盒　(B)2盒　(C)3盒　(D)4盒。

( )　2. 在一密文中，BEAM寫成5%&K，COME寫成$7K%。請問MACE會寫成下列何選項？　(A)K&%$　(B)K5$%　(C)K&$%　(D)K7%$。

( )　3. 若甲是乙的姐姐，丙是乙的媽媽，丁是丙的爸爸，請問丁與甲的關係為何？　(A)兄妹　(B)父親與女兒　(C)祖父與孫女　(D)祖父與孫子。

( )　4. 某甲以60元的價格買了一隻小鵝，當小鵝一隻價格漲到70元時，他決定把小鵝賣出，過了幾天，有點後悔，再以80元把他的小鵝買回來，半年後，他又以90元的價格把鵝賣出。請問某甲買賣鵝賺了多少錢？　(A)10元　(B)20元　(C)30元　(D)沒賺沒賠。

( )　5. 根據「所有的木本植物都是多年生植物，有些蕨類是木本植物。」可以導出下列何結論？　(A)有些蕨類是多年生植物　(B)所有的蕨類都是木本植物　(C)有些多年生植物不是木本植物　(D)所有的多年生植物都是木本植物。

( )　6. 有三個數，它們的大小比例為3：4：5，它們的最小公倍數是2,400，請問它們的最大公因數是多少？　(A)40　(B)60　(C)90　(D)120。

( ) 7. 箱子裏有編號1到20的號碼球,從中抽取一個球,請問抽到3或5的倍數的機率是多少? (A)1/2 (B)2/5 (C)7/20 (D)9/20。

( ) 8. 某商品在降價25%之後,又漲價20%,請問現在的價格跟最初的價格相比的情況為何? (A)降價5% (B)漲價5% (C)降價10% (D)降價12%。

( ) 9. 星期二時,甲對乙說:「你那天說後天會還我錢,但昨天時間已到,你還是沒還我錢。」請問句中的「那天」是星期幾? (A)星期四 (B)星期五 (C)星期六 (D)星期日。

( ) 10. 某手錶若配上真皮錶帶售價為2,480元,若配上合成皮錶帶售價為2,350元,真皮錶帶的價錢是合成錶帶的$1\frac{13}{15}$倍,那麼手錶本身的價格是多少? (A)2,100元 (B)2,200元 (C)2,220元 (D)2,330元。

( ) 11. 某旅行社每個月租用甲、乙兩種遊覽車,甲種遊覽車一臺每月租金8萬元,平均載客量為8,000人,乙種遊覽車一臺每月租金6萬元,平均載客量為6,000人,若該旅行社每月共租用8臺遊覽車,總租金不超過60萬元,且每個月的載客量需達54,000人,請問每個月租金總額最少為幾元? (A)52萬元 (B)54萬元 (C)56萬元 (D)58萬元。

( ) 12. 某社區以英文字母和數字1-9結合為戶別編號,例如第一戶為A-1,若此社區所有的字母及數字均用上,請問此社區共有幾戶? (A)117戶 (B)234戶 (C)260戶 (D)468戶。

( ) 13. 小美(女生)班上有60個學生,其中女生是男生的2倍。某次月考,她排第27名,排名在她前面的男生有9人,請問排名在她後面的女生有幾人? (A)11人 (B)17人 (C)22人 (D)23人。

( ) 14. 森林中舉辦運動大會,豹、虎、猴、熊為一組賽跑。已知豹比虎快二名,熊不是第一名也不是最後一名,豹不是第二名,請問四

隻動物的賽跑由快到慢的順序為何？　(A)豹熊虎猴　(B)豹猴虎熊　(C)猴熊豹虎　(D)猴虎熊豹。

( )　15. 黃金的純度標準24K為100%的純金，18K則代表純度75%的黃金。若在金飾上印上750代表18K，請問14K的金飾上印上的數字應為下列何者？　(A)520　(B)553　(C)583　(D)625。

( )　16. 若L代表＋，M代表－，N代表×，P代表÷，那麼14N10L28P7M5＝？
(A)19　(B)139　(C)149　(D)155。

( )　17. 現有三台機器A、B和C，都由一片刀片構成。A機器可以在3秒將一條蛋糕切成3片，B機器可以在6秒將一條蛋糕切成6片，C機器可以在9秒將一條蛋糕切成9片。請問哪一台機器切蛋糕的速度最快？　(A)A　(B)B　(C)C　(D)一樣快。

( )　18. 男孩們排成一排，約翰是從左邊數過來的第10位，而彼得是從右邊數來的第9位。若他們兩位交換位置，約翰此時變成從左邊數來的第15位，請問這一排男生共有幾位？　(A)22位　(B)23位　(C)24位　(D)25位。

( )　19. 我們家共有四姐妹，我是老大，我的大妹有2個外甥，3個外甥女；我的二妹有1個外甥，3個外甥女；我的小妹有1個外甥，5個外甥女。我自己只有一個女兒。請問我有幾個外甥和外甥女？
(A)1個外甥，3個外甥女　(B)1個外甥，4個外甥女　(C)2個外甥，3個外甥女　(D)2個外甥，4個外甥女。

( )　20. 某老師去文具店採買，他買了三種美術用品，廣告顏料一盒300元，畫筆一枝20元，橡皮擦5元。他三種用品加起來一共買了100件，總花費2,000元。已知每種用品至少買了2件，請問老師買了幾枝畫筆？　(A)37枝　(B)39枝　(C)41枝　(D)43枝。

( )　21. 有一對兄妹，哥哥說：「我的兄弟個數是我的姐妹個數的一半。」妹妹說：「我擁有的兄弟個數和姐妹個數一樣多。」請問他們家有幾個兒子？　(A)2個　(B)3個　(C)4個　(D)5個。

( )　22. 籃子裏有橘子，蘋果，梨子共160個，若取出橘子的1/3，蘋果的1/4，梨子的1/5，則籃子裏還剩120顆水果；若取出橘子的1/5，蘋果的1/4，梨子的1/3，則籃子裏還剩116顆水果。請問籃子裏有幾顆梨子？　(A)40顆　(B)45顆　(C)60顆　(D)75顆。

( )　23. 一堆蘋果要分給一群小朋友，若人數多6人，則每人少分2個蘋果；若人數少3人，則每人可多分2個蘋果。請問這一堆蘋果有幾個？　(A)72個　(B)84個　(C)90個　(D)96個。

( )　24. 甲、乙、丙、丁四人比賽賽跑，甲說：「我不是第一名，也不是最後一名。」乙說：「我不是最後一名。」丙說：「我跑第一名。」丁說：「我跑最後一名。」若四個人之中，有一個人是說謊的，請問誰跑第一名？　(A)甲　(B)乙　(C)丙　(D)丁。

( )　25. 某高中今年的新生比去年多25%，其中男生增加20%，女生增加40%，請問今年女生新生佔全部新生的百分之幾？　(A)28%　(B)30%　(C)35%　(D)40%。

解答 解析

1.**(B)**。　設杏仁巧克力棒x盒、牛奶巧克力棒y盒、花生巧克力棒z盒
$x+y+z=9$
$8x+10y+12z=88 \Rightarrow 4x+5y+6z=44$
已知x最大，x有可能為4、5
6z最大，$z=3, x=4, y=2$

2.**(C)**。　M＝K、A＝&、C＝$、E＝%

3.**(C)**

4.**(B)**。　$-60+70-80+90=20$
故知甲賺了20元。

5.**(A)**。　有些蕨類是多年生植物。

6.(**A**)。　設三個數是3r,4r,5r

最小公倍數60r＝2400→r＝40

最大公因數為40

7.(**D**)。　$p = \dfrac{6+4-1}{20} = \dfrac{9}{20}$

8.(**C**)。　$1 \times 0.75 \times 1.2 = 0.9$

故知為降價10%

9.(**C**)。　星期六的後天為星期一

10.(**B**)。　設合成皮錶帶x元、真皮錶帶$\dfrac{28}{15}$x 元

設手錶y元

$$\begin{cases} y + x = 2350 \\ y + \dfrac{28}{15}x = 2480 \end{cases} \Rightarrow \dfrac{13}{15}x = 130 \Rightarrow x = 150，y = 2200$$

11.(**B**)。　設甲遊覽車x台、乙遊覽車8－x台

$8000x + 6000(8-x) \geq 54000 \Rightarrow 4x + 3(8-x) \geq 27 \Rightarrow x \geq 3$

$80000x + 60000(8-x) \leq 600000 \Rightarrow 4x + 3(8-x) \leq 30 \Rightarrow x \leq 6$

x＝3時租金有最小值240000＋300000＝540000（元）

12.(**B**)。　$26 \times 9 = 234$（戶）

13.(**C**)。　女生40人、男生20人

排名在她前面的男生有9人、排名在她前面的女生有17人

排名在她後面的女生有22人。

14.(**A**)。　豹■虎

豹熊虎

豹熊虎猴→正解

15.(**C**)。　$\dfrac{14}{24} = 0.583$

金飾上印的數字應為583

16.**(B)**。 $14\times10+28\div7-5=140+4-5=139$

17.**(C)**。 $\dfrac{8}{9}>\dfrac{5}{6}>\dfrac{2}{3}$

故知C速度最快。

18.**(B)**。 $15+9-1=23$ 人

19.**(D)**

20.**(C)**。 $300x+20y+5(100-x-y)=2000$
$295x+15y=1500\Rightarrow59x+3y=300$
$X=3,y=41$
故知老師買了41枝畫筆

21**(B)**。 設兒子x個、女兒y個

$$\begin{cases} x-1=\dfrac{y}{2} \\ x=y-1 \end{cases} \Rightarrow 2y-4=y\Rightarrow y=4, x=3$$

22.**(D)**。 設橘子x，蘋果y，梨子z

$$\begin{cases} x+y+z=160 \\ \dfrac{2}{3}x+\dfrac{3}{4}y+\dfrac{4}{5}z=120 \Rightarrow 40x+45y+48z=7200 \\ \dfrac{4}{5}x+\dfrac{3}{4}y+\dfrac{2}{3}z=116 \Rightarrow 48x+45y+40z=6960 \end{cases}$$

$8x-8z=-240\Rightarrow x-z=-30\Rightarrow40x-40z=-1200$
$z-30+y+z=160\Rightarrow y+2z=190$
$40x+45(190-2z)+48z=7200\Rightarrow40x-42z=-1350$
$2z=150\Rightarrow z=75$，$x=45$，$y=40$

23.**(A)**。 設蘋果x個、人數y人

$$\begin{cases} \dfrac{x}{y+6}=\dfrac{x}{y}-2 \\ \dfrac{x}{y-3}=\dfrac{x}{y}+2 \end{cases} \Rightarrow \begin{cases} x=\dfrac{y^2+6y}{3} \\ x=\dfrac{2y^2-6y}{3} \end{cases} \Rightarrow \dfrac{y^2+6y}{3}=\dfrac{2y^2-6y}{3}$$

$\Rightarrow 0 = y^2 - 12y$

所以y=0或y=12。

人數y必須是正數，因此y=12，x=72。

24.(**B**)

25.(**A**)。　設去年新生男生x人、女生y人

$\dfrac{5}{4}(x+y) = \dfrac{6}{5}x + \dfrac{7}{5}y$

$25x + 25y = 24x + 28y \Rightarrow x = 3y$

$\dfrac{\frac{7}{5}y}{\frac{5}{4}(x+y)} = \dfrac{\frac{7}{5}y}{5y} = \dfrac{7}{25} = 28\%$

NOTE

112年中華郵政職階人員（營運職）

※僅收錄邏輯分析相關試題

一、九張各自內含1至9其中一數字的紙牌，每張數字均不同，分給甲、乙、丙、丁等四人，每人兩張。已知甲取得的兩張牌數字和為10、乙取得的兩張牌數字差為1、丙取得的兩張牌之乘積為24、丁取得的兩張牌的商為3。請推論甲、乙、丙、丁各自持有的紙牌數字與未發出的紙牌數字。（需有推理過程才給分）

答 丙的可能(3,8)(4,6)取前面數字不重複
丁的可能(2,6)(3,9)取前面數字不重複
乙為(4,5)
甲為(1,9)
為發出的牌為7

二、有甲、乙、丙、丁、戊五個人，在三天前，他們之中的一人謀殺了另一個人。下列為關於這五個人的相關描述：

(1)甲昨天去跑萬金石馬拉松

(2)乙有酗酒的問題

(3)丙告訴來調查此案的警方說他有不在場證明

(4)丁半年前才認識戊，在今天早上，丁打電話告訴戊，他都待在家中，足不出戶

(5)兇手上週才進行雙腳截肢的手術

(6)兇手是戊的哥哥，他們倆兄弟是從小一起長大的

請問：

(一)誰被謀殺了？(二)兇手是誰？

（請寫出推理過程，否則不予計分）

答 甲丙丁可先排除，故知乙為戊的哥哥。

(一)戊被謀殺。

(二)乙為兇手。

112年中華郵政職階人員（專業職(一)）

※僅收錄邏輯分析相關試題

四部電影安排在週一到週五播映，其中的一天沒有播映任何一部電影。A電影的播映時間不在星期一，且A電影在D電影的前一天播映。B電影在C電影的後一天播映，D電影的播映時間在星期一之後，但在星期四前。請問：

(一) A電影在哪一天播映？

(二) C電影在哪一天播映？

(三) 週一到週五，哪一天沒播映電影？

（請寫出推理過程，否則不予計分）

答 一　二　三　四　五
　　　A　D　C　B

(一)星期二。

(二)星期四。

(三)星期一沒播放電影。

113年全國農業金庫新進人員甄試（程式開發人員）

※僅收錄邏輯分析相關試題

( ) 1. A.三角形只有三個角　B.正方形只有四個角　C.沒有一個圖形可以是三角形又是正方形。如果A與B為真，那麼C是？　(A)為真　(B)為假　(C)又真又假　(D)不一定。

( ) 2. A.有些哲學家有智慧　B.有些有智慧的人很有錢　C.有些哲學家很有錢。如果A與B為真，那麼C是？　(A)為真　(B)為假　(C)不一定　(D)又真又假。

( ) 3. 兩個句子是邏輯等價的，若且唯若他們在所有的情形下擁有相同的真假值。舉例來說，「有些玫瑰是紅的」與「不是所有玫瑰都不是紅的」是邏輯等價，而「所有人都會通過考試」與「沒有人不會通過考試」也是邏輯等價的。那麼：「並不是每一個有考試的學生都會通過這門考試」與下列哪個句子邏輯等價？　(A)所有有考試的學生都不會通過這門考試　(B)有些有考試的學生會通過這門考試　(C)有些有考試的學生不會通過這門考試　(D)沒有任何一個有考試的學生會通過這門考試。

( ) 4. 一組語句是不一致的若且唯若它們不能同時為真，請問下列哪兩個語句是不一致的：A.所有袋中的球都是黑的　B.沒有袋中的球是白色的　C.有些袋中的球是圓形　D.有些袋中的球不是黑色的　(A)A、C　(B)A、B　(C)B、D　(D)A、D。

( ) 5. 設P,Q,R為三個語句。從「P,Q,R並不是都為真」，我們可以邏輯推導出下列何者？　(A)只要P為真，則Q為假　(B)只要P為真，則若Q為真則R為假　(C)只要P與Q皆為假，則R為真　(D)P,Q,R皆為假。

(　)　6.　某公司薪資高於五萬者有八成的人擔任主管，薪資不高於五萬者
有二成的人擔任主管。該公司薪資高於五萬者與不高於五萬者的
人數比例是1：4。請問該公司百分之幾的主管薪資高於五萬？
(A)16%　(B)32%　(C)50%　(D)84%。

(　)　7.　在一個看不見裡面的袋子裡，有36隻紅色的襪子與36隻藍色的襪
子，請問最少要拿幾隻襪子才能保證有兩隻一樣顏色的襪子？
(A)37　(B)36　(C)6　(D)3。

(　)　8.　你的面前有三個桶子，金桶、銀桶、銅桶，而且只有一個桶中有
一幅畫。在這三個桶子上各刻有一句話。金桶：畫不在銀桶裡。
銀桶：畫不在這個桶子裡。銅桶：畫在這個桶子裡。而這三句話
至少一句為真，至少一句為假，請問畫會在哪個桶子裡？　(A)
金桶　(B)銀桶　(C)銅桶　(D)三個桶子都沒有。

(　)　9.　假設有兩個村子，誠實村與說謊村。誠實村的人總是說真話，說
謊村的人總是說假話。你在叉路口遇到兩位村民，阿明與阿華。
阿明說：「阿明是說謊村人或阿華是說謊村人。」請問阿明與阿
華各是哪一村人？　(A)兩個都誠實村　(B)阿明是說謊村，阿華是
誠實村　(C)阿明是誠實村，阿華是說謊村　(D)兩個都說謊村。

(　)　10.　現在有四張紙牌，上面分別寫著A、K、4、7，每張紙牌的一面
有數字而另一面有英文字母，考慮以下句子：「如果紙牌的一面
是母音，則另一面是偶數」。請問最少應該翻開哪幾張紙牌來驗
證上述句子是否為真？　(A)A,4　(B)A,K,7　(C)K,4　(D)A,7。

(　)　11.　甲、乙、丙、丁四人玩戴帽子遊戲，每個人手上分別有一頂紅色
的帽子與白色的帽子，丙的規則是只有在甲戴紅色帽子而且乙戴
白色帽子的時候，丙要戴白色帽子，其他情況丙都要戴紅色的帽
子，而丁的規則是只有在丙戴紅色帽子而且甲戴白色帽子的時
候，丁要戴白色帽子，其他情況丁都要戴紅色的帽子。而當甲戴
白色帽子，乙戴紅色帽子時，丙和丁分別要戴什麼顏色的帽子？
(A)丙是紅色，丁是紅色　(B)丙是紅色，丁是白色　(C)丙是白
色，丁是紅色　(D)丙是白色，丁是白色。

( )　12. 甲對乙說：「如果你不去健身房運動，那我也不去。」這句話的
意思是不可能出現下列何種情況？　(A)甲、乙一起去健身房運
動　(B)甲去健身房運動，乙不去健身房運動　(C)乙去健身房運
動，甲不去健身房運動　(D)甲、乙都不去健身房運動。

( )　13. 甲、乙、丙三人手上各握有一支木棍，甲說：「我的棍子比丙的
長」，乙說：「我的棍子比甲的短」，丙說：「甲和乙的棍子加
起來的長度剛好是我的2倍。」請問甲、乙、丙三者手上木棍的
長度由長到短依序為何？　(A)甲、乙、丙　(B)丙、甲、乙　(C)
乙、甲、丙　(D)甲、丙、乙。

( )　14. 某人參加婚禮時將禮金交給收禮金的接待人員，接待人員數完之
後，確定禮金金額為6,000元，而且禮金袋中共有10張紙鈔，其面
額分別為1,000元和500元，請問禮金袋中面額1,000元的紙鈔數量
有幾張？　(A)1　(B)2　(C)3　(D)4。

( )　15. 有一份工作，甲單獨做需要花6天，乙單獨做需要花12天，請
問甲和乙一起工作總共需要幾天可以完成？　(A)3天　(B)4天
(C)5天　(D)6天。

( )　16. 甲對乙說：「你知道嗎？有些人可以活到150歲！」乙說：「不
可能！」請問乙的意思為何？　(A)有些人不能活到150歲　(B)有
些活到150歲的不是人　(C)沒有人可以活到150歲　(D)所有的人
都可以活到150歲。

( )　17. 甲、乙兩個人共有3,000元，甲比乙多500元，請問甲的錢為多
少？　(A)2,000元　(B)1,750元　(C)1,500元　(D)1,250元。

( )　18. 甲、乙、丙三人一起參加旅遊活動，期間導遊力推購買紀念品，
回程後，甲問乙說：「你有買紀念品嗎？」乙回答說：「我和丙
都有買！」不料，此時丙告訴甲說：「其實乙說謊！」則丙的
意思為何？　(A)乙沒有買，丙也沒有買　(B)乙有買但丙沒有買
(C)乙沒有買但丙有買　(D)乙沒有買或者丙沒有買。

( ) 19. 數列1,1,2,3,5, _____ ,13,21,34中空格的數字為何？　(A)8　(B)9 (C)10　(D)11。

( ) 20. 某個袋子中有紅色、黃色、藍色的球，甲、乙、丙三人依序從袋子中取出一顆球，甲說：「我手上的球不是紅色」，乙說：「我手上的球的顏色和甲不一樣」，丙說：「我手上的球的顏色和乙不一樣」。則下列何者符合甲、乙、丙手上的球的顏色？　(A)黃色、藍色、藍色　(B)紅色、黃色、藍色　(C)黃色、紅色、黃色　(D)藍色、藍色、紅色。

( ) 21. 公司部門聚餐，每個小組至少要有一位參加，甲、乙、丙三人是同一組的同仁，甲說：「如果乙去，我就去。」乙說：「如果丙不去，我就不去。」丙說：「我會去！」則下列何者不可能是參加聚餐的組合？　(A)甲、乙、丙　(B)甲、丙　(C)乙、丙　(D)丙。

( ) 22. 甲到便利商店買兩瓶果汁，其中一瓶是250ml濃度含量10%的果汁，另一瓶是500ml濃度含量25%的果汁，如果甲將兩瓶果汁加在一起，則其濃度含量會是多少%？　(A)12.5%　(B)15% (C)17.5%　(D)20%。

( ) 23. 甲、乙兩人手中各有數顆糖果，若甲給乙6顆糖果，兩人手上糖果的數量會相同，若乙給甲6顆糖果，甲手上糖果的數量會是乙的3倍，則甲手上原有幾顆糖果？　(A)18　(B)24　(C)30 (D)36。

( ) 24. 某小學舉行畢業典禮，已知該校畢業生大於100人但不超過120人，當每5人排成一排時，最後一排只有3個人；而每7人排成一排時，最後一排只有5個人，則該小學畢業生人數有幾人？ (A)103人　(B)105人　(C)107人　(D)112人。

( ) 25. 某人想要用黃色與白色的油漆漆自己房間的牆面上，則四個牆面呈現的顏色會有幾種可能性？　(A)8　(B)10　(C)12　(D)16。

( ) 26. 某個正整數n可以被3整除、不可以被5整除、可以被7整除,則下列何者正確? (A)可知此正整數n一定不是偶數 (B)可知此正整數n的個位數字一定不是0 (C)可知此正整數n的個位數字一定是1 (D)可知此正整數n一定不是奇數。

( ) 27. 已知整數x滿足$x^8=256$,請問所有可能的x之平方和為何(例:若有2個x分別為x_1,x_2,平方和為$x_1^2+x_2^2$)? (A)0 (B)8 (C)12 (D)16。

( ) 28. 若$f(x)=x^3$,$g(x)=x^2+1$,$k(x)=x^7+1$,則$f(g(k(1)))$為何? (A)1 (B)27 (C)64 (D)125。

( ) 29. 下列何者錯誤? (A)若1+2=3,則2+4=6 (B)若1+2=3,則2+4=8 (C)若1×2=3,則2×4=6 (D)若1×2=3,則2×4=8。

( ) 30. 已知m,n為兩正整數且m+n=10,則m:n不可能為下列何者? (A)1:1 (B)1:2 (C)1:4 (D)2:3。

解答 解析

1.**(A)**。 沒有一個圖形可以是三角形又是正方形是正確的。

2.**(C)**。 有些哲學家不一定很有錢。

3.**(C)**。 並不是每一個有考試的學生都會通過這門考試與有些考試的學生不會通過這門考試等價。

4.**(D)**。 所有袋中的球都是黑的與有些袋中的球不是黑色的互相矛盾。

5.**(B)**

6.**(C)**。 $\dfrac{0.2 \times 0.8}{0.2 \times 0.8 + 0.8 \times 0.2} = 50\%$

7.**(D)**。 最少需3次
紅藍紅或紅藍藍

8.**(A)**。 金桶：畫不在銀桶裡為真。銀桶：畫不在這個桶子裡為真。銅桶：畫在這個桶子裡為假。
故知畫在金桶裡。

9.**(C)**

10.**(D)**。 7的背面要子音才符合句子。

11.**(B)**。 丙是紅色，丁是白色。

12.**(B)**

13.**(D)**。 設甲為5、丙為3、可推得乙為1。
故知順序為甲丙乙。

14.**(B)**。 共8張500元，2張1000元。

15.**(B)**。 $\dfrac{1}{\dfrac{1}{6}+\dfrac{1}{12}}=\dfrac{1}{\dfrac{1}{4}}=4$，甲乙合作共需4天。

16.**(C)**。 沒有人可以活到150歲。

17.**(B)**。 甲有1750元、乙有1250元。

18.**(D)**。 乙沒有買或者丙沒有買。

19.**(A)**。 此數列為前兩項相加，故知3＋5＝8

20.**(C)**。 黃色、紅色、黃色符合題目的敘述。

21.**(C)**

22.**(D)**。 $\dfrac{1\times\dfrac{10}{100}+2\times\dfrac{25}{100}}{1+2}=\dfrac{\dfrac{60}{100}}{3}=20\%$

23.**(C)**。 設甲x顆、乙y顆
$\begin{cases}x-6=y+6\\x+6=3(y-6)\end{cases}\Rightarrow \begin{matrix}x=y+12\\x+6=3x-54\end{matrix}\Rightarrow x=30$

24.**(A)**。 $35\times3-2=103$人

25.**(D)**。 $2^4 = 16$

26.**(B)**。 可知此正整數n的個位數字一定不是0，因為尾數為0可以被5整除。

27.**(B)**。 $2^2 + (-2)^2 = 8$

28.**(D)**。 $f(g(k(1))) = f(g(2)) = f(5) = 125$

29.**(B)**

30.**(B)**。 1:1→m＝5,n＝5
1:4→m＝2,n＝8
2:3→m＝4,n＝6
故知不可能為1:2

NOTE

113年臺北捷運新進行車專員甄試

( )　1. 已知三數18,A,2為等比數列，試求等比中項A之值為多少？　(A)6
　　　(B)4　(C)±4　(D)±6。

( )　2. 函數y=f(x)=5在座標平面上代表的圖形特徵是何種直線？　(A)垂
　　　直線　(B)水平線　(C)由左向右上升的直線　(D)由左向右下降的
　　　直線。

( )　3. 試求等差級數5+7+9+11+…+23的和為何？　(A)120　(B)130
　　　(C)140　(D)150。

( )　4. 一副撲克牌共有52張，現在從這副牌中任意抽出一張，若每一張
　　　被抽中的機會均相等，要抽中紅心花色而且點數是質數的機率是
　　　多少？（其中A、J、Q、K為英文字母不列質數計算）　(A)1/13
　　　(B)2/13　(C)3/13　(D)4/13。

( )　5. 一群同學在KTV唱歌，除了原本的包廂費300元以外，每小時的
　　　歡唱費是120元，他們唱歌時間為下午2點到晚上8點，最後結帳
　　　的時候是1,056元，而在帳單上註明服務費為歡唱費的x%，請問
　　　x為多少？（備註：總費用=包廂費（僅收一次）+歡唱費+服務
　　　費）　(A)5　(B)6　(C)8　(D)10。

( )　6. 日新公司生產螺絲的良率為96.5%，若當天交貨給捷運公司40,000
　　　顆螺絲，則不合格的螺絲數量可能介於那個區間？　(A)800～
　　　1,200　(B)1,300～1,500　(C)1,600～1,800　(D)2,000～2,200。

( )　7. 有紅色及綠色兩個袋子，紅色袋子裏有2張2,000元禮券，12張
　　　1,000元禮券，綠色袋子裏有3張2,000元禮券，11張1,000元禮
　　　券，現在抽獎人要從兩個袋子中任選一袋（每袋被選中的機會
　　　相等），再從選出的袋子中任意抽一張禮券（每張禮券被抽中

的機會相等），則抽中2,000元禮券的機率是多少？　(A)5/28 (B)4/27　(C)9/37　(D)11/42。

( )　8. 樂樂去大賣場想要買一台55吋的電視，已經知道電視上面標註16:9，1080p，HD等規格，但是樂樂擔心買回家後電視寬度會超過客廳可以放置的寬度，請問這台55吋電視的寬度大約為多少公分？（註：55吋約為140公分，$\dfrac{140}{\sqrt{337}} \cong 7.6$）　(A)100公分 (B)110公分　(C)120公分　(D)130公分。

( )　9. 某位船長在航行中將船上金幣發給船上的人，若先排除船長時每位水手可拿到6枚金幣，則會剩下9枚，若考慮船長時，船上每人分7枚金幣，則會有1人沒有分到，請問船上原本有幾枚金幣？ (A)43　(B)49　(C)52　(D)63。

( )　10. x,y都屬於自然數，若2x+3y≤8，則(x,y)的解有幾個？　(A)1個 (B)2個　(C)3個　(D)4個。

( )　11. 當爸爸51歲時，哥哥年齡是18歲，現在爸爸的年齡是哥哥的4倍，而妹妹跟哥哥相差6歲，請問妹妹現在的年齡為何？　(A)3歲　(B)4歲　(C)5歲　(D)6歲。

( )　12. 高田大學四年級班際籃球賽，規定初賽採單循環制，即各班均須與其他班級比賽一場，若四年級共有6個班，則初賽時共需辦理多少場比賽？　(A)12場　(B)13場　(C)14場　(D)15場。

( )　13. 如下圖所示，弟弟在玩棉花棒排出相連正方形的圖形，圖中正方形邊長恰為1根棉花棒長，姐姐拿給弟弟127支棉花棒，依此規律請問弟弟最多可以排出幾個相連的正方形？　(A)30個　(B)38個 (C)40個　(D)42個。

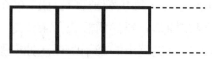

( )　14. 815號公車每4分鐘從總站發一班車，816號公車每6分鐘從總站發一班車，上午8時10分，兩班公車第11次同時從總站發一班車，請問這兩班公車當天第1次同時從總站各發一班車是上午什麼時間？　(A)5時40分　(B)5時50分　(C)6時整　(D)6時10分。

( )　15. 貝貝、晴晴兩位同學在討論家中庭院的大小，貝貝說他們家庭院的長是寬的2倍，面積是32平方公尺，晴晴說他們家庭院的面積是貝貝家庭院面積的4倍，而且長與寬的比例跟貝貝家相同，請問晴晴家庭院的周長為多少公尺？　(A)24公尺　(B)36公尺　(C)48公尺　(D)60公尺。

( )　16. 小明在市場買水果，攤子前面標註橘子和蘋果以顆計價，若小明選3顆橘子及5顆蘋果總計要136元，如果選3顆蘋果及5顆橘子則要120元，請問1顆橘子的價格是多少元？　(A)12元　(B)18元　(C)20元　(D)26元。

( )　17. 在一座標平面上有A、B兩點，若已知A點座標為(3,4)，B點座標距離A點為5個單位長，則B點不可能落在哪一個象限？　(A)第1象限　(B)第2象限　(C)第3象限　(D)第4象限。

( )　18. 一群同學到秀姑巒溪搭船，在流速2公里/小時的河流中，從瑞穗順流到長虹橋花了4小時，如果從長虹橋逆流到瑞穗需花費12小時，若船速全程均維持相同速度，則瑞穗到長虹橋的距離為多少公里？　(A)12公里　(B)24公里　(C)30公里　(D)40公里。

( )　19. 哥哥從大安捷運站騎YouBike回家，先以20公里/時的速率騎了全程的1/3，接著再以15公里/時的速率騎完剩下的路程，哥哥從大安捷運站騎到家的平均速率是多少（公里/時）？　(A)90/7　(B)180/11　(C)270/19　(D)295/21。

( )　20. 成城高校男生人數占全校總人數的54%，而且男生比女生多32人，則全校的男生總共有多少人？　(A)216人　(B)204人　(C)196人　(D)184人。

解答 解析

1.**(D)**。 比例中項 $A = \pm\sqrt{18 \times 2} = \pm 6$

2.**(B)**。 此為常數函數為一水平線

3.**(C)**。 $S = \dfrac{10}{2}(5+23) = 140$

4.**(A)**。 1~13的質數有2、3、5、7、11、13

   抽中紅心花色而且點數是質數的機率是 $\dfrac{1}{4} \times \dfrac{6-2}{13} = \dfrac{1}{13}$

5.**(A)**。 $300 + 120(1 + \dfrac{x}{100}) \times 6 = 1056 \Rightarrow x = 5$

6.**(B)**。 $40000 \times \dfrac{3.5}{100} = 1400$，故選(B)

7.**(A)**。 $P(2000) = \dfrac{1}{2} \times \dfrac{2}{14} + \dfrac{1}{2} \times \dfrac{3}{14} = \dfrac{5}{28}$

8.**(C)**。 $140 \times \dfrac{16}{\sqrt{256+81}} = 7.6 \times 16 = 121.6(cm)$

9.**(D)**。 設船上有x人，可列出方程式
   $6(x-1)+9 = 7(x-1) \Rightarrow 6x+3 = 7x-7 \Rightarrow x = 10$（人）
   可得金幣原有63枚

10.**(C)**。 (x,y)的解有(1,1)、(1,2)、(2,1)共3組解

11.**(C)**。 設哥今年x歲，可列出方程式
   $(51-4x)+x = 18 \Rightarrow 51-3x = 18 \Rightarrow x = 11$（歲）
   妹妹的年齡 $11-6 = 5$（歲）

12.**(D)**。 $C_2^6 = \dfrac{6 \times 5}{2} = 15$（場）

13.**(D)**。 $(127-4) \div 3 + 1 = 42$（個）

14.(**D**)。　4與6的最小公倍數為12
　　　　　8時10分－120分=6時10分

15.(**C**)。　貝貝說他們家庭院的寬為x
　　　　　$2x^2=32\Rightarrow x=4(m)$
　　　　　晴晴家庭院的長為16m，寬為8m，周長為48m

16.(**A**)。　設橘子x元、蘋果y元
　　　　　$\begin{cases} 3x+5y=136 \\ 5x+3y=120 \end{cases} \Rightarrow x+y=32 \Rightarrow 3x+3y=96 \Rightarrow 2x=24 \Rightarrow x=12（元）$

17.(**C**)。　B點不可能落在第3象限

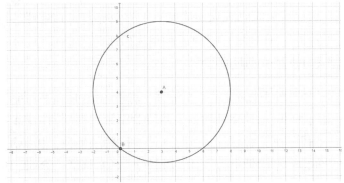

18.(**B**)。　設船速x(km/hr)，可列出方程式
　　　　　$4(x+2)=12(x-2)\Rightarrow 4x+8=12x-24\Rightarrow 32=8x\Rightarrow x=4$
　　　　　可知兩地距離為24km

19.(**B**)。　設兩地距離x(km)
　　　　　$平均速率 = \dfrac{x}{\dfrac{1}{3}x + \dfrac{2}{3}x} = \dfrac{1}{\dfrac{1}{60} + \dfrac{2}{45}} = \dfrac{1}{\dfrac{3}{180} + \dfrac{8}{180}} = \dfrac{180}{11}(km/hr)$

20.(**A**)。　$全校人數 = \dfrac{32}{\dfrac{8}{100}} = 400（人）$

　　　　　$男生人數 = 400 \times \dfrac{54}{100} = 216（人）$

113年臺北捷運新進技術專員甄試

( )　1. 農夫在農場裏分別養了2隻羊、10隻雞及5隻狗，倘若將相同動物同在一起秤重，共輪流秤重3次，而得到的重量都相等，請問每隻羊、雞、狗的重量比為何？　(A)2:10:5　(B)5:1:2　(C)5:10:2　(D)10:2:5。

( )　2. 貝貝、晴晴兩位同學在討論家中庭院的大小，貝貝說他們家庭院的長是寬的2倍，面積是32平方公尺，晴晴說他們家庭院的面積是貝貝家庭院面積的4倍，而且長與寬的比例跟貝貝家相同，請問晴晴家庭院的周長為多少公尺？　(A)24公尺　(B)36公尺　(C)48公尺　(D)60公尺。

( )　3. 815號公車每4分鐘從總站發一班車，816號公車每6分鐘從總站發一班車，上午8時10分，兩班公車第11次同時從總站發一班車，請問這兩班公車當天第1次同時從總站各發一班車是上午什麼時間？　(A)5時40分　(B)5時50分　(C)6時整　(D)6時10分。

( )　4. 如下圖所示，弟弟在玩棉花棒排出相連正方形的圖形，圖中正方形邊長恰為1根棉花棒長，姐姐拿給弟弟127支棉花棒，依此規律請問弟弟最多可以排出幾個相連的正方形？　(A)30個　(B)38個　(C)40個　(D)42個。

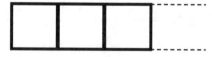

( )　5. 成城高校男生人數占全校總人數的54%，而且男生比女生多32人，則全校的男生總共有多少人？　(A)216人　(B)204人　(C)196人　(D)184人。

( )　6. 哥哥從大安捷運站騎YouBike回家，先以20公里/時的速率騎了全程的1/3，接著再以15公里/時的速率騎完剩下的路程，哥哥

從大安捷運站騎到家的平均速率是多少（公里/時）？　(A)90/7
(B)180/11　(C)270/19　(D)295/21。

( )　7. 一群同學到秀姑巒溪搭船，在流速2公里/小時的河流中，從瑞穗
順流到長虹橋花了4小時，如果從長虹橋逆流到瑞穗需花費12小
時，若船速全程均維持相同速度，則瑞穗到長虹橋的距離為多少
公里？　(A)12公里　(B)24公里　(C)30公里　(D)40公里。

( )　8. 在一座標平面上有A、B兩點，若已知A點座標為(3,4)，B點座標
距離A點為5個單位長，則B點不可能落在哪一個象限？　(A)第1
象限　(B)第2象限　(C)第3象限　(D)第4象限。

( )　9. 高田大學四年級班際籃球賽，規定初賽採單循環制，即各班均須
與其他班級比賽一場，若四年級共有6個班，則初賽時共需辦理
多少場比賽？　(A)12場　(B)13場　(C)14場　(D)15場。

( )　10. 當爸爸51歲時，哥哥年齡是18歲，現在爸爸的年齡是哥哥的4
倍，而妹妹跟哥哥相差6歲，請問妹妹現在的年齡為何？　(A)3
歲　(B)4歲　(C)5歲　(D)6歲。

( )　11. x,y都屬於自然數，若2x+3y≤8，則(x,y)的解有幾個？　(A)1個
(B)2個　(C)3個　(D)4個。

( )　12. 某位船長在航行中將船上金幣發給船上的人，若先排除船長時每
位水手可拿到6枚金幣，則會剩下9枚，若考慮船長時，船上每人
分7枚金幣，則會有1人沒有分到，請問船上原本有幾枚金幣？
(A)43　(B)49　(C)52　(D)63。

( )　13. 一群同學在KTV唱歌，除了原本的包廂費300元以外，每小時的
歡唱費是120元，他們唱歌時間為下午2點到晚上8點，最後結帳
的時候是1,056元，而在帳單上註明服務費為歡唱費的x%，請問
x為多少？（備註：總費用=包廂費（僅收一次）+歡唱費+服務
費）　(A)5　(B)6　(C)8　(D)10。

( )　14. 日新公司生產螺絲的良率為96.5%，若當天交貨給捷運公司40,000
　　　　顆螺絲，則不合格的螺絲數量可能介於那個區間？　(A)800～
　　　　1,200　(B)1,300～1,500　(C)1,600～1,800　(D)2,000～2,200。

( )　15. 樂樂去大賣場想要買一台55吋的電視，已經知道電視上面標註
　　　　16:9，1080p，HD等規格，但是樂樂擔心買回家後電視寬度會
　　　　超過客廳可以放置的寬度，請問這台55吋電視的寬度大約為多
　　　　少公分？（註：55吋約為140公分，$\frac{140}{\sqrt{337}}\cong7.6$）　(A)100公分
　　　　(B)110公分　(C)120公分　(D)130公分。

( )　16. 一副撲克牌共有52張，現在從這副牌中任意抽出一張，若每一張
　　　　被抽中的機會均相等，要抽中紅心花色而且點數是質數的機率是
　　　　多少？（其中A、J、Q、K為英文字母不列質數計算）　(A)1/13
　　　　(B)2/13　(C)3/13　(D)4/13。

( )　17. 有紅色及綠色兩個袋子，紅色袋子裏有2張2,000元禮券，12張
　　　　1,000元禮券，綠色袋子裏有3張2,000元禮券，11張1,000元禮
　　　　券，現在抽獎人要從兩個袋子中任選一袋（每袋被選中的機會
　　　　相等），再從選出的袋子中任意抽一張禮券（每張禮券被抽中
　　　　的機會相等），則抽中2,000元禮券的機率是多少？　(A)5/28
　　　　(B)4/27　(C)9/37　(D)11/42。

( )　18. 函數y=f(x)=5在座標平面上代表的圖形特徵是何種直線？　(A)垂
　　　　直線　(B)水平線　(C)由左向右上升的直線　(D)由左向右下降的
　　　　直線。

( )　19. 試求等差級數5+7+9+11+…+23的和為何？　(A)120　(B)130
　　　　(C)140　(D)150。

( )　20. 已知三數18,A,2為等比數列，試求等比中項A之值為多少？　(A)6
　　　　(B)4　(C)±4　(D)±6。

解答 解析

1.(**B**)。　$\dfrac{1}{2}:\dfrac{1}{10}:\dfrac{1}{5}=5:1:2$，故選(B)

2.(**C**)。　貝貝說他們家庭院的寬為x
$2x^2=32\Rightarrow x=4$（m）
晴晴家庭院的長為16m，寬為8m，周長為48m

3.(**D**)。　4與6的最小公倍數為12
8時10分－120分=6時10分

4.(**D**)。　$(127-4)\div 3+1=42$（個）

5.(**A**)。　全校人數$=\dfrac{32}{\dfrac{8}{100}}=400$（人）

　　　　　　男生人數$=400\times\dfrac{54}{100}=216$（人）

6.(**B**)。　設兩地距離x(km)
平均速率$=\dfrac{x}{\dfrac{\frac{1}{3}x}{20}+\dfrac{\frac{2}{3}x}{15}}=\dfrac{1}{\dfrac{1}{60}+\dfrac{2}{45}}=\dfrac{1}{\dfrac{3}{180}+\dfrac{8}{180}}=\dfrac{180}{11}(\text{km}/\text{hr})$

7.(**B**)。　設船速x(km/hr)，可列出方程式
$4(x+2)=12(x-2)\Rightarrow 4x+8=12x-24\Rightarrow 32=8x\Rightarrow x=4$
可知兩地距離為24km

8.(**C**)。　B點不可能落在第3象限

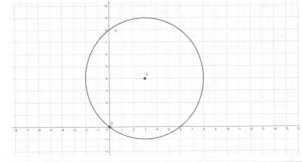

9.**(D)**。　$C_2^6 = \dfrac{6 \times 5}{2} = 15$（場）

10.**(C)**。　設哥今年x歲，可列出方程式
$(51-4x)+x=18 \Rightarrow 51-3x=18 \Rightarrow x=11$（歲）
妹妹的年齡$11-6=5$（歲）

11.**(C)**。　(x,y)的解有$(1,1)$、$(1,2)$、$(2,1)$共3組解

12.**(D)**。　設船上有x人，可列出方程式
$6(x-1)+9=7(x-1) \Rightarrow 6x+3=7x-7 \Rightarrow x=10$（人）
可得金幣原有63枚

13.**(A)**。　$300 + 120(1 + \dfrac{x}{100}) \times 6 = 1056 \Rightarrow x = 5$

14.**(B)**。　$40000 \times \dfrac{3.5}{100} = 1400$，故選(B)

15.**(C)**。　$140 \times \dfrac{16}{\sqrt{256+81}} = 7.6 \times 16 = 121.6(\text{cm})$

16.**(A)**。　1~13的質數有2、3、5、7、11、13
抽中紅心花色而且點數是質數的機率是$\dfrac{1}{4} \times \dfrac{6-2}{13} = \dfrac{1}{13}$

17.**(A)**。　$P(2000) = \dfrac{1}{2} \times \dfrac{2}{14} + \dfrac{1}{2} \times \dfrac{3}{14} = \dfrac{5}{28}$

18.**(B)**。　此為常數函數為一水平線

19.**(C)**。　$S = \dfrac{10}{2}(5+23) = 140$

20.**(D)**。　比例中項$A = \pm\sqrt{18 \times 2} = \pm 6$

一試就中，升任各大 國民營企業機構 高分必備，推薦用書

共同科目

2B811121	國文	高朋・尚榜	590元
2B821141	英文 👑 榮登金石堂暢銷榜	劉似蓉	630元
2B331141	國文(論文寫作)	黃淑真・陳麗玲	470元

專業科目

2B031131	經濟學	王志成	620元
2B041121	大眾捷運概論（含捷運系統概論、大眾運輸規劃及管理、大眾捷運法及相關捷運法規）👑 榮登博客來、金石堂暢銷榜	白崑成	560元
2B061131	機械力學(含應用力學及材料力學)重點統整＋高分題庫	林柏超	430元
2B071111	國際貿易實務重點整理+試題演練二合一奪分寶典 👑 榮登金石堂暢銷榜	吳怡萱	560元
2B081141	絕對高分! 企業管理(含企業概論、管理學)	高芬	690元
2B111141	台電新進雇員配電線路類超強4合1	千華名師群	近期出版
2B121081	財務管理	周良、卓凡	390元
2B131121	機械常識	林柏超	630元
2B141141	企業管理(含企業概論、管理學)22堂觀念課	夏威	780元
2B161141	計算機概論(含網路概論)👑 榮登博客來、金石堂暢銷榜	蔡穎、茆政吉	660元
2B171141	主題式電工原理精選題庫 👑 榮登博客來暢銷榜	陸冠奇	560元
2B181141	電腦常識(含概論) 👑 榮登金石堂暢銷榜	蔡穎	590元
2B191141	電子學	陳震	650元
2B201141	數理邏輯(邏輯推理)	千華編委會	530元

書號	書名	作者	定價
2B251121	捷運法規及常識(含捷運系統概述) 👑 榮登博客來暢銷榜	白崑成	560元
2B321141	人力資源管理(含概要) 👑 榮登博客來、金石堂暢銷榜	陳月娥、周毓敏	690元
2B351131	行銷學(適用行銷管理、行銷管理學) 👑 榮登金石堂暢銷榜	陳金城	590元
2B421121	流體力學（機械）‧工程力學（材料）精要解析 👑 榮登金石堂暢銷榜	邱寬厚	650元
2B491141	基本電學致勝攻略 👑 榮登金石堂暢銷榜	陳新	近期出版
2B501141	工程力學(含應用力學、材料力學) 👑 榮登金石堂暢銷榜	祝裕	近期出版
2B581141	機械設計(含概要) 👑 榮登金石堂暢銷榜	祝裕	近期出版
2B661141	機械原理(含概要與大意)奪分寶典	祝裕	近期出版
2B671101	機械製造學(含概要、大意)	張千易、陳正棋	570元
2B691131	電工機械(電機機械)致勝攻略	鄭祥瑞	590元
2B701141	一書搞定機械力學概要	祝裕	近期出版
2B741091	機械原理(含概要、大意)實力養成	周家輔	570元
2B751131	會計學(包含國際會計準則IFRS) 👑 榮登金石堂暢銷榜	歐欣亞、陳智音	590元
2B831081	企業管理(適用管理概論)	陳金城	610元
2B841141	政府採購法10日速成👑 榮登博客來、金石堂暢銷榜	王俊英	690元
2B851141	8堂政府採購法必修課：法規+實務一本go！ 👑 榮登博客來、金石堂暢銷榜	李昀	530元
2B871091	企業概論與管理學	陳金城	610元
2B881141	法學緒論大全(包括法律常識)	成宜	650元
2B911131	普通物理實力養成 👑 榮登金石堂暢銷榜	曾禹童	650元
2B921141	普通化學實力養成 👑 榮登金石堂暢銷榜	陳名	550元
2B951131	企業管理(適用管理概論)滿分必殺絕技 👑 榮登金石堂暢銷榜	楊均	630元

以上定價，以正式出版書籍封底之標價為準

歡迎至千華網路書店選購
服務電話 (02)2228-9070

千華網路書店

更多網路書店及實體書店

博客來網路書店　PChome 24hr書店　三民網路書店
MOMO 購物網　金石堂網路書店　誠品網路書店

查詢實體書店

捷運考試
專用叢書

權威名師精編，上榜最佳選擇
臺北、桃園、臺中、高雄捷運適用

2B811121	國文	高朋、尚榜	590元
2B331121	國文(論文寫作)	黃淑真、陳麗玲	470元
2B821141	英文 👑 榮登金石堂暢銷榜	劉似蓉	630元
2B081131	絕對高分! 企業管理(含企業概論、管理學)	高芬	690元
2B831081	企業管理(適用管理概論)	陳金城	610元
2B311111	企業管理(含企業概論、管理學)棒！bonding	張恆	610元
2B171141	主題式電工原理精選題庫 👑 榮登博客來暢銷榜	陸冠奇	560元
2B181141	電腦常識(含概論) 👑 榮登金石堂暢銷榜	蔡穎	590元
2B201141	數理邏輯(邏輯推理)	千華編委會	530元
2B251121	捷運法規及常識(含捷運系統概述) 👑 榮登博客來暢銷榜	白崑成	560元
2B591121	主題式機械原理(含概論、常識)高分題庫 👑 榮登金石堂暢銷榜	何曜辰	590元
2B741091	機械原理(含概要大意)實力養成	周家輔	570元
2B041121	大眾捷運概論（含捷運系統概論、大眾運輸規劃及管理、大眾捷運法及相關捷運法規） 👑 榮登博客來暢銷榜	白崑成	560元
2B051141	捷運招考超強三合一(含國文(國學常識及公文寫作)、英文、邏輯分析(數理邏輯))	千華名師群	630元

以上定價，以正式出版書籍封底之標價為準

千華數位文化
Chien Hua Learning Resources Network

學習方法 系列

如何有效率地準備並順利上榜，學習方法正是關鍵！

榮登金石堂暢銷排行榜

———— 連三金榜 黃禕 ————

翻轉思考 破解道聽塗説	適合的最好 調整習慣來應考	一定學得會 萬用邏輯訓練

三次上榜的國考達人經驗分享！
運用邏輯記憶訓練，教你背得有效率！
記得快也記得牢，從方法變成心法！

作者線上分享

網路書店

作者在投入國考的初期也曾遭遇遇過書中所提到類似的問題，因此在第一次上榜後積極投入記憶術的研究，並自創一套完整且適用於國考的記憶術架構，此後憑藉這套記憶術架構，在不被看好的情況下先後考取司法特考監所管理員及移民特考三等，印證這套記憶術的實用性。期待透過此書，能幫助同樣面臨記憶困擾的國考生早日金榜題名。

最強校長 謝龍卿

榮登博客來暢銷榜

作者線上分享

經驗分享＋考題破解
帶你讀懂考題的know-how！

open your mind！
讓大腦全面啟動，做你的防彈少年！

108課綱是什麼？考題怎麼出？試要怎麼考？書中針對學測、統測、分科測驗做統整與歸納。並包括大學入學管道介紹、課內外學習資源應用、專題研究技巧、自主學習方法，以及學習歷程檔案製作等。書籍內容編寫的目的主要是幫助中學階段後期的學生與家長，涵蓋普高、技高、綜高與單高。也非常適合國中學生超前學習、五專學生自修之用，或是學校老師與社會賢達了解中學階段學習內容與政策變化的參考。

千華會員享有最值優惠！

立即加入會員

會員等級	一般會員	VIP 會員	上榜考生
條件	免費加入	1. 直接付費 1500 元 2. 單筆購物滿 5000 元	提供國考、證照相關考試上榜及教材使用證明
折價券	200 元	500 元	
購物折扣	・平時購書 9 折 ・新書 79 折 (兩周)	・書籍 75 折　・函授 5 折	
生日驚喜		●	●
任選書籍三本		●	●
學習診斷測驗(5科)		●	●
電子書(1本)		●	●
名師面對面		●	

facebook

公職 · 證照考試資訊

專業考用書籍｜數位學習課程｜考試經驗分享

千華公職證照粉絲團

按讚送E-coupon

Step1. 於FB「千華公職證照粉絲團」按讚
Step2. 請在粉絲團的訊息，留下您的千華會員帳號
Step3. 粉絲團管理者核對您的會員帳號後，將立即回贈e-coupon 200元。

千華 Line@ 專人諮詢服務

☑ 有疑問想要諮詢嗎？歡迎加入千華LINE@！

☑ 無論是考試日期、教材推薦、勘誤問題等，都能得到滿意的服務。

☑ 我們提供專人諮詢互動，更能時時掌握考訊及優惠活動！

國家圖書館出版品預行編目 (CIP) 資料

數理邏輯(邏輯推理)/千華編委會編著. -- 第
十三版. -- 新北市：千華數位文化股份有限
公司, 2024.12
　面；　公分
國民營事業
ISBN 978-626-380-913-0(平裝)

1.CST: 符號邏輯 2.CST: 問題集

156.022　　　　　　　　　113019482

[國民營事業]　數理邏輯(邏輯推理)

編　著　者：千華編委會

發　行　人：廖 雪 鳳
登　記　證：行政院新聞局局版台業字第 3388 號
出　版　者：千華數位文化股份有限公司
　　　　　　地址：新北市中和區中山路三段 136 巷 10 弄 17 號
　　　　　　電話：(02)2228-9070　　傳真：(02)2228-9076
　　　　　　客服信箱：chienhua@chienhua.com.tw

法律顧問：永然聯合法律事務所
編輯經理：甯開遠
主　　編：甯開遠
執行編輯：蘇依琪
校　　對：千華資深編輯群
設計主任：陳春花
編排設計：蕭韻秀

千華官網
／購書　　　千華蝦皮

出版日期：2024 年 12 月 30 日　　第十三版／第一刷

本書如有勘誤或其他補充資料，
將刊於千華官網，歡迎前往下載。